科技部创新方法工作资助
Innovation Method Fund of China (2007FY140800)

地理建模方法

Geographical Modelling Methods

徐建华 著
By Jianhua Xu

科学出版社
北京

内 容 简 介

本书主要探讨地理建模的有关理论、方法和技术，全书共9章。本书自成体系，具有专著与教材相结合的写作风格，既遵从研究专著的写作规范，又兼顾教材的系统性、层次性、通俗性等要求，还吸收了作者及他人的最新科研成果。

本书可供地理学、生态学、环境学、区域经济学、人口学等专业的高年级本科生、研究生及相关科研人员参考阅读。对于高年级本科生和研究生来说，本书既可以作为教材，也可以作为教学参考或课外阅读书使用；对于科研工作者来说，本书既是工具书，又是科研参考书。

图书在版编目(CIP)数据

地理建模方法=Geographical Modelling Methods: 英文/徐建华著. —北京：科学出版社，2010

ISBN 978-7-03-029488-3

I. ①地… II. ①徐… III. ①地理信息系统–系统建模–英文 IV. ①P208

中国版本图书馆 CIP 数据核字(2010)第 220344 号

责任编辑：许 健 赵 冰/责任校对：李 影
责任印制：刘 学/封面设计：殷 靓

科学出版社 出版
北京东黄城根北街 16 号
邮政编码：100717
http://www.sciencep.com

广东虎彩云印刷有限公司印刷
科学出版社编务公司排版制作
科学出版社发行 各地新华书店经销
*
2010年11月第 一 版 开本：787×1092 1/16
2025年 7 月第二十一次印刷 印张：22 1/2
字数：520 000

定价：65.00 元

前　言

科学方法是推动科学技术创新的武器。在科学思想和科学方法上缺乏创新意识和系统研究，制约着我国科技自主创新能力的提高。地理学思想与方法的挖掘、梳理、凝练和集成，是地理学创新的重要基础工作，也是提高地理学解决实际问题的能力、更好地满足国家需求的必要之举。为了促进我国地理学科技成果创新、科技教育创新、科技管理创新，“十一五”期间，科学技术部立项启动了科技创新方法工作专项课题“地理学方法研究”(2007FY140800)。本书是该专项课题的子课题之四“地理信息分析与地理计算方法论研究”(2007FY140800-4)的成果之一。

传统地理学方法研究问题的程序是：野外工作（收集资料）→数据处理→概念体系条理化→归纳（概括）→建立理论法则→解释地理现象。但是，地球表面各圈层相互作用的人地关系地域系统是一个复杂的巨系统，其各个子系统、要素在空间上的耦合关系及其相互作用机制与过程非常复杂，许多问题是非结构化的，仅靠传统的地理学方法，很难产生新的认识和新的发现。

那么，究竟如何创新呢？首先是思想上的创新，应该充分认识地理复杂性问题，要充分认识人地关系地域系统（包括各种地理系统和地理过程）的复杂性；其次是方法技术的创新，应该充分利用其他学科的最新成果，采用各种现代化技术，创新地理信息获取技术和数据挖掘方法。其中，地理模型的建立与运用，无论在思想创新，还是方法技术创新方面都具有不可替代的作用。模型是现代地理科学发现和创新的基本工具。事实上，对于一个复杂的地理问题，能不能顺利地进行研究，其关键常常就在于能不能针对所要研究的问题构建出科学的地理模型。可见，地理建模方法至关重要。

本书首先从理论方面归纳了地理模型的概念、特点功能与分类，地理建模的思维导向与原则；探讨了地理模型建立与应用的若干问题；从数据分析、机理分析、量纲分析、类比分析、仿真模拟等方面，概述地理建模方法。其次，讨论一些具体的地理建模方法，包括非确定型建模方法、运筹决策建模方法、信息反馈与系统仿真方法，以及非线性分析方法等。最后，进一步介绍和探讨地理建模分析中常用的有关软件。

在本书写作大纲拟定过程中，作者充分听取并借鉴了课题总负责人蔡运龙教授、子课题“地理信息分析与地理计算方法论研究”负责人王铮教授、齐清文教授以及其他课题组成员的建设性意见和建议；吴玉鸣教授提供了空间经济分析的有关案例；作者的研究生兼助教张利君同志，帮助整理了有关软件与程序；科学出版社许健同志在书稿的编辑与加工过程中，付出了辛勤的劳动。华东师范大学教务处和研究生院，对于本书的写作与出版也给予了极大的支持。对于所有帮助和关心过本书写作出版工作的领导、专家、同行、朋友们，作者表示由衷的感谢。

本书自成体系，具有专著与教材相结合的写作风格，既遵从研究专著的写作规范，又兼顾教材的系统性、层次性、通俗性等要求，还吸收了作者及他人的最新科研成果。本书的读者对象包括地理学、生态学、环境学、区域经济学、人口学等专业的高年级本科生、研究生及相关科研人员。对高年级本科生和研究生来说，本书既可以作为教材，也可以作为教学参考书或课外阅读书使用；对科研工作者来说，本书既是工具书，又是科研参考书。

徐建华

2010 年 4 月

目　录

第 1 章　地理模型的概念、特点、功能与分类

现代地理学，是一门研究地理环境及其与人类活动之间相互关系的综合性、交叉性学科。它以分布、形态、类型、关系、结构、联系、过程、机制等概念构筑其理论体系，注重的是地理事物的空间格局与地理现象的发生、发展及变化规律，追求的目标是人地系统的优化——即人口、资源、环境与社会经济协调发展。所采用的研究方法，是定性与定量方法相结合、综合归纳与理论演绎方法并用、规范与实证研究方法并举。

在现代地理学中，模型的作用是十分重要的，它是认识地理问题的桥梁，是地理科学发现和创新研究的工具。在地理科学问题研究中，模型的作用是不可替代的。本章作为对地理模型的概述，主要讨论地理模型的概念、特点、功能与分类问题。

1.1　地理模型的概念

1.1.1　模型

通俗地说，模型就是指真实对象的模仿物。

科学模型，则是人们根据科学研究的特定目的，在一定的假设条件下，用物质形式或思维形式再现原型客体的某种本质特征，诸如关于客体的某种结构(整体的或部分的)、功能、属性、关系、过程等。通过对科学模型的研究，来推知客体的某种性质或规律。这种借助模型来获取关于客体的认识的方法，就是模型方法(孙小礼，2007a)。

在科学研究中，为了揭示客观对象的本质，人们常常借助于实物、文字、符号、公式、图表等，对客观事物的特征、内在联系、变化过程进行概括和抽象描述，这种描述即模型。

一个具体的模型，是对实际对象系统或过程的某一个(一些)特性的描述(王庚等，2008)。如果按表述给定问题的真实程度，可以把模型划分为三大类，即比例模型(scale model)、模拟模型(analogue model，simulation model)和符号模型(symbolic model)。

(1) 比例模型。比例模型，是对真实系统的小规模的重现，也叫做图像模型(iconic model)。例如，地理教学中所用的地球仪就是一个比例模型。另外，风沙模拟实验室里的风洞，研究水土流失而设计的人工降水径流试验场、基于遥感影像建立的三维地貌模型等都是比例模型。

(2) 模拟模型。对于那些结构性质基本了解，但又难以直接用物理式数学模型表达的系统，往往采用另一系统去替代原系统，这种替代系统称为模拟模型。例如，在电路模拟模型中，用电压模拟机械运动中的速度、电流模拟力、电容模拟质量；在计算机上，通过软件系统的运行模拟一个实际的对象系统或过程等。

(3) 符号模型。符号模型，是将客观对象系统或过程的特性用数学等专门的符号语言表示的一种模型。模型不一定是用公式表示的，也可以是用符号、逻辑图形(图形、表

格)表示的。

1.1.2　地理模型

对于研究对象(系统、过程)的描述是科学研究的前提和基础，而对于一个真实的复杂系统的描述，往往需要借助于一定的模型来实现。所谓地理模型，就是指真实的地理对象(过程、系统)的模仿物，它可以用实物、逻辑符号、图形、表格、文字、数学公式及计算机软件来表示。

在真实的地理系统中，包含各种不同的地理要素。这些地理要素之间构成了复杂的关系，其中有物理的、化学的、生物的及社会的各种成分和过程，而且各种成分和过程又都随着时间的变化呈现出不同的空间分布。然而，地理模型是对地理系统的抽象描述，这种描述注重地理系统的实质性内容和关键性环节，舍弃了与研究问题无关的次要因素及不必要的环节和过程，从而求得地理系统内在的规律。由此可见，在地理学研究中，特别是在多要素、多层次的复杂地理系统分析中，利用模型和建造模型具有十分重要的意义。

从广义上来说，地理模型包括语言模型(文字模型)、图形模型、模拟模型等多种形式。但是，数学模型是对地理系统(过程)最为基础、最为深刻的描述。地理数学模型能够反映出真实地理系统(过程)中各主要因素之间的逻辑关系和数学关系，从而使模型成为定量分析和模拟计算的工具。某些地理问题，在现实中是难以借助于实验进行模拟和研究各变量之间的数量关系的，但是当建立了有关的地理数学模型后，就可以借助于计算机技术将其转换为计算机程序，从而实现对真实地理系统的模拟、仿真及系统变量之间的数量关系的研究。另外，地理系统的演化是一个漫长的过程(徐建华等，2001)，人们很难在较短的时间内观察出其变化规律，而借助于地理数学模型和计算仿真模型，可以帮助人们认识其动态变化过程，预测其未来变化趋势，从而为地理系统的优化调控提供科学依据。

地理模型是伴随着地理学的发展而发展的(徐建华，1991)。在地理学“计量运动”的推动下(Burton，1963)，20 世纪 60 年代以后，地理模型研究方面出现了第一批“里程碑”式的著作，如 Bunge(1962)的《理论地理学》、Haggett(1965)的《人文地理中的区位分析》、Chorley 等(1967)的《地理学中的模型》、Haggett 等(1969)的《地理学中的网络分析》、Harvey(1969)的《地理学中的解释》等。这些著作标志着地理学走向成熟和理论地理学的诞生，使地理学从一种半文学半科学的知识领域真正地走向了科学化(杨吾扬，1985，1989)。此后，先后经历了多元化、系统化、理论化和计算化等不同阶段的发展(Wang et al.，2008)，地理模型的研究不断得到深化(Peet et al.，1989; Fotheringham，1998; Clifford，2008)。

1.2　地理模型的特点

1. 抽象性

一个具体的模型，是为了达到某个特定目的，将实际系统(过程)经过简化、提炼后保留其本质属性而构造的原型替代物，地理模型也不例外。从本质上来说，地理模型是借助有关手段对地理系统(过程)的抽象描述，它以简洁的形式刻画了客观地理系统(过程)的本质。首先，地理模型是在一定假设条件下对现实地理系统(过程)的简化。其次，地理模型不可能与真实地理系统(过程)完全对应，但是它必须包含真实地理系统(过程)中的主要因素，而且只应当包含那些决定系统(过程)本质性的重要因素。如果将所有因素不分主次，一概计入模型，不仅模型十分庞杂，而且事实上无法求解，反而掩盖了问题的本质。

2. 与原型的相似性

地理模型与地理原型(geographical prototype)之间存在着一定的对应关系。任何一个地理模型，都是基于一定的目的，对一个地理原型的相似性描述。这里，所谓地理原型，就是地理学家所关心和研究的地理现象、地理事件或地理过程。在地理学领域，人们常常把所考察的地理原型用“××系统”或者“××过程”等术语代之，如地貌系统、气候系统、水文系统、土壤系统、生态系统、城市系统、区域经济系统、地貌演化过程、气候变化过程、径流过程、生态演替过程、城市化过程、经济发展过程、污染扩散过程等。

地理模型的作用，就是描述原型系统的要素构成、要素之间的相互关系及其动态演变过程。因此，地理模型与其所描述的原型地理系统(过程)，在状态、结构、过程或者功能上，必须具有高度的相似性。

3. 可验证性

模型具有与原型的相似性，但是否为本质上的相似性呢？模型具有简单性，但是否为合理的简单性呢？这些都需要加以验证。如果一个模型不具有可验证性，就不是一个科学模型，是没有方法论意义的(孙小礼，2007b)。

一般说来，地理模型具有一定的目的性和应用性，因此可以用于实际问题的计算、分析、仿真和模拟，并得出具体的结果。这样，我们就可以把模型运行的结果与实际情况进行比较，以此验证模型的有效性。

地理学家，不但要善于建立和运用地理模型，而且更要善于对模型的有效性进行检验。如果通过检验发现了模型的缺陷，就要对模型进行修改，甚至代之以新的模型。即使模型经受了实践检验，也需要进一步从理论上论证其科学性，用实践方法验证其应用性。当我们建立了一个地理模型，就应该从理论和实践应用两个方面，不断地检验、修改、验证、修改，从而使之更加完善。

4. 目的性

地理模型的基本特征是由其目的决定的。

地理学的研究对象，不但包括地貌、气候、土壤、水文、植物等自然地理学，还包括农业、工业、交通、旅游、文化等人文地理学，同时也包含城市、乡村等区域地理学以及综合地理学。不同分支学科的研究目的不同，因而其建立和应用的地理模型自然是不同的。即使在同一个学科中，对应于同一个原型系统，为了达到不同的目的也可以建立多种不同的模型，各种不同的模型所反映的内容也因其目的的不同而有所不同。例如，为了研究一个地区的气候变化，可以根据不同的目的，建立若干个不同的模型。可以建立反映气温、降水、湿度等变化规律的动态模型，也可以建立反映它们之间相互关系的相关分析或回归分析模型。但是，在服务于不同目的模型中，本质变量的选择是不同的。例如，为了研究降水量的年际变化规律，模型就不必描述各月份降水量的变化，但必须反映各年份降水量的变化。也就是说，各月份降水量的变化，对该模型来说是非本质的。相反，如果研究降水量的季节变化规律，那么，各月份降水量变化，对于该模型来说就是本质的，模型必须对其进行描述。

从目的性来看，地理模型既有分析的模型，又有综合的模型；既有分布的模型，又有过程的模型；既有扩散模型，又有生灭模型；既有相互作用模型，又有相互联系模型；既有仿真模型，又有模拟模型；既有揭示系统结构与过程机制的机理模型，又有反映系统行为的功能模型等。

5. 多时空特征

由于地理学的研究对象具有多种时空尺度，所以描述研究对象的地理模型也具有多种时空尺度的性质。

首先，从空间尺度上来看，地理学的研究对象——地理区域，既可以是全球范围的、洲际范围的、国家范围的，也可以是流域范围的、地区范围的、城市范围的、社区范围的。因此，描述地理区域的各种地理数据，具有多种空间尺度。既有全球尺度的、洲际尺度的、国家尺度的，也有流域尺度的、地区尺度的、城市尺度的、社区尺度的、小区尺度的。在不同的空间尺度上，地理模型的表现形式及其所包含的信息内容是不同的。为了揭示复杂的地理空间结构，就必须从不同的空间尺度上建立地理模型(岳天祥等，2003)，从而对不同空间尺度的地理系统进行深入解剖和分析。

其次，从时间尺度上来看，地理学的研究对象——地理过程，既有以地质年代和地层年代衡量的古地理过程，也有以历史年代衡量的历史地理过程，还有以天、月、季度、年等为时间单位衡量的现代地理过程。因此，描述地理过程的各种地理数据也具有多种时间尺度。在不同的时间尺度，地理模型的表现形式及其所包含的信息内容是不相同的。为了揭示复杂的地理过程，就必须从不同的时间尺度上建立地理模型，对各种尺度特征的地理过程进行模拟、仿真和预测。

最后，从一定意义上讲，地理系统(过程)的空间尺度与时间尺度有一定联系，往往较大空间尺度对应较长的时间周期。例如，全球范围内的气候变化周期可能是几十或几百年，而城市地籍可能以年为变化周期。正是因为地理系统(过程)的节律性，决定了地理模型的多时空尺度特征。在实际问题的研究中，仅有单一时间尺度或空间尺度的地理模型是不够的，只有建立多种时空尺度的地理模型系统，才能深入揭示地理系统(过程)的内在规律。因此，地理学家往往以不同的主线特征(如区域、自然要素、社会经济要素或某种应用目的)，按照时空关系或逻辑关系建立具有各种时空尺度特征的模型系统，对复杂的地理系统(过程)进行分析、模拟、仿真、预测。

6. 应用性

地理学是研究人类生存的地理环境，以及人类活动与地理环境之间的关系的一门综合性学科，其研究内容广泛，应用性和实践性较强。

人类很早就开始运用地理知识解决生产和生活中的实际问题。早在公元前 3000 年，古埃及人为了预报洪水，就对尼罗河水位做了记载；由于农业生产发展的需求，中国殷代甲骨文中已有连续天气情况的记载。到了近代社会，地理知识的应用又服务于航海事业和工商业的发展。20 世纪 30 年代，地理学主要被应用于流域开发和土地利用方面。1933 年美国田纳西河流域管理局成立，地理学家参加了对流域的土壤侵蚀、旱涝灾害、土地利用等多方面的工作。如今地理学的应用范围更加广阔，包括人口、资源、环境与可持续发展的各个领域，涉及人类生活和生产活动的各个方面。

地理学的应用性决定了地理模型的应用性。地理学的应用性决定了刻画人地关系、模拟和仿真地理系统演化过程的地理模型的应用性。

1.3 地理模型的功能

一般而言，地理模型的功能是描述地理系统的状态，揭示地理系统的结构与功能，说明地理系统的等级规模，模拟地理过程，认识地理系统之间的相互联系的表征方式等。然而，从更高层次的意义上来讲，地理模型的功能作用主要可以概括为如下几个方面。

1.3.1 认识地理问题的桥梁

在一般人的眼里，“地理”等同于地理知识，关于区位、河流、山川、物产、气候、民族文化风土人情等方面的描述即地理学。但是，由古代地理学经近代地理学，发展到今天的现代地理学，地理学的内涵已经发生了很大的变化。

因为古代地理学是以地理知识的记载为主体，近代地理学是一种对地理现象进行条理化归纳，并对它们之间的关系进行解释性描述的多分支的知识体系，因而在古代地理学和近代地理学中，地理模型建立与应用比较鲜见。而现代地理学，则是把地球表层系统(包括人类活动)看作统一的整体，通过规范研究与实证研究并举解释各种地理现象、地理过程相互作用的内在机制，并预测其未来演变的科学，其中，模型的作用是不可替代的。

地理模型能够帮助地理学家从本质上认识问题、剖析问题，并最终解决地理问题。为了揭示地理系统的内在机制及其演化规律，就需要从错综复杂的地理现象中找出本质的东西，以求得地理系统(地理过程)的内在规律，为此必须建立与应用地理模型。

1.3.2 地理科学发现的工具

传统地理学方法研究问题的程序是：考察、收集资料—根据已有的概念体系条理化—归纳(概括)—建立理论法则—解释地理现象。但是，地球表面各圈层相互作用的人地关系地域系统是一个复杂的巨系统，其各个子系统、要素在空间上的耦合关系及其相互作用机制与过程非常复杂，许多问题是非结构化的，仅靠传统的地理学方法，很难产生新的认识和新的发现。因此，地理学研究的创新，已成当务之急(蔡运龙，2000)。

那么，究竟如何创新呢？首先是思想上的创新，应该充分认识地理复杂性问题，要充分认识人地关系地域系统(包括各种地理系统和地理过程)的复杂性；其次是方法技术的创新，应该充分利用其他学科的最新成果，采用各种现代化技术，创新地理信息获取技术和数据挖掘方法。其中，地理模型的建立与运用，无论在思想创新方面，还是方法技术创新方面都具有不可替代的作用。模型是现代地理科学发现和创新的基本工具。事实上，对于一个复杂的地理问题，能不能顺利地进行研究，其关键常常就在于能不能针对所要研究的问题构建出一个科学的地理模型。

面对地理系统的复杂性(Rand，1999; Werner，1999; Claval et al.，2004; Crawford et al.，2005；甘国辉等，2004)，传统的地理学方法无能为力。周成虎等(1999) 指出，应该基于现代系统科学的思想，在复杂性科学的理论框架下，应用非线性理论和方法来描述、分析、模拟和预测空间系统的复杂动态行为，并构筑新一代的高级分析模型，是地理创新研究的又一次革命。马蔼乃(2001)认为地理非线性模型，是集演绎、归纳与类比为一体的，确定性与不确定性辩证的，图像与数据对应的定量计算模型。这种模型是还原论所不及的，只有运用复杂系统理论才能解决。

1.3.3 综合研究的功能

综合性是地理学的基本特征之一。地理学的研究对象，是多个子系统、多要素相互作用的地球表层系统，这决定了地理学研究的综合性特点。地理学综合研究，不仅仅局限于研究各个要素或各个子系统，更重要的是把地球表层系统作为统一的整体，综合地研究组成要素、各个子系统及它们的空间组合。它着重研究各种要素、各个子系统之间的相互作用、相互关系及其时空变化规律。当然，由于地球表层系统的复杂性，可以对某一要素或子系统进行部门的研究，但这种研究是在地理学综合性的基础上进行的。地理学的部门学科之所以成为地理学的一部分，不仅在其研究的对象上是地球表层系统的一个有机组成部分，而且在方法论上有着共同的基础——综合性。

地理学的综合性研究分为不同的层次：两个要素相互关系(如气候和水文的关系、土壤和植物的关系等)的综合研究，是低层次的综合性研究；多个要素相互关系(如地貌、水文、气候、植被和土壤的关系，或聚落、城市、交通、政治等关系)的综合研究，是中层次的综合性研究；地球表面全部要素(包括自然、经济、政治、社会文化)之间相互关系的综合研究，是高层次的综合性研究。层次不同，综合的复杂程度也不同，层次越高复杂程度越大，综合的难度也越大。高层次的综合性研究是当今地理学最高层次的科学难点问题(樊杰，2004)。在传统地理学中，低层次、中层次的综合研究分别形成地理学的一些分支学科(如自然地理学、人文地理学等)，这些综合研究并不是地理学所独有的，生态学、社会学等学科也进行综合性研究。但是，高层次的综合研究，即人地关系地域系统的综合研究，则是地理学所特有的。

从科学研究的角度来看，越是综合的问题，越是需要发挥模型的作用，只有通过建立与使用模型，才能更好地理解、认识和解决综合性的问题。因此，从理论上来说，为了完成地理学的综合性研究任务，地理模型的作用不可替代。建立并运用模型可以更好地发挥地理学研究的综合性特点。20 世纪 90 年代后期以来，随着复杂系统理论、计算方法和计算机技术的发展，以向量或并行处理器为基础的超级计算机为工具，对“整体性”和“大容量”数据所表征的复杂地理问题进行综合建模和高性能计算的地理计算模型(geocomputational model) (Fotheringham，1995)，对于促进地理学高层次综合研究起到了一定的作用。

1.4　地理模型的分类

从表现形式上来看，地理模型既有实物模型(如城市规划实体模拟模型、作战地形实体模拟模型等)、文字模型(如地理术语、名词、概念等)、图表模型(各种图像、表格、地图等)，也有数学模型。

对于地理学家来说，使用最为广泛的地理模型就是各种各样的地图。例如，地貌学家用地形图、地貌图等描述他们所研究的地貌系统的状态、构成等；水文学家用水系分布图及各种水文地质图来描述他们所研究的水文系统；气象学家则用气温、降水、日照、温度等分布图描述他们研究的天气系统的状况……

因此对于地理模型，地理学家们并不感到陌生。但是，自 20 世纪 50 年代以来，随着计量地理学的出现，计量革命风靡全球，以研究地理系统构成要素之间的相互联系、地理事物的分布等为内容的数学模型受到了许多地理学家们的重视，所以现在当人们一谈到“模型”两个字时，许多人就将它狭义地理解为数学模型，其实，这纯属一种误解。但是，由于地理学研究长期以来处于一种定性的描述或解释性文字描述的水平，因而数学模型的建立和应用推动了地理学朝着科学化、定量化方向发展。

从广义上讲，任何一种地理学理论都可以看作是一个地理模型。一般而言，一个成熟、完善的模型，不但有文字性的描述，而且有图表的直观及公式、符号的抽象，更有严密的推理与演绎。例如，人文学中的农业区位论、工业区位论、空间相互作用理论、中心地方理论、城市地域结构理论等都具有这些特点。

一般而言，系统分类的结果取决于分类方法，而分类方法又取决于分类者的研究目的。对于地理模型而言，分类的方法很多，从不同的角度出发，可以有不同的分类结果。现列举几种常见的分类结果。

1. 静态模型与动态模型

静态模型是对静态系统的描述。静态系统，亦称无记忆系统，即系统在任何一个时刻的输出只与该时刻的输入有关，而与该时刻之前或之后的输入无关。一般地，从较长的时间范围来看，任何地理系统都是动态系统。但是，有时候为了研究上的方便，对于某些地理系统，在较短的时间间隔内，人们常用静态的模型描述代之动态的模型描述，从而使原来的系统简化。在这种情况下，我们也可以将这些地理系统看成是静态系统。

动态模型是对动态系统的描述。动态系统亦称为记忆系统。这类地理系统，在任何一个时刻的输出不仅与该时刻的输入有关，而且也与该时刻以前的输入有关。对于动态的地理系统，还可以进一步将其分为定常系统和时变系统两类。如果一个系统无论在何时都由相同的输入得到相同的输出，则称其为定常系统，否则就称其为时变系统。

2. 线性模型和非线性模型

线性模型和非线性模型分别是对线性系统和非线性系统的描述。它们是按地理系统内部相互作用的性质所作的地理模型的分类。所谓线性地理系统，就是指系统内各个因素共同作用的结果等于每一个因素单独作用结果的机械叠加，用数学语言来说就是满足叠加原理。设$u_1,u_2,\cdots,u_n$为系统内部 n 个不同的作用因素；$c_1,c_2,\cdots,c_n$为 n 个常数；L 代表作用算子，则线性地理系统就是满足

$$L(\sum_{i=1}^{n}c_iu_i)=\sum c_iL(u_i)$$

的一类地理系统。反之，不满足叠加原理的地理系统就是非线性地理系统。

严格来说，线性的地理系统(过程)是不存在的，任何一个地理系统(过程)，一般都含有非线性作用因素。但是因为非线性问题至今仍没有找到一个通用的准确解法，所以，对于某些在大范围内用非线性模型描述的地理系统(过程)来说，当其变量保持在一定的阈值范围内时，人们往往用线性模型去逼近它，而且这种逼近也常常能够满足人们提出的精度要求。

3. 离散模型与连续模型

离散模型与连续模型，是按模型所涉及的变量的连续性所做的一种分类。如果某一地理系统(过程)的状态集 X、输入集 U 及输出集 Y 是 R^K (R 为实数集)中的连续集合时，就称之为连续地理系统；当 X 、U 及 Y 是离散集合时，就称之为离散系统。地理过程是地理学重要的研究内容之一，所以在地理系统研究中，一个十分重要的问题就是从系统动态过程与时间的关系上考察系统的连续性和离散性。如果用来描述系统的时间函数 $f(t)$的定义域是连续的，即 $t\in(-\infty, +\infty)$或$(t_0, +\infty)$，则该地理模型就是连续的动态模型；如果 $f(t)$的定义域是离散的，即 $t\in\{t_1, t_2, \cdots, t_n, \cdots\}$，则该地理模型就是离散的动态模型。在连续的时间系统中，系统的输入、输出和状态变量是时间的连续函数，连续的动态模型常用微分方程进行描述。但在离散的时间系统中，系统的输入、输出和状态变量都取各时刻的离散值，离散的动态模型常用差分方程来描述。

4. 确定性模型和不确定性模型

对于任何一个地理系统，我们都可以对它作一般性的形式描述

$$S=\{X, U, Y, \delta, \beta\}$$

式中：X 为状态空间；U 为输入空间；Y 为输出空间；δ 为动态(状态)转移函数；β 为输出函数。

据此，描述地理系统的模型可被分为两类，即确定性模型和非确定性模型。其中，

确定性模型描述的是确定性系统的行为，即系统的实时输入和实时状态能唯一明确地规定下一个状态和实时输出。非确定性模型描述的是不确定性系统的行为，即系统的实时输入和实时状态不能唯一明确地规定下一个状态和实时输出，即被规定的是一些可能状态的集合或一些可能输出的集合。不确定性系统又可以进一步分为概率系统和非概率不确定性系统，其描述模型，被称为概率模型和非概率不确定性模型。对于概率系统，根据实时输入和实时状态能够确定下一状态或实时输出的概率分布。在非概率不确定性系统中，被规定的不是下一状态或实时输出的概率分布，而只是其可能状态或可能输出的集合。对于非概率不确定系统中，如果把 X 、Y 、U 的子集换为各自的模糊子集，就得到模糊系统，其相应的模型就是模糊模型。在模糊系统中，系统的状态不是状态空间中的点，而是它的子集，对于系统的下一个状态，不知其概率分布，只知其关于给定子集的隶属度。

5. 黑色模型、白色模型和灰色模型

这是一种按“颜色”所作的分类。这里，“颜色”是就人们对地理系统的认识程度而言的形象化描述。黑色模型、白色模型和灰色模型，所描述的系统分别称为黑色系统、白色系统和灰色系统。

所谓黑色系统，是指人们掌握的信息量最少的一类地理系统。对这种系统，人们只知道系统的输入–输出关系，但不知道实现输入–输出关系的系统结构与过程。所谓白色系统，是指人们不但知道系统的输入–输出关系，而且知道实现输入–输出关系的系统结构与过程。而灰色系统则是介于“黑色”与“白色”之间的一类系统。它是指人们对实现系统的输入–输出关系的结构与过程只有部分了解，尚无全面地认识。就目前人们的认识程度而言，大多数地理系统是灰色系统。近 20 年来产生和发展起来的灰色系统理论(邓聚龙，1985)是研究这类灰色地理系统的有力工具。

6. 集中参数模型和分布参数模型

按照精密程度，可以把地理模型分为集中参数模型和分布参数模型。一般而言，集中参数模型中模型的各变量与空间位置无关，而把变量看作在整个系统中是均一的，对于稳态模型，其为代数方程，对于动态模型，则为常微分方程。而分布参数模型中至少有一个变量与空间位置有关，所建立的模型对于稳态模型为空间自变量的常微分方程，对于动态模型为空间、时间自变量的偏微分模型。在许多情况下，分布参数模型借助于空间离散化的方法，可简化为复杂程度较低的集中参数模型。

7. 非参数模型与参数模型

按照模型中是否显式地包含可估参数，可以把地理模型分为非参数模型与参数模型。

所谓非参数模型是指模型中非显式地包含可估参数。它是直接或间接地从实际系统的实验分析中得到的响应。例如，通过实验记录到的系统脉冲响应或阶跃响应就是非参数模型。非参数模型通常以响应曲线或离散值形式表示。非参数模型的辨识可通过直接记录系统输出对输入的响应过程来进行；也可通过分析输入与输出的自相关和互相关函数，或它们的自功率谱和互功率谱函数来间接地估计。

建立参数模型的目的就在于确定已知模型结构中的各个参数。用代数方程、微分方程、微分方程组以及传递函数等描述的模型都是参数模型。通过理论分析总是得出参数模型。运用各种系统辨识的方法，可由非参数模型得到参数模型。如果实验前可以决定系统的结构，则通过实验辨识可以直接得到参数模型。

8. 单变量模型与多变量模型

按照模型所含变量的多寡，可以把地理模型分为单变量模型与多变量模型。只有一个变量的模型称为单变量模型，如时间序列模型、单变量判别分析模型等。含有两个以上变量的模型称为多变量模型，如多元回归分析模型、主成分分析模型等。

9. 计算与仿真模型

计算模型(computational model)不同于一般的数学模型，主要是指适合于在计算机上进行求解计算的模型。20 世纪 90 年代后期以来，“3S”技术的发展使海量地理数据的获取取得成功，计算机技术的发展产生了以向量或并行处理器为基础的超级计算机为工具，计算理论的发展提供了许多可行的智能计算方法，这些进展使得人们通过计算机对于复杂地理问题实施高性能计算成为可能，地理计算(geocomputation)由此诞生。地理计算模型的建造与应用为构筑新的地理学理论、方法提供了有效的工具，而且使地理学的应用领域变得更加广阔。

仿真模型，是指根据计算机的特点、计算方式、精度要求、显示方式等，将地理模型的数学形式转换为计算机演算程序，并通过其运行对地理系统的演化过程进行模拟的计算模型。仿真模型的特点在于面向问题和面向过程的建模过程，并且适合于在仿真环境下，通过模仿系统的行为来求解问题。例如，地理学家常用的系统动力学(system dynamics)模型，其本质就是一种仿真模型。

无论如何分类，每一个地理模型都是从不同的角度和不同的侧面，以不同的形式描述了一个真实的地理系统或地理过程，它反映和体现着研究者(建模者)一定的研究目的。

思考题

1. 什么是地理模型？它有哪些特点？
2. 地理模型与实体地理系统的关系是怎样的？
3. 地理模型的作用是什么？
4. 地理模型包括哪些基本类型？
5. 结合你的学习与研究体会，谈一谈你对地理模型的认识。

参考文献

蔡运龙. 2000. 自然地理学的创新视角. 北京大学学报(自然科学版)，26(4): 576-582
邓聚龙. 1985. 灰色系统——社会 · 经济. 北京: 国防工业出版社. 1-272

樊杰. 2004.地理学的综合性与区域发展的集成研究. 地理学报，59(Supp.): 33-40
甘国辉，杨国安. 2004. 地理学与地理系统复杂性研究. 系统辩证学学报，12(3): 78-83
马蔼乃. 2001. 地理复杂系统与地理非线性复杂模型. 系统辩证学学报，9(4): 19-23
孙小礼. 2007-07-28. 模型：现代科学的核心方法(一). http://www.china.com.cn/xxsb/txt/2007-08/28/content_8761229.htm
孙小礼. 2007-09-24. 模型：现代科学的核心方法(三). http://www.china.com.cn/xxsb/txt/2007-09/24/content_8943847.htm
王庚，王敏生. 2008. 现代数学建模方法. 北京：科学出版社
徐建华，高玉景. 2001. 地理系统演化的动力机制、自组织途径、影响因素及熵标志. 系统辩证学学报，9(2): 53-57
徐建华. 1991. 地理系统分析. 兰州：兰州大学出版社
杨吾扬. 1985. 关于地理学的科学化. 地理学与国土研究，1(2): 57-62
杨吾扬. 1989. 理论地理学的科学问题. 地理科学，9(2): 105-112
岳天祥，刘纪远. 2003. 生态地理建模中的多尺度问题. 第四纪研究，23(3): 256-261
周成虎，孙战利，谢一春. 1999.地理元胞自动机研究. 北京:科学出版社：21-23
Bunge W W. 1962. Theoretical Geography. Lund Studies in Geography，Series C: General and Mathematical Geography-No. 1 Lund, Sweden : Gleerup
Burton I. 1963. The quantitative revolution and theoretical geography. Canadian Geographer，7(4): 151 - 162
Chorley R J，Haggett P. 1967. Models in Geography. London: Methuen
Claval P，Staszak J F. 2004. Confronting geographic complexity. contributions from some Latin countries. Presentation Geojournal，60(4): 319-320
Clifford N J. 2008. Models in geography revisited. Geoforum，39(2): 675-686
Crawford T W，Messina J P，Manson S M et al. 2005. Complexity science，complex systems，and land-use research. Environment and Planning B，32(5): 792-798
Fotheringham A S. 1998. Trends in quantitative methods II: stressing the computation. Progress in Human Geography，22(2): 283-292
Haggett P，Chorley R J. 1969. Network Analysis in Geography. London: Edward Arnold
Haggett P. 1965. Location Analysis in Human Geography. London: Arnold
Harvey D W. 1969. Explanation in Geography. London: Edward Arnold
Peet R，Thrift N. 1989. New Models in Geography. London: Unwin Hyman
Rand D. 1999. Complexity and climate. Science，284: 105-107
Wang Z，Xu J H，Yue Q et al. 2008. Quantitative geography and geo-computation. *In*: Cai Y L. Recent Progress of Geography in China: a Perspective in the 21st Century. Beijing: The Commercial Press: 291-310
Werner B T. 1999. Complexity in natural landform patterns. Science，284: 102-104

第 2 章　地理建模的思维导向与原则

随着计量地理学和理论地理学的发展，传统地理学的思维方式受到了挑战。在现代地理学中，模型的建立与应用是认识地理现象、揭示地理系统内在机制、解决有关地理预测与决策问题的重要手段。然而，地理模型的正确性和有效性，在一定程度上取决于建模者对于问题的认识深度与概括能力，体现着研究者的建模思维导向与原则。本章主要讨论地理建模的思维导向与原则问题。

2.1　地理建模的思维导向

一般来说，“问题导向”、“范式导向”和“方法导向”，是地理学研究的三种基本思维导向，也是地理建模的三种基本思维导向。

“问题导向”强调(席西民，1987)：当遇到一个具体的地理问题时，思想上先不要受任何条条框框的限制，而运用系统的观点分析问题、诊断问题，弄清问题的来龙去脉和前因后果，找出问题的症结所在；然后再回头来看，是否存在解决这一问题的现成的技术和方法。如果有现成的技术和方法可以应用，那么就直接用它们解决问题；如果没有现成的技术和方法解决这一问题，那么就需要寻找新的技术和方法解决问题(图 2.1)。

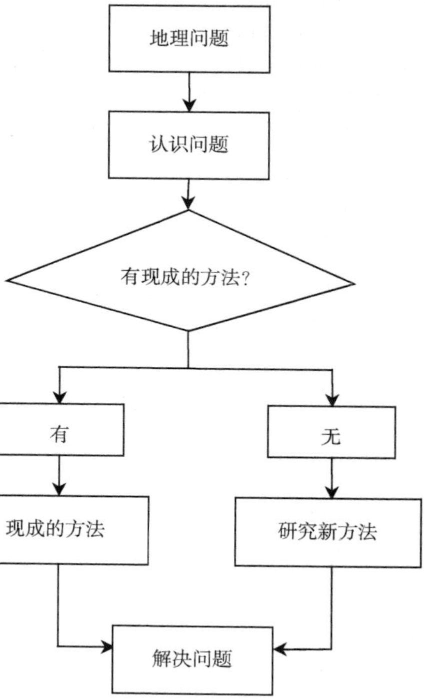

图 2.1　问题导向的思维方式

“范式导向”，则强调研究范式的重要性(Chakravarti et al.，1990)，它注重于研究问题所采用的范式。“范式导向”的思维方式是，在分析和解决问题之前，由于受某些传统的或者成功的经典范式的影响，研究者的头脑中已经自觉或不自觉地形成了一个先入为主的必将套用的研究范式，他必然采用这一范式解决问题。当这个先入为主的范式不适合拟解决的问题时，研究者往往会自觉或不自觉地修改问题以求得向范式靠拢，或者通过改进范式以适应问题，从而达到“解决”问题的目的(图 2.2)。

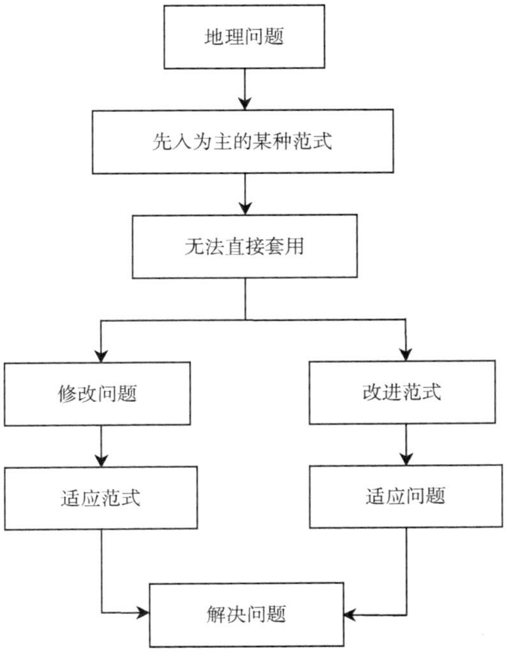

图 2.2　范式导向的思维方式

“方法导向”的思维方式，则是在未对具体的地理问题深入分析之前，研究者头脑中已经先入为主地有了一些现成的方法，准备用那些方法解决这一问题。如果问题与研究者头脑中先入为主的方法不符，无法直接套用，那么，他只有简化问题以适应方法，或者改进方法以解决问题(图 2.3)。

按照“方法导向”的思维方式，地理学家必须事先掌握足够的研究方法，包括数据采集与处理及相关的定量分析与建模方法等；如果没有关键方法(Clifford and Valentine，2008)的有效支撑，建模研究的目标是不可能实现的。

按照不同的思维导向方式，研究解决同样一个地理问题，也许会得到不同的结果。那么，究竟哪些结果更接近于真理呢？一般来说，“问题导向”的思维方式，可以避免或减少研究结果的失真现象，并且可能取得创造性的研究成果。因为这种思维导向，符合人类科学思维的基本规律，容易取得创新性研究成果。在地理学研究中，要正确地解决问题，就必须首先深刻地认识问题。这种思维方式，不从教条出发，先验地支持什么或反对什么，当遇到问题是，不是急于寻找解决问题的方法，而是力求全面深刻地认识问题，从而为正确地解决问题奠定一个良好的基础。系统科学家 Ackoff(1978)曾经说过：“解决错误问题引起的失误比错误地解决正确问题引起的失误要多得多。”这个说法值得我们地理学家深思。按照“问题导向”的思维方式，在认识问题之前，研究者的头脑中不存在任何条条框框的约束，而是在充分而正确的认识问题以后，再利用自己的知识和经验，看看是否存在现成的技术方法，如果没有，则研究创造解决问题的新方法。这样，容易激发人们的创造性思维，容易获得创新性的研究成果。

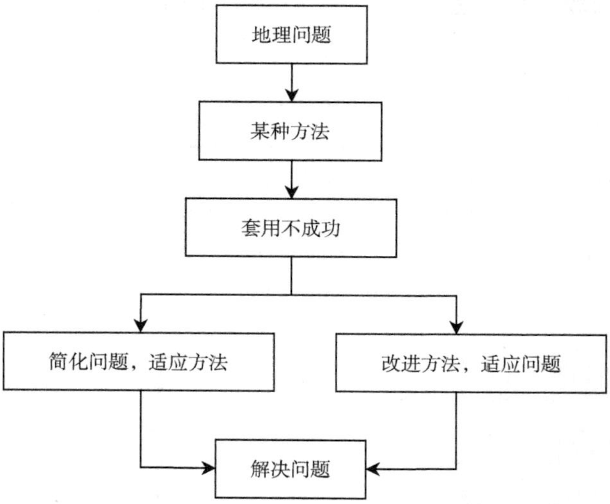

图 2.3　方法导向的思维方式

如果按照“范式导向”或“方法导向”去解决问题，研究者在遇到问题时，就会带着已经存在于自己头脑中的某种“范式”或“方法”去考虑问题，这样，常常在无意中就被某些条条框框所束缚，限制了思维范围。这两种思维方式，往往不是引导人们根据实际情况研究解决问题的方法，而是有意或无意地用浮现在脑海中的“范式”或“方法”机械地套用问题；如果问题与方法不符，则简化问题或改进范式(方法)。这样，就可能由于问题的简单化或范式(方法)的错误，导致研究结果失真。而且，按照“范式导向”和“方法导向”研究和解决问题，往往还会出现实际问题与研究者事先考虑的“范式”或“方法”相距甚远，从而导致研究工作失败。

在一些人的印象中，地理建模技术似乎只是一些具体的数理方法与计算机应用技术的汇集，其实不然。地理模型的建造，取决于建模者对地理系统(过程)的认识程度。一般来说，对地理现象、地理事实、地理过程认识得越深刻，对地理系统内部各要素之间的关系研究得越清楚，则地理模型的建造就越容易，所建造的地理系统模型越切合实际，越能反映客观地理系统的本质。可见，问题比范式和方法更重要，因为首先要明确问题，然后才谈得上如何研究(刘永福，2008)。对于一个实际地理问题来说，最关键的或第一位的，不在于用什么范式和方法进行研究，而在于明确它究竟是什么样的问题。

通过上述分析，可以看出，构建地理模型，应该坚持“问题导向”的思维方式。当然，对于地理问题的正确认识不但需要相关科学知识的积累，特别是物理学、化学、生物学、环境学、生态学、经济学、社会学以及系统科学等方面的知识积累，而且还需要相关方法和技术的支持，特别是相关的数学建模方法、计算方法和 GIS 技术必不可少。

2.2　地理建模的基本原则

1. 简单明了原则

判断地理模型的优劣完全在于模型的正确性和应用效果，而不在于采用多少高深的数理知识。在同样的应用效果下，用初等方法建立的模型可能更优于用高等方法建立的模型。地理建模的主要任务之一，就是在对现实地理系统(过程)本质认识的基础上，分析各个子系统(或要素)之间的关系，找出反映机理的规律。地理建模的最高境界是，用简单的方法，简明扼要地表达地理系统(过程)的机理。如果将所有因素不分主次地计入模型，不仅模型十分庞杂，而且事实上无法求解，反而掩盖了问题的本质。

建立地理模型的过程，也是对客观的原型地理系统进行科学抽象的过程。要在尽可能周密地进行具体分析的基础上，分清主次。要敢于和善于撇开那些次要因素、次要矛盾、次要关系、次要过程，这样才能突出主要因素、主要矛盾、主要关系、主要过程。舍弃次要的无关大局的细节，正是为了舍末求本，抓住本质性和关键性的东西，从而建立具有科学性的模型。因此，一定要防止主次混淆，更不能以次充主、舍本求末，否则就不能保证模型与原型具有本质上的同构性。

所谓明了就是要求建模者根据研究的目的，将地理系统中最本质的内容和关系突出出来，而将其非本质性的东西舍弃，以求得系统内在规律的暴露。例如，在区位论研究中，杜能(von Thünen，1910)就是在一些基本的假设前提下，抓住了区位地租这一本质性的概念，建立了农业区位论模型(Hall，1966; Clark，1967; O'Kelly et al.，1996)；Weber 等(1929)则通过对所有影响工业区位的因子的分析、筛选，建立了运费、劳动力、集聚三指向的工业区位论模型；而克里斯塔勒(Christaller，1933)则以“中心地”(zentrale orte)、“中心性”(zentralität)、“中心货物与服务”(zentrale güter und dienste)等本质性概念为依据，建立了中心地理论模型(Beavon，1977)。

所谓简单，就是要求建模者用尽可能简单的文字描述、形象直观的图表、抽象严谨的符号及数学公式对地理系统的特征及其内在联系予以表征(徐建华，1991)。

在数理科学研究中，长期以来，人们积累了许多化繁为简的经验。例如，把不规则的化为规则的；把不均匀的化为均匀的；把不光滑的化为光滑的；把无限的化为有限的；把连续的化为离散的；把离散的化为连续的；把高维空间化为低维空间；把各向异性化为各向同性；把非线性关系化为线性关系；把非孤立系统化为孤立系统等。但是，这些简化是有前提条件的，这些经验不能盲目套用，必须坚持具体情况具体分析，尤其不能把研究简单系统时所采用的简化方法都照搬到复杂系统研究中(孙小礼，2007)。例如，对于区域气候系统、水文系统、土壤系统、生物系统等，都是与外界存在着物质、能量和信息交换的复杂系统，如果把它们看作简单的孤立系统，把其中的非线性关系简化为线性关系，就会得出不符合实际的研究结论。

2. 量纲一致性原则

量纲分析是物理学中常用的一种定性分析方法，也是在物理领域中建立模型的一个有力工具。这种分析方法，在地理建模中照样适用。利用这种方法可以从某些条件出发，对某一现象推断分析，并以此来确定各变量之间的关系(韩中庚，2005)。

当我们对一个地理要素进行定量描述时，总离不开它的一些特性。例如，时间、长度、高度、面积、体积、质量、密度、速度等，这种表示不同要素特性的量，称为不同的量纲。另外，地理要素的度量又离不开单位，如降水量的单位为 mm、气温的单位为°C、海拔的单位为 m、土地面积的单位为 hm^2 和人口密度的单位为人/km^2 等。当我们用数学公式描述一个地理要素(变量)时，等号两端就必须保持量纲的一致性和单位的一致性。量纲一致性原则，是地理建模分析的一个基本原则。

在某些具体问题的分析与评价研究中，会用到一些无量纲的指数或综合评价指标，而这些无量纲的指数或综合评价指标，往往都是由有量纲的数据计算派生出来的。但是，为了消除量纲的影响，常常需要对带有量纲的原始数据进行标准化处理(徐建华，2002，2006)。

3. 依据的充分原则

这一原则，要求人们必须依据地理学的有关理论及所研究的地理系统(过程)的发展运动规律来建立地理模型。要求模型的假设前提要有依据可寻，理论演绎、公式推导运算的每一个步骤都要有充分的理由。根据这一原则，地理建模必须首先明确有关的地理学理论、基本概念，并在此基础上，弄清地理事物的空间分布及其随时间变化的动态，抓住地理事件的本质，深刻分析地理事件发生的机制。可以说，地理模型建造的成功与否，主要取决于建模者对地理系统认识或把握的深刻、准确与否，亦即建模的依据充分与否(徐建华，1991)。

4. 形式标准原则

同类型地理系统模型形式的标准化，一方面便于模型的推广与应用，另一方面便于一般性的地理学理论的推导(徐建华，1991)。因此，对于已建立的有关的地理系统模型，要不断地进行更新和维护，使其渐趋标准化、完善化。在从事新的模型的建造工作时，如果已经存在一些标准化形式的模型可以借鉴，则应尽量应用。这不但避免了建造新模型的复杂工作，而且还可以借用已有的计算方法、计算程序。从科学发展的一般性规律来看，标准化是学科发展成熟的标志之一。因而，地理系统模型的建造应该向形式的标准化方向看齐。

5. 易操作性原则

地理系统模型的建立不是目的，而是认识地理现象的内在机制和解决实际地理问题的手段。对于一个具体的地理系统，建立模型的根本性目的是认识系统的本质构成，分析要素之间的相互联系，揭示系统的发展变化规律，从而为人地关系地域系统的优化调控提供科学的依据(吴传钧，2008)。因此，模型的易操作性是人们对地理系统模型的基本要求。否则，这种建模工作是没有意义的。地理模型的建立要尽可能地降低求解的难度(徐建华，1991)。

思　考　题

1. 试比较“问题导向”、“范式导向”、“方法导向”等几种地理建模的思维导向，其优缺点各是什么？
2. 建立地理模型，应该遵从的基本原则有哪些？
3. 结合你的学习与研究体会，谈一谈地理学范式，以及地理学范式与地理建模之间的关系。

参 考 文 献

韩中庚. 2005. 数学建模方法及其应用. 北京: 高等教育出版社
刘永福. 2008. 关于学术研究中的“问题导向”的几点思考. 甘肃社会科学，2: 47-49
孙小礼. 2007-9-24. 模型: 现代科学的核心方法(三). http://www.china.com.cn/xxsb/txt/2007-09/24/content_8943847.htm
吴传钧. 2008 .人地关系地域系统的理论研究及调控. 云南师范大学学报(哲学社会科学版)，40(2): 1-3
席酉民. 1987. 问题导向与方法导向——谈系统工程的研究思路. 系统工程理论与实践，1: 78, 79
徐建华. 1991. 地理系统分析. 兰州: 兰州大学出版社
徐建华. 2006. 计量地理学. 北京: 高等教育出版社
徐建华. 2002. 现代地理学中的数学方法. 北京: 高等教育出版社
Ackoff R L. 1978. The Art of Problem Solving. New York: John Wiley & Sons
Beavon K S O. 1977. Central Place Theory: a Reinterpretation. London : Longman
Chakravarti A K，Tiwari R C. 1990. A basic research paradigm in geography. Journal of Geography，89(2): 53-57
Christaller W. 1966. Central places in southern Germany. *In*: Baskin C W. Die Zentralen Orte in Suddeutschland. Englewood Cliffs: Prentice-Hall
Clark C. 1967. Von thünen's isolated state. Oxford Economic Papers，19: 370-377
Clifford N J, Valentine G. 2008. Key Methods in Geography. London: Sage Pubns Ltd
Hall P. 1966. Von Thünen's Isolated State. Oxford: Pergamon Press
O'Kelly M，Bryan D. 1996. Agricultural location theory: von Thunen's contribution to economic geography. Progress in Human Geography，20(4): 457-475
von Thünen J H. 1910. Der Isolierte Staat in Beziehung auf Landwirtschaft und nationalökonomie. Jena: Gustav Fischer
Weber A，Friedrich C J. 1929. Alfred Weber's Theory of the Location of Industries. Chicago，Ill: The University of Chicago Press

第 3 章　地理模型建立与应用的若干问题

建立地理模型，不但要确立科学的思维导向和建模原则，而且还需遵循科学、合理、可行的方法与技术路线。地理模型的建立并非地理学研究的归宿，而运用模型解决有关理论与实际问题才是根本目的(徐建华，1991)。本章主要讨论建立地理模型的基本步骤、地理建模常用的数学方法、地理模型的应用方面，以及地理模型的建立与应用中应该注意的相关问题。

3.1　建立地理模型的基本步骤

英国著名地理学家威尔逊等(Wilson，1974; Wilson et al.，1986)，曾就如何建造地理系统模型给出了自己的见解，这些见解可以归纳为如下的几条：

(1) 建造一个地理系统模型，首先必须明确建模的目标。即建模者必须回答所建模型将被用来做什么？企图解决什么问题？

(2) 地理系统的构成要素是什么？这些要素的相互联系、相互作用及其动态变化应由什么形式的变量被模型所反映？其中哪些变量是以量化变量的形式出现的？

(3) 在各类变量中，必须明确哪些变量属于可调控变量？即通过对哪些变量的调控可以使地理系统的行为发生改变。地理调控系统的调控机构一旦掌握了这些变量，就可以对地理系统实施有效的调控。

(4) 在模型中，如何处理时间的概念？即认为被研究的地理系统是无记忆系统还是记忆系统，是建立静态模型还是建立动态模型？

(5) 所建模型将采用什么观点、拟解决哪些理论问题？与此问题有关的建立模型的基本假设，以及所依据的理论，将要解决的问题等都将直接或间接地体现在模型之中。

(6) 能用于建模的有关数据、资料是什么？这些数据、资料的可靠性如何？应采用什么样的建模技术？有现成的技术方法可以借鉴还是需要建造新的模型？

(7) 所建模型的精确度，以及该模型在应用中的有效程度如何？应该用什么方法和手段检验所建的模型？

威尔逊的这些见解道出了地理系统建模所必须注意的各个环节，同时也为地理系统建模提供了一个一般性的程序。根据威尔逊的以上观点，我们总结出地理系统建模的一般性程序(步骤)。

第一步：根据研究目的，划定系统边界，研究系统与外界环境之间的关系。在这一步骤中，首先需要明确研究目的，建模者必须明白建模的意图；其次根据研究目的，将与研究问题无关的内容排除于系统之外，明确地确定出系统的界限范围；最后再研究系统与其外界环境之间物质、能量、信息的交流关系。

第二步：研究系统机理，找出主要因素、确定主要变量，为系统模型的建立准备必要的条件。这一步骤的主要任务是研究系统的构成及其内部各因素之间相互作用、相互联系、相互依赖的各种机制，并通过各种机制的研究，确定构成系统的主要因素、建立模型所必需的各种变量，明确哪些是数量形式表现的量化变量，哪些是对系统行为具有调控作用的调控变量。

第三步：建立模型。在这一步骤中，首先面临的问题是模型选择，既要求在上一步骤工作的基础上，结合系统的研究目标、根据系统要素及有关变量的性质，确定要建造的模型是分析模型还是综合模型；是模拟模型还是仿真模型；是分布模型还是过程模型；是线性模型还是非线性模型；是确定性模型还是随机模型；是静态模型还是动态模型；是结构模型还是功能模型；是优化模型还是调控模型等。当模型的选择工作完成后，就要依据有关的理论方法和技术，用符号、数学公式表达所有关系，并通过推导运算将其简化。一个完整的模型还需要配有一定的图表及文字说明。

第四步：模型检验与修正。通过上述几个步骤所完成的模型是在有关假设的前提下，得到的对系统的简化描述，它是否符合客观地理系统的实际情况，其精确性、有效性如何，还需要进一步地进行模型验检与实际情况检验。如果模型与客观地理事实有较大的误差，则需要返回到以上各个步骤环节通过检查失误对所建立的模型进行修正。值得一提的是，逐步修正是地理系统建模常用的方法之一。例如，工业区位论的创造人韦伯，就是先通过寻求最小运费点建立了厂址选择的最佳区位模型，然后再分别由劳动指向与集聚指向对原最佳区位做了两次修正。

第五步：模型的地理学解释与应用。当一个地理系统模型被建立后，就要对它做出地理学解释，说明它所阐述的理论思想与观点。另外，模型的应用与维护也是必不可少的，任何地理系统模型的建立都是以应用为目的，建模仅仅是地理系统分析的手段而不是目的。

以上介绍的地理建模的 5 个基本步骤如图 3.1 所示。

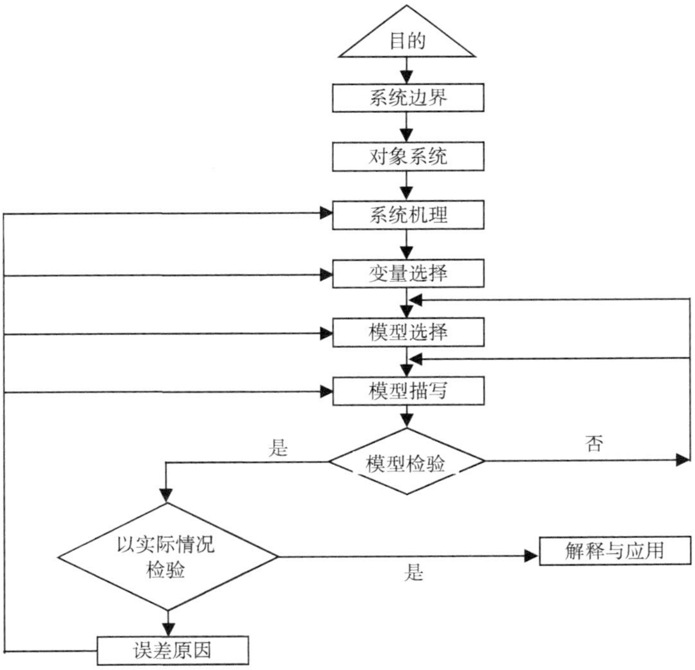

图 3.1　地理系统建模程序

3.2　建立地理模型常用的数学方法

经过 40 多年的发展，地理建模方法不断完善、不断成熟。目前，地理建模中的数学方法，已经涉及数学及其相关学科的各个领域。它不但继承了计量运动(Burton，1963)的成果，而且还吸收了 40 多年以来数学、系统理论、系统分析方法、计算机科学、现代计算理论及计算方法等领域内的有关成果，其内容是十分丰富而广泛的。

徐建华(2002)在总结国内外有关研究成果与方法的基础上，结合自己的研究与理解，给出了地理建模中的数学方法体系(表 3.1)。当然，地理建模所用到的数学方法十分广泛，表 3.1 所列举的内容还不是很全面，欢迎广大读者批评、指正，并进行补充、完善。

表 3.1　地理建模中常用的数学方法

数学方法	用　途
概率论	用于地理现象、地理要素的随机分布研究
抽样调查	用于地理数据的采集和整理
相关分析	分析地理要素之间的相关关系
回归分析	用于拟合地理要素之间具体的数量关系、预测发展趋势
方差分析	研究地理数据分布的离散程度
时间序列分析	用于地理过程时间序列的预测与控制研究
主成分分析	用于地理数据的降维处理及地理要素的因素分析与综合评价研究
聚类分析	用于各种地理要素分类、各种地理区域划分
判别分析	用于判别地理要素、地理单元的类型归属
趋势面分析	用于拟合地理要素的空间分布形态
协方差与变异函数	用于研究地理要素的空间相关性及空间分布的数量规律
克里格法	用于地理要素分布的空间局部估计与局部插值
马尔可夫过程	用于研究随机地理过程、预测随机地理事件
线性规划	用于研究有关规划与决策问题
投入产出分析	用于产业部门联系分析、劳动地域构成分析、区域相互作用分析
多目标规划	用于研究有关规划与决策问题
非线性规划	用于研究有关规划与决策问题
动态规划	用于有关多阶段地理决策问题的求解
网络分析	用于交通网络、通信网络、河流水系等地理网络的研究
层次分析法	用于有关多层次、多要素战略决策问题的分析
风险型决策分析	用于各种风险型地理决策问题的分析
非确定型决策分析	用于各种非确定型地理决策问题的分析

续表

数学方法	用　途
模糊数学方法	用于各种模糊地理现象、地理过程、地理决策和系统评价研究
控制论	用于地理过程、地理系统的调控研究
信息论	用于各种地理信息的分析、处理
突变论	用于有关突发性地理现象、地理事件的研究
耗散结构理论	用于有关地理系统、地理过程的组织与演化问题研究
协同学	用于有关地理系统、地理过程的自组织问题研究
灰色系统方法	用于灰色地理系统的分析、建模、控制与决策研究
系统动力学方法	用于对地理系统的仿真、模拟和预测
分形理论	用于有关地理实体的形态及要素分布形态的自相似机理研究
小波分析	用于多层次、多尺度、多分辨率的地理时空过程的时频分析
人工神经网络	用于有关地理模式的识别、地理过程机制的自学习及预测等
遗传算法	用于复杂的非线性地理问题的计算
元胞自动机	用于有关地理过程的计算机模拟

这里需要说明的是，20 世纪 90 年代以来，随着数学方法、计算理论和方法及计算机技术发展，传统意义上的单一的地理模型开始朝模型系统方向发展(孙九林等，1992；秦耀辰，1994)。传统的地理计量模型也随之发展为地理计算(geo-computation)模型系统(Openshaw，1994，1998)。

20 世纪 90 年代，以超级计算机为基础的一系列高性能计算新方法的实现，使计算与实验、理论共同构成了人类认知客观世界的有效工具。随着并行超级计算机硬件的成功实现，“3S”技术在获取大容量、整体性地理数据信息中的成功应用，计量地理已不是传统意义上的利用计算机求解单一地理模型的计算，而是以向量或并行处理器为基础的超级计算机为工具，对“整体”、“大容量”资料所表征的地理问题实施高性能计算，探索构筑新的地理学理论和应用模型(Fotheringham，1998)。这些“整体”、“大容量”资料所表征的地理问题，在人文、经济、城市地理学的相关研究中，有城市中金融、交易所之间以电话为载体的信息流，在城市内核、边缘区通勤职工起讫点之间人流等的预测；有跨国大区域人口普查、人口预测、人口规划问题；有城市内部作为城市基础的生命单元的家庭和社区的类型、结构、功能、组织等的重构；有城市信息产业、信息经济发展机制、革新等模拟；有城市不同时间、空间尺度上的形态演变动力学等，它们都是城市地理研究课题的深入与发展。高性能计算所依赖的计算方法与理论模型，除继续应用 20 世纪 80 年代中叶以来在地理学模型研究中成功引入的突变、自组织、混沌、分形等模型外，在地理计算模型中占重要地位的是神经网络(neural network)、遗传算法模型(genetic algorithm)、元胞自动模型(cellar automata)、模式参数随机取样模型(random sampling of model parameter)、模糊逻辑模型(fuzzy logic)、地理加权回归(geographically weighted regression)等。奥彭肖所领导的地理计算中心(Turton

et al.，1996)成功地利用了爱丁堡大学的 512 个处理器的超级并行计算机 Cray T3D，利用人工神经网络模型、遗传算法模型和模糊逻辑模型研究空间相互作用这一地理学的固有命题，对英国达勒姆市(Darham)通勤职工流动大容量资料实施高性能运算；费希尔等(Fischer et al.，1994)利用神经网络模型对奥地利通信网络的研究；巴蒂等(Batty et al.，1994; Batty，2005)利用胞自动机模型、分形理论和专用软件对城市和城市系统形态生成、演变的模拟等都是近年来地理计算学理论与应用研究具有开创性意义的成果。可以预期，地理计算模型的继续发展，将对地理科学的理论和应用研究产生深远影响。

3.3 地理模型的应用方面

地理模型是现代地理学研究中定量分析、模拟运算、预测、决策、规划及优化设计的手段。目前，它已经被广泛地应用于地理学的各个分支领域，其主要应用方面如下。

1. 分布型分析

这类研究，主要是对地理要素的分布特征及规律进行定量分析。例如，运用平均值、方差、标准差、变异系数、峰度、偏度等统计量描述地理要素的分布特征；运用概率函数研究地理要素的分布规律(张超等，1984；林炳耀，1985)；运用分形几何理论研究地理要素分布形态的分形特征等(艾南山等，1993；徐建华等，2001；董山等，2009)。

2. 相互关系分析

这类研究主要是对地理要素、地理事物之间的相互关系进行定量分析。例如，运用统计相关分析方法定量地揭示地理要素之间的相关程度；运用灰色关联分析方法揭示地理事物之间相互联系的密切程度(徐建华，1991)；运用回归分析方法给出地理要素之间相关关系的定量表达式；运用投入产出分析方法定量分析区域经济系统中各个产业之间的相互联系等(张超等，1984；林炳耀，1985；徐建华，2002)。

3. 分类研究

这类研究主要是对地理事物的类型和各种地理区域进行定量划分。例如，运用模式识别方法、判别分析方法、聚类分析方法等定量研究土地类型、地带及自然区和经济区的划分问题等(张超等，1984；林炳耀，1985；徐建华，2002)。

4. 网络分析

这类研究主要是对水系、交通网络、行政区划、经济区域等的空间结构进行定量分析。在地理网络分析中，几何学方法和图论方法是常用的主要方法。例如，交通网络中结点之间的接近度、可达性、最短距离，最大流与最小运费流，以及行政与经济区域中的城镇体系及其等级规模等问题的研究，均属于网络分析的范畴(张超等，1984；林炳耀，1985；徐建华，1996)。

5. 趋势面分析

趋势面分析就是运用恰当的数学方法计算出一个空间曲面，并以这个空间曲面去拟合地理要素分布的空间形态，展示其空间分布规律。这种空间曲面就称为趋势面。趋势面分析所采用的数学方法通常是回归分析方法。其分析的步骤是：首先运用回归分析方法拟合出所要分析的地理要素的趋势面方程，然后用趋势面方程计算出每一个测点上的该地理要素的趋势值，并以一定的间隔画出趋势等值线图。这种趋势等值线图就展示了所要分析的地理要素的空间分布规律(张超等，1984)。

6. 空间相互作用分析

空间相互作用分析，主要是定量地分析各种“地理流”在不同区域之间流动的方向和强度(Wilson，1971; Ord，1975; Haining，1978)。例如，运用线性规划方法研究某个大区域中各个小区之间的货流问题；运用投入产出分析方法研究各个区域之间产品的流动及分配与消费问题；运用一些已经建立的理论模式研究不同区域之间的人口流动问题、商品购销问题等(杨吾扬，1989；杨吾扬等，2000)。

7. 系统仿真研究

系统仿真研究，就是针对复杂的地理问题——对象系统，在对各种系统要素之间的相互关系与反馈机制分析的基础上，构造系统结构，建立描述系统的数学模型，并以适当的计算方法与算法语言将数学模型转化为计算机可以识别与运行的工作模型，通过模型的运行，对真实系统进行模拟与仿真，从而达到揭示系统的运行机制与规律的目的。实践证明(徐建华等，1995，1996；方创琳等，1999，2004)，系统动力学方法是地理系统仿真研究中可供借鉴的一种有效方法，它为许多复杂地理问题的研究提供了一种可供尝试的途径。

8. 过程模拟与预测研究

任何地理事物、地理现象，都随着时间在不断地运动和变化着，即经历着特定的地理过程。这类研究，旨在通过对地理过程的模拟与拟合，定量地揭示地理事物、地理现象随时间变化的规律，从而对其未来发展趋势作出预测(徐建华，1991；徐建华等，1994)。在地球表层系统中，主要的地理过程包括气候过程、水文过程、生物过程、地貌过程、生态环境过程、经济过程、社会过程、文化过程等。对于这些过程的模拟与预测研究，经常采用的数学方法有回归分析法、时间序列分析法、马尔可夫方法、灰色系统建模法、系统动力学方法等。

9. 空间扩散研究

空间扩散研究，旨在定量地揭示各种地理现象，包括自然现象、经济现象、社会现象、文化现象、技术现象在地理空间的扩散规律(Cliff，1981; Richard et al.，1988)。例如，坡面泥石流运动、各种污染物在水体和大气中的扩散、各种经济现象的集聚与扩散、文化与技术的传播等问题，都属于空间扩散研究的范畴。这类研究，经常采用的方法有统计方法、微分建模方法、数学物理方法、蒙卡罗模拟方法等。

10. 空间行为研究

空间行为研究，主要是对人类活动的空间行为决策进行定量的研究(Peter et al.，1977; 王铮，2002)。例如，资源利用与环境保护问题、经济活动的空间组织问题、产业布局的区位问题、城乡区域规划问题等都属于空间行为研究的范畴。这类研究，经常采用的方法有数学规划方法(如线性规划、多目标规划、多维灰色规划方法等)和决策分析方法，如 AHP 决策分析方法、风险型决策方法、非确定型决策方法、模糊决策方法、灰色局势决策方法等(徐建华，2002)。

11. 地理系统优化调控研究

地理系统优化调控研究，主要是运用系统控制论的有关原理与方法，研究人地相互作用的地理系统的优化调控问题，寻找人口、资源、环境与社会经济协调发展的方法、途径与措施。这类研究，经常采用的是现代控制论方法、大系统理论及灰色去余控制理论等(徐建华，1991，1996)。

12. 地理系统复杂性研究

1999 年，美国著名的《科学》杂志出版了一期题为复杂系统(complexity systems)的研究专辑，专门论述系统的复杂性问题，其中涉及地理系统复杂性的有两篇论文，一篇是关于地貌的复杂性(Werner，1999)，另一篇是关于气候的复杂性(Rind，1999)。这说明，地理系统的复杂性问题，已经引起了国际地理学界的高度重视。事实上，20 世纪 90 年代初，中国地理学家就已认识到地理系统的复杂性问题(陈述彭，1991)。但是，关于地理系统的复杂性问题研究，目前还没有一种非常有效的方法，我们只能针对不同的问题，从不同的角度，运用突变理论、混沌理论、分形理论、小波分析、人工神经网络等非线性方法做一些力所能及的探索。

3.4　建立与应用地理模型应该注意的问题

在地理问题的研究中，运用数学方法所建立的定量分析模型，可以形象地看作是用于加工原料、制造产品的机器或设备，这里的原料就是输入模型的原始地理数据，而产品便是由模型得出的研究结果。显然，产品的质量不仅取决于机器的性能，而且还依赖于原料的品质，如果输入的地理数据质量不高，则输出的结论就不会可靠。另外，对于复杂的地理计算问题，模型的运行和结果的输出，都必须依赖于 GIS 数据库和 GIS 平台的支持。因此，在现代地理学研究中，为了成功地建立与应用地理模型，必须注意如下几个方面的问题。

1. 地理数据的筛选与质量检验问题

模型在现代地理学研究中的作用无疑是重要的，模型的建立是定量分析、预测和决策的先决条件。但是，地理数据却是建立定量化的地理模型的基础。数据在地理模型的建造中有两个方面的重要作用：一是确定模型中的参数与初值；二是检验模型的正确性、合理性和有效性。没有地理数据，模型中的参数与初值将无法确定，模型的正确性、合理性和有效性将无法检验。由此可见，地理数据的质量，直接影响着由模型所得出的研究结果的正确性。在地理问题的研究中，地理数据的丰富性、完备性和准确性，也是能否成功地建立和运用地理模型的关键。所以，在建立和运用地理模型研究问题时，就必须注重对地理数据的筛选和质量检验工作。在建立和运用地理模型之前，要对地理数据的真伪进行检验，要检查数据的完备性和准确性。对于失缺的数据，要采用适当的方法手段进行插补；对于失真的数据要采用各种方法进行比较、分析和校正处理。

2. 模型的建立与检验问题

如果把地理模型的建立与应用过程看作是“产品”的“生产过程”，则输入的“原材料”就是地理数据，输出的产品就是经过模型运行(运算)以后输出的有用信息，而模型就是制造加工产品的“机器”。可见，模型的建造与检验是地理学研究的关键环节。针对特定的目的建立的地理模型，是否符合客观地理系统的实际情况，其精确性、有效性如何，必须经过数学检验与实际情况检验。如果模型与客观地理事实有较大的误差，则需要进一步修正，直至达到精度要求为止。

3. 与 GIS 结合的问题

GIS 是 20 世纪 70 年代后期发展起来的，对地理数据进行采集、输入、存储、更新、检索、管理及综合分析与输出的计算机应用技术。它是以计算机为工具，综合应用定位观测数据、统计调查数据、地图数据、遥感数据等，通过一系列空间操作与分析，对地理学进行综合研究的现代化手段。地理模型只有很好地与 GIS 技术相结合，才能不断地提高其应用层次与水平，不断地拓宽其应用领域，充分发挥其在现代地理学研究中的作用。

一方面，从地理模型的角度看，对于一些复杂地理问题的研究，采用任何单一的方法和模型都是很难奏效的。解决这类问题，需要综合应用多种数学方法，建立一系列具有分析、模拟、仿真、预测、规划、决策、调控等多种功能的众多模型组成的模型系统才能完成。然而这些模型系统的运行，不仅需要大量地理数据构成的数据库的支持，还需要强有力的计算方法与计算机程序的支持，而且由模型系统运行所得到的研究结论也需要以简明扼要的形式——地图、统计图形或表格方式被输出。显然，对于模型系统的这些支持，必须由 GIS 技术才能完成。

另一方面，从 GIS 的角度看，它不仅需要地理模型为其建造空间分析模型，如数字地形模型(DTM)、空间统计分析模型、叠加(overlay)分析模型、缓冲(buffer)区分析模型等，以及其他分析模型，如综合评价模型、预测模型、规划模型、决策分析模型等，而且就连 GIS 中的一些基本技术，如空间数据的编码、数据格式的转换算法、遥感数据的几何校正、数据模型与数据库的建造等都需要借助有关的数学方法来实现。近几年来所出现的一种针对一些特定的领域的面向应用对象的、高层次的智能化的地理信息系统——基于知识的空间决策支持系统(苏理宏等，2000)，就是地理模型、人工智能技术与 GIS 技术在地理学应用研究领域中相互结合的成功典范。

思 考 题

1. 建立地理模型的基本步骤有哪些？
2. 建立地理模型常用的数学方法包括哪些方面？
3. 建模方法可以用于地理学研究的哪些方面？
4. 建立地理模型应该注意的问题有哪些？
5. 结合你自己的学习和研究经历，谈一谈地理建模研究的经验与体会。

参 考 文 献

艾南山，李后强. 1993. 从曼德布罗特景观到分形地貌学. 地理学与国土研究，9(1):13-17
陈述彭. 1991. 地球科学的复杂性与系统性. 地理科学，11(4): 297-305
董山，徐建华，陈亚宁等. 2009. 塔里木盆地年平均气温的分形特征研究. 干旱区地理，32(1): 17-22
方创琳，鲍超. 2004. 黑河流域水-生态-经济发展耦合模型及应用. 地理学报，59(5): 781-790
方创琳，余丹林. 1999. 区域可持续发展 SD 规划模型及试验优控：以西北干旱区柴达木盆地为例. 生态学报，19(6): 256-264
林炳耀. 1985. 计量地理学概论. 北京：高等教育出版社
马蔼乃. 2003. 论地理科学. 地理与地理信息科学，19(1): 1-4
马蔼乃. 1996. 论地理科学的发展. 北京大学学报(自然科学版)，32(1): 120-129
秦耀辰. 1994. 区域模型系统及其应用. 开封：河南大学出版社
苏理宏，黄裕霞. 2000. 基于知识的空间决策支持系统模型集成. 遥感学报，4(2): 151-156
孙九林等. 1992. 区域资源开发模型系统. 北京：中国科学技术出版社
王铮. 2002. 理论经济地理学. 北京：科学出版社
徐建华，艾南山，金炯等. 2001. 西北干旱区景观要素镶嵌结构的分形研究——以黑河流域为例. 干旱区研究，18(1): 35-39
徐建华，白新萍，贺治波. 1995. 甘肃两西地区扶贫开发性移民对策的系统动力学仿真研究. 人文地理，10(3): 14-19
徐建华，段舜山. 1994. 区域开发理论与研究方法. 兰州：甘肃科学技术出版社
徐建华，罗格平，牛达奎. 1996. 绿洲型城市生态经济系统仿真研究. 中国沙漠，16(3): 235-241
徐建华. 1991. 地理系统分析. 兰州：兰州大学出版社
徐建华. 1996. 现代地理学中的数学方法. 北京：高等教育出版社
徐建华. 2002. 现代地理学中的数学方法. 第二版. 北京：高等教育出版社
杨吾扬，梁进社. 2000. 高等经济地理学. 北京：北京大学出版社
杨吾扬. 1989. 区位论原理：产业、城市和区域的区位经济分析. 兰州：甘肃人民出版社
张超，杨秉赓. 1984. 计量地理学基础. 北京：高等教育出版社
Batty M，Xie Y. 1994. From cells to cities. Environment and Planning B，21(7): 31-48
Batty M. 2005. Cities and complexity: understanding cities with cellular automata，agent-based models，and fractals. Cambridge: The MIT Press
Burton I. 1963. The quantitative revolution and theoretical geography. Canadian Geographer，7(4): 151-162
Cliff A D. 1981. Spatial Diffusion. Cambridge Geographical Studies，14. Cambridge: Cambridge University Press
Fischer M M，Gopal S. 1994. Artificial neural networks a new approach to modelling interregional telecommunication flow. Journal of Regional Science，34(4): 503-527
Fotheringham A S. 1998. Trends in quantitative methods II: stressing the computation . Progress in Human Geography，22(2): 283-292
Haining R P. 1978. Estimating spatial-interaction models. Environment and Planning A，10(3): 305-320

Openshaw S. 1994. Computational human geography: towards a research agenda. Environment and Planning A，26: 499-508

Openshaw S. 1998. Towards a more computationally minded scientific human geography. Environment and Planning A，30(2): 317-332

Ord K. 1975. Estimation methods for models of spatial interaction. Journal of the American Statistical Association，70(349): 120-126

Peter E L，Peter D. 1977. Location in Space: a Theoretical Approach to Economic Geography. London; New York: Harper & Row

Rind D. 1999. Complexity and climate. Science，284: 105-107

Richard M，Gary L G，Grant I T. 1988. Spatial Diffusion (Scientific Geography Series). Newbury Park: Sage Publications，Inc

Turton I，Openshaw S. 1996. Modelling and optimising flows using parallel spatial interaction models. Lecture Notes in Computer Science，1124: 270-275

Werner B T. 1999. Complexity in natural landform patterns. Science，284: 102-104

Wilson A G，Bennett R J. 1986. Mathematical Methods in Human Geography and Planning. Chichester: John Wiley & Sons Ltd

Wilson A G. 1971. A family of spatial interaction models，and associated developments. Environment and Planning，3(1): 1-32

Wilson A G. 1974. Urban and Regional Models in Geography and Planning. London; New York: John Wiley & Sons Ltd.

第 4 章　地理建模方法概述

地理模型的建立，是一个从定性到定量的综合集成过程(钱学森，1987)。建立地理模型，不但需要基本地理知识和地理学有关理论的支撑，而且还需要借鉴和运用其他相关学科的理论、方法和技术，特别是数理方法和计算机应用技术(马蔼乃，1996，2003)。本章主要概述地理建模的方法，内容包括数据分析法、机理分析法、量纲分析法、类比分析法、仿真模拟等。

4.1　数据分析法

观测、调查、实验是地理学研究的基本手段。而来自观测、调查、实验的结果，就是地理数据。然而，各种各样的地理数据中隐藏的规律是什么呢？方法之一就是让数据说话。那么，怎样才能让数据说话呢？这就需要进行数据分析。数据分析的目的，是从大量杂乱无章的数据中发现隐藏的规律。

对于结构、作用机理、输入–输出行为并不十分清楚的地理系统(或过程)，无法通过理论推导建立与原型系统同构的地理模型。对于这样一类地理问题，数据分析法就是较好的建模方法之一。

4.1.1　探索性数据分析

探索性数据分析，被认为是 20 世纪统计学方面的一项具有重要影响的贡献。1977 年美国的统计学家 Tukey(1977)出版的《探索性数据分析》一书，引起了统计学界的广泛关注，成为探索性分析的第一个正式出版物。20 世纪 80 年代后期，我国一些统计学者将这本著作介绍到国内(Hoaglin et al.，1998；孙丽君，2005)。

具体来讲，探索性数据分析是对测量、调查、实验所得到的一些初步的杂乱无章的数据，在尽量少的先验假定下进行处理，通过作图、制表等形式和方程拟合、计算某些特征量等手段，探索数据的结构和规律的一种数据分析方法。

探索性数据分析的主要特点是：

(1) 探索性数据分析主要是“让数据说话”，其不像数理统计学，往往从一个设定的模型(如正态分布)出发，而是在尽量少的先验假定下处理数据，以表格、摘要、图示等直观手段，检测数据的结构对于某种指定模型是否有重大偏离。该分析方法强调：模型应该产生于数据分析之后。

(2) 不执著于方法的理论根据(如概率论)，不一定要给方法的“不精确度”的数值度量，而鼓励使用一种比较宽松的(loose)和非正式的(informal)方法，对方法的“抗干扰性”的重视不亚于对其效率的重视。

探索性数据分析的过程有 4 个主题：耐抗性(resistance)、残差(residuals)、重新表述

(re-expression)和图形启示(revelation) ，它们并非孤立的 4 个步骤，而是常常结合起来使用。

耐抗性，确保对数据局部不良行为的非敏感性。当数据的一小部分被新的数值代替时，即使它们与原来的数值很不一样，由耐抗方法得出的结果也只有轻微的改变。耐抗方法很重视数据的主体部分，而对离群值不是特别重视。应该区别与耐抗性类似的另外一个概念——稳健性(robustness)。稳健性一般是指对于既定概率模型假设的背离的不敏感，两者的内容是不一致的。中位数用于概括一个样本的位置，是高度耐抗的，某些用于复杂结构数据的探索性方法都是基于中位数的。但就效率来说，中位数虽然是高度耐抗的，却不是高度稳健的，这是因为还有其他估计量可以对一大类分布达到高得多的效率。相比之下，均值既不耐抗，也不稳健。

残差(residuals) ，是由原始数据减去一个总括统计量或拟合模型以后的残余部分，即：残差=数据–拟合。探索性数据分析的基本观点是：分析一组数据而不仔细考察残差，是不完全的。探索性数据分析充分利用了耐抗分析，会把数据中的主导行为和反常行为清楚地分离。当数据的大部分遵从一致的模式时，这个模式决定一个耐抗拟合。而残差包括任何对于该模式的极度背离，也包括随机波动。残差分析提供一个放大镜，使得模式和基础结构很容易被观察到，这就指出了下一步的分析方向。

重新表达(re-expression)，涉及运用何种尺度会简化分析。探索性数据分析强调，要尽早考虑数据的原始测量尺度是否合适的问题。如果不合适，重新表达成另一个尺度也许有助于发现对称性、变异恒定性、关系直线性或效应可加性。

图表启示(revelation)，探索性数据分析强调数据图表的启示作用，它能使分析者看出数据、拟合以及残差的行为，从而抓住数据中意想不到的特点。探索性数据分析的主要贡献之一就是强调统计数据的视觉展示及各种新的图示技术，如茎叶图、箱线图以及其他曲线图等。

探索性数据分析的地理建模方法，是基于实践观测数据和调查数据，通过探索性数据分析，建立地理模型的一种方法。该建模方法，可以用图 4.1 简单地概括。

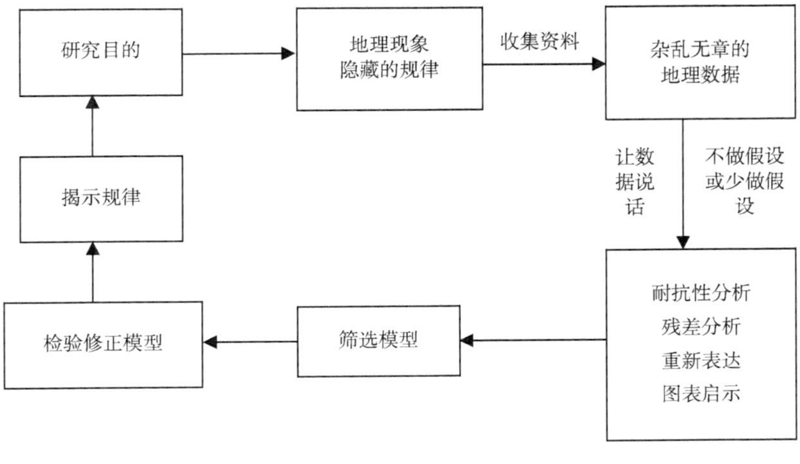

图 4.1　探索性数据分析的地理建模方法

4.1.2 数据分析的地理建模实例

实际上，在 Tukey 的专著问世之前，地理学家们就在自觉或不自觉地运用探索性的数据方法研究问题了。在地理学中，有相当一部分模型(包括定律、法则等)，就是在大量的观测实践和统计调查的基础上，通过探索性数据分析建立起来的。

1. 城市体系的位序–规模法则

1913 年，奥尔巴哈(F. Auerbach)指出，在一定地域范围内，城市人口规模与位序之间呈现出一定规则。通常人口规模居第二位的城市其人口为居第一位城市人口的 1/2，居第三位城市的人口为居第一位城市人口的 1/3，以此类推。这种城市位序与人口规模之间的关系，称为等级规模，或位序–规模法则(rank-size rule)。1949 年，Zipf(1949)更加明确了这一规律，其数学表达为

$$P_r = kr^{-q} \quad ,r = 1,2,\cdots,n \tag{4.1}$$

式中：n 为城市数目；r 为各城市按人口从大到小排列的顺序；P_r 为第 r 个城市的人口数；k 为常数，一般可取首位城市的人口数；q 为大于 0 的待定指数。若 $q \leqslant 1$，说明城市体系规模分布相对均匀，规模结构呈序列型；若 $q>1$，说明规模结构呈首位型。

上述位序–规模法则，已成为被城市地理学广泛认可的一个基本规律(Ioannides et al., 2003)。这一规律的发现，就是数据分析法建立地理模型的一个实例。当然，也有人对这一规律的普遍性持有疑问。例如，Carroll(1982)认为，在美国城市体系发展的各个阶段，位序–规模法并不总是成立。

2. 霍登定律

描述河流网络系统数量关系的三定律，即霍登(R. E. Horton)三定律，是数据分析法建立地理模型的又一成功实例。这三个定律，是 Horton(1945)在 20 世纪 40 年代，通过大量的数据统计研究得到的，其数学表述如下。

(1) 河流数定律

$$N_u = R_b^{m-u} \tag{4.2}$$

式中：N_u 为在 m 级水系中 u 级河流数；R_b 为分叉系数，即 $R_b = N_u / N_{u+1}$。

(2) 河流长度定律

$$\overline{L}_u = \overline{L}_1 R_{\overline{L}}^{(u-1)} \tag{4.3}$$

式中：$\overline{L}_u$ 为 u 级河流的平均长度；$\overline{L}_1$ 为一级河流的平均长度；$R_{\overline{L}}$ 为河流长度系数。

(3) 流域面积定律

$$\overline{A}_u = \overline{A}_1 R_{\overline{A}}^{(u-1)} \tag{4.4}$$

式中：$\overline{A}_u$ 为 u 级水系的流域平均面积；$\overline{A}_1$ 为一级水系的流域平均面积；$R_{\overline{A}}$ 为流域面积系数。

4.2　机理分析法

所谓机理，是指事物变化的理由与道理。机理分析，就是分析现实系统(或过程)的因果关系、作用原理。机理分析法是地理建模中常用的方法。

机理分析法建立地理模型的过程，就是构建在结构上或功能上与真实地理系统同构的原型系统的过程。为此，首先必须在地理系统分析的基础上，找出表征系统行为的输入、输出变量，弄清它们之间的相互关系与作用机理，以及系统的演化过程，然后才能建立模型的数学表达式和进行定量计算。

机理分析法建立地理模型的基本原理，主要立足于如下三种分析方法。

4.2.1　结构分析法

结构的系统概念，指将系统理解为由诸要素相互联系、相互依赖、相互作用、相互耦合而成的整体。诸要素之间的相互联系、相互依赖、相互作用、相互耦合关系赋予系统一个新增加的质。这种质是不能追溯和还原到要素上去的。我们周围存在着各种各样的系统及各种层次的系统结构。从基本粒子到宇宙，它们都有各自的相互作用方式和各自的规律。但同时，每一个更高级的系统结构水平，都应当被看成是发展着的现实所完成的特定质的飞跃和连续的中断。因此，推出任何系统的性质，都不是其组成要素性质的总和。例如，任何化合物的分子性质都不是组成该分子的原子性质的总和；细胞的性质，也不能归结为细胞器的性质等。所以我们有如下一条定律。系统的整体属性大于组成系统各要素属性的总和。其数学逻辑表述为，设系统是由 N 个事物(要素)组成，A_i 为第 i 个事物孤立状态时所具有的属性的全体所构成的集合($i=1, 2, \cdots, N$)，A 为系统的属性的全体所组成的集合，则有如下关系(郭俊义，1987)

$$A \supset \bigcup_{i=1}^{N} A_i \text{，且 } A \not\subset \bigcup_{i=1}^{N} A_i \tag{4.5}$$

这一定律对任何系统都是适用的，当然地理系统也不例外。显然，任何地理系统的功能属性都不等于其构成要素属性的简单累加。地理学的某一研究对象之所以被称为地理系统，就是其诸构成要素相互联系、相互依赖、相互作用、相互耦合而赋予它一个新的质，从而使它具有某些特定功能。

系统论的结构论学派认为，系统的功能是由结构决定的。如果系统结构合理，系统各要素之间的关系协调，则系统的整体功能就比较完善，系统也就具有较强的稳定性；反之，如果系统结构不尽合理，系统要素之间的关系失调，则系统功能就会缺损，最终将导致系统解体。因此，对于地理系统而言，有如下事实，设 a 为系统统一的某功能属性度量单位的数量，度量系统中第 i ($i=1, 2, \cdots, N$)个组成事物的这一功能属性的数量为 a_i，则客观情况表示 a 和 $\sum a_i$ 的关系有如下三种可能情形。

$$a > \sum_{i=1}^{N} a_i \tag{4.6}$$

式(4.6)所表示的情形表明系统内部结构比较合理，各要素之间的关系比较协调，功能比较完善。

$$a = \sum_{i=1}^{N} a_i \tag{4.7}$$

式(4.7)是系统维持其存在，不至于解体的基本要求。

$$a < \sum_{i=1}^{N} a_i \tag{4.8}$$

式(4.8)表示系统的结构不合理，诸要素之间的关系互不协调，功能缺损；这种情形发展的必然结果是系统走向崩解和灭亡。

基于以上事实，结构分析方法在研究地理系统时，注重系统的结构。这一分析法认为，地理系统分析就是要在其结构现状分析与评价的基础上，寻求一个最优结构，从而保证系统功能的最优。因此，立足于结构分析法建立的地理模型往往是结构优化模型。

然而，结构的优与否是相对于一定的系统目标而言的。所以在用结构分析法对地理系统进行分析时，系统优化目标的选择是非常重要的。一般而言，优化模型即可以是单目标的，也可以是多目标的。例如，对于某区域(生态经济)系统而言，其系统的优化目标选择可以是在维持生态平衡的条件下，使经济收益最大，当然也可以选择生态效益和经济收益作为系统优化的双重目标。

4.2.2 功能分析法

功能分析法的基本理论依据来自于功能的系统概念。所谓功能的系统概念，指暂时不管事物的本质，只着重研究行为的操作问题。即只关心系统在“做什么”，而不管系统“是什么”。系统论的功能学派认为，系统是复杂的，系统的结构难以知道，而且也无需知道，对系统的研究只需从系统的行为入手即可。功能分析法就是在功能系统概念上发展起来的一种系统分析方法。

按照结构分析法来说，对于一个需要进行分析的地理系统，至少应当在如下三个方面做好分析前的准备：首先，应根据系统的物理性质、化学性质、生物性质及社会性质及其表现，以及它们所服从的有关基本规则和原理，去确定有关的变量(状态变量、参变量等)；其次，对于各变量之间的关系，应当确定一种或多种结构形式；最后，应该获取能够描述各种变量行为的信息。但是，对于结构过于复杂或者结构未知的地理系统而言，要做到上述三点是困难的。这时，就要应用建立在功能系统概念基础上的系统分析方法——功能分析法。可见，功能分析法是地理系统分析的一种重要方法(徐建华，1991；徐建华等，1993)。

功能分析法，并不要求去描述地理系统内部的状态变化，也更不要求去刻画其中所进行的各种地理过程。因此，功能分析法不可能、也不需要去揭示地理系统内部的诸如物理的、化学的、生物的或社会的机制，当然也不去研究系统内部各要素或各组分之间的相互作用。

功能分析法，只注重地理系统的输入、输出行为，而并不注重、也不去研究实现这种输入–输出变换的系统结构与过程，只把注意力集中到输入与输出之间的关系上(图 4.2)。

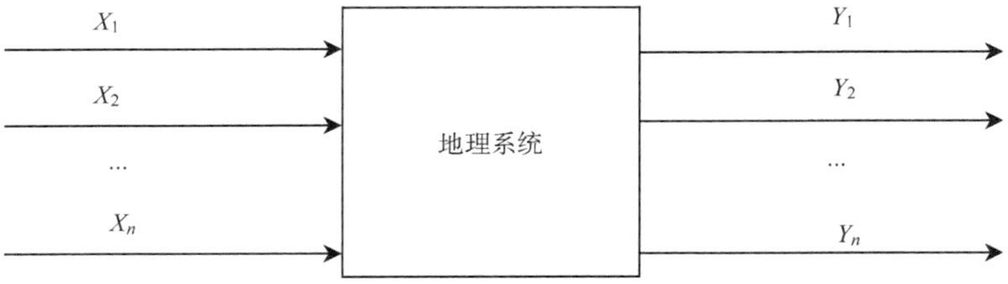

图 4.2　地理系功能分析

4.2.3　过程分析法

地理现象总是在时间中运动的，总有着它产生、发展和消亡的历史，一成不变的绝对静止的地理现象是不存在的。因此，过程分析法强调研究对象的历时性。这就要求我们在进行地理建模分析时，不仅要注重系统与要素、要素与要素、系统与环境之间的相互联系，而且还要注重地理系统的演化过程。

过程分析建模法，是地理建模中常用的方法之一；而微分方程建模方法，又是过程分析法常用的建模方法之一。

城市化问题是城市地理学关注的主要问题之一。几十年来，许多学者曾从不同的角度和侧面，致力于城市化模型研究。其中，Keyfitz 模型，是一种基于过程分析的人口城市化模型。

如果记 U 为城市人口，R 为农村人口，则城市人口与农村人口的比率为 $X = U/R$，城市化水平为 $Z=U/(U+R)$。

经过分析研究，Keyfitz(1980)发现，城市人口的增长是由于自然增长和农村人口向城市迁移的结果导致的，农村人口与城市人口的增长方程为

$$\frac{\mathrm{d}R}{\mathrm{d}t} = (\alpha - m)R \tag{4.9}$$

$$\frac{\mathrm{d}U}{\mathrm{d}t} = \beta U + mR \tag{4.10}$$

式中：α 为农村人口的自然增长率；β 为城市人口的自然增长率；m 为农村人口向城市的迁移率。

根据式(4.9)和式(4.10)，做简单的推导运算，可以得到描述城市人口与农村人口的比

率(X)的微分方程

$$\frac{\mathrm{d}X}{\mathrm{d}t}=(\beta-\alpha+m)X+m \tag{4.11}$$

当$\alpha>\beta+m$时，$X(t)$最终可以达到一个稳定状态：$X=m/(\alpha-\beta-m)$。但是当$\beta+m>\alpha$时，$X(t)$将随着时间不断增加。

对式(4.11)积分，得到

$$\ln\left(X(t)+\frac{m}{\beta+m-\alpha}\right)=\ln\left(X_0+\frac{m}{\beta+m-\alpha}\right)+(\beta+\mathrm{m}-\alpha)(t-t_0) \tag{4.12}$$

经过简单的推导可以知，对应于式(4.11)，城市化水平(Z)随时间的动态过程可以用如下微分方程表示

$$\frac{\mathrm{d}Z}{\mathrm{d}t}=-(\alpha+m-\beta)Z+(\alpha-\beta)Z^2+m \tag{4.13}$$

为了求得Z的稳定状态或均衡水平，可以把式(4.13)进一步写成

$$\frac{\mathrm{d}Z}{\mathrm{d}t}=(\alpha-\beta)(Z-1)\left(Z-\frac{m}{\alpha-\beta}\right) \tag{4.14}$$

容易求得，Z的稳定值为$Z^*=1$或$Z^*=\dfrac{m}{\alpha-\beta}$。

可以通过线性稳定分析确定系统的稳定状态，即任何对于稳定值的偏离将随着时间递减，从而使系统回到稳定状态。$\beta+m>\alpha$时，城市化水平的稳定值为$Z^*=1$。也就是说，按照Keyfitz模型预测，城市化水平的极限值将达到1。

Keyfitz模型没有考虑城市人口向农村迁移的情况，Rogers(1984)对Keyfitz模型做了进一步修正。Rogers模型的数学表达为

$$\frac{\mathrm{d}R}{\mathrm{d}t}=(\alpha-m)R+\gamma U \tag{4.15}$$

$$\frac{\mathrm{d}U}{\mathrm{d}t}=(\beta-\gamma)U+mR \tag{4.16}$$

式中：γ为城市人口向农村的迁移率，其他变量的含义与Keyfitz模型中相同。显然，当$\gamma=0$时，Rogers模型就变成了Keyfitz模型。

根据式(4.15)和式(4.16)，进行推导运算，可以得到描述城市人口与农村人口的比率(X)的微分方程

$$\frac{\mathrm{d}X}{\mathrm{d}t}=(\beta+m-\alpha-\gamma)X-\gamma X^2+m \tag{4.17}$$

推导运算可知，城市化水平(Z)随时间变化的动态过程，可以用如下微分方程表示：

$$\frac{\mathrm{d}Z}{\mathrm{d}t}=-(\alpha+m+\gamma-\beta)Z+(\alpha-\beta)Z^2+m \tag{4.18}$$

在 Rogers 模型中，除了常数迁移率外，引入以相互作用为基础的引力常数，就得到联合国模型为

$$\frac{\mathrm{d}R}{\mathrm{d}t}=(\alpha-m)R+\gamma U-\delta\frac{UR}{U+R} \tag{4.19}$$

$$\frac{\mathrm{d}U}{\mathrm{d}t}=(\beta-\gamma)U+mR+\delta\frac{UR}{U+R} \tag{4.20}$$

式中：δ 为引力作用常数，其他变量的含义与 Rogers 模型中相同。

与式(4.17)对应，描述城市人口与农村人口的比率(X)变化的微分方程为

$$\frac{\mathrm{d}X}{\mathrm{d}t}=(\beta+m+\delta-\alpha-\gamma)X-\gamma X^2+m \tag{4.21}$$

与式(4.18)对应，描述城市化水平(Z)变化的微分方程为

$$\frac{\mathrm{d}Z}{\mathrm{d}t}=-(\alpha+m+\gamma-\beta-\delta)Z+(\alpha-\beta-\delta)Z^2+m \tag{4.22}$$

在上述模型中，各个参数都是常数，这就不可避免地使相应指标只能朝同一方向变动，而这与人口的长期发展趋势明显不相符。而在实际中，各参数的变化取决于自然资源、环境条件和社会经济诸多方面(Ledent，1982)。因此在实际中，这些参数应该都是时变参数，它们都应该与时间变量 t 有关，所以对应于式(4.19)、式(4.20)、式(4.21)和式(4.22)，它们分别应该被表达为

$$\frac{\mathrm{d}R}{\mathrm{d}t}=[\alpha(t)-m(t)]R+\gamma(t)U-\delta(t)\frac{UR}{U+R} \tag{4.23}$$

$$\frac{\mathrm{d}U}{\mathrm{d}t}=[\beta(t)-\gamma(t)]U+m(t)R+\delta(t)\frac{UR}{U+R} \tag{4.24}$$

$$\frac{\mathrm{d}X}{\mathrm{d}t}=[\beta(t)+m(t)+\delta(t)-\alpha(t)-\gamma(t)]X-\gamma(t)X^2+m(t) \tag{4.25}$$

$$\frac{\mathrm{d}Z}{\mathrm{d}t}=-[\alpha(t)+m(t)+\gamma(t)-\beta(t)-\delta(t)]Z+[\alpha(t)-\beta(t)-\delta(t)]Z^2+m(t) \tag{4.26}$$

这样，就增加了模型的灵活性和使用范围。当各个时变参数为已知函数式时，上述方程就描述了农村人口、城市人口、城市人口与农村人口的比例以及城市化水平的变化轨迹。

4.2.4 实例：地理过程中的人类活动作用

从功能的系统理论来看，任何自然地理过程(无人类活动参与的自然过程)都可以看作是将一组自然输入要素转化为某种输出的过程(如果某自然过程有许多输出，则可以将它分解为若干个只有一种输出的自然过程)。

如果用 x_1，x_2，…，x_n 代表一组自然输入要素，y 代表与该组输入要素相对应的输出，则这一自然地理过程可以描述为(徐建华，1990)

$$y = f(x_1, x_2, \cdots, x_n) \tag{4.27}$$

式中：x_1，x_2，…，x_n 都为时间 t 的函数。

由上述分析我们知道，对于有人类活动参与的地理过程来说，人类活动的作用实际上相当于一个调节器，它使自然过程的“激励–响应”效果得以放大，从而使一定自然要素输入下的输出发生改变。这种输入–输出关系可以由图 4.3 来描述。

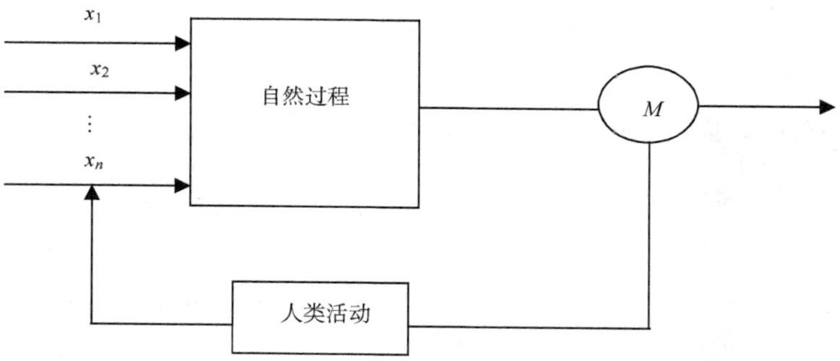

图 4.3 地理过程的输入–输出变换

这种关系可以被定量地描述为

$$y = Mf(x_1, x_2, \cdots, x_n) \tag{4.28}$$

式中：M 为该地理过程中人类活动的强度。

对式(4.28)求导得

$$\frac{\mathrm{d}y}{\mathrm{d}t} = \frac{\mathrm{d}M}{\mathrm{d}t} f(x_1, x_2, \cdots, x_n) + \sum_{i=1}^{n} M \frac{\partial f}{\partial x_i} \frac{\mathrm{d}x_i}{\mathrm{d}t} = \frac{\mathrm{d}M}{\mathrm{d}t} \frac{y}{M} + \sum_{i=1}^{n} \frac{\partial y}{\partial x_i} \frac{\mathrm{d}x_i}{\mathrm{d}t}$$

上式两端同除 y，并定义 x_i 对 y 的输出弹性系数为

$$\alpha_i = \frac{\partial y}{\partial x_i} \cdot \frac{x_i}{y}, \ i = 1, 2, \cdots, n$$

则可以得到

$$\frac{\frac{\mathrm{d}y}{\mathrm{d}t}}{y}=\frac{\frac{\mathrm{d}M}{\mathrm{d}t}}{M}+\sum_{i=1}^{n}\alpha_i\frac{\frac{\mathrm{d}x_i}{\mathrm{d}t}}{x_i} \tag{4.29}$$

为了计算方便，式(4-29)可用下述差分方程代替：

$$\frac{\frac{\Delta y}{\Delta t}}{y}=\frac{\frac{\Delta M}{\Delta t}}{M}+\sum_{i=1}^{n}\alpha_i\frac{\frac{\Delta x_i}{\Delta t}}{x_i}$$

如果在分析问题时，上式各项中的时间步长 Δt 相同，则有

$$\frac{\Delta y}{y}=\frac{\Delta M}{\Delta t}+\sum_{i=1}^{n}\alpha_i\frac{\Delta x_i}{x_i} \tag{4.30}$$

式(4.30)左端为输出 y 的相对增长率；右端第一项为人类活动强度的相对增长率；第二项为诸输入要素相对增长率与其相应的弹性系数的乘积之和。

在实际问题的分析中，诸自然输入要素的度量值 $x_i(i=1，2，\cdots，n)$和输出 y 都可以通过其观察值求出它们在时段 Δt 内的相对增长率。因此，只要能设法确定出诸弹性系数 $\alpha_i\,(i=1，2，\cdots，n)$的值，就可以由式(4.30)，用余值法求得在时段 Δt 内，人类活动强度的相对增长率 $\Delta M/M$。这样，人类活动对输出 y 变化的贡献率为

$$m=\frac{\frac{\Delta M}{M}}{\frac{\Delta y}{y}} \tag{4.31}$$

由以上分析推导过程可以看出，弹性系数 α_i 实际上为输出 y 的相对变化率与输入要素 x_i 的相对变化率的比值，即

$$\alpha_i=\frac{\partial y}{x_i}\frac{x_i}{y}\approx\frac{\frac{\Delta y}{y}}{\frac{\Delta x_i}{x_i}},\ i=1,2,\cdots,n$$

事实上，若将 α_i 与地理过程的类型(如侵蚀过程、堆积过程等)及其发生的环境背景(如地貌形态、植被覆盖状况等)联系起来考虑，那么弹性系数 α_i 则是与地理过程的类型及其发生的环境背景有关的综合性参数，它反映的是与环境背景有关的地理过程的输出 y 对输入要素 x_i 变化的敏感程度。一般地，在较小的时间尺度和空间范围内，地理过程发生的环境背景可以认为是不变的。因此对某一特定的地理过程而言，从系统分析的敏感性分析角度来看，诸弹性系数 $\alpha_i(i=1，2，\cdots，n)$的微小变化不会引起输出 y 的巨变。

有关研究已经证明，从理论上来讲，地理过程的诸弹性系数 α_i 具有分形的性质(陈嵘等，1995)。

4.3 量纲分析法

量纲分析(dimension analysis)，是 20 世纪初提出的在物理领域中建立数学模型的一种方法，它是在经验和实验的基础上，根据量纲齐次性原则，确定各物理量之间关系的分析方法。尽管在地理学文献中很少见到专门论述，但是述量纲分析的基本原理和求解问题的思路，对于地理建模分析仍具有指导意义。

4.3.1 量纲与基本量纲

为了用数学方法来描述物理对象，需要对其进行定量化。物理对象的定量化需要有单位和数值，单位是作为度量标准的某个物理量。被测物理量的数值大小不仅取决于其本身，而且取决于所选用的单位。例如，为了描述一块地的范围，需要确定其面积的单位和数值的大小。可以说这是块大小为 $1km^2$ 的地，也可以说这是块大小为 $1\,000\,000m^2$ 的地。离开了单位，仅根据数值无法判断一块地的大小。单位的选取往往带有任意性，比如说度量长短可以选用米为单位，也可以选用厘米、分米、千米甚至光年为单位。然而这些单位都是用来度量同一个物理量——长度的，它们之间可以相互换算，具有某种统一性。这种统一性，就是通过量纲体现的。

一般来说，测量同一个物理量可以有不同的单位，但是它的量纲是唯一的。例如，测量长度可以用厘米、分米、千米甚至光年为单位，但是绝不能用公斤或吨为单位。不同量纲的物理量之间有本质的区别，相互不能换算。说一根木头长度为 2×10^{-16} l.y.，虽然很不合适，但是并没有原则性错误；如果说一根木头长度为 100kg，显然就是一个原则性错误(倪致祥，2006)。

量纲，也称为因次，即物理量单位的种类。通常用［量］来表示物理量的量纲，不同的物理量往往有不同的量纲。例如，小时、分、秒是时间的不同测量单位，但这些单位属于同一种类，均为时间单位，用[T]表示，T 就是上述时间单位的量纲。同理，米、厘米、毫米等同属长度单位，用[L]表示长度量纲。吨、千克、克同属质量单位，用[M]表示质量量纲。无单位的物理量的量纲记为 1。

一个具体的对象，往往要有许多不同的物理量来描述其不同的特性，可以把其中的一些看成是基本量，其他的是导出量。基本量的量纲称为基本量纲，其他量的量纲可以由基本量纲导出。例如，取 L、T 和 M 为基本量纲，那么面积的量纲为 L^2，速度的量纲为 LT^{-1}，加速度的量纲为 LT^{-2}。

在物理学中，按照国际单位制，有 7 个基本量：长度、质量、时间、电流、温度、物质的量、发光强度，它们的量纲分别为 L、M、T、I、Θ、N 和 J，称为基本量纲。任一个物理量 q 的量纲都可以表成基本量纲的幂次之积，即 $[q]=L^{\alpha}M^{\beta}T^{\gamma}I^{\delta}\Theta^{\lambda}J^{\xi}N^{\zeta}$。

4.3.2 量纲齐次性原则与相似定律

1. 量纲齐次性原则

用数学公式来描述任何一个客观规律时，等式两边的量纲必须一致，这个要求称为量纲一致原则。

根据量纲一致原则和牛顿第二运动定律，可以导出力的量纲为 MLT^{-2}。

人口密度 d 是人口地理学中的常用变量，其量纲可以由人口 p 的量纲和面积量纲派生出来。如果记人口 p 的量纲为[P]，则根据人口密度的计算公式(人口除以土地面积)和量纲一致原则可知，人口密度的量纲为$[d]=PM^{-2}$。

量纲一致原则告诉我们，一个物理方程式的等式两边应该具有相同的量纲。否则，就是错误的物理方程式。也就是说，如果用一个数学方程描述一个物理过程，则方程中各项的量纲必定相同，用量纲表示的物理方程必定是齐次性的。

量纲齐次性原则，用数学语言可以表述为(胡云，2006)：

假设某系统(过程)有 n 个物理量 Q_1，Q_2，…，Q_n；其中基本量的数目为 m，它们对应的量纲分别为 X_1，X_2，…，X_m。那么，任一个物理量 Q 的量纲式可表示为

$$Q = X_1^{\alpha_1} X_2^{\alpha_2} \cdots X_m^{\alpha_m} \tag{4.32}$$

式(4.32)两端取对数，得到

$$\ln Q = \alpha_1 \ln X_1 + \alpha_2 \ln X_2 + \cdots + \alpha_m \ln X_m \tag{4.33}$$

量纲分析法中更为普遍的方法是著名的 π 定理，又称泊金汉定理，它是泊金汉(E. Buckingham)于 1951 年提出的，应用广泛。

π 定理可以表述如下

某系统(过程)如果包含有 n 个有量纲的物理量 Q_1，Q_2，…，Q_n，它们之间的关系为

$$f(Q_1, Q_2, \cdots, Q_n) = 0 \tag{4.34}$$

其中，可选出 $m(m<n)$个在量纲上互相独立的物理量，其余$(n-m)$个物理量在量纲上是非独立的。那么，这个系统(过程)等价地可由这 n 个物理量组成的$(n-m)$个相互独立的无量纲(量纲为 1)的量 Π_1，Π_2，…，Π_{n-m} 所表示的表达式来描述，即

$$F(\Pi_1, \Pi_2, \cdots, \Pi_{n-m}) = 0 \tag{4.35}$$

式(4.35)与式(4.34)相比，所包含的变量数目减少了 m 个，并且无论选取怎样的量纲系统，它们之间的函数关系都是相同的。因此，式(4.35)比有量纲的式(4.34)应用更为广泛，如果据此进行试验或模拟，可以使工作量大大减少。

2. 相似性定律

相似定律是许多试验研究的依据。该定律认为：两个同类的物理系统(过程)的量纲为 1 的量的 Π_i 值如果相同，则它们的系统状态亦相似。因此，用量纲为 1 的量的 Π_i 值相同的模型实验的结果，可以用来推测原型。由于物理量成立的关系式是对基本方程进行数学运算得到的，所以关系式中出现的数值系数的数量级多为 1。相反地，在几个量之间进行量纲分析时，如果根据实验结果所决定的系数值过大或过小，则可断定在这几个量之间可能存在相关性。

4.3.3　地理相似准则

马蔼乃(1997，2001)研究认为，由于数理方程及其求解的条件极其苛刻，只适合极少数的简单的地理现象研究。而对于众多的复杂地理现象与地理过程，应该用量纲分析的方法找出地理相似准则，再进行数据统计分析得到地理模型。由此，她提出了地理相似性原理，即马氏原理。这一原理的要义如下。

对于一个复杂的地理系统(过程)，假设表征该系统行为特征要素(变量)为 y，与 y 相关的要素为 x_1，x_2，…，x_n；它们之间的关系为

$$y = f(x_1, x_2, \cdots, x_n) \tag{4.36}$$

那么，可以突破物理学中厘米克秒制的限制，得到扩展的π定律，根据地理相似性准则，建立量纲方程

$$\Pi_y = \alpha_0 \Pi_{x_1}^{\alpha_1} \Pi_{x_2}^{\alpha_2} \cdots \Pi_{x_n}^{\alpha_n} \tag{4.37}$$

式中：Π_y 和 Π_{x_1}, Π_{x_2}，…，Π_{x_n} 分别为无量纲的地理因子团，因子团中的每一个因子都是具有明确的物理、环境、生态、人口、经济等意义的；α_0 为地理系数；α_1，α_2，…，α_n 分别为地理指数。

求解地理系数与指数的方法是，对式(4.37)两端取对数，则有

$$\ln \Pi_y = \alpha_1 \ln \Pi_{x_1} + \alpha_2 \ln \Pi_{x_2} + \cdots + \alpha_n \ln \Pi_{x_n} \tag{4.38}$$

令 $X_0 = \ln \alpha_0$，$\ln \Pi_{x_1} = X_1$，$\ln \Pi_{x_2} = X_2$，…，$\ln \Pi_{x_n} = X_n$，$\ln \Pi_y = Y$；则有

$$Y = \alpha_0 + \alpha_1 X_1 + \alpha_2 X_2 + \cdots + \alpha_n X_n \tag{4.39}$$

式(4.39)是一个多元一次的统计回归方程，通过它可以反求出地理指数 α_1，α_2，…，α_n；从 $X_0 = \ln \alpha_0$ 可求出地理系数 α_0。

我们说，上述定律是扩展的π定律或者说是地理相似准则，因为既然 Π_y 和 Π_{x_1}，Π_{x_2}，…，Π_{x_n} 为无量纲因子团，没有限定必须是自然因子还是社会因子或经济因子。式(4.39)允许各种学科的因子团作为相似准则，这在科学史上是首次跨各类学科的定量计算方法。

4.4　类比分析法

4.4.1　科学发现中的类比分析法

类比分析法，是依据两个对象的已知的相似性，把其中一个对象的已知的特殊性质迁移到另一对象上去，从而获得另一个对象性质的一种方法。

类比，是指由一类事物所具有的某种属性，可以推测与其类似的事物也应具有这种属性的思考和处理问题的方法，也称类比推理。

在科学发现中，类比分析法发挥着重要的作用，具有十分重要的意义。它能启发人

们提出科学假说、发现科学问题；可以被当作思想具体化的手段；为模型的建立和实验提供逻辑基础；它还是人们说明某种思想、观点的方法。

拉普拉斯曾指出“甚至在数学里，发现问题的主要工具也是归纳和类比”。数学中许多定理、公式和法则都是用类比推理出来的。

类比法是以两个对象之间的类似、对象属性之间的相互联系和相互制约为基础的，但两个对象之间的类似不等于说两个对象的联系是必然的；对象属性之间不仅有相似性，而且存在着差异性；对象中并存的许多属性，有些是对象的固有属性，有些是对象的偶有属性。显然，类比推论属于或然性推论，它的结论只有一定程度的可靠性。因此，要提高类比的效能和可靠性。就要力求做到所依据的两个对象的共有属性要尽可能得多；被比较的对象的共同属性是这些对象最典型的、同它们的特殊属性密切联系着的属性；所依据的两个对象的共同属性越是本质的，共同属性与类推的属性相关越好(罗蓉等，2009)。

有人根据对象系统之间的关系所具有的形态，从低级到高级把类比分为简单共存类比、因果类比、对称类比、协变类比、综合类比等几种主要类型；还有的按照类比系统中模型的种类，把类比分为物理类比、数学类比和控制系统类比等。

严格来说，类比法是一种寻求解题思路、猜测问题答案或结论的发现方法，而不是一种论证的方法，作用是启迪思维，帮助我们寻求解题的思路。它是一种从特殊到特殊的推理方法，是一种或然性推理，其结论是否正确，还需要经过严格证明(朱月珍，2008)。

类比法，是地理建模中常用的重要方法之一。类比方法的应用，不可避免地要与分析综合化、一般化、特殊化等思维方法一起运用，在地理建模中，思维方法往往与建模者已有的知识、经验中类似的形式或结构、类似方法或模式有千丝万缕的联系。

4.4.2　类比法的地理建模实例

在科学发展史上，某些概念的内涵和外延曾一再被扩大，充分显示了这些概念在科学研究中的重要性与广泛应用性。熵正属于这样一类概念(张学文等，1992)。熵，作为一个科学术语，自从其诞生至今已有 100 多年的历史了，在这 100 多年的时间里，这一概念的含义曾被多次扩展。在热力学中，人们用熵来测度微观的分子运动的混乱(无序)程度；在信息论中，熵被用来计量信息源发出的代码所含信息量的多少。目前，熵这一概念已被广泛地应用于自然科学、社会科学以及有关交叉科学的各个领域。对于地理学家所研究的地理系统，熵则是地理系统演化的标志，可作为地理系统的演化过程及演化方向的判据。

1. 熵的概念及其产生与发展

熵，最初是在人们研究热机效率时引入的一个物理概念。第一次使用熵这个名词的是物理学家 R. Clausius。1865 年，为了区别“守恒”和“可逆性”两个概念，他引入了一个不同于能量的新概念，即熵。我们知道，能量是系统状态的一个函数，也就是说，它是一个只依赖于能够确定系统状态的参数(压力、体积、温度)值的函数。但能量这个概念本身并不能区分卡诺循环中“有用的”能量交换与不可逆地浪费掉的“耗散的”能量。为了解决这一问题，克劳修斯定义了一个不同于能量的新的状态函数，这个新的状态函数就是熵，通常被记为 S。

显然，克劳修斯只是希望用一种新的形式去表达一个热机在其循环终点回到其初始状态的必要性。因此，熵仅与系统现时存在的状态有关，而与系统过去经历的热力过程无关。

在可逆的热力过程中有

$$\mathrm{d}S = \frac{\mathrm{d}Q}{T} \tag{4.40}$$

式中：T 为热力学温度；$\mathrm{d}Q$ 为系统在其所经历的过程中吸收的热量。

而在不可逆过程中，则有

$$\mathrm{d}S > \frac{\mathrm{d}Q}{T} \tag{4.41}$$

这样，结合式(4.40)与式(4.41)，我们可以一般地得到

$$\mathrm{d}S \geqslant \frac{\mathrm{d}Q}{T} \tag{4.42}$$

对于一个与外界无能量交换的孤立系统，由于 $\mathrm{d}Q = 0$，故

$$\mathrm{d}S \geqslant 0 \tag{4.43}$$

式(4.43)即热力学第二定律的熵描述，它表明，孤立系统只能朝着熵增大的方向演化。

大约在 1870 年前后，L. Boltzmann 从分子运动论的角度对热力学熵作出了新的微观解释，使熵的含义得到了第一次扩展。他认为熵是分子运动混乱程度大小的一种测度。系统吸收了热量，系统物质的内能增加，分子运动速度就增大，这样分子运动就更加混乱，因而系统的熵值就增大了。如果承认分子的每种微观状态出现的机会都相等的话，那么人们就会发现，系统的每一个宏观状态都与极其众多的微观状态相对应，那么，这时，熵就与该宏观状态下对应的微观状态的个数 Ω 的对数之间存在线性关系，即

$$S = K \ln \Omega \tag{4.44}$$

式中：K 为波尔兹曼常量。

从概率论角度来看，每一种微观状态出现的机会都相等，即意味着每一种微观状态出现的概率为

$$P_i = \frac{1}{\Omega},\ i = 1, 2, \cdots, \Omega$$

这样，式(4.44)可以进一步写为

$$S = K \ln \Omega = -K \ln \frac{1}{\Omega} = -K\left(\frac{1}{\Omega}\ln\frac{1}{\Omega} + \frac{1}{\Omega}\ln\frac{1}{\Omega} + \cdots + \frac{1}{\Omega}\ln\frac{1}{\Omega}\right) = -K\sum_{i=1}^{\Omega} P_i \ln P_i \tag{4.45}$$

从式(4.45)我们可以看出，熵原来是从微观状态的分布对系统宏观状态的一种描述。由此我们可以看到，波尔兹曼的解释已使熵这一概念从对热力过程(卡诺循环过程)中能量耗损的描述，扩展到从微观状态描述系统宏观表现的一个新领域。

事隔近百年，人们在研究通信时，遇到了如何测度某一信息源传来的信息量的多少问题。现代信息论创始人 Shannon(1948)，不仅把他的目光投向了信息的概率分布，而且天才般地指出，如果一个信息中某种信号出现的概率为 P_i，那么它所带的信息量就是 $-P_i \ln P_i$，因此，这一信息所含的全部信息量就是 $-\sum P_i \ln P_i$，于是他定义信息熵为

$$H = -C\sum_{i=1}^{n} P_i \ln P_i \tag{4.46}$$

式中：C 为一个单位常数。当 H 的单位为纳特(nat)时，$C=1$；当 H 的单位为比特(bit)时，$C = 1/\ln 2$。

那么，当 H 的单位取比特(bit)时，式(4.46)也可以写成

$$H = -\sum_{i=1}^{n} P_i \log_2 P_i \tag{4.47}$$

对于连续性分布，仿式(4.46)，其信息熵也可以被定义为

$$H = -\int_{-\infty}^{+\infty} p(x) \ln p(x) \mathrm{d}x \tag{4.48}$$

式中：$p(x)$为随机变量 x 的分布密度函数。

可以看出，Shannon 关于信息熵的定义与波尔兹曼关系式(4.45)是非常相似的。按理来说，每一个新学科的创始人都有权给自己提出或使用的概念一个新的名词，但是 Shannon 看到，他用于描述信息量多少的信息熵，在数学本质上与波尔兹曼对克劳修斯的热力学熵的解释完全是一致的。因此，为了概念上的统一，他仍沿用了“熵”这个名词。

Shannon 把熵的概念用于信息论研究中，使熵的概念又一次得到扩展。在这个扩展过程中，我们可以看到，熵不仅不必与热力学过程相联系，而且也不必与微观的分子运动相联系，而是与事物的分布紧密相关的。熵最本质的东西就是对系统状态的科学计量描述。

20 世纪 50 年代以后，随着系统科学的各分支学科的发展和日趋完善，特别是新三论(耗散结构论、协同论、突变论)的产生和发展，已使熵的概念进入到各门学科的各个研究领域，并且得到了越来越广泛的应用。

2. 地理系统的熵模型

正当熵的概念向其他学科渗透，并得到广泛应用的时候，已有地理学家将自己的目光开始投向当代科学发展的这一新动向，不少地理学家都希望将熵这一概念引入自己的研究领域，以推动当代地理学的发展。

为了建立地理系统的熵的概念，一些学者都从不同的途径作了一些具有十分有益的尝试性的工作。其中，这第一条途径就是从熵概念产生的渊源出发，建立地理系统的“热

力学熵”。首先，地理学家们从物质扩散和能量运动的角度，将地理系统与热力学系统作了比较，其结果表明，许多地理系统与热力学系统有着惊人的相似。就地球表面的物质扩散过程而言，其发生的机理与热传导过程完全相似。许多地貌学家的研究表明(Culling，1960，1963)，地貌发育过程完全可以用热传导方程描述

$$\frac{\partial H}{\partial t}=a\frac{\partial^2 H}{\partial x^2}+b\frac{\partial^2 H}{\partial y^2}+f(x,y,t) \tag{4.49}$$

式中：H 为地表的高度，它是地平面坐标 x、y 及时间坐标 t 的函数；$f(x，y，t)$为地球内动力的作用，它相当于热传导过程中的热源项。据此，地貌学家曾在 20 世纪 60 年代初提出过地貌系统的熵的概念(Leopold et al.，1962)。他们将地貌参数与热力学参数相类比，如热力学场是由温度 T 和热量 Q 来表现，而地貌场则可以类似地用高度 h 和质量 M 来表现，即

$$\begin{cases} T \leftrightarrow h \\ \mathrm{d}Q \leftrightarrow \mathrm{d}M \end{cases} \tag{4.50}$$

进而地貌系统的熵被定义为

$$\mathrm{d}S=\frac{\mathrm{d}Q}{T}\leftrightarrow\frac{\mathrm{d}M}{h} \tag{4.51}$$

后来，我国一些地理学家也通过与热力学系统的类比，提出过类似于地貌系统的其他地理系统的“热力学熵”的概念。牛文元(1989)将热力学场与资源场相类比，提出了资源系统中熵的概念。他的基本思路是：一个二维的热力学场是由温度 $T(x，y)$和热量 Q 描述的，相应地，一个二维“资源学场”也可以由浓度 $C(x，y)$和质量 M 来描述，即对高出“克拉克水平”(地壳平均浓度)以上的浓度以及相应的质量变换加以理解。这样一来，与式(4.50)相类似，就建立了热力学场与资源学场的类比关系

$$\begin{cases} T \leftrightarrow c \\ \mathrm{d}Q \leftrightarrow \mathrm{d}M \end{cases} \tag{4.52}$$

因而，可以进一步建立资源学熵与热力学熵的类比关系

$$\begin{cases} \mathrm{d}S=\dfrac{\mathrm{d}M}{c} & \text{(a)} \\ \mathrm{d}S=\dfrac{\mathrm{d}Q}{T} & \text{(b)} \end{cases} \tag{4.53}$$

其中，式(a)为资源学熵；式(b)为热力学熵。

可以看出，通过与热力学系统相似性的类比，揭示了地理系统的“热力学本质”，并建立了地理系统的热力学熵的概念，从而证明了地理系统演化的熵标志具有“时间之矢”的特性，这就为我们运用耗散结构理论、协同学理论等研究地理系统的演化过程提供了可寻的依据。但是，由这条途径建立的地理系统的熵，存在计量方法上的困

难，因此难以直接用它来对地理系统的宏观状态进行有效的描述。因此，一些学者避开了上述思路，从信息论的角度出发，研究地理事物的分布，从而去建立地理系统“信息熵”的概念。根据这条思路，杨吾扬(1989)提出了量度地域结构合理性的地理系统的信息熵

$$H = -\sum_{i=1}^{n} p_i \ln p_i \tag{4.54}$$

式中：p_i 为第 i 种选择的概率。熵值越低，则地理系统向外界输出的信息就越少，从而系统本身的组织水平就越高。在一个由多个区域组成的地理系统中，如果各区域规划合理、结构布局最优，就会使它们的熵值减低；但这样一来，由各区域组成的整个地理系统结构和布局就要变劣，即熵值增加。因此就全局生产力地域组合来说，系统优选标准应是

$$\Delta H = \sum_{i=1}^{n} \Delta H_i \to \min \tag{4.55}$$

式中：ΔH 为整个地理系统通过规划布局后的熵增量；$\sum_{i=1}^{n} \Delta H_i$ 为各区域通过规划布局的总熵减少量。

按照以上信息熵的思想，我们还可以借助已有的地理学研究成果提供的信息，方便地建立地理系统的信息熵的概念。例如，我国著名的理论地理学家艾南山先生曾根据斯特拉勒(Strahler，1952)曲线对地貌系统的状态描述，建立了地貌系统的信息熵(艾南山，1987；艾南山等，1988)。斯特拉勒曲线是 20 世纪 50 年代美国理论地貌学家斯特拉勒提出的流域地貌的面积–高程分析(area-altitude analysis)方法。其做法是：在流域的等高线图上，量出每一条等高线以上的面积(设为 a)，再量出每条等高线与流域最低点的高差(设为 h)，记全流域的面积为 A，流域最低点与最高点之高差为 H，令：$x=a/A$，$y=h/H$，显然，x 与 y 均在[0，1]上取值，分别以 x 和 y 为横坐标和纵坐标，就可以在二维平面上绘出一条曲线

$$y = f(x) \tag{4.56}$$

此即流域面积–高程曲线(图 4. 4)，又称斯特拉勒曲线(Strahler’s curve)。而积分

$$S = \int_0^1 f(x)\mathrm{d}x \tag{4.57}$$

即曲线与坐标轴包围的面积，称为斯特拉勒积分(Strahler’s integral)。这个积分值的大小与流域地貌的演化有关。对于 W. N. Davis 的地貌循环理论(the theory of geomorphological cycle)所描述的地貌演化的阶段有：$S>0.6$——幼年期(youth)；$0.35 \leqslant S \leqslant 0.6$——壮年期(maturity)；$S<0.35$——老年期(old age)。图 4.4 是斯特拉勒曲线。

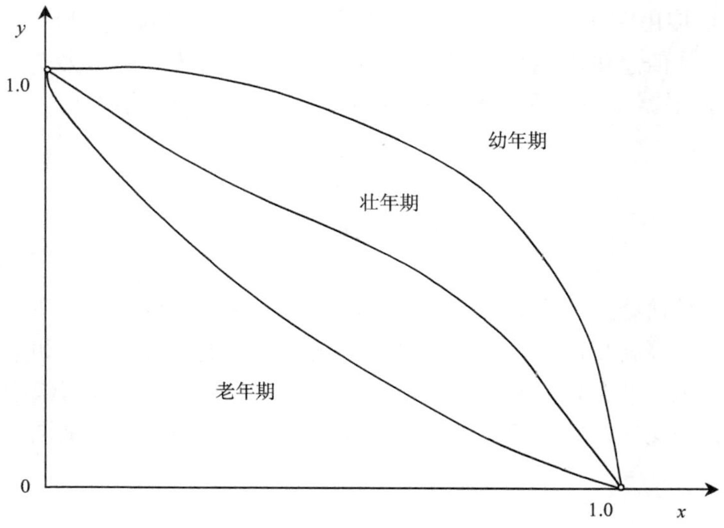

图 4.4　斯特拉勒曲线

艾氏地貌系统的信息熵为

$$H = \int_{-\infty}^{+\infty} g(x) \ln g(x) \mathrm{d}x \tag{4.58}$$

其中

$$g(x) = \begin{cases} f(x)/S & 0 \leqslant x \leqslant 1 \\ 0 & x \notin [0,1] \end{cases}$$

蒋忠信(1987)研究发现，滇西北的金沙江、澜沧江、怒江及其支流河谷纵剖面的演化，可用伊凡诺夫(И. В. Ибаиоb)的河流纵剖面方程来描述

$$h = H\left(\frac{l}{L}\right)^N \tag{4.59}$$

式中：h 为纵剖面上某点与河口的高差；l 为该点与河口之间的水平距离；H 和 L 分别为河源与河口之间的高差和水平距离，形态指数 N 恒为正。当 $0<N<1$ 时，剖面上凸；$N=1$ 时，剖面为直线；$N>1$ 时，剖面下凹。后来，由于受艾氏地貌系统信息熵的启示，蒋先生也将河谷纵剖面发育的伊凡诺夫曲线描述转化为信息熵描述。其做法是：设 $x=(L-l)/L$，$y=h/H$，则式(4.59)就变成

$$y = f(x) = (1-x)^N \tag{4.60}$$

显然，$0 \leqslant f(x) \leqslant 1$，$0 \leqslant x \leqslant 1$。这样，仿艾氏地貌系统的信息熵，蒋忠信(1989)定义了河谷纵剖面演化的信息熵为

$$H = \int_{-\infty}^{+\infty} g(x) \ln g(x) \mathrm{d}x \tag{4.61}$$

其中

$$g(x) = \begin{cases} (N+1)f(x) & 0 \leqslant x \leqslant 1 \\ 0 & x \notin [0,1] \end{cases}$$

无论是用斯特拉勒曲线，还是用伊凡诺夫曲线定义的信息熵，都表示了地貌系统演化的阶段。各个演化阶段与信息熵及有关指标的对应比较关系(表 4.1)。

表 4.1　信息熵与河谷纵剖面和流域地貌演化阶段

河谷纵剖面演化				流域地貌演化			
演化阶段	河谷纵剖面抛物线形状	形态指数 N	信息熵 H	演化阶段	斯特拉勒曲线	斯特拉勒积分	信息熵 H
侵蚀回春期	下游上凸 上游下凹	$N<1$ $N>1$	<0.193	幼年期	上凸	$S>0.60$	<0.111
深切侵蚀期	上凸	$N<1$		壮年期	接近直线	$0.35 \leqslant S \leqslant 0.60$	$0.111 \leqslant H \leqslant 0.40$
过渡期	接近直线	$N=1$	=0.193				
均衡调整期	下凹	$N>1$	>0.193	老年期	下凹	$S<0.35$	>0.40
均衡剖面期	下凹	$N>1$					

截至目前，不同的学者从不同的角度出发，应用类比分析方法，针对自己所研究对象的系统，建立了地理系统熵模型。由于篇幅所限，在此我们不逐一介绍了。

4.5　仿真模拟方法

仿真与模拟，在英文中可以用同一个单词，即 simulation 表述。MBA 智库百科中的解释为：模拟是用计算机对真实系统在一定环境下各要素的相互作用进行有条件的模仿试验，并求得数值解的一种数量分析方法，亦称仿真。它不同于一般求解确定性的、静态的线性问题的数学解析法，能比较真实地描述和近似地求解复杂系统的问题。它又不同于专门研究系统运行状况的、常用的、有很大局限性的真实的实验法，可以使人们在真实系统建立前进行可能办到的、经济方便的有限试验。

仿真模拟方法，是地理学中常用的建模方法之一。在地理学研究中，仿真模拟的作用是：①可以对高度复杂的内部交互作用的系统进行研究和实验；②可以设想各种不同方案，观察这些方案对系统的结构和行为的影响；③可以反映变量间的相互关系，说明哪些变量更重要，如何影响其他变量和整个系统；④可以研究不同时期相互间的动态联系，反映系统行为随时间变化而变化的情况；⑤可以检验模型的假设，以便进一步改进模型的结构。

当然，仿真模拟也有局限性，例如：①方案的选择，可能遗漏掉最优方案；②应用的范围只限于能够考察的情况，一旦出现不能模拟的特殊情况时，就会发生困难；③当模拟的系统规模很大时，资料难以取得，难以模拟细节。

地理系统仿真模拟的步骤，包括确定问题、收集资料、建立模型、编制模型运行的计算程序、检验和证实模型、模拟试验设计、模拟运行、模拟结果分析等一系列紧密相关的环节(图 4. 5)。这里所说的模型必须是模拟模型，一般地说，随机模型比确定性模型、动态模型比静态模型、非线性模型比线性模型更多地使用模拟方法来分析和求解，而成为模拟模型。而仿真模拟模型比较灵活，它不求最优解，但可以回答如果在某个时期采取某种行动对后续时期将会产生什么后果一类的问题。除了模型外，进行模拟还需要计算机程序、模拟语言、实验设计技术等必要知识。

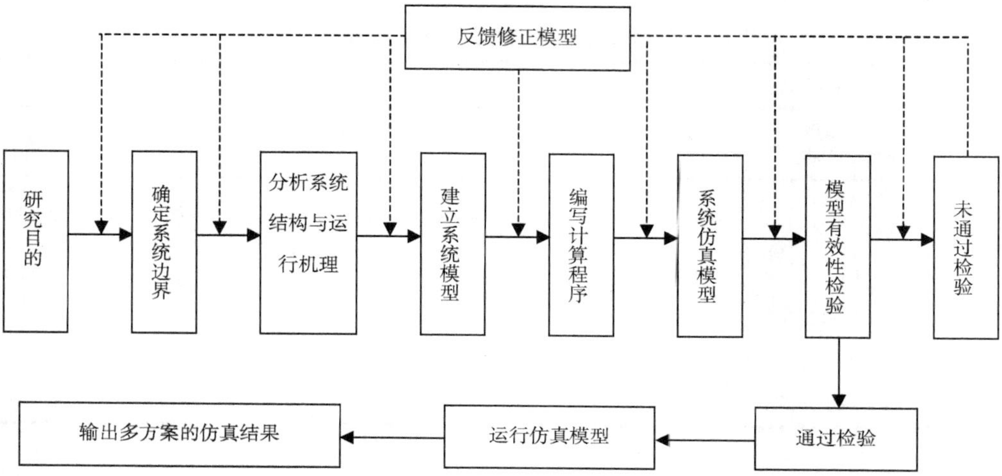

图 4. 5　地理系统仿真模拟的步骤

目前，在地理学领域中，最为广泛应用的仿真模拟方法，是系统动力学(system dynamics)方法。关于系统动力学方法的基本原理及其在地理学中的应用，将在 7.3 节中具体介绍，这里不拟展开论述。

思　考　题

1. 常见的地理建模方法有哪些？
2. 探索性数据分析方法在地理建模中的意义和作用是什么？
3. 地理建模的机理分析法包括哪几种？其意义和作用分别是什么？
4. 试举例说明量纲分析法在地理建模中的意义与作用。
5. 试举例说明类比分析法在地理建模中的意义与作用。
6. 试举例说明仿真模拟方法在地理建模中的意义与作用。
7. 根据你自己的认识和理解，对地理建模方法做简单地归纳与总结。

参 考 文 献

艾南山，岳天祥. 1988. 再论流域系统的信息熵. 水土保持学报，2(4): 1-9

艾南山. 1987. 侵蚀流域系统的信息熵. 水土保持学报，1(2): 1-8
陈嵘，刘斌. 1995. 地理过程中弹性系数的分形研究. 中国沙漠，15(Sup. 2): 11-13
郭俊义. 1987. 论系统科学理论体系的创建. 系统工程，5(3): 1-8
胡云. 2006. 基于量纲分析的建模研究. 大学物理，25(12): 18-22
蒋忠信. 1987. 滇西北三江河谷纵剖面的发育图式与演化规律. 地理学报，42(2): 16-25
蒋忠信. 1989. 矩形流域地貌信息熵的探讨. 水土保持学报，9(4): 83-87
罗蓉, 胡作著. 2009. 类比推理的认知过程与计算模型. 心理学探新, 29(6): 42-50
马蔼乃. 1997. 热扩散系数遥感信息模型. 遥感信息模型. 北京: 北京大学出版社:33-40
马蔼乃. 2000. 地理遥感信息模型与地理数学. 测绘科学，25(2): 10-14
倪致祥. 2007-5-23. 量纲分析法. http://www.fync.edu.cn:8080/2006jxms/nzx/msword/nl02.doc
牛文元. 1989. 自然资源开发原理. 开封: 河南大学出版社
钱学森.1987. 发展地理科学的建议. 大自然探索，6(19): 36-46
孙丽君. 2005. 探索性数据分析方法及应用. 东北财经大学硕士学位论文
徐建华. 1990. 地理过程中人类活动定量分析的数学模型. 兰州大学学报(社会科学版)，18(3): 19-24
徐建华. 1991. 地理系统分析. 兰州: 兰州大学出版社
徐建华，余庆余. 1993. 人类生态系统. 兰州：兰州大学出版社:300-313
杨吾扬. 1989. 区位论——产业、城市和区域的区位经济分析. 兰州:甘肃人民出版社
张学文, 马力. 1992. 熵气象学. 北京: 气象出版社
朱月珍. 2008. 一种特殊的数学思维方法——类比法. 甘肃高师学报，13(5): 76，77
Auerbach F. 1913. Das gesetz der belvölkerungskoncentration. Petermanns Geographische Mitteilungen，59: 74-76
Carroll G R. 1982. National city-size distribution: what do we know after 67 years of research. Progress In Human Geography, 6(1): 1-431
Culling W E H. 1960. Analytical theory of erosion. Journal of Geology，68: 336-344
Culling W E H. 1963. Soil creep and the development of hillside slope. Journal of Geology，71: 127-161
Hoaglin D C，Mosteller F，Tukey J W. 1998. 探索性数据分析. 陈忠琏，郭德媛译. 北京: 中国统计出版社:1- 474
Horton R E. 1945. Erosional developments of streams and their drainage basins: hydrophysical approach to quantitative morphology. Geological Society of America Bulletin，56(3): 275-370
Ioannides Y M，Overman H G. 2003. Zipf's law for cities: an empirical examination. Regional Science and Urban Economics，33(2): 127-137
Keyfitz N. 1980. Do cities grow by natural increase or by migration. Geographical Analysis，12(2):142-156
Ledent J. 1982. Rural-urban migration，urbanization，and economic development . Economic Development and Cultural Change，30(3): 507-538.
Leopold L B，Langbein W B. 1962. The concept of entropy in landscape evolution. US Geological Survey Professional Paper，500-A
Rogers A. 1984. Migration，Urbanization，and Spatial Population Dynamics. Westview: Boulder
Shannon C E. 1948. A mathematical theory of communication. Bell System Technical Journal，27: 379-423
Strahler A N. 1952. Hypsometric (area-altitud) analysis of erosional topography. Geological Society of America Bulletin，63: 1117-1142
Tukey J W. 1977. Exploratory Data Analysis. Massachusetts: Addison-Wesley，Reading，MA. 1-688
Zipf G K. 1949. Human behaviour and the principle of least effort: an introduction to human ecology. Cambridge: Addison-Wesley

第 5 章　非确定型建模方法

从数学的角度来看，地理现象可以被分为两大类，即确定现象和非确定现象(徐建华，1996，2002)。

确定现象是指事先可以预言的现象，即在准确地重复某些条件下，结果总是肯定的。例如，在一个标准大气压下，水被加热到 100℃便会沸腾。质量守恒定律、牛顿定律描述的就是这类现象。

而非确定现象，又包括随机现象和模糊现象，二者共同的特点是不确定性，但随机现象是指事件的结果不确定，而模糊现象中是指事物本身的定义不确定(Zadeh, 1999)。

随机现象是指：事先不可预言的现象，即在相同条件下重复进行试验，每次结果未必相同，或知道事物过去的状况，但未来的发展却不能完全肯定。研究这类现象的数学工具是概率论和数理统计。

模糊现象是指：事物本身的含义不确定的现象。例如，天气“好”与“坏”、条件“优”与“劣”、资源“丰富”与“贫乏”等都属于模糊现象。研究这类现象的数学工具是模糊数学。

本章主要针对非确定现象，结合有关实例，讨论运用统计学和模糊数学知识建立地理模型的有关方法。

5.1　经典统计建模方法

建立在概率论与数理统计基础上的经典统计分析方法，是地理学中最基本和最常用的一类建模方法(张超等，1984；林炳耀，1985；徐建华，1991，1996，2002，2006)。它们适用于各种随机现象、随机过程和随机事件的统计建模。限于篇幅，本节主要讨论几种最基本的，也是最重要的、经典的地理统计建模方法，即统计检验法、相关分析法、回归分析法、主成分分析法、聚类分析法。

5.1.1　统计检验法

1. *参数检验和非参数检验*

统计检验法经常用于以下场合：①检验样本参数是否能代表总体；②统计假设能否成立；③统计分析是否合理。

地理现象的统计检验，主要包括两大类，即参数检验和非参数检验。

参数检验，首先假定变量服从特定的已知分布(如正态分布)，然后对分布的参数(如均数)做检验。这种检验方法是：首先假定统计假设是成立的，并由此推导出一个结果来，然后间接运用概率论理论中“小概率事件实际上的不可能性”原理，根据结果分布特点决定的出现可能性，检验假设是否成立。当然，否定或肯定某种假设，都是基于一定概率分布基础之上的，其常用的检验包括正态分布检验，t 分布、χ^2 分布和 F 分布检验等。不同的检验方法，比较的统计量是不同的。t 检验等检验方法比较的是均值，χ^2 检验比较的是频数，F 检验比较的是方差。

非参数检验，又称任意分布检验，它不对变量的分布作严格假定，检验不针对特定的参数，而是模糊地对变量分布的中心位置或分布形态做检验。由于非参数检验对总体分布不作严格假定，所以适用性强。

在选择参数与非参数检验时，首要考虑是数据的分布情况，能确定分布类型的，则可适当选用参数检验。非参数检验由于不限制分布，统计方法简便，适用范围广泛，但检验效率较低，应用时应辩证地考虑。

两类检验方法，在数理统计学的文献(滕素珍等，2005；刘顺忠，2005；杨虎等，2006)中可以看到，此处不再赘述。下面，我们介绍一个非参数检验的应用实例，供读者讨论剖析。

2. 应用实例

随着全球变暖趋势的发展，新疆，特别是塔里木河流域气候也发生着相应转变，主要表现在：气温上升，降水增加，冰川消融加速，河川径流增加，湖泊水位上升、面积扩大(杨青等, 2003；杨余辉等, 2004；徐贵青等, 2004；Shi et al., 2007；满苏尔等, 2007)。这种大区域的气候变化现象引起了国内外广大学者的广泛关注(Chen, et al., 2005, 2006；邓铭江, 2006；张一驰等, 2004)，这些变化是全球气温上升影响盆地气候向温湿转型，还是一个世纪性的水文周期变化现象，成为学术界的热点议题。

然而，气候要素，在大尺度上受到行星风带和气压带制约，空间上具有明显呈地带分布的结构性，同时又受到小尺度地形、地貌等自然环境以及人类活动的影响，又具有空间不确定性(岳文泽等，2005)。

为了检验塔里木河流域气候变化的显著性，我们选择流域内 23 个气象台站(国家台站)48 年(1959~2006 年)的年平均气温、年降水量、年平均相对湿度时间序列数据，以非参数统计检验方法，即 Mann-Kendall 方法，进行非参数检验(Xu et al., 2009)。

Mann-Kendall 统计检验方法如下

$$Z_c=\begin{cases}\dfrac{S-1}{\sqrt{\operatorname{var}(S)}}, & S>0\\ 0, & S=0\\ \dfrac{S+1}{\sqrt{\operatorname{var}(S)}}, & S<0\end{cases} \tag{5.1}$$

其中

$$S=\sum_{i=1}^{n-1}\sum_{k=i+1}^{n}\operatorname{sgn}(x_k-x_i), \tag{5.2}$$

$$\operatorname{sgn}(\theta)=\begin{cases}1 & \theta>0 \\ 0 & \theta=0 \\ -1 & \theta<0\end{cases}, \tag{5.3}$$

$$\operatorname{var}(S)=n(n-1)(2n+5)/18 \tag{5.4}$$

式中：x_k、x_i 为连续的数据值；n 为数据资料的长度。

衡量趋势大小的指标为

$$\beta=\operatorname{Median}\left(\frac{x_i-x_j}{i-j}\right) \tag{5.5}$$

式中：$1<j<i<n$，正的 β 值表示“上升趋势”，负的 β 值表示“下降趋势”。

Mann-Kendall 检验如下所示：零假设 $H_0\ \beta=0$，当 $|Z_c|>Z_{(1-\alpha)/2}$ 时，拒绝零假设。其中，$Z_{(1-\alpha)/2}$ 为标准正态方差，α 为显著性检验水平。

上述检验计算过程，可以借助于 MATLAB 软件编程实现。

在置信度水平 α=0.05，对于年平均气温序列进行统计检验，结果如表 5.1 所示。

表 5.1　年平均气温变化趋势的 Mann-Kendall 检验

台站编号	台站	倾斜度 β	Z_c	$Z_{(1-\alpha)/2}$	显著性
51642	轮台	0.0400	5.4395	0.6051	显著
51628	阿克苏	0.0389	5.5906	0.4767	显著
51839	民丰	0.0365	5.2173	0.4928	显著
51567	焉耆	0.0333	5.1728	0.4187	显著
51828	和田	0.0318	4.0974	0.4679	显著
51705	乌恰	0.0314	4.0263	0.6238	显著
51855	且末	0.0307	4.7107	0.3957	显著
51467	巴伦台	0.0302	3.6174	0.5552	显著
51701	吐尔尕特	0.0286	4.3996	0.4021	显著
51633	拜城	0.0286	4.1241	0.4136	显著
51765	铁干里克	0.0271	5.3773	0.2893	显著
51716	巴楚	0.0267	4.6662	0.3051	显著
51526	库米什	0.0263	4.3640	0.3804	显著
51818	皮山	0.0262	3.4308	0.4133	显著
51656	库尔勒	0.0250	4.2929	0.3092	显著
51709	喀什	0.0240	3.0042	0.4596	显著
51711	阿合奇	0.0236	3.7330	0.3554	显著

续表

台站编号	台站	倾斜度 β	Z_c	$Z_{(1-\alpha)/2}$	显著性
51777	若羌	0.0227	3.9285	0.2769	显著
51811	莎车	0.0221	4.0796	0.2742	显著
51720	柯坪	0.0133	2.5509	0.2330	显著
51931	于田	0.0066	1.0666	0.2625	显著
51730	阿拉尔	0.0063	1.5910	0.1442	显著
51644	库车	− 0.0054	− 1.3243	0.1816	显著

注：本表中的置信度水平为 $\alpha = 0.05$。

从表 5.1 可以看出，从置信度水平$\alpha = 0.05$ 下来看，整个流域的年平均气温在显著上升，整个流域升温幅度为(0.1~0.4℃)/10a，绝大部分区域升温幅度为(0.12~0.26℃)/10a；升温幅度最大的地区是轮台、阿克苏，温度幅度都在 0.4℃/10a 左右；其次是民丰、焉耆、和田、乌恰、且末、巴伦台等地区，升温幅度为(0.30~0.37℃)/10a；吐尔尕特、拜城、铁干里克、巴楚、库米什、皮山、库尔勒、喀什、阿合奇、若羌、莎车、柯坪，升温幅度为(0.14~0.29℃)/10a；于田、阿拉尔升温幅度小于 0.10℃/10a。这些结论，与满苏尔等(2007)以及杨青等(2003)的研究结果基本一致。

比较特殊的是库车，该台站年平均气温呈下降趋势，降温幅度在 0.05℃/10a 左右。这种现象出现的原因是什么，一些科学家认为是台站数据本身的变迁导致的，如气象台站周围环境的变化等，但是这些说法尚无定论(李江风，2003)。

在显著性水平α=0.05 下，对于年降水量序列进行统计检验，结果如表 5.2 所示。

表 5.2　年降水量变化趋势的 Mann-Kendall 检验

台站编号	台站	倾斜度 β	Z_c	$Z_{(1-\alpha)/2}$	显著性
51711	阿合奇	2.1427	2.8975	5216.50	不显著
51705	乌恰	1.5417	1.9643	5038.30	不显著
51633	拜城	1.4971	3.4752	1682.60	不显著
51467	巴伦台	1.4252	2.1420	3827.10	不显著
51720	柯坪	1.2357	2.9508	1863.70	不显著
51642	轮台	1.0634	3.6174	936.62	不显著
51628	阿克苏	0.8308	2.4175	1114.40	不显著
51644	库车	0.8063	3.2619	553.11	不显著
51716	巴楚	0.7375	2.1865	1141.00	不显著
51701	吐尔尕特	0.6350	1.1466	3411.40	不显著
51777	若羌	0.5225	3.4486	501.73	不显著
51567	焉耆	0.5024	1.5821	901.18	不显著

续表

台站编号	台站	倾斜度 β	Z_c	$Z_{(1-\alpha)/2}$	显著性
51811	莎车	0.4000	1.0221	1356.80	不显著
51839	民丰	0.3561	1.9109	597.01	不显著
51526	库米什	0.3327	1.5199	487.42	不显著
51855	且末	0.2600	1.6354	178.04	不显著
51709	喀什	0.2596	0.7733	1107.90	不显著
51730	阿拉尔	0.2549	1.3865	495.93	不显著
51818	皮山	0.2294	0.7910	837.31	不显著
51656	库尔勒	0.1766	0.8799	502.89	不显著
51828	和田	0.1702	0.8977	494.34	不显著
51931	于田	0.1691	0.5422	770.37	不显著
51765	铁干里克	0.0575	0.3644	364.68	不显著

注：本表中的置信度水平为α=0.05。

从表 5.2 中可以看出，尽管各个台站的倾斜度β均为正值，这意味着近 50 年来各台站的年降水量均呈现出一定上升趋势，但从统计检验结果的来看，各台站降水量增加的趋势并不显著。

在显著性水平α=0.05 下，对于年平均相对湿度序列进行统计检验，结果如表 5.3 所示。

表 5.3　年平均相对湿度变化趋势的 Mann-Kendall 检验

台站编号	台站	倾斜度 β	Z_c	$Z_{(1-\alpha)/2}$	显著性
51644	库车	0.2667	6.4438	20.15	不显著
51730	阿拉尔	0.2432	6.7371	15.32	不显著
51931	于田	0.2076	4.9240	18.71	不显著
51711	阿合奇	0.1765	5.1462	13.11	不显著
51720	柯坪	0.1579	4.1241	14.41	不显著
51567	焉耆	0.1076	3.6708	8.38	不显著
51777	若羌	0.1000	3.8219	6.33	不显著
51633	拜城	0.0909	3.0219	9.19	不显著
51855	且末	0.0857	2.8175	9.29	不显著
51526	库米什	0.0769	2.7464	7.30	不显著
51656	库尔勒	0.0702	2.7731	6.04	不显著
51701	吐尔尕特	0.0667	2.4175	8.41	不显著

续表

台站编号	台站	倾斜度 β	Z_c	$Z_{(1-\alpha)/2}$	显著性
51709	喀什	0.0556	1.5998	10.48	不显著
51765	铁干里克	0.0513	2.1509	4.29	不显著
51811	莎车	0.0513	2.4175	5.27	不显著
51818	皮山	0.0482	1.3332	10.25	不显著
51839	民丰	0.0000	– 0.4622	7.25	不显著
51828	和田	0.0000	0.5511	8.61	不显著
51716	巴楚	0.0000	– 0.2666	6.96	不显著
51705	乌恰	0.0000	0.0089	13.59	不显著
51628	阿克苏	0.0000	0.4888	4.72	不显著
51642	轮台	– 0.0370	– 1.3510	7.15	不显著
51467	巴伦台	– 0.0435	– 1.4488	6.64	不显著

注：本表中的置信度水平为α=0.05。

从表 5.3 中可以看出，尽管除轮台、巴伦台以外，各个台站的倾斜度 β 均为正值，这意味着近 50 年来绝大多数台站的年平均相对湿度呈现出一定上升趋势，但从统计检验结果的显著性水平(α=0.05)来看，各台站年平均相对湿度增加的趋势并不显著。

上述非参数检验的结果表明，从置信度水平α=0.05 来看，48 年以来年平均气温在整体上的上升趋势是显著的；但是，年降水量和年平均相对湿度的增加趋势并不显著。这就是说，变暖(升温)趋势是显著的，但是变湿(年降水和年平均相对湿度增加)趋势并不显著。

5.1.2　相关分析法

相关分析与回归分析，是经典统计分析中最基本的方法。它们主要是从统计分析的角度，定量地分析地理要素之间的相关程度、拟合地理变量之间的数量关系。

地理要素之间的相关分析揭示了地理要素之间相互关系的密切程度。而地理要素之间相互关系密切程度的测定，主要是通过对相关系数的计算与检验来完成的。

1. 单相关系数的计算与检验

如果有两个地理要素 x 与 y，它们的样本值分别为 x_i 与 y_i(i=1，2，…，n)，那么，它们之间的单相关系数由下式计算：

$$r_{xy}=\frac{\sum_{i=1}^{n}(x_i-\overline{x})(y_i-\overline{y})}{\sqrt{\sum_{i=1}^{n}(x_i-\overline{x})^2}\sqrt{\sum_{i=1}^{n}(y_i-\overline{y})^2}} \tag{5.6}$$

式中：$\overline{x}$ 和 $\overline{y}$ 分别为两个要素样本值的平均值，即

$$\overline{x}=\frac{1}{n}\sum_{i=1}^{n}x_i \ , \quad \overline{y}=\frac{1}{n}\sum_{i=1}^{n}y_i$$

r_{xy} 为要素 x 与 y 之间的相关系数，它就是表示该两要素之间的相关程度的统计指标，其值为[−1，1]。$r_{xy}>0$，表示正相关，即两要素同向相关；$r_{xy}<0$，表示负相关，即两要素异向相关。r_{xy} 的绝对值越接近于 1，表示两要素的关系越密切；越接近于 0，表示两要素的关系越不密切。

当要素之间的相关系数求出之后，还需要对所求得的相关系数进行检验。这是因为，这里的相关系数是根据要素之间的样本值计算出来，它随着样本数的多少或取样方式的不同而不同，因此它只是要素之间的样本相关系数，只有通过检验，才能知道它的可信度。

一般情况下，相关系数的检验，是在给定的置信水平下，通过查相关系数检验的临界值表来完成的。表 5.4 给出了相关系数真值 $\rho=0$ (即两要素不相关)时样本相关系数的临界值 r_α。

表 5.4　检验相关系数 ρ=0 的临界值(r_α)表

$p\{|r|>r_\alpha\}=\alpha$

f	α				
	0.10	0.05	0.02	0.01	0.001
1	0.987 69	0.996 92	0.999 507	0.999 877	0.999 998 8
2	0.900 00	0.950 00	0.980 00	0.990 00	0.999 000
3	0.805 4	0.878 3	0.934 33	0.958 73	0.991 160
4	0.729 3	0.811 4	0.882 2	0.917 20	0.974 06
5	0.669 4	0.754 5	0.832 9	0.874 5	0.950 74
6	0.621 5	0.706 7	0.788 7	0.834 3	0.924 93
7	0.582 2	0.666 4	0.749 3	0.797 7	0.898 2
8	0.549 4	0.631 9	0.715 5	0.764 6	0.872 1
9	0.521 4	0.602 1	0.685 1	0.734 8	0.847 1
10	0.497 3	0.576 0	0.658 1	0.707 9	0.823 3
11	0.476 2	0.552 9	0.633 9	0.683 5	0.801 0
12	0.457 5	0.532 4	0.612 0	0.661 4	0.780 0
13	0.440 9	0.513 9	0.592 3	0.641 1	0.760 3
14	0.425 9	0.497 3	0.574 2	0.622 6	0.742 0
15	0.412 4	0.482 1	0.557 7	0.605 5	0.724 6
16	0.400 0	0.468 3	0.542 5	0.589 7	0.708 4

续表

f	α				
	0.10	0.05	0.02	0.01	0.001
17	0.388 7	0.455 5	0.528 5	0.575 1	0.693 2
18	0.378 3	0.443 8	0.515 5	0.561 4	0.678 7
19	0.368 7	0.432 9	0.503 4	0.548 7	0.665 2
20	0.359 8	0.422 7	0.492 1	0.536 8	0.652 4
25	0.323 3	0.380 9	0.445 1	0.486 9	0.597 4
30	0.296 0	0.349 4	0.409 3	0.448 7	0.554 1
35	0.274 6	0.324 6	0.381 0	0.418 2	0.518 9
40	0.257 3	0.304 4	0.357 8	0.393 2	0.489 6
45	0.242 8	0.287 5	0.338 4	0.372 1	0.464 8
50	0.230 6	0.273 2	0.321 8	0.354 1	0.443 3
60	0.210 8	0.250 0	0.294 8	0.324 8	0.407 8
70	0.195 4	0.231 9	0.273 7	0.301 7	0.379 9
80	0.182 9	0.217 2	0.256 5	0.283 0	0.356 8
90	0.172 6	0.205 0	0.242 2	0.267 3	0.337 5
100	0.163 8	0.194 6	0.230 1	0.254 0	0.321 1

在表 5.4 中，左边的 f 称为自由度，其数值为 $f=n-2$，这里 n 为样本数；上方的 α 代表不同的置信水平；表内的数值代表不同的置信水平下相关系数 $\rho=0$ 的临界值，即 r_α；公式 $p\{|r|>r_\alpha\}=\alpha$ 的意思是当所计算的相关系数 r 的绝对值大于在 α 水平下的临界值 r_α 时，两要素不相关(即 $\rho=0$)的可能性为 α。

根据甘肃省 53 个气象台站的多年平均数据(表 5.5)，可以对降水量(p)和纬度(y)之间的相关系数以及蒸发量(v)和纬度(y)之间的相关系数，分别代入公式(5.6)，计算如下：

$$r_{py}=\frac{\sum_{i=1}^{53}(p_i-\overline{p})(y_i-\overline{y})}{\sqrt{\sum_{i=1}^{53}(p_i-\overline{p})^2}\sqrt{\sum_{i=1}^{53}(y_i-\overline{y})^2}}=\frac{-23\,848.21}{\sqrt{2\,401\,143.19}\sqrt{290.19}}$$

$$=\frac{-23\,848.21}{1549.56\times17.03}=-0.9035$$

$$r_{vy}=\frac{\sum_{i=1}^{53}(v_i-\overline{v})(y_i-\overline{y})}{\sqrt{\sum_{i=1}^{53}(v_i-\overline{v})^2}\sqrt{\sum_{i=1}^{53}(y_i-\overline{y})^2}}=\frac{60\,527.59}{\sqrt{16\,274\,170.60}\sqrt{290.19}}$$

$$=\frac{60\,527.59}{4034.13\times17.03}=0.8808$$

计算结果表明，降水量(p)和纬度(y)之间异向相关，而蒸发量(v)与纬度(y)之间同向相关。

表 5.5 甘肃省主要气象台站纬度、海拔及降水量与蒸发量(多年平均值)

台站	经度 x/东经(°)	纬度 y/北纬(°)	海拔 a/m	年降水量 p/mm	年蒸发量 v/mm
安西	95.92	40.50	1170.80	48.25	2835.57
白银	104.53	36.60	1707.20	193.72	1947.97
定西	104.63	35.53	1908.80	413.94	1538.10
古浪	102.90	37.48	2072.40	358.60	1756.79
和政	103.35	35.43	2136.40	615.04	1317.64
徽县	106.12	33.82	930.80	752.42	1167.44
会宁	105.15	35.63	2025.10	435.43	1632.93
靖远	104.67	36.57	1397.80	238.55	1594.28
酒泉	98.52	39.77	1477.20	87.85	2005.45
兰州	103.88	36.05	1517.20	316.00	1410.15
礼县	105.13	34.20	1410.00	503.73	1318.59
临洮	103.85	35.38	1886.60	554.04	1229.31
临夏	103.18	35.62	1917.00	502.07	1282.17
玛曲	102.08	34.00	3471.40	611.78	1279.50
岷县	104.17	34.38	2314.60	603.66	1159.48
秦安	105.98	34.73	1250.00	501.67	1414.59
天水	105.75	34.58	1131.70	540.16	1277.33
天祝松山	103.53	37.20	2726.70	264.15	1705.98
通渭	105.40	35.12	1765.00	427.11	1295.52
通渭华家岭	104.83	35.42	2450.00	513.09	1303.09
武山	104.88	34.73	1495.00	478.21	1636.53
榆中	104.08	35.85	1873.70	395.25	1326.29
成县	105.72	33.75	970.00	650.14	1190.00
陇南台	104.92	33.40	1079.00	480.24	1816.37
马鬃山	97.03	41.80	1770.00	85.79	3071.70
肃北野马街	96.88	41.58	2159.00	144.38	2533.30
敦煌	94.68	40.15	1138.70	39.17	2476.40
玉门镇	97.04	40.26	1526.00	65.32	2847.66
梧桐沟	98.62	40.72	1591.00	71.88	3522.76
金塔	98.90	40.00	1270.20	58.57	2466.44

续表

台站	经度 x/东经(°)	纬度 y/北纬(°)	海拔 a/m	年降水量 p/mm	年蒸发量 v/mm
鼎新	99.52	40.30	1177.40	54.33	2336.38
高台	99.83	39.37	1332.20	106.33	1830.97
肃南	99.62	38.83	2311.80	257.21	1789.57
临泽	100.17	39.15	1453.70	114.53	2212.45
张掖	100.43	38.93	1482.70	127.49	2038.38
山丹	101.08	38.78	1764.60	194.90	2312.37
民乐	100.82	38.45	2271.00	331.09	1624.50
民勤	103.08	38.63	1367.00	110.57	2646.17
永昌	101.96	38.23	1976.10	194.42	1968.57
武威	102.67	37.92	1530.80	163.89	1936.77
乌鞘岭	102.87	37.20	3045.10	389.90	1546.97
环县	107.30	36.58	1255.60	541.50	1676.52
西峰	107.64	35.73	1421.90	573.03	1450.58
平凉	106.62	35.73	1346.60	521.31	1427.46
灵台	107.40	35.15	1360.00	645.21	1388.38
静宁	105.72	35.52	1650.00	466.28	1430.82
文县	104.66	32.95	1014.30	558.83	1024.54
宕昌	104.38	34.03	1753.20	621.02	1275.13
临潭	103.35	34.70	2810.20	515.02	1471.31
甘南	102.90	35.00	2915.70	545.72	1208.73
郎木寺	102.58	34.21	3362.70	786.75	1159.18
宁县	108.00	35.43	1221.20	584.89	1401.28
合水太白	108.63	36.14	1111.70	574.00	1440.26

对于上述计算得到的相关系数，自由度 f=53−2=51，表 5.4 中没有给出相应样本个数下的临界值 r_α，但是我们发现，在同一显著水平下，随着样本数的增大，临界值 r_α 减少。在显著性水平 $\alpha = 0.001$ 上，取 f=50，查表 5.4 得知：$r_{0.001} = 0.4433$。显然，r_{PY} 和 r_{PV} 的绝对值都远远大于 $r_{0.001} = 0.4433$，这说明甘肃省 53 个气象台站降水量(p)和纬度(y)之间，以及蒸发量(v)和纬度(y)之间都是高度相关的。

2. 偏相关系数的计算与检验

地理系统是一种多要素的复杂巨系统，其中一个要素的变化必然影响到其他各要素的变化。在多要素所构成的地理系统中，当研究某一个要素对另一个要素的影响或相关程度时，把其他要素的影响视为常数(保持不变)，即暂不考虑其他要素的影响，而单独研究两个要素之间的相互关系的密切程度时，则称为偏相关。用以度量偏相关程度的统计量，称为偏相关系数。

偏相关系数，可利用单相关系数来计算。

若有三个要素 x_1、x_2、x_3，则它们之间共有三个一级偏相关系数，分别是 $r_{12\cdot3}$、$r_{13\cdot2}$ 和 $r_{23\cdot1}$。这三个一级偏向关系数，可以由单相关系数(即零级偏相关系数)计算而来，其计算公式分别为

$$r_{12\cdot3}=\frac{r_{12}-r_{13}r_{23}}{\sqrt{(1-r_{13}^2)(1-r_{23}^2)}} \tag{5.7}$$

$$r_{13\cdot2}=\frac{r_{13}-r_{12}r_{23}}{\sqrt{(1-r_{12}^2)(1-r_{23}^2)}} \tag{5.8}$$

$$r_{23\cdot1}=\frac{r_{23}-r_{12}r_{13}}{\sqrt{(1-r_{12}^2)(1-r_{13}^2)}} \tag{5.9}$$

式中：左端项下标点后面的数字，代表在计算一级偏相关系数时，保持不变的量，如 $r_{12\cdot3}$ 为在 x_3 保持不变的情况下，测度 x_1 和 x_2 之间相关程度的偏相关系数。

若有四个要素 x_1、x_2、x_3 和 x_4，则它们之间有六个二级偏相关系数，即 $r_{12\cdot34}$、$r_{13\cdot24}$、$r_{14\cdot23}$、$r_{23\cdot14}$、$r_{24\cdot13}$ 和 $r_{34\cdot12}$。这六个二级偏向关系数，可以由一级偏向关系数计算而来，其计算公式分别为

$$r_{12\cdot34}=\frac{r_{12\cdot3}-r_{14\cdot3}r_{24\cdot3}}{\sqrt{(1-r_{14\cdot3}^2)(1-r_{24\cdot3}^2)}} \tag{5.10}$$

$$r_{13\cdot24}=\frac{r_{13\cdot2}-r_{14\cdot2}r_{34\cdot2}}{\sqrt{(1-r_{14\cdot2}^2)(1-r_{34\cdot2}^2)}} \tag{5.11}$$

$$r_{14\cdot23}=\frac{r_{14\cdot2}-r_{13\cdot2}r_{43\cdot2}}{\sqrt{(1-r_{13\cdot2}^2)(1-r_{43\cdot2}^2)}} \tag{5.12}$$

$$r_{23\cdot14}=\frac{r_{23\cdot1}-r_{24\cdot1}r_{34\cdot1}}{\sqrt{(1-r_{24\cdot1}^2)(1-r_{34\cdot1}^2)}} \tag{5.13}$$

$$r_{24\cdot13}=\frac{r_{24\cdot1}-r_{23\cdot1}r_{43\cdot1}}{\sqrt{(1-r_{23\cdot1}^2)(1-r_{43\cdot1}^2)}} \tag{5.14}$$

$$r_{34\cdot12}=\frac{r_{34\cdot1}-r_{32\cdot1}r_{42\cdot1}}{\sqrt{(1-{r_{32\cdot1}}^2)(1-{r_{42\cdot1}}^2)}} \tag{5.15}$$

式中：$r_{12\cdot34}$ 为在 x_3 和 x_4 保持不变的条件下，x_1 和 x_2 之间的二级偏相关系数，其余式(5.11)

至式(5.15)依此类推。

偏相关系数具有下述性质：

(1) 偏相关系数分布的范围为−1~1，例如，固定 x_3，则 x_1 与 x_2 间的偏相关系数满足 $-1 \leqslant r_{12\cdot3} \leqslant 1$。当 $r_{12\cdot3}$ 为正值时，表示在 x_3 固定时，则 x_1 与 x_2 之间为正相关；当 $r_{12\cdot3}$ 为负值时，表示在 x_3 固定时，则 x_1 与 x_2 之间为负相关。

(2) 偏相关系数的绝对值越大，表示其偏相关程度越大。例如，$|r_{12\cdot3}|=1$，则表示当 x_3 固定时，x_1 与 x_2 之间完全相关；当 $|r_{12\cdot3}|=0$ 时，表示当 x_3 固定时，x_1 与 x_2 之间完全无关。

(3)偏相关系数的绝对值必小于或最多等于由同一系列资料所求得的复相关系数(详见后述)，即 $R_{1\cdot23} \geqslant |r_{12\cdot3}|$。

偏相关系数的显著性检验，一般采用 t-检验法。其统计量计算公式为

$$t = \frac{r_{12\cdot34\cdots m}}{\sqrt{1-r^2_{12\cdot34\cdots m}}}\sqrt{n-m-1} \tag{5.16}$$

式中：$r_{12\cdot34\cdots m}$ 为偏相关系数；n 为样本数；m 为自变量个数。

例如，对于某四个地理要素 x_1，x_2，x_3，x_4 的 23 个样本数据，经过计算得到了如下的单相关系数矩阵

$$\boldsymbol{R} = \begin{bmatrix} r_{11} & r_{12} & r_{13} & r_{14} \\ r_{21} & r_{22} & r_{23} & r_{24} \\ r_{31} & r_{32} & r_{33} & r_{34} \\ r_{41} & r_{42} & r_{43} & r_{44} \end{bmatrix} = \begin{bmatrix} 1 & 0.416 & 0.346 & 0.579 \\ 0.416 & 1 & -0.592 & 0.950 \\ -0.346 & -0.592 & 1 & -0.469 \\ 0.579 & 0.950 & -0.469 & 1 \end{bmatrix}$$

那么，我们就可以利用这些单相关系数，依次计算每一个一级偏相关系数和二级偏相关系数。

为了计算二级偏相关系数，需要先计算一级偏相关系数，由式(5.7)可求得

$$r_{12\cdot3} = \frac{r_{12}-r_{13}r_{23}}{\sqrt{(1-r_{13}^2)(1-r_{23}^2)}} = \frac{0.416-0.346\times(-0.592)}{\sqrt{(1-0.346^2)(1-0.592^2)}} = 0.821$$

同理，依次可以计算其他一级偏相关系数，如表 5.6 所示。

表 5.6　一级偏相关系数

$r_{12\cdot3}$	$r_{13\cdot2}$	$r_{14\cdot2}$	$r_{14\cdot3}$	$r_{23\cdot1}$	$r_{24\cdot1}$	$r_{24\cdot3}$	$r_{24\cdot1}$	$r_{34\cdot2}$
0.821	0.808	0.647	0.895	−0.863	0.956	0.945	−0.875	0.371

在一级偏相关系数求出以后，便可代入公式计算二级偏相关系数，如由式(5.10)计算可得

$$r_{12\cdot34} = \frac{r_{12\cdot3}-r_{14\cdot3}r_{24\cdot3}}{\sqrt{(1-r_{14\cdot3}^2)(1-r_{24\cdot3}^2)}} = \frac{0.821-0.895\times0.945}{\sqrt{(1-0.895^2)(1-0.945^2)}} = -0.170$$

同理，依次可以计算出其他各二级偏相关系数，如表 5.7 所示。

表 5.7　二级偏相关系数

$r_{12\cdot 34}$	$r_{13\cdot 24}$	$r_{14\cdot 23}$	$r_{23\cdot 14}$	$r_{24\cdot 13}$	$r_{34\cdot 12}$
−0.170	0.802	0.635	−0.187	0.821	−0.337

对于上例计算得到的偏相关系数 $r_{24\cdot 13}$=0.821，由于 n=23，m=3，故

$$t=\frac{0.821}{\sqrt{1-0.821^2}}\sqrt{23-3-1}=6.268$$

查 t 分布表，可得出不同显著水平上的临界值 t_α，若 $t>t_\alpha$，则表示偏相关显著；反之，$t<t_\alpha$，则偏相关不显著。在自由度为 23−3−1=19 时，查表得 $t_{0.001}$=3.883，显然 $t>t_\alpha$，这表明在置信度水平 α =0.001 上，偏相关系数 $r_{24\cdot 13}$ 是显著的。

3. 复相关系数的计算与检验

严格来说，以上的分析都是揭示两个要素(变量)之间的相关关系，或者是在其他要素(变量)固定的情况下来研究两要素之间的相关关系的。但实际上，一个要素的变化往往受多种要素的综合作用和影响，而单相关或偏相关分析的方法都不能反映各要素的综合影响。要解决这一问题，就必须采用复相关分析法。几个要素与某一个要素之间的复相关程度，用复相关系数来测定。

复相关系数，可以利用单相关系数和偏相关系数求得。

设 y 为因变量，x_1，x_2，…，x_k 为自变量，则将 y 与 x_1，x_2，…，x_k 之间的复相关系数记为 $R_{y\cdot 12\cdots k}$。则其计算公式如下：

当有两个自变量时，

$$R_{y\cdot 12}=\sqrt{1-(1-r^2{}_{y1})(1-r^2{}_{y2\cdot 1})} \tag{5.17}$$

当有三个自变量时，

$$R_{y\cdot 123}=\sqrt{1-(1-r^2{}_{y1})(1-r^2{}_{y2\cdot 1})(1-r^2{}_{y3\cdot 12})} \tag{5.18}$$

一般地，当有 k 个自变量时，

$$R_{y\cdot 12\cdots k}=\sqrt{1-(1-r^2{}_{y1})(1-r^2{}_{y2\cdot 1})\cdots[1-r^2{}_{yk\cdot 12\cdots(k-1)}]} \tag{5.19}$$

关于复相关系数的性质如下：

(1) 复相关系数介于 0 和 1 之间，即

$$0\leqslant R_{y\cdot 12\cdots k}\leqslant 1$$

(2) 复相关系数越大，则表明要素(变量)之间的相关程度越密切。复相关系数为 1，

表示完全相关；复相关系数为 0，表示完全无关。

(3) 复相关系数必大于或至少等于单相关系数的绝对值。

对复相关系数的显著性检验，一般采用 F-检验法，其统计量计算公式为

$$F=\frac{R_{y\cdot 12\cdots k}^2}{1-R_{y\cdot 12\cdots k}^2}\times\frac{n-k-1}{k} \tag{5.20}$$

式中：n 为样本数；k 为自变量个数。

在上例中，若以 x_4 为因变量，x_1、x_2、x_3 为自变量，我们就可以用公式(5.18)计算 x_4 与 x_1、x_2、x_3 之间的复相关系数

$$\begin{aligned}R_{4\cdot 123}&=\sqrt{1-(1-r_{41}^2)(1-r_{42\cdot 1}^2)(1-r_{43\cdot 12}^2)}\\&=\sqrt{1-(1-0.579^2)(1-0.956^2)(1-0.337^2)}=0.974\end{aligned}$$

对于上述计算得到的复相关系数，由于 n=23，k=3，故

$$F=\frac{0.974}{1-0.974^2}\times\frac{23-3-1}{3}=120.1907$$

查 F-检验的临界值表，可以得到不同显著性水平上的临界值 F_α，若 $F>F_{0.01}$，则表示复相关在置信度水平 $\alpha=0.01$ 上显著，称为极显著；若 $F_{0.05}<F\leqslant F_{0.01}$，则表示复相关在置信度水平 $\alpha=0.05$ 上显著；若 $F_{0.10}\leqslant F\leqslant F_{0.05}$，则表示复相关在置信度水平 $\alpha=0.10$ 上显著；若 $F<F_{0.10}$，则表示复相关不显著，即因变量 Y 与 k 个自变量之间的关系不密切。在上例中，$F=120.1907>F_{0.01}=5.0103$，故复相关达到了极显著水平。

顺便说明一下，相关分析的计算过程，可以借助于 SPSS 或 MATLAB 软件系统实现。有条件的读者，可以试用这两个软件系统，分析和解决相关问题。

5.1.3　回归分析法

相关分析揭示了要素之间的相关程度。然而，诸要素之间关系的进一步具体化，例如某一要素与其他要素之间的关系若能用一定的函数形式予以近似地表达，那么其实用意义将会更大。回归分析方法，就是研究要素之间具体数量关系的一种强有力的工具，运用这种方法能够建立反映地理要素之间具体数量关系的数学模型，即回归模型。

由于地理系统是多层次多要素的复杂系统，要素之间的关系，既有线性的，也有非线性的，因此反映地理要素之间具体数量关系的回归模型，既有线性模型，也有非线性模型。

1. 线性回归模型

假设某地理系统中，因变量 y 受 k 个自变量 $x_1,x_2,\cdots,x_k$ 的影响，其 n 组观测值为 $(y_a,x_{1a},x_{2a},\cdots,x_{ka}),a=1,2,\cdots,n$。那么，多元线性回归模型的结构形式为

$$\hat{y}=b_0+b_1x_1+b_2x_2+\cdots+b_kx_k \tag{5.21}$$

式中：b_0 为常数；$b_1,b_2,\cdots,b_k$ 称为偏回归系数。

当 k=1 时，式(5.21)就是一元线性回归模型。

偏回归系数 $b_i(i=1,2,\cdots,k)$ 的意义是，当其他自变量 $x_j(j\neq i)$ 都固定时，自变量 x_i 每变化一个单位而使因变量 y 平均改变的数值。

根据最小二乘法原理，$b_i(i=0,1,2,\cdots,k)$ 的估计值应该使误差平方和达到最小，即

$$Q=\sum_{a=1}^{n}(y_a-\hat{y}_a)^2==\sum_{a=1}^{n}[y_a-(b_0+b_1x_{1a}+b_2x_{2a}+\cdots+b_kx_{ka})]^2\rightarrow \min \tag{5.22}$$

由求极值的必要条件得

$$\begin{cases}\dfrac{\partial Q}{\partial b_0}=-2\sum_{a=1}^{n}(y_a-\hat{y}_a)=0\\ \dfrac{\partial Q}{\partial b_j}=-2\sum_{a=1}^{n}(y_a-\hat{y}_a)x_{ja}=0 \qquad j=1,2,\cdots,k\end{cases} \tag{5.23}$$

将方程组(5.23)展开整理后得

$$\begin{cases}nb_0+(\sum_{a=1}^{n}x_{1a})b_1+(\sum_{a=1}^{n}x_{2a})b_2+\cdots+(\sum_{a=1}^{n}x_{ka})b_k=\sum_{a=1}^{n}y_a\\ (\sum_{a=1}^{n}x_{1a})b_0+(\sum_{a=1}^{n}x_{1a}^2)b_1+(\sum_{a=1}^{n}x_{1a}x_{2a})b_2+\cdots+(\sum_{a=1}^{n}x_{1a}x_{ka})b_k=\sum_{a=1}^{n}x_{1a}y_a\\ (\sum_{a=1}^{n}x_{2a})b_0+(\sum_{a=1}^{n}x_{1a}x_{2a})b_1+\sum_{a=1}^{n}(x_{2a}^2)b_2+\cdots+(\sum_{a=1}^{n}x_{2a}x_{ka})b_k=\sum_{a=1}^{n}x_{2a}y_a\\ \cdots\\ (\sum_{a=1}^{n}x_{ka})b_0+(\sum_{a=1}^{n}x_{1a}x_{ka})b_1+(\sum_{a=1}^{n}x_{2a}x_{ka})b_2+\cdots+(\sum_{a=1}^{n}x_{ka}^2)b_k=\sum_{a=1}^{n}x_{ka}y_a\end{cases} \tag{5.24}$$

方程组(5.24)，被称为正规方程组。

如果引入以下向量和矩阵

$$\boldsymbol{b}=\begin{bmatrix}b_0\\ b_1\\ b_2\\ \vdots\\ b_n\end{bmatrix},\quad \boldsymbol{Y}=\begin{bmatrix}y_1\\ y_2\\ \vdots\\ y_n\end{bmatrix},\quad \boldsymbol{X}=\begin{bmatrix}1 & x_{11} & x_{21} & \cdots & x_{k1}\\ 1 & x_{12} & x_{22} & \cdots & x_{k2}\\ 1 & x_{13} & x_{23} & \cdots & x_{k3}\\ \vdots & \vdots & \vdots & & \vdots\\ 1 & x_{1n} & x_{2n} & \cdots & x_{kn}\end{bmatrix}$$

$$A = X^{\mathrm{T}}X = \begin{bmatrix} 1 & 1 & 1 & \cdots & 1 \\ x_{11} & x_{12} & x_{13} & \cdots & x_{1n} \\ x_{21} & x_{22} & x_{23} & \cdots & x_{2n} \\ \vdots & \vdots & \vdots & & \vdots \\ x_{k1} & x_{k2} & x_{k3} & \cdots & x_{kn} \end{bmatrix} \begin{bmatrix} 1 & x_{11} & x_{21} & \cdots & x_{k1} \\ 1 & x_{12} & x_{22} & \cdots & x_{k2} \\ 1 & x_{13} & x_{23} & \cdots & x_{k3} \\ \vdots & \vdots & \vdots & & \vdots \\ 1 & x_{1n} & x_{2n} & \cdots & x_{kn} \end{bmatrix}$$

$$= \begin{bmatrix} n & \sum_{a=1}^{n} x_{1a} & \sum_{a=1}^{n} x_{2a} & \cdots & \sum_{a=1}^{n} x_{ka} \\ \sum_{a=1}^{n} x_{1a} & \sum_{a=1}^{n} x_{1a}^2 & \sum_{a=1}^{n} x_{1a}x_{2a} & \cdots & \sum_{a=1}^{n} x_{1a}x_{ka} \\ \sum_{a=1}^{n} x_{2a} & \sum_{a=1}^{n} x_{1a}x_{2a} & \sum_{a=1}^{n} x_{2a}^2 & \cdots & \sum_{a=1}^{n} x_{2a}x_{ka} \\ \vdots & \vdots & \vdots & & \vdots \\ \sum_{a=1}^{n} x_{ka} & \sum_{a=1}^{n} x_{1a}x_{ka} & \sum_{a=1}^{n} x_{2a}x_{ka} & \cdots & \sum_{a=1}^{n} x_{ka}^2 \end{bmatrix}$$

$$B = X^{\mathrm{T}}Y = \begin{bmatrix} 1 & 1 & 1 & \cdots & 1 \\ x_{11} & x_{12} & x_{13} & \cdots & x_{1n} \\ x_{21} & x_{22} & x_{23} & \cdots & x_{2n} \\ \vdots & \vdots & \vdots & & \vdots \\ x_{k1} & x_{k2} & x_{k3} & \cdots & x_{kn} \end{bmatrix} \begin{bmatrix} y_1 \\ y_2 \\ y_3 \\ \vdots \\ y_n \end{bmatrix} = \begin{bmatrix} \sum_{a=1}^{n} y_a \\ \sum_{a=1}^{n} x_{1a}y_a \\ \sum_{a=1}^{n} x_{2a}y_a \\ \vdots \\ \sum_{a=1}^{n} y_{ka}y_a \end{bmatrix}$$

则正规方程组式(5.24)可以进一步写成矩阵形式

$$Ab = B \tag{5.24$'$}$$

求解式 (5.24′) 可得

$$b = A^{-1}B = (X^{\mathrm{T}}Y)^{-1}X^{\mathrm{T}}Y \tag{5.25}$$

当回归模型建立以后，需要对其显著性进行检验。因变量 y 的观测值 $y_1, y_2, \cdots, y_n$ 之间的波动或差异，是由两个因素引起的，一是由于自变量 $x_1, x_2, \cdots, x_k$ 的取值不同，另一是受其他随机因素的影响而引起的。为了从 y 的离差平方和中把它们区分开来，就需要对回归模型进行方差分析，也就是将 y 的离差平方和分解成两个部分，即

$$S = L_{yy} = \sum_{\alpha=1}^{n}(y_\alpha - \overline{y})^2 = \sum_{\alpha=1}^{n}(y_\alpha - \hat{y}_\alpha)^2 + \sum_{\alpha=1}^{n}(\hat{y}_\alpha - \overline{y})^2 = Q + U \tag{5.26}$$

式中：S 为离差平方和；Q 为误差平方和，或剩余平方和；U 为回归平方和。

回归平方和表示的是所有 k 个自变量对 y 的变差的总影响，它可以按公式

$$U = \sum_{a=1}^{n}(\hat{y}_\alpha - \overline{y})^2 = \sum_{i=1}^{k} b_i L_{iy}$$

计算，而剩余平方和为

$$Q = \sum_{a=1}^{n}(y_a - \hat{y}_a)^2 = L_{yy} - U$$

显然，回归平方和越大，则剩余平方和 Q 就越小，回归模型的效果就越好。不过，在多元线性回归分析中，各平方和的自由度略有不同，回归平方和 U 的自由度等于自变量的个数 K，而剩余平方和的自由度等于 $n-k-1$，所以 F 统计量为

$$F = \frac{U/k}{Q/(n-k-1)} \tag{5.27}$$

当统计量 F 计算出来之后，就可以查 F 分布表对模型进行显著性检验。

回归分析的计算与检验过程，可以借助于 SPSS 或 MATLAB 软件系统实现。有条件的读者，可以试用这两个软件系统，分析和解决相关问题。

例如，在表 5.5 中，把降水量(P)看作因变量，把纬度(y)和海拔高度(a)看作自变量，则可以建立 p 与 y、a 之间的线性回归模型。

代入样本数据，得到

$$\boldsymbol{X} = \begin{pmatrix} 1 & 40.50 & 1170.80 \\ 1 & 36.60 & 1707.20 \\ \vdots & \vdots & \vdots \\ 1 & 36.14 & 1111.70 \end{pmatrix}_{53\times 3}, \quad \boldsymbol{Y} = \begin{pmatrix} 48.25 \\ 193.72 \\ \vdots \\ 574.00 \end{pmatrix}_{53\times 1}$$

套用式(5.25)，进行矩阵运算，得到回归系数

$$\boldsymbol{b} = \begin{pmatrix} b_0 \\ b_1 \\ b_2 \end{pmatrix} = (\boldsymbol{X}^{\mathrm{T}}\boldsymbol{Y})^{-1}\boldsymbol{X}^{\mathrm{T}}\boldsymbol{Y} = \begin{pmatrix} 3294.93 \\ -81.1677 \\ 0.0362 \end{pmatrix}$$

所以降水量(p)与纬度(y)和海拔(a)之间的二元线性回归方程为

$$\hat{p} = 3294.93 - 81.1677y + 0.0362a \tag{5.28}$$

对于二元线性回归方程式(5.28)，分别计算

$$S_{总}=L_{pp}=\sum_{i=1}^{53}(p_i-\overline{p})=2\,401\,143.1892$$

$$U=b_1L_{yp}+b_2L_{ap}=1\,984\,908.05$$

$$Q=S_{总}-U=416\,235.14$$

故

$$F=\frac{U/k}{Q/(n-k-1)}=\frac{U/2}{Q/51}=121.602$$

在置信水平α =0.01 上查 F 分布表知：$F_{0.01}(2,51)$=3.18。由于 F >>3.18，所以降水量(p)与纬度(y)和海拔(a)之间的回归方程式(5.28)是显著的。

2. 非线性回归模型

在复杂地理系统中，除了线性关系以外，要素之间的非线性关系也是大量存在的。因此，对非线性回归模型也十分重要。那么，怎样建立非线性回归模型呢？最好的方法是通过变量代换，将地理要素之间的非线性关系线性化，即非线性回归模型转化为线性模型，然后再运用建立线性回归模型的方法建立非线性地理回归模型。

一般而言，只要根据要素之间的关系设定新的变量，通过变量替换就可以将原来的非线性关系转化为新变量下的线性关系。例如：

(1) 对于指数曲线 $y=de^{bx}$，令 $y'=\ln y$，$x'=x$，就可以将其转化为线性形式：$y'=a+bx'$，其中，$a=\ln d$；

(2) 对于对数曲线 $y=a+b\ln x$，令 $y'=y$，$x'=\ln x$，就可以将其转化为线性形式：$y'=a+bx'$；

(3) 对于幂函数曲线 $y=dx^b$，令 $y'=\ln y$，$x'=\ln x$，就可以将其转化为线性形式：$y'=a+bx'$，其中，$a=\ln d$；

(4) 对于双曲线 $\frac{1}{y}=a+\frac{b}{x}$，令 $y'=\frac{1}{y},x'=\frac{1}{x}$，就可以将其转化为线性形式：$y'=a+bx'$；

(5) 对于 S 形曲线 $y=\frac{1}{a+be^{-x}}$,令$y'=\frac{1}{y},x'=e^{-x}$，就可以将其转化为线性形式：$y'=a+bx'$；

(6) 对于幂乘积：

$$y=dx_1^{\beta_1}\cdot x_2^{\beta_2}\cdots x_k^{\beta_k}$$

只要令 $y'=\ln y,x_1'=\ln x_1,x_2'=\ln x_2,\cdots,x_k'=\ln x_k$,就可以将其转化为线性形式

$$y' = \beta_0 + \beta_1 x_1' + \beta_2 x_2' + \cdots + \beta_k x_k'$$

式中：$\beta_0 = \ln d$；

(7) 对于对数函数和：

$$y = \beta_0 + \beta_1 \ln x_1 + \beta_2 \ln x_2 + \cdots + \beta_k \ln x_k$$

只要令 $y' = y, x_1' = \ln x_1, x_2' = \ln x_2, \cdots, x_k' = \ln x_k$，就可以将其化为线性形式

$$y' = \beta_0 + \beta_1 x_1' + \beta_2 x_2' + \cdots + \beta_k x_k'$$

以上这种将非线性函数关系转化为线性关系的过程称为非线性关系的线性化处理。不过，需要强调指出的是，这种线性化过程并不能保证函数关系中变量个数不变。例如，对于一个自变量的多项式：

$$y = \beta_0 + \beta_1 x + \beta_2 x^2 + \cdots + \beta_k x^k$$

若令 $x_1' = x_1, x_2' = x_2{}^2, \cdots, x_k' = x_k{}^k, y' = y$，则它就被转化为多个($k$ 个)自变量的线性关系：

$$y' = \beta_0 + \beta_1 x_1' + \beta_2 x_2' + \cdots + \beta_k x_k'$$

下面结合实例，说明非线性地理回归模型的建立过程。

表 5.8 给出了某地区林地景观斑块面积(area)与周长(perimeter)的数据。下面我们建立林地景观斑块面积 A 与周长 P 之间的非线性回归模型。

(1)作变量替换，令 $y = \ln A$，$x = \ln P$，将表 5.8 中的原始数据进行对数变换，变换后得到的各新变量对应的观测数据如表 5.9 所示。

(2) 以 x 为横坐标、y 为纵坐标，在平面直角坐标系中作出散点图(图 5.1)。很明显，y 与 x 呈线性关系。

(3)根据表 5.9 中的数据，运用建立线性回归模型的方法，建立 y 与 x 之间的线性回归模型，得到

$$y = 1.505x - 0.5057 \tag{5.29}$$

对应于式(5.29)，x 与 y 的相关系数高达 r_{xy} =0.9665。

(4)将式(5.29)还原成双对数曲线，即

$$\ln A = 1.505 \ln P - 0.5057 \tag{5.30}$$

表 5.8　某地区各个林地景观斑块面积与周长

序号	面积 A/m^2	周长 P/m	序号	面积 A/m^2	周长 P/m
1	10 447.370	625.392	4	9 442.902	530.202
2	15 974.730	612.286	5	10 858.920	1 906.103
3	30 976.770	775.712	6	21 532.910	1 297.962

续表

序号	面积 A/m^2	周长 P/m	序号	面积 A/m^2	周长 P/m
7	6 891.680	417.058	40	1 837.699	229.401
8	3 695.195	243.907	41	1 608.625	225.842
9	2 260.180	197.239	42	232 844.300	4 282.043
10	334.332	99.729	43	4 054.660	289.307
11	11 749.080	558.921	44	30 833.840	895.980
12	2 372.105	199.667	45	1 823.355	205.131
13	8 390.633	592.893	46	26 270.300	968.060
14	6 003.719	459.467	47	13 573.960	1 045.072
15	527 620.200	6 545.291	48	65 590.080	2 250.435
16	179 686.200	2 960.475	49	157 270.400	2 407.549
17	14 196.460	597.993	50	2 086.426	266.541
18	22 809.180	1 103.070	51	3 109.070	261.818
19	71 195.940	1 154.118	52	2 038.617	320.396
20	3 064.242	245.049	53	3 432.137	253.335
21	469 416.700	8 226.009	54	1 600.391	230.030
22	5 738.953	498.656	55	3 867.586	419.406
23	8 359.465	415.151	56	1 946.184	198.661
24	6 205.016	414.790	57	77.305	56.902
25	60 619.020	1 549.871	58	7 977.719	715.752
26	14 517.740	791.943	59	19 271.820	1 011.127
27	31 020.100	1 700.965	60	8 263.480	680.710
28	26 447.160	1 246.977	61	14 697.130	1 234.114
29	7 985.926	918.312	62	4 519.867	326.317
30	3 638.766	399.725	63	13 157.660	1 172.916
31	585 425.100	11 474.770	64	6 617.270	609.801
32	35 220.640	1 877.476	65	4 064.137	437.355
33	10 067.820	497.394	66	5 645.820	432.355
34	27 422.570	1 934.596	67	6 993.355	503.784
35	43 071.550	1 171.413	68	4 304.281	267.951
36	57 585.940	2 275.389	69	6 336.383	347.136
37	28 254.130	1 322.795	70	2 651.414	292.235
38	497 261.000	9 581.298	71	2 656.824	298.473
39	24 255.030	994.906	72	1 846.988	179.866

续表

序号	面积 A/m^2	周长 P/m	序号	面积 A/m^2	周长 P/m
73	1 616.684	172.808	78	13 684.750	712.787
74	1 730.563	172.143	79	1 949.164	228.403
75	11 303.970	881.042	80	4 846.016	324.481
76	14 019.790	638.176	81	521 457.400	7 393.938
77	9 277.172	862.088	82	564 370.800	12 212.410

表 5.9 经对数变换后的数据

序号	$y=\ln A$	$x=\ln P$	序号	$y=\ln A$	$x=\ln P$
1	9.254 106	6.438 379	25	11.012 36	7.345 927
2	9.678 763	6.417 2	26	9.583 127	6.674 49
3	10.340 99	6.653 782	27	10.342 39	7.438 951
4	9.153 019	6.273 258	28	10.182 9	7.128 478
5	9.292 742	7.552 816	29	8.985 436	6.822 537
6	9.977 338	7.168 551	30	8.199 4	5.990 776
7	8.838 07	6.033 226	31	13.280 09	9.347 906
8	8.214 789	5.496 789	32	10.469 39	7.537 684
9	7.723 2	5.284 414	33	9.217 099	6.209 381
10	5.812 135	4.602 457	34	10.219 12	7.567 654
11	9.371 53	6.326 008	35	10.670 62	7.065 966
12	7.771 533	5.296 653	36	10.961 03	7.729 906
13	9.034 871	6.385 013	37	10.248 99	7.187 502
14	8.700 134	6.130 066	38	13.116 87	9.167 568
15	13.176 13	8.786 501	39	10.096 38	6.902 648
16	12.098 97	7.993 105	40	7.516 27	5.435 471
17	9.560 748	6.393 579	41	7.383 135	5.419 837
18	10.034 92	7.005 852	42	12.358 13	8.362 186
19	11.173 19	7.051 092	43	8.307 622	5.667 487
20	8.027 556	5.501 457	44	10.336 37	6.797 918
21	13.059 25	9.015 056	45	7.508 433	5.323 65
22	8.655 032	6.211 917	46	10.176 19	6.875 294
23	9.031 15	6.028 643	47	9.515 909	6.951 841
24	8.733 113	6.027 773	48	11.091 18	7.718 879

续表

序号	$y=\ln A$	$x=\ln P$	序号	$y=\ln A$	$x=\ln P$
49	11.965 72	7.786 364	66	8.638 671	6.069 247
50	7.643 208	5.585 528	67	8.852 716	6.222 147
51	8.042 079	5.567 651	68	8.367 365	5.590 806
52	7.620 027	5.769 558	69	8.754 063	5.849 717
53	8.140 938	5.534 711	70	7.882 848	5.677 56
54	7.378 003	5.438 211	71	7.884 887	5.698 678
55	8.260 386	6.038 839	72	7.521 311	5.192 213
56	7.573 626	5.291 597	73	7.388 132	5.152 181
57	4.347 755	4.041 328	74	7.456 202	5.148 326
58	8.984 408	6.573 334	75	9.332 909	6.781 105
59	9.866 399	6.918 821	76	9.548 225	6.458 614
60	9.019 601	6.523 136	77	9.135 312	6.759 358
61	9.595 408	7.118 109	78	9.524 037	6.569 182
62	8.416 238	5.787 871	79	7.575 156	5.431 112
63	9.484 759	7.067 248	80	8.485 912	5.782 227
64	8.797 438	6.413 133	81	13.164 38	8.908 416
65	8.309 957	6.080 744	82	13.243 47	9.410 208

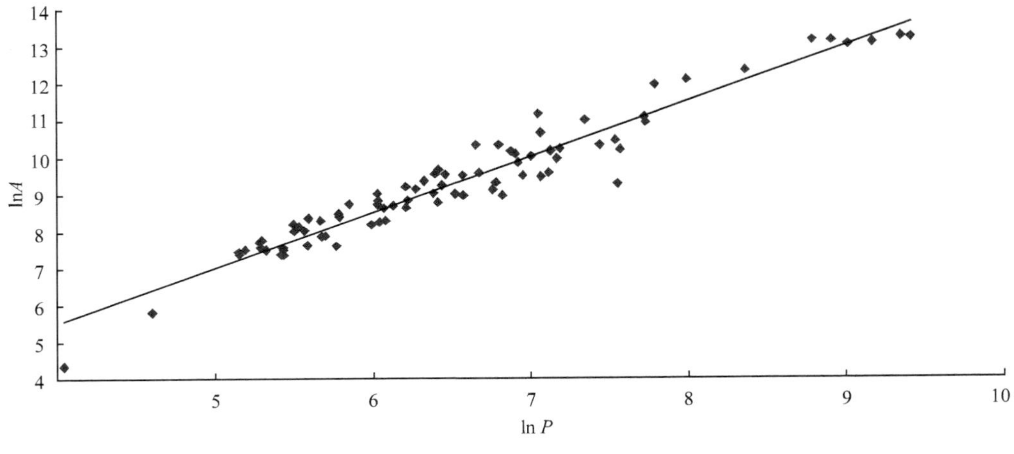

图 5.1　林地景观斑块面积(A)与周长(P)之间的双对数关系

上述结果表明，林地景观斑块面积(A)与周长(P)之间的数量关系是双对数关系。事实上，有关研究表明(Li，2000；徐建华等，2001)，景观形态具有分形特征，景观斑块的面积(area)与周长(perimeter)之间的数量关系都可以用双对数关系拟合：

$$\ln A = \alpha \ln P + \beta \tag{5.31}$$

根据分维数的定义，参照式(5.31)，$D = 2/\alpha$ 即为景观形态的面积–周长维数。在上例中，某地区林地景观形态的分维数 $D = 2/\alpha$ =2/1.505=1.3289。对于某种景观而言，分维数 D 的大小代表了该景观形态的复杂性。D 值越大，就表示该景观越复杂。关于景观形态的分形特征，及其分维数的统计计算问题，有兴趣的读者可以进一步阅读有关文献。限于篇幅，我们在此不再作过多的论述。

5.1.4 主成分分析法

地理系统是多要素的复杂系统。在地理学研究中，多变量问题是经常会遇到的。变量太多，无疑会增加分析问题的难度与复杂性，而且在许多实际问题中，多个变量之间是具有一定的相关关系的。因此，人们会很自然地想到，能否在相关分析的基础上，用较少的新变量代替原来较多的旧变量，而且使这些较少的新变量尽可能多地保留原变量所反映的信息？事实上，这种想法是可以实现的，主成分分析法就是综合处理这种问题的有用工具。

1. 主成分分析的基本原理

主成分分析，是把原来多个变量划为少数几个综合指标的一种统计分析方法，从数学角度来看，这是一种降维处理技术。假定有 n 个地理样本，每个样本共有 p 个变量，这样就构成了一个 $n\times p$ 阶的地理数据矩阵：

$$\boldsymbol{X} = \begin{bmatrix} x_{11} & x_{12} & \cdots & x_{1p} \\ x_{21} & x_{22} & \cdots & x_{2p} \\ \vdots & \vdots & & \vdots \\ x_{n1} & x_{n2} & \cdots & x_{np} \end{bmatrix}$$

当 p 较大时，如果在 p 维空间中考察问题，是比较麻烦的。为了克服这一困难，就需要进行降维处理，即用较少的几个综合指标代替原来较多的变量指标，而且使这些较少的综合指标既能尽量多地反映原来变量所反映的信息，同时它们之间又是彼此独立的。那么，这些综合指标(即新变量)应该如何选取呢？显然，其最简单的形式就是取原来变量的线性组合，适当调整组合系数，使新的变量之间相互独立且代表性最好。

如果记原来的变量指标为 $x_1, x_2, \cdots, x_p$，它们的综合指标——新变量指标为 $z_1, z_2, \cdots, z_m$ $(m \leqslant p)$，则

$$\begin{cases} z_1 = l_{11}x_1 + l_{12}x_2 + \cdots + l_{1p}x_p \\ z_2 = l_{21}x_1 + l_{22}x_2 + \cdots + l_{2p}x_p \\ \qquad\cdots \\ z_m = l_{m1}x_1 + l_{m2}x_2 + \cdots + l_{mp}x_p \end{cases} \tag{5.32}$$

在式(5.32)中，系数 l_{ij} 由下列原则来决定：

(1) z_i 与 z_j $(i \neq j;\ i,j=1,2,\cdots,m)$ 相互无关；

(2) z_1 是 $x_1,x_2,\cdots,x_p$ 的一切线性组合中方差最大者；z_2 是与 z_1 不相关的 $x_1,x_2,\cdots,x_p$ 的所有线性组合中方差最大者；……；z_m 是与 $z_1,z_2,\cdots,z_{m-1}$ 都不相关的 $x_1,x_2,\cdots,x_p$ 的所有线性组合中方差最大者。

这样决定的新变量指标 $z_1,z_2,\cdots,z_m$ 分别称为原变量指标 $x_1,x_2,\cdots,x_p$ 的第一，第二，…，第 m 主成分。其中，z_1 在总方差中所占的比例最大，$z_2,z_3,\cdots,z_m$ 的方差依次递减。在实际问题的分析中，常挑选前几个最大的主成分，这样既减少了变量的数目，又抓住了主要矛盾，简化了变量之间的关系。

找主成分，就是确定原来变量 $x_j(j=1,2,\cdots,p)$ 在诸主成分 $z_i(i=1,2,\cdots,m)$ 上的载荷 $l_{ij}(i=1,2,\cdots,m;j=1,2,\cdots,p)$。从数学上可以证明，它们分别是 $x_1,x_2,\cdots,x_p$ 的相关矩阵的 m 个较大的特征值所对应的特征向量。

根据上述主成分分析的基本原理，可以把主成分分析的计算步骤归纳如下。

1) 数据标准化处理

因为不同要素的数据往往具有不同的单位和量纲，其数值的变异可能是很大的，这就会对分析结果产生影响。因此当要素对象确定之后，首先需要对数据做标准化处理。其中，常用的数据标准化处理方法有如下几种：

(1) 总和标准化，即

$$x'_{ij}=\frac{x_{ij}}{\sum_{i=1}^{m}x_{ij}}\quad,\ i=1,2,\cdots,m;j=1,2,\cdots,n$$

(2) 标准差标准化，即

$$x'_{ij}=\frac{x_{ij}-\overline{x}_j}{s_j}\quad,\ i=1,2,\cdots,m;j=1,2,\cdots,n$$

式中：

$$\overline{x}_j=\frac{1}{m}\sum_{i=1}^{m}x_{ij}\ ,\quad s_j=\sqrt{\frac{1}{m}\sum_{i=1}^{m}(x_{ij}-\overline{x}_j)^2}$$

(3) 极大值标准化，即

$$x'_{ij}=\frac{x_{ij}}{\max\limits_{i}\{x_{ij}\}}\quad,\ i=1,2,\cdots,m;j=1,2,\cdots,n$$

(4) 极差的标准化，即

$$x_{ij}=\frac{x_{ij}-\min_i\{x_{ij}\}}{\max_i\{x_{ij}\}-\min_i\{x_{ij}\}},\quad i=1,2,\cdots,m; j=1,2,\cdots,n$$

2) 计算相关系数矩阵

$$\boldsymbol{R}=\begin{bmatrix} r_{11} & r_{12} & \cdots & r_{1p} \\ r_{21} & r_{22} & \cdots & r_{2p} \\ \vdots & \vdots & & \vdots \\ r_{p1} & r_{p2} & \cdots & r_{pp} \end{bmatrix} \tag{5.33}$$

式中：$r_{ij}(i,j=1,2,\cdots,p)$ 为原变量的 x_i 与 x_j 之间的单相关系数。

3) 计算特征值与特征向量

首先解特征方程 $|\lambda I-\boldsymbol{R}|=0$，求出特征值 $\lambda_i(i=1,2,\cdots,p)$，并使其按大小顺序排列，即 $\lambda_1\geqslant\lambda_2\geqslant\cdots,\geqslant\lambda_p\geqslant 0$；然后分别求出对应于特征值 λ_i 的特征向量 $\boldsymbol{e}_i(i=1,2,\cdots,p)$。这里要求 $\|\boldsymbol{e}_i\|=1$，即 $\sum_{j=1}^{p}e_{ij}^2=1$，其中，e_{ij} 为向量 $\boldsymbol{e}_i$ 的第 j 个分量。

4) 计算主成分贡献率及累计贡献率

主成分 z_i 的贡献率为

$$\frac{\lambda_i}{\sum_{k=1}^{p}\lambda_k},\quad i=1,2,\cdots,p$$

累计贡献率为

$$\frac{\sum_{k=1}^{i}\lambda_k}{\sum_{k=1}^{p}\lambda_k},\quad i=1,2,\cdots,p$$

一般取累计贡献率达 85%~95%的特征值 $\lambda_1,\lambda_2,\cdots,\lambda_m$ 所对应的第一、第二，…，第 $m(m\leqslant p)$个主成分。

5) 计算主成分载荷

其计算公式为

$$l_{ij}=p(z_i,x_j)=\sqrt{\lambda_i}e_{ij},\quad i,j=1,2,\cdots,p \tag{5.34}$$

得到各主成分的载荷以后，还可以按照式(5.32)进一步计算，得到各主成分的得分

$$Z = \begin{bmatrix} z_{11} & z_{12} & \cdots & z_{1m} \\ z_{21} & z_{22} & \cdots & z_{2m} \\ \vdots & \vdots & & \vdots \\ z_{n1} & z_{n2} & \cdots & z_{nm} \end{bmatrix}$$

主成分分析的计算过程，可以借助于 SPSS 或 MATLAB 软件系统实现。有条件的读者，可以试用这两个软件系统，分析和解决相关问题。

2. 主成分分析实例

表 5.10　某农业生态经济系统各区域单元的有关数据

样本序号	x_1：人口密度/(人/km^2)	x_2：人均耕地面积/hm^2	x_3：森林覆盖率/%	x_4：农民人均纯收入/元	x_5：人均粮食产量 kg	x_6：经济作物占农作物面积比例/%	x_7：耕地占土地面积比率/%	x_8：果园与林地面积比例/%	x_9：灌溉田占耕地面积比例/%
1	363.912	0.352	16.101	192.11	295.34	26.724	18.492	2.231	26.262
2	141.503	1.684	24.301	1752.35	452.26	32.314	14.464	1.455	27.066
3	100.695	1.067	65.601	1181.54	270.12	18.266	0.162	7.474	12.489
4	143.739	1.336	33.205	1436.12	354.26	17.486	11.805	1.892	17.534
5	131.412	1.623	16.607	1405.09	586.59	40.683	14.401	0.303	22.932
6	68.337	2.032	76.204	1540.29	216.39	8.128	4.065	0.011	4.861
7	95.416	0.801	71.106	926.35	291.52	8.135	4.063	0.012	4.862
8	62.901	1.652	73.307	1501.24	225.25	18.352	2.645	0.034	3.201
9	86.624	0.841	68.904	897.36	196.37	16.861	5.176	0.055	6.167
10	91.394	0.812	66.502	911.24	226.51	18.279	5.643	0.076	4.477
11	76.912	0.858	50.302	103.52	217.09	19.793	4.881	0.001	6.165
12	51.274	1.041	64.609	968.33	181.38	4.005	4.066	0.015	5.402
13	68.831	0.836	62.804	957.14	194.04	9.110	4.484	0.002	5.790
14	77.301	0.623	60.102	824.37	188.09	19.409	5.721	5.055	8.413
15	76.948	1.022	68.001	1255.42	211.55	11.102	3.133	0.010	3.425
16	99.265	0.654	60.702	1251.03	220.91	4.383	4.615	0.011	5.593
17	118.505	0.661	63.304	1246.47	242.16	10.706	6.053	0.154	8.701
18	141.473	0.737	54.206	814.21	193.46	11.419	6.442	0.012	12.945
19	137.761	0.598	55.901	1124.05	228.44	9.521	7.881	0.069	12.654
20	117.612	1.245	54.503	805.67	175.23	18.106	5.789	0.048	8.461
21	122.781	0.731	49.102	1313.11	236.29	26.724	7.162	0.092	10.078

下面根据表 5.10 给出的数据，对某农业生态经济系统做主成分分析，其步骤如下：

(1) 将表 5.10 中的数据作标准差标准化处理，然后用它们计算相关系数矩阵(表 5.11)。

表 5.11　相关系数矩阵

原变量	x_1	x_2	x_3	x_4	x_5	x_6	x_7	x_8	x_9
x_1	1.000	−0.327	−0.714	−0.336	0.309	0.408	0.790	0.156	0.744
x_2	−0.327	1.000	−0.035	0.644	0.420	0.255	0.009	−0.078	0.094
x_3	−0.714	−0.035	1.000	0.070	−0.740	−0.755	−0.930	−0.109	−0.924
x_4	−0.336	0.644	0.070	1.000	0.383	0.069	−0.046	−0.031	0.073
x_5	0.309	0.420	−0.740	0.383	1.000	0.734	0.672	0.098	0.747
x_6	0.408	0.255	−0.755	0.069	0.734	1.000	0.658	0.222	0.707
x_7	0.790	0.009	−0.930	−0.046	0.672	0.658	1.000	−0.030	0.890
x_8	0.156	−0.078	−0.109	−0.031	0.098	0.222	−0.030	1.000	0.290
x_9	0.744	0.094	−0.924	0.073	0.747	0.707	0.890	0.290	1.000

(2) 由相关系数矩阵计算特征值，以及各个主成分的贡献率与累计贡献率(表 5.12)。由表 5.12 可知，第一、第二、第三主成分的累计贡献率已高达 86.596%(大于 85%)，故只需要求出第一、第二、第三主成分 z_1，z_2，z_3 即可。

表 5.12　特征值及主成分贡献率

主成分	特征值	贡献率/%	累积贡献率/%
z_1	4.6610	51.7910	51.791
z_2	2.0890	23.2160	75.007
z_3	1.0430	11.5890	86.596
z_4	0.5070	5.6380	92.234
z_5	0.3150	3.5020	95.736
z_6	0.1930	2.1400	97.876
z_7	0.1140	1.2710	99.147
z_8	0.0453	0.5040	99.650
z_9	0.0315	0.3500	100.000

(3) 对于特征值 $\lambda_1=4.6610$，$\lambda_2=2.0890$，$\lambda_3=1.0430$ 分别求出其特征向量 $\boldsymbol{e}_1$，$\boldsymbol{e}_2$，$\boldsymbol{e}_3$，再用式(5.34)计算各变量 x_1，x_2，…，x_9 在主成分 z_1，z_2，z_3 上的载荷(表 5.13)。

表 5.13　主成分载荷

原变量	z_1	z_2	z_3	占方差的百分数/%
x_1	0.7390	−0.5320	−0.0061	82.918
x_2	0.1230	0.8870	−0.0028	80.191
x_3	−0.9640	0.0096	0.0095	92.948
x_4	0.0042	0.8680	0.0037	75.346

续表

原变量	z_1	z_2	z_3	占方差的百分数/%
x_5	0.8130	0.4440	−0.0011	85.811
x_6	0.8190	0.1790	0.1250	71.843
x_7	0.9330	−0.1330	−0.2510	95.118
x_8	0.1970	−0.1000	0.9700	98.971
x_9	0.9640	−0.0025	0.0092	92.939

从表 5.13 可以看出，第一主成分 z_1 与 x_1、x_5、x_6、x_7、x_9 呈现出较强的正相关，与 x_3 呈现出较强的负相关，而这几个变量则综合反映了生态经济结构状况，因此可以认为第一主成分 z_1 是生态经济结构的代表。第二主成分 z_2 与 x_2、x_4、x_5 呈现出较强的正相关，与 x_1 呈现出较强的负相关，其中，除了 x_1 为人口总数外，x_2、x_4、x_5 都反映了人均占有资源量的情况，因此可以认为第二主成分 z_2 代表了人均资源量。第三主成分 z_3 与 x_8 呈现出的正相关程度最高，其次是 x_6，而与 x_7 呈负相关，因此可以认为第三主成分在一定程度上代表了农业经济结构。另外，表 5.13 中最后一列(占方差的百分数)，在一定程度反映了三个主成分 z_1、z_2、z_3 包含原变量(x_1，x_2，…，x_9)的信息量多少。显然，用三个主成分 z_1、z_2、z_3 代替原来 9 个变量(x_1，x_2，…，x_9)，描述农业生态经济系统，可以使问题更进一步简化、明了。

5.1.5　聚类分析法

聚类分析，亦称群分析或点群分析，它是研究多要素事物分类问题的数量方法。其基本原理是，根据样本自身的属性，用数学方法按照某种相似性或差异性指标，定量地确定样本之间的亲疏关系，并按这种亲疏关系程度对样本进行聚类。

聚类分析法，是定量地研究地理事物(现象)分类问题和地理分区问题的重要方法。常见的聚类分析法有系统聚类法、模糊聚类法、动态聚类法等。下面介绍系统聚类法的基本原理及其应用。

1. 系统聚类法的基本原理

假设有 m 个聚类的对象，每一个聚类对象都有 n 个要素($x_1,x_2,\cdots,x_n$)构成。它们所对应的数据可用表 5.14 给出。

表 5.14　聚类对象与要素数据

聚类对象	要素				
	$x_1,x_2,\cdots x_j,\cdots x_n$				
1	x_{11}	x_{12}	… x_{1j}	…	x_{1n}
2	x_{21}	x_{22}	… x_{2j}	…	x_{2n}
⋮	⋮	⋮	⋮		⋮
i	x_{i1}	x_{i2}	… x_{ij}	…	x_{in}
⋮	⋮	⋮	⋮		⋮
m	x_{m1}	x_{m2}	… x_{mj}	…	x_{mn}

距离是事物之间差异性的测度，差异性越大，则相似性越小。所以，距离是系统聚类分析的依据和基础。计算分类对象之间的距离，是系统聚类分析的第一步。

如果把每一个分类对象的 n 个构成要素看成 n 维空间的 n 个坐标轴，则每一个分类对象的 n 个要素所构成的 n 维数据向量就是 n 维空间中的一个点。这样，各分类对象之间的差异性就可以由它们所对应的 n 维空间中点之间的距离度量。常见的距离计算公式如下：

(1) 绝对值距离

$$d_{ij}=\sum_{i=1}^{n}\left|x_{ik}-x_{jk}\right|,\quad i,j=1,2,\cdots,m \tag{5.35}$$

(2) 欧氏距离

$$d_{ij}=\sqrt{\sum_{k=1}^{n}(x_{ik}-x_{jk})^2}\,,\quad i,j=1,2,\cdots,m \tag{5.36}$$

(3) 明科夫斯基距离

$$d_{ij}=\left[\sum_{k=1}^{n}\left|x_{ik}-x_{jk}\right|^p\right]^{\frac{1}{p}},\quad i,j=1,2,\cdots,m \tag{5.37}$$

式中：$p\geqslant 1$。当 $p=1$ 时，它就是绝对值距离；当 $p=2$ 时，它就是欧氏距离。

(4) 切比雪夫距离。当明科夫斯基距 $p\to\infty$ 时，有

$$d_{ij}=\max_{k}\left|x_{ik}-x_{jk}\right|,\quad i,j=1,2,\cdots,m \tag{5.38}$$

选择不同的距离，聚类结果会有所差异。在地理分区和分类研究中，往往采用几种距离进行计算、对比，从而得出比较科学的聚类结果。

需要说明的是，不同要素的数据往往具有不同的单位和量纲，其数值的变异可能是很大的，这就会对分类结果产生影响。因此当分类要素的对象确定之后，在计算距离之前，首先需要对数据做标准化处理。

当计算得到各个分类对象之间的距离后，就可以按照如下原则进行聚类：首先把每一个分类对象单独视为一类，然后根据距离最小的原则，依次选出一对分类对象，归并为一个新类。如果其中一个分类对象已归于一类，则把另一个也归入该类；如果一对分类对象正好属于已归的两类，则把这两类并为一类。

但问题是，每一次归并就会产生一个新类，那么，在下次归并聚类时，这个新类与原来已经存在的各类之间的距离怎样计算呢？针对这一问题，系统聚类法常用的距离计算方法有八种，即最短距离法、最远距离法、中线法、重心法、组平均法、距离平方和法、可变数平均法、可变法。由此，产生了 8 种系统聚类法。

例如，对于 9 个聚类对象($G_1,G_2,G_3,G_4,G_5,G_6,G_7,G_8,G_9$)，经过计算各类之间的距离，得到如下距离矩阵

$$\boldsymbol{D}=(d_{ij})_{9\times9}=\begin{bmatrix} 0 \\ 1.52 & 0 \\ 3.10 & 2.70 & 0 \\ 2.19 & 1.47 & 1.23 & 0 \\ 5.86 & 6.02 & 3.64 & 4.77 & 0 \\ 4.72 & 4.46 & 1.86 & 2.99 & 1.78 & 0 \\ 5.79 & 5.53 & 2.93 & 4.06 & 0.83 & 1.07 & 0 \\ 1.32 & 0.88 & 2.24 & 1.29 & 5.14 & 3.96 & 5.03 & 0 \\ 2.62 & 1.66 & 1.20 & 0.51 & 4.84 & 3.06 & 3.32 & 1.40 & 0 \end{bmatrix} \tag{5.39}$$

如果按照最短距离法进行聚类分析。那么，在原来的 $m\times m$ 距离矩阵的非对角元素中找出 $d_{pq}=\min\{d_{ij}\}$，把分类对象 G_p 和 G_q 归并为一新类 G_r，然后按计算公式

$$d_{rk}=\min\{d_{pk},d_{qk}\},\quad k\neq p,q \tag{5.40}$$

计算原来各类与新类之间的距离，这样就得到一个新的$(m-1)$阶的距离矩阵；再从新的距离矩阵中选出最小者 d_{ij}，把 G_i 和 G_j 归并成新类；再计算各类与新类的距离，这样一直下去，直至各分类对象被归为一类为止。

根据式(5.39)中的距离矩阵，用最短距离法对九个分类对象进行聚类分析，步骤如下：

第一步，在 9×9 阶距离矩阵 $\boldsymbol{D}$ 中，非对角元素中最小者是 $d_{94}=0.51$，故首先将第 4 区与第 9 区并为一类，记为 G_{10}，即 $G_{10}=\{G_4,\ G_9\}$。按照式(5.40)分别计算 G_1、G_2、G_3、G_5、G_6、G_7、G_8 与 G_{10} 之间的距离得

$$d_{1,10}=\min\{d_{14},\ d_{19}\}=\min\{2.19,\ 2.62\}=2.19$$

$$d_{2,10}=\min\{d_{24},\ d_{29}\}=\min\{1.47,\ 1.66\}=1.47$$

$$d_{3,10}=\min\{d_{34},\ d_{39}\}=\min\{1.23,\ 1.20\}=1.20$$

$$d_{5,10}=\min\{d_{54},\ d_{59}\}=\min\{4.77,\ 4.84\}=4.77$$

$$d_{6,10}=\min\{d_{64},\ d_{69}\}=\min\{2.99,\ 3.06\}=2.99$$

$$d_{7,10}=\min\{d_{74},\ d_{79}\}=\min\{4.06,\ 3.32\}=3.32$$

$$d_{8,10}=\min\{d_{84},\ d_{89}\}=\min\{1.29,\ 1.40\}=1.29$$

这样就得到 G_1、G_2、G_3、G_5、G_6、G_7、G_8、G_{10} 上的一个新的 8×8 阶距离矩阵

	G_1	G_2	G_3	G_5	G_6	G_7	G_8	G_{10}
G_1	0							
G_2	1.52	0						
G_3	3.10	2.70	0					
G_5	5.86	6.02	3.64	0				
G_6	4.72	4.46	1.86	1.78	0			
G_7	5.79	5.53	2.93	0.83	1.07	0		
G_8	1.32	0.88	2.24	5.14	3.96	5.03	0	
G_{10}	2.19	1.47	1.20	4.77	2.99	3.32	1.29	0

第二步，在上一步骤中所得到的 8×8 阶距离矩阵中，非对角元素中最小者为 d_{57}=0.83，故将 G_5 与 G_7 归并为一类，记为 G_{11}，即 $G_{11}=\{G_5, G_7\}$。按照式(5.40)分别计算 G_1、G_2、G_3、G_6、G_8、G_{10} 与 G_{11} 之间的距离，可得到一个新的 7×7 阶距离矩阵

	G_1	G_2	G_3	G_6	G_8	G_{10}	G_{11}
G_1	0						
G_2	1.52	0					
G_3	3.10	2.70	0				
G_6	4.72	4.46	1.86	0			
G_8	1.32	0.88	2.24	3.96	0		
G_{10}	2.19	1.47	1.20	2.99	1.29	0	
G_{11}	5.79	5.53	2.93	1.07	5.03	3.32	0

第三步，在第二步所得到的 7×7 阶距离矩阵中，非对角元素中最小者为 d_{28}=0.88，故将 G_2 与 G_8 归并为一类，记为 G_{12}，即 $G_{12}=\{G_2, G_8\}$。再按照式(5.40)分别计算 G_1、G_3、G_6、G_{10}、G_{11} 与 G_{12} 之间的距离，可得到一个新的 6×6 阶距离矩阵

	G_1	G_3	G_6	G_{10}	G_{11}	G_{12}
G_1	0					
G_3	3.10	0				
G_6	4.72	1.86	0			
G_{10}	2.19	1.20	2.99	0		
G_{11}	5.79	2.93	1.07	3.32	0	
G_{12}	1.32	2.24	3.96	1.29	5.03	0

第四步，在第三步中所得的 6×6 阶距离矩阵中，非对角元素中最小者为 $d_{6,11}$=1.07，故将 G_6 与 G_{11} 归并为一类，记为 G_{13}，即 $G_{13}=\{G_6, G_{11}\}=\{G_6, (G_5, G_7)\}$。再按照式(5.40)计算 G_1、G_3、G_{10}、G_{12} 与 G_{13} 之间的距离，可得到一个新的 5×5 阶距离矩阵

	G_1	G_3	G_{10}	G_{12}	G_{13}
G_1	0				
G_3	3.10	0			
G_{10}	2.19	1.20	0		
G_{12}	1.32	2.24	1.29	0	
G_{13}	4.72	1.86	2.99	3.96	0

第五步，在第四步中所得的 5×5 阶距离矩阵中，非对角线元素中最小者为 $d_{3,10}$=1.20，故将 G_3 与 G_{10} 归并为一类，记为 G_{14}，即 $G_{14}=\{G_3, G_{10}\}=\{G_3, (G_4, G_9)\}$。再按照式(5.40)计算 G_1、G_{12}、G_{13} 与 G_{14} 之间的距离，可得一个新的 4×4 阶距离矩阵

	G_1	G_{12}	G_{13}	G_{14}
G_1	0			
G_{12}	1.32	0		
G_{13}	4.72	3.96	0	
G_{14}	2.19	1.29	2.99	0

第六步，在第五步所得到的4×4阶距离矩阵中，非对角线元素中最小者为$d_{12,14}$=1.29，故将G_{12}与G_{14}归并为一类，记为G_{15}，即$G_{15}=\{G_{12}, G_{14}\}=\{(G_2, G_8), (G_3, (G_4, G_9))\}$。再按照式(5.40)计算$G_1$、$G_{13}$与$G_{15}$之间的距离，可得一个新的3×3阶距离矩阵

	G_1	G_{13}	G_{15}
G_1	0		
G_{13}	4.72	0	
G_{15}	1.32	2.99	0

第七步，在第六步所得的3×3阶距离矩阵中，非对角线元素中最小者为$d_{1,15}$=1.32，故将G_1与G_{15}归并为一类，记为G_{16}，即$G_{16}=\{G_1, G_{15}\}=\{(G_1, (G_2, G_8), (G_3, (G_4, G_9)))\}$。再按照式(5.40)计算$G_{13}$与$G_{16}$之间的距离，可得一个新的2×2阶距离矩阵

	G_{13}	G_{16}
G_{13}	0	
G_{16}	2.99	0

第八步，将G_{13}与G_{16}归并为一类。此时，所有分类对象均被归并为一类。

综合上述聚类过程，可以作出最短距离聚类谱系图(图 5.2)。

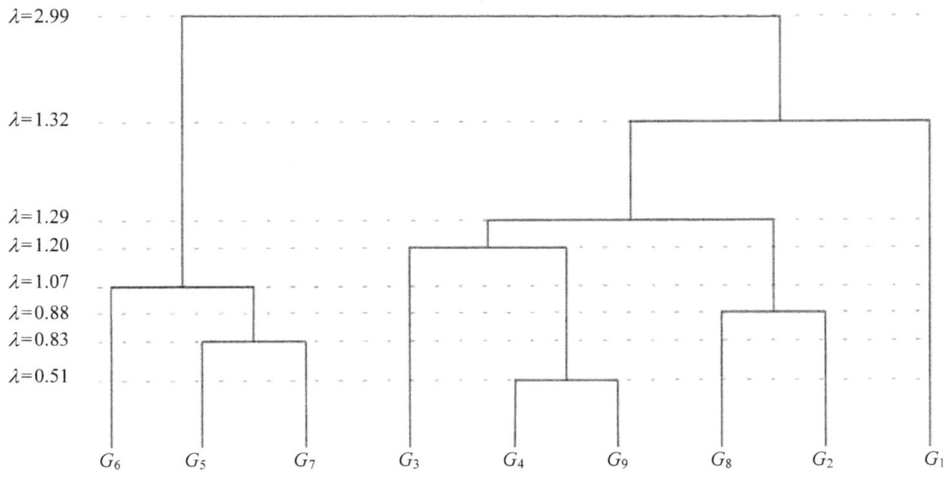

图 5.2　最短距离聚类谱系图

而最远距离法，计算新类G_r与原来的旧类G_k之间的公式是

$$d_{rk}=\max\{d_{pk},d_{qk}\}\quad ,\ k\neq p,q \tag{5.41}$$

两种方法的差别仅是：最短距离法用式(5.40)计算原来的旧类与新类之间的距离，而最远距离法则用式(5.41)计算原来的旧类与新类之间的距离，其聚类过程完全类似，不再赘述。

不难看出，最短距离具有空间压缩性，而最大距离具有空间扩张性。它们的这种性质可以形象地用图 5.3 来表示。在图 5.3 中，最短距离为 $d_{AB}=d_{a_1b_1}$，最远距离为 $d_{AB}=d_{a_2b_2}$。

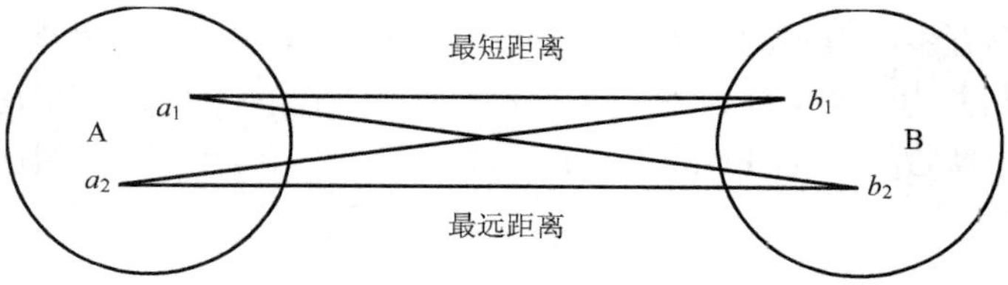

图 5.3　两种不同的空间距离

最短距离法与最远距离法，关于类之间的距离计算可以用一个统一的式子表示

$$d_{kr}^2=\alpha_p d_{pk}^2+\alpha_q d_{qk}^2+\gamma\,|\,d_{pk}^2-d_{qk}^2\,| \tag{5.42}$$

当$\gamma=-1/2$ 时，式(5.42)就是最短距离法计算新类与旧类之间的距离的公式(5.40)；当$\gamma=1/2$ 时，式(5.42)就是最远距离聚类法计算类之间的距离的公式(5.41)。

公式

$$d_{kr}^2=\alpha_p d_{kp}^2+\alpha_q d_{kq}^2+\beta d_{pq}^2+\gamma\,|\,d_{kp}^2-d_{kq}^2\,| \tag{5.43}$$

给出了 8 种不同系统聚类方法计算类之间距离的统一表达式。当α、β、γ三个参数取不同的值时，就形成了不同的聚类方法(表 5.15)，在表 5.15 中，n_p是 p 类中单元的个数，n_q是 q 类中单元的个数，$n_r=n_p+n_q$；β一般取负值。

表 5.15　8 种系统聚类方法的距离参数值

方法名称	参数				**D** 矩阵要求	空间性质
	α_p	α_q	β	γ		
最短距离	1/2	1/2	0	−1/2	各种 **D**	压缩
最远距离	1/2	1/2	0	1/2	各种 **D**	扩张
中线法	1/2	1/2	$-1/4\leqslant\beta\leqslant0$	0	欧氏距离	保持
重心法	$\frac{n_p}{n_p+n_q}$	$\frac{n_q}{n_p+n_q}$	$-\frac{n_pn_q}{(n_p+n_q)^2}$	0	欧氏距离	保持
组平均法	$\frac{n_p}{n_p+n_q}$	$\frac{n_q}{n_p+n_q}$	0	0	各种 **D**	保持
距离平方和法	$\frac{n_k+n_p}{n_k+n_r}$	$\frac{n_k+n_q}{n_k+n_r}$	$-\frac{n_k}{n_k+n_r}$	0	欧氏距离	压缩
可变数平均法	$(1-\beta)\frac{n_p}{n_r}$	$(1-\beta)\frac{n_q}{n_r}$	<1	0	各种 **D**	不定
可变法	$\frac{(1-\beta)}{2}$	$\frac{(1-\beta)}{2}$	<1	0	各种 **D**	扩张

2. 应用实例

作为聚类分析的应用实例，下面根据表 5.10 中的数据，对该农业生态经济系统进行聚类分析，步骤如下：①用标准差标准化方法，对 9 项指标的原始数据进行处理；②采用欧氏距离测度 21 个区域单元之间的距离；③选用组平均法，计算类间的距离，依据不同的聚类标准(距离)，对各样本(各区域单元)进行聚类，并做出聚类谱系图。上述计算过程，可以借助于软件 SPSS 或 MATLAB 实现。

从聚类分析谱系图(图 5.4)可以看出，在不同的聚类标准(距离)下，聚类结果不同：当距离为 0 时，每个样本为单独的一类，即 21 个区域单元各自为一类；当距离标准逐渐放大时，21 个区域单元被依次聚类。从谱系图(图 5.4)可以看到，样本之间距离最小的 9 和 10 首先被聚为一类，随之，12 和 13，17 和 19 也被聚为一类。如果选取聚类标准(距离)为 5，则 21 个区域单元被聚为 16 类。如果选取聚类标准(距离)为 10，则 21 个区域单元被聚为 9 类。如果进一步把聚类标准(距离)扩大到 15，则 21 个区域单元被聚为 5 类；继续扩大聚类标准(距离)到 20，则 21 个区域单元被聚为 3 类。最终，当聚类标准(距离)扩大到 25 时，21 个区域单元被聚为 1 类。

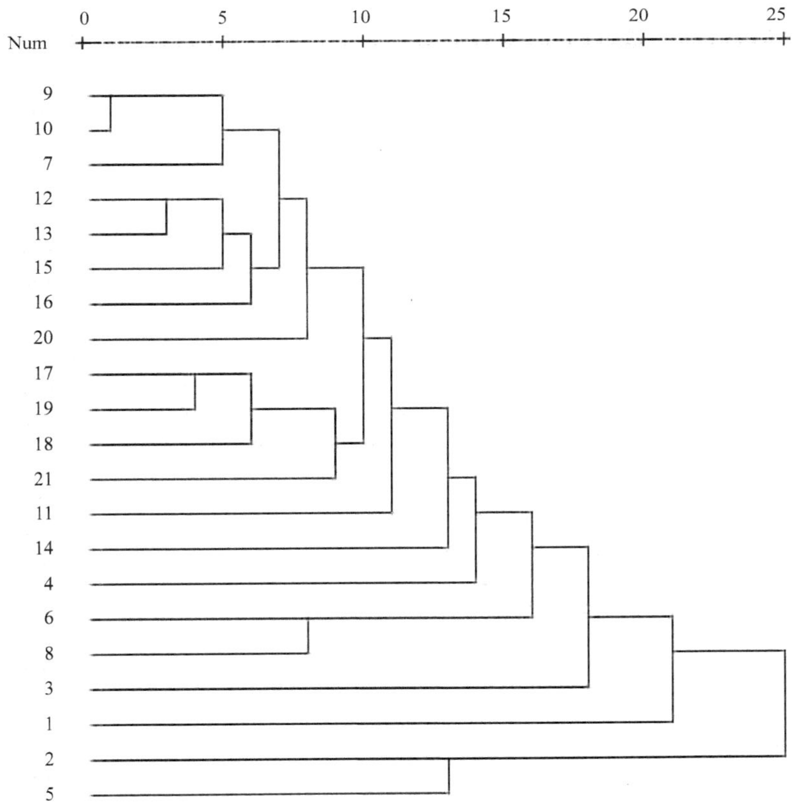

图 5.4 某农业生态经济系统区域单元的系统聚类(组平均法)谱系图

5.2 空间统计建模方法

空间统计建模方法，是现代计量地理学中一个快速发展的方向领域(徐建华，2002，2006)。其主要思想源于地理学第一定律，即在地理空间中邻近的现象比距离远的现象更相似(Tobler, 1970；Fabrikant et al., 2002)。因此，几乎所有空间数据都具有空间依赖或空间自相关特征，即一个区域单元上的某种地理现象或某一属性值是与邻近区域单元上同一现象或属性值相关的。

空间统计建模，其核心就是认识与地理位置相关的数据间的空间依赖、空间关联或空间自相关，通过空间位置建立数据间的统计关系。从地理学角度来看，许多数据都与空间位置有关(Fotheringham et al., 2000)，因此空间统计分析的应用范围包罗万象，包括地质、大气、水文、生态、环境、人口、经济等(徐建华，2002，2006；艾彬等，2004；徐建华等，2004，2005)。空间统计建模的任务，是运用有关统计分析方法，建立空间统计模型，从凌乱的数据中挖掘空间自相关与空间变异规律。

空间统计建模产生和发展的基本理由是：空间数据间并完全非独立，而是存在某种空间联系和关联性，但是经典的统计分析方法的基本出发点是样本独立假设。由于空间依赖性的存在打破了经典统计分析方法中样本相互独立的基本假设，因此无法直接用经典的统计分析方法揭示与地理位置相关的空间数据关联和依赖性(Anselin, 1988)。然而，空间统计建模方法并不是抛弃所有经典的统计分析方法，而是对这些方法加以改造，从而使它们能够适用于空间数据的统计建模分析。

5.2.1 空间自相关分析

1. 空间权重矩阵

空间统计分析方法，是以空间联系为基础的。为了揭示现象之间的空间联系，首先需要定义空间对象的相互邻接关系。因此，空间统计分析建模，首先引入了空间权重矩阵的概念。空间权重矩阵，也是空间统计分析与经典统计分析的重要区别之一，它是探索性空间数据分析(exploratory spatial data analysis，ESDA)的前提和基础。

通常定义一个二元对称空间权重矩阵 W，来表达 n 个位置的空间区域的邻近关系，其形式如下

$$\boldsymbol{W}=\begin{bmatrix} w_{11} & w_{12} & \cdots & w_{1n} \\ w_{21} & w_{22} & \cdots & w_{2n} \\ \vdots & \vdots & & \vdots \\ w_{n1} & w_{n2} & \cdots & w_{nn} \end{bmatrix} \tag{5.44}$$

式中：w_{ij} 为区域 i 与 j 的临近关系，它可以根据邻接标准或距离标准来度量。

确定空间权重矩阵的规则有多种，下面是两种最常用的：

(1) 简单的二进制邻接矩阵：

$$w_{ij}=\begin{cases}1 & 当区域i和j相邻接\\0 & 其他\end{cases}$$

(2) 基于距离的二进制空间权重矩阵：

$$w_{ij}=\begin{cases}1 & 当区域i和j的距离小于d时\\0 & 其他\end{cases}$$

2. 全局空间自相关

Moran 指数和 Geary 系数是两个用来度量空间自相关的全局指标。其中，Moran 指数反映的是空间邻接或空间邻近的区域单元属性值的相似程度，而 Geary 系数与 Moran 指数存在负相关关系。

1) 全局 Moran 指数

如果 x_i 是位置(区域) i 的观测值，则该变量的全局 Moran 指数 I，用如下公式计算

$$I=\frac{n\sum_{i=1}^{n}\sum_{j\neq i}^{n}w_{ij}\left(x_i-\overline{x}\right)\left(x_j-\overline{x}\right)}{\sum_{i=1}^{n}\sum_{j\neq i}^{n}w_{ij}\sum_{i=1}^{n}\left(x_i-\overline{x}\right)^2}$$

$$=\frac{\sum_{i=1}^{n}\sum_{j\neq i}^{n}w_{ij}(x_i-\overline{x})(x_j-\overline{x})}{S^2\sum_{i=1}^{n}\sum_{j\neq i}^{n}w_{ij}} \tag{5.45}$$

式中：I 为 Moran 指数；$S^2=\frac{1}{n}\sum_{i}(x_i-\overline{x})^2$；$\overline{x}=\frac{1}{n}\sum_{i=1}^{n}x_i$ 。

Moran 指数 I 的取值一般为−1~1,小于 0 表示负相关，等于 0 表示不相关，大于 0 表示正相关。

对于 Moran 指数，可以用标准化统计量 Z 来检验 n 个区域是否存在空间自相关关系，Z 的计算公式为

$$Z(I)=\frac{I-E(I)}{\sqrt{\mathrm{VAR}(I)}} \tag{5.46}$$

根据式(5.46)计算出的检验统计量,可以对空间自相关关系进行显著性检验。式中的均值和方差都是理论上的均值和标准方差。可以对零假设 H_0(n 个区域单元的属性值之间不存在空间自相关)进行显著性检验，即检验所有区域单元的观测值之间是否存在空间自相关。显著性水平可以由标准化 Z 值的 P-值检验来确定：通过计算 Z 值的 P-

值，再将它与显著性水平α进行比较，决定拒绝还是接收零假设；如果P-值小于给定的显著性水平α，则拒绝零假设；否则接收零假设。在实际问题分析中，常常取显著性水平$\alpha=0.05$。

在实际中，关于显著性检验有三种方法(Cliff et al., 1981; Goodchild, 1986; Cliff, 1987)。第一种方法也是最常用的方法，即假设变量服从正态分布，在样本无限大的情况下，Z 值服从标准正态分布，据此可判断显著性水平。第二种方法是在未知分布的情况下，用随机化方法得到 Z 的近似分布。如果假设区域单元的观测值和位置完全无关，易知 Z 值渐进地服从标准正态分布，据此判断显著性水平。第三种方法是置换方法，假设观测值可以等概率地出现在任何位置之中，但是关于 I 的分布是实证地产生，即通过观测值在所有空间区域单元随机重排序，每次计算得出不同 I 统计量的值，最后得到 I 的均值和方差。

在正态分布假设下，Moran 指数 I 的期望值与方差分别为

$$E(I)=-\frac{1}{n-1}$$

$$\mathrm{VAR}(I)=\frac{n^2S_1-nS_2+3S_0^2}{S_0^2(n^2-1)}-[E(I)]^2 \tag{5.47}$$

其中

$$S_0=\sum_{i=1}^{n}\sum_{j=1}^{n}w_{ij}\ ,\quad S_1=\frac{1}{2}\sum_{i=1}^{n}\sum_{j=1}^{n}(w_{ij}+w_{ji})^2\ ,\quad S_2=\sum_{i=1}^{n}(w_{i\cdot}+w_{\cdot i})^2\ ,\quad w_{i\cdot}=\sum_{j=1}^{n}w_{ij}\ ,\quad w_{\cdot i}=\sum_{j=1}^{n}w_{ji}$$

随机分布假设下，Moran 指数 I 的期望值与方差分别为

$$E(I)=-\frac{1}{n-1}$$

$$\mathrm{VAR}(I)=\frac{n[(n^2-3n+3)S_1-nS_2+3S_0^2]-k_2[(n^2-n)S_1-2nS_2+6S_0^2]}{(n-1)(n-2)(n-3)S_0^2}-[E(I)]^2 \tag{5.48}$$

式中：S_0，S_1，S_2与式(5.47)中相同；$k_2=\dfrac{n\sum_{i=1}^{n}(x_i-\overline{x})^4}{[\sum_{i=1}^{n}(x_i-\overline{x})^2]^2}$。

当 Z 值为正且显著时，表明存在正的空间自相关，也就是说相似的观测值(高值或低值)趋于空间集聚；当 Z 值为负且显著时，表明存在负的空间自相关，相似的观测值趋于分散分布；当 Z 值为零时，观测值呈独立随机分布。

2) Geary 系数 C

Geary 系数 C 计算公式为

$$C=\frac{(n-1)\sum_{i=1}^{n}\sum_{j=1}^{n}w_{ij}\left(x_i-x_j\right)^2}{2\sum_{i=1}^{n}\sum_{j\neq i}^{n}w_{ij}\sum_{i=1}^{n}\left(x_i-\overline{x}\right)^2} \tag{5.49}$$

式中：C 为 Geary 系数；其他变量同式(5.45)。

Geary 系数 C 的取值一般为 0~2，大于 1 表示负相关，等于 1 表示不相关，而小于 1 表示正相关。当 C=0 时，有很强的空间正相关性(Cliff et al., 1981)；当 C=2 时，有很强的空间负相关性。

Geary 系数 C 的标准化比率为

$$Z(C)=\frac{C-E(C)}{\sqrt{\mathrm{VAR}(C)}} \tag{5.50}$$

式中：$E(C)$=1。

$$\mathrm{VAR}(C)=\frac{[(2S_1+S_2)(n-1)-4S_0^2]}{2S_0^2(n+1)} \tag{5.51}$$

式中：S_0、S_1、S_2 与式(5.47)中相同。

3. *局部空间自相关*

Moran 指数 I 和 Geary 系数 C 对空间自相关的全局评估，存在忽略了空间过程的潜在不稳定性问题。如果进一步考虑到是否存在观测值的高值或低值的局部空间集聚，哪个区域单元对于全局空间自相关的贡献更大，以及在多大程度上空间自相关的全局评估掩盖了反常的局部状况或小范围的局部不稳定性时，就必须进行局部空间自相关分析。局部空间自相关分析方法包括三种分析方法：空间联系的局部指标(LISA)、G 统计、Moran 散点图。

1) 空间联系的局部指标

空间联系的局部指标(local indicators of spatial association ，LISA)满足下列两个条件(Anselin, 1995)：①每个区域单元的 LISA，是描述该区域单元周围显著的相似值区域单元之间空间集聚程度的指标；②所有区域单元 LISA 的总和与全局的空间联系指标成比例。

LISA 包括局部 Moran 指数(local moran)和局部 Geary 指数(local geary)。

局部 Moran 指数 I_i 被定义为

$$I_i=\frac{(x_i-\overline{x})}{S^2}\sum_{j\neq i}^{n}w_{ij}(x_j-\overline{x}) \tag{5.52}$$

式中：$S^2=\frac{1}{n}\sum_{i=1}^{n}(x_i-\overline{x})^2$，$\overline{x}=\frac{1}{n}\sum_{i=1}^{n}x_i$。

显然：①每个区域单元 i 的 I_i 是描述该区域单元周围显著的相似值区域单元之间空间集聚程度的指标；②经过简单地推导，容易证明：$I = \sum_i I_i / \sum_{i=1}^{n}\sum_{j\neq i}^{n} w_{ij}$ 。所以，局部 Moran 指数 I_i 是一种描述空间联系的局部指标，即 LISA。

正的 I_i 值表示该区域单元周围相似值(高值或低值)的空间集聚，负的 I_i 值则表示非相似值的空间集聚。

局部 Moran 指数 I_i 检验的标准化统计量为

$$Z(I_i) = \frac{I_i - E(I_i)}{\sqrt{\mathrm{VAR}(I_i)}} \tag{5.53}$$

在随机分布假设下，I_i 的期望值和方差计算公式分别为：$E(I_i) = -\frac{w_{i\cdot}}{n-1}$，$\mathrm{VAR}(I_i) = \frac{(n-k_2)}{n-1}\times\sum_{j\neq i} w_{ij}^2 + \frac{((\sum_{j\neq i} w_{ij})^2 - \sum_{j\neq i} w_{ij}^2)\times(2k_2 - n)}{(n-1)(n-2)} - E^2(I_i)$；其中 k_2 与式(5.48)相同。

根据公式(5.53)计算出检验统计量，可以对有意义的局部空间关联进行显著性检验。

局部 Geary 系数的计算公式为

$$C_i = \frac{1}{S^2}\sum_{j\neq i} w_{ij}(x_i - x_j)^2 \tag{5.54}$$

式中：$S^2 = \frac{1}{n}\sum_{i=1}^{n}(x_i - \overline{x})^2$；$\overline{x} = \frac{1}{n}\sum_{i=1}^{n} x_i$ 。

可以证明，全局 Geary 系数与局部 Geary 系数具有如下关系

$$C = \frac{n-1}{2n\sum_{i=1}^{n}\sum_{j\neq i}^{i} w_{ij}}\sum_{i-1}^{n} C_i$$

LISA 方法考虑到了对全局指标 Moran 指数的分解，将其分解到每个观测值的贡献上。评估全局统计量在多大程度上代表着局部联系的平均格局很有意义，如果空间过程平稳，则局部统计量围绕着均值波动很小。也就是说，与均值差别很大的局部观测值表示该区域对全局统计量的贡献更大。这些观测值因而是需要进一步深入探究的“界外值”，或者是具有较大影响的极端值。极端值一般可根据 2-sigma 规则(即偏离均值超过两倍于标准差范围的值)，或者 3.0 IQD 规则(盒状图中，局部 Moran 指数与上四分位数的距离超过 3 倍盒长)来确定。

LISA 作为 ESDA 技术的重要组成部分之一，包含了两个重要的解释：其一为每个观测单元周围的局部空间集聚的显著性评估，这和 G 统计量的解释很相似；其二为小范围内空间不稳定性的指标，可以揭示出界外值和不同的空间联系形式，这和利用 Moran 散点图来识别界外值或者影响较大的极端值相似。

反映空间联系的局部指标可能会和全局指标不一致，实际上，空间联系的局部格局成为全局指标所不能反映的“失常”是很有可能的，尤其在大样本数据中，在强烈而且显著的全局空间联系之下，可能掩盖着完全随机化的样本数据子集，有时甚至会出现局部的空间联系趋势和全局的趋势恰恰相反的情况，这就使得采用 LISA 来探测空间联系很有必要。

2) G 统计量

Getis 等(1992, 1996)建议使用统计量 G_i 来检测小范围内的局部空间依赖性(Ord et al., 1995)。对每一个区域单元 i 的统计量 G_i 为

$$G_i = \sum_i w_{ij} x_j / \sum_j x_j \tag{5.55}$$

对统计量 G_i 的检验与局部 Moran 指数相似，其检验值为

$$Z(G_i) = \frac{G_i - E(G_i)}{\sqrt{\mathrm{VAR}(G_i)}} \tag{5.56}$$

其中

$$E(G_i) = \frac{w_{i\cdot}}{n-1}$$

$$\mathrm{VAR}(G_i) = \frac{S_i^2 [w_{i\cdot}(n-1-w_{i\cdot})]}{(n-2)\sum_{j\neq i}^{n} x_j}$$

$$S_i^2 = \frac{1}{n-1}\sum_{j\neq i}(x_j - \bar{x}_i)^2,\quad \bar{x}_i = \frac{1}{n-1}\sum_{j\neq i} x_j$$

G_i 的标准化式(5.56)也可以直接写成

$$Z(G_i) = \frac{\sum_{j\neq i} w_{ij}(x_j - \bar{x}_i)}{S_i \sqrt{w_{i\cdot}(n-1-w_{i\cdot})/(n-2)}} \tag{5.56′}$$

显著的正 G_i 值表示在该区域单元周围，高观测值的区域单元趋于空间集聚，而显著的负 G_i 值表示低观测值的区域单元趋于空间集聚，与 Moran 指数只能发现相似值(正关联)或非相似性观测值(负关联)的空间集聚模式相比，具有能够探测出区域单元属于高值集聚还是低值集聚的空间分布模式。

统计量 G_i 建立在空间集聚之上，因而能够在不受到区域单元 i 观测值影响的条件之下，有助于深化对该区域单元周围空间集聚的分析。应该注意到，局部 G 统计量不属于 LISA，因为局部统计量 G_i 和全局 G 统计量没有比例关系。

3) Moran 散点图

以(Wz，z)为坐标点的 Moran 散点图，常来研究局部的空间不稳定性，它是对空间滞后因子 Wz 和 z 数据可视化的二维图示。

全局 Moran 指数，可以看作是 Wz 对于 z 的线性回归系数，对界外值以及对 Moran 指数具有强烈影响的区域单元，可通过标准回归来诊断出。由于数据(Wz, z)经过了标准化，因此界外值可易由 2-sigma 规则可视化地识别出来。

Moran 散点图的四个象限，分别对应于区域单元与其邻居之间四种类型的局部空间联系形式：第一象限代表了高观测值的区域单元被同是高值的区域所包围的空间联系形式；第二象限代表了低观测值的区域单元被高值的区域所包围的空间联系形式；第三象限代表了低观测值的区域单元被同是低值的区域所包围的空间联系形式；第四象限代表了高观测值的区域单元被低值的区域所包围的空间联系形式。与局部 Moran 指数相比，其重要的优势在于能够进一步具体区分区域单元和其邻居之间属于高值和高值、低值和低值、高值和低值、低值和高值之中的哪种空间联系形式。并且，对应于 Moran 散点图的不同象限，可识别出空间分布中存在着哪几种不同的实体。

将 Moran 散点图与 LISA 显著性水平相结合，也可以得到所谓的“Moran 显著性水平图”，图中显示出显著的 LISA 区域，并分别标识出对应于 Moran 散点图中不同象限的相应区域。在给定置信水平下，若 I_i 显著>0 且 $z_i>0$，则区域 i 位于 HH 象限(第一象限)；若 I_i 显著>0 且 $z_i<0$，则区域 i 位于 LL 象限(第三象限)；若 I_i 显著<0 且 $z_i>0$，则区域 i 位于 HL 象限(第二象限)；若 I_i 显著<0 且 $z_i<0$，则区域 i 位于 LH 象限(第四象限)。

4. 实例：中国大陆各省份人均 GDP 的空间关联分析

根据各省份之间的邻接关系，采用二进制邻接权重矩阵(注：海南和广东虽不邻接，但实际上，海南和广东联系密切，所以将海南和广东看作互为邻居。)，选取各省(自治区、直辖市)1998~2002 年人均 GDP 的自然对数，依照公式(5.45)，计算全局 Moran 指数 I，用公式(5.46)计算其检验的标准化统计量 $Z(I)$，结果如表 5.16 所示。

表 5.16　中国大陆省(自治区、直辖市)人均 GDP 的全局 Moran 指数及其检验

年份	I	Z	P
1998	0.5001	4.5035	0.0000
1999	0.5069	4.5551	0.0000
2000	0.5112	4.5978	0.0000
2001	0.5059	4.5532	0.0000
2002	0.5013	4.5326	0.0000

从表 5.16 可以看出，在 1998~2002 年，中国大陆 31 个省(自治区、直辖市)人均 GDP 的全局 Moran 指数均为正值；在正态分布假设之上，对 Moran 指数检验的结果也高度显著。这就是说，在 1998~2002 年，中国大陆省(自治区、直辖市)人均 GDP 存在着显著的、正的空间自相关，也就是说各省(自治区、直辖市)人均 GDP 水平的空间分布并非表现出完全的随机性，而是表现出相似值之间的空间集聚，其空间联系的特征是：较高人均 GDP 水平的省(自治区、直辖市)相对地趋于和较高人均 GDP 水平的省(自治区、直辖市)相邻，或者较低人均 GDP 水平的省(自治区、直辖市)相对地趋于和较低人均 GDP 水平的省(自治区、直辖市)相邻。

空间自相关的全局评估往往会掩盖反常的局部状况或小范围的局部不稳定性，因此常常需要采用局部统计量 G_i 来探测局部的空间集聚程度。为此，选取 2001 年各省份人均 GDP 数据，依照公式(5.55)计算局部统计量 G_i，依照用公式(5.56)计算局部统计量 G_i 的检验值 $Z(G_i)$，并绘制统计地图(图 5.5)。

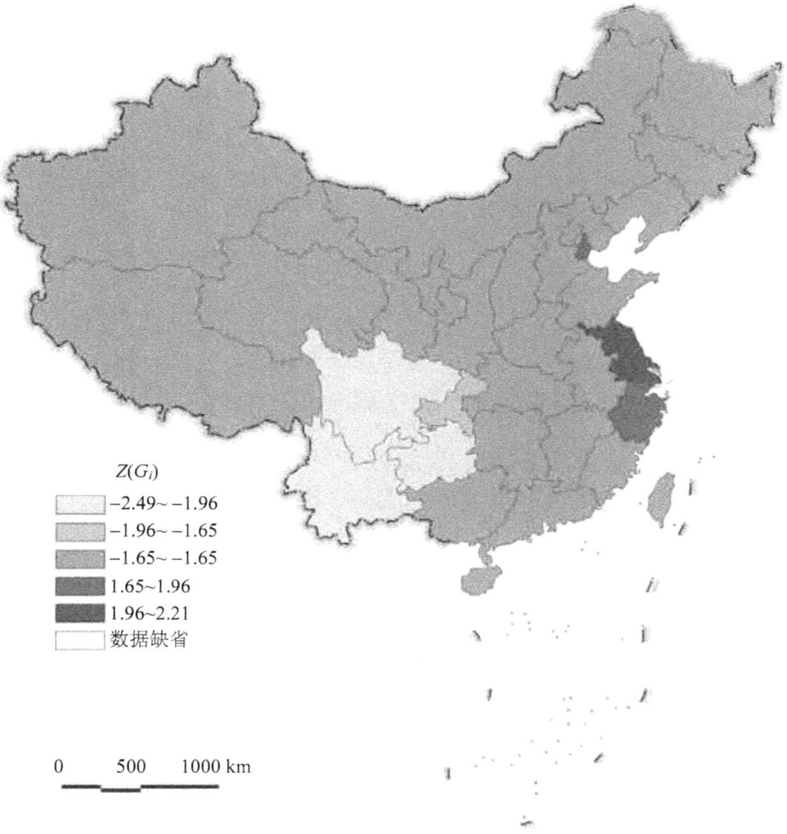

图 5.5　2001 年中国大陆省份人均 GDP 的 $Z(G_i)$值

检验结果表明，贵州、四川、云南西部三省的 Z 值在 0.05 的显著性水平下显著，重庆的 Z 值在 0.1 的显著性水平下显著，上述四省市在空间上相连成片分布，而且从统计学意义上来说，与该区域相邻的省区，其人均 GDP 更多地并非处于随机化分布的状态，而是趋于为同样是人均 GDP 低值的地区所包围。由此形成人均 GDP 低值与低值的空间集聚，据此可认识到西部地区趋于空间集聚的分布特征。

东部的江苏、上海、浙江三省市的 Z 值在 0.05 的显著性水平下显著，天津的 Z 值在 0.1 的显著性水平下显著。而东部上海、江浙等发达地区趋于为一些相邻经济发展水平相对较高的省(自治区、直辖市)所包围，东部发达地区的空间集聚分布特征也显现出来。

以(Wz,z)为坐标，进一步绘制 Moran 散点图(图 5.6)，可以发现，多数省(自治区、直辖市)位于第一和第三象限内，为正的空间联系，属于低–低集聚和高–高集聚类型，而且位于第三象限内的低–低集聚类型的省份比位于第一象限内的高–高集聚类型的省(自治区、直辖市)更多一些。

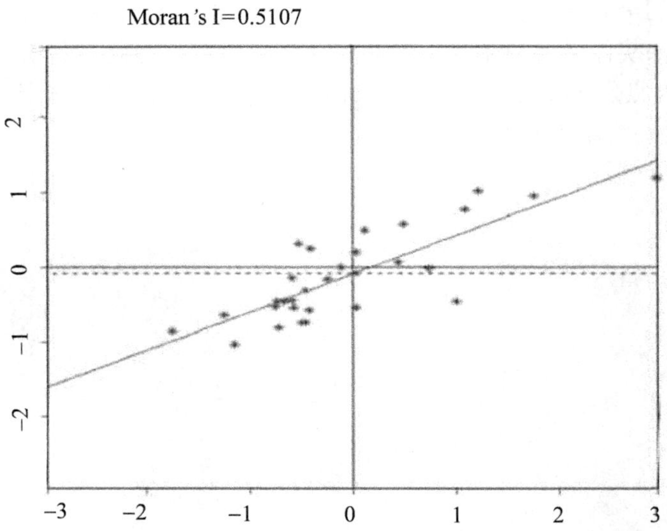

图 5.6　2001 年中国大陆各省(自治区、直辖市)人均 GDP 的 Moran 散点图

图 5.7 进一步显示了各省人均 GDP 局部集聚的空间结构。从图 5.7 可以看出，从人均 GDP 水平相对地来看，高值被高值包围的高–高集聚省(自治区、直辖市)有北京、天津、河南、安徽、湖北、江西、海南、广东、福建、浙江、山东、上海、江苏；低值被低值包围的低–低集聚省(自治区、直辖市)有黑龙江、内蒙古、新疆、吉林、甘肃、山西、陕西、青海、西藏、四川、云南、辽宁、贵州；被低值包围的高值省(自治区、直辖市)有重庆、广西、河北；被高值包围的低值省(自治区、直辖市)只有湖南。

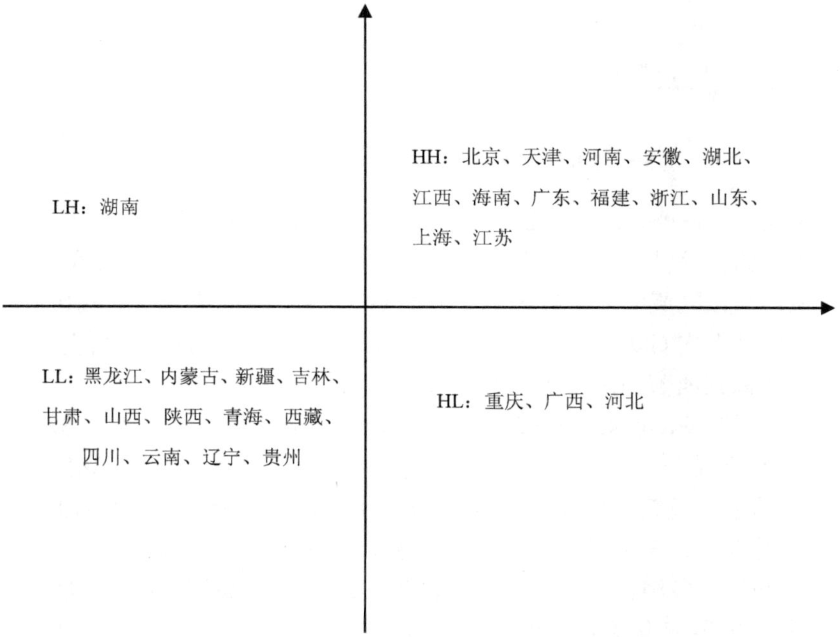

图 5.7　2001 年中国大陆各省(自治区、直辖市)人均 GDP 的 Moran 散点图

5.2.2 空间计量模型

空间计量的基本思想，是将区域间的相互关系引入模型，通过空间权重矩阵 $\boldsymbol{W}$，对线性回归模型进行修正。

空间计量经济学模型有多种(Anselin et al., 2004)。本节主要探讨纳入了空间效应(空间相关和空间差异)的空间常系数回归模型，包括空间滞后模型(spatial lag model，SLM)与空间误差模型(spatial error model，SEM)两种，以及空间变系数回归模型——地理加权回归模型(geographically weighted regression，GWR)及其应用问题。

1. 空间滞后与空间误差模型

1) 空间滞后模型

空间滞后模型(SLM)，主要是用于研究相邻机构或地区的行为对整个系统内其他机构或地区的行为存在影响的情况。该模型的数学表达式为

$$y = \rho \boldsymbol{W} y + \boldsymbol{X}\beta + \varepsilon \tag{5.57}$$

式中：y 为因变量；$\boldsymbol{X}$ 为 $n \times k$ 阶的外生解释变量矩阵；$\boldsymbol{W}$ 是 $n \times n$ 阶的空间权重矩阵，即 n 个地区之间相互关系结构矩阵；Wy 为空间滞后因变量；ρ 是空间自回归系数，反映了样本观测值中的空间依赖作用，即相邻区域的观测值 Wy 对本地区观测值 y 的影响方向和程度；β 为 X 的参数向量；ε 为白噪声。

2) 空间误差模型

在空间误差模型(SEM)中，机构或地区间的相互关系通过误差项来体现。当机构或地区间的相互作用因所处的相对位置不同而存在差异时，则需要采用这种模型。空间误差模型(SEM)的数学表达式为

$$\begin{cases} y = X\beta + \varepsilon \\ \varepsilon = \lambda W \boldsymbol{\varepsilon} + \boldsymbol{\mu} \end{cases} \tag{5.58}$$

式中：$\boldsymbol{\varepsilon}$ 为随机误差项向量；λ 为 $n \times 1$ 的截面因变量向量的空间误差系数；$\boldsymbol{\mu}$ 为正态分布的随机误差向量。

参数 λ 衡量了样本观察值中的空间依赖作用，即相邻地区的观察值 y 对本地区观察值 y 的影响方向和程度，参数 β 反映了自变量 X 对因变量 y 的影响。SEM 的空间依赖作用存在于扰动误差项之中，度量了邻接地区关于因变量的误差冲击对本地区观察值的影响程度。

3) 估计技术

对于上述两种模型的估计如果仍采用最小二乘法(OLS)，系数估计值会有偏或者无效，需要通过工具变量法、极大似然法或广义最小二乘估计等其他方法来进行估计。Anselin(1988)建议采用极大似然法估计空间滞后模型(SLM)和空间误差模型(SEM)的参数。

空间滞后模型的估计过程如下：

(1) 对模型 $y=\beta_0 x+\varepsilon_0$ 作 OLS 估计；

(2) 对模型 $Wy=\beta_L X+\varepsilon_L$ 作 OLS 估计；

(3) 分别计算上述两个 OLS 估计的残差 $e_0=y-\hat{\beta}_0 X$ 和 $e_L=Wy-\hat{\beta}_L X$；

(4) 由 e_0 和 e_L 值，通过极大化集中对数似然函数(concentrated log-likelihood function)得到 L_c 的参数 ρ 的估计值 $\hat{\rho}$；

$$L_c=-(n/2)\ln\left[(1/n)(e_0-\rho e_L)'(e_0-\rho e_L)\right]+\ln|I-\rho W|$$

(5) 由 $\hat{\rho}$ 值计算其余参数估计值 $\hat{\beta}\left(\hat{\beta}_0\hat{\rho}\hat{\beta}_L\right)$，$\hat{\sigma}_\varepsilon^2=(1/n)(e_0-\hat{\rho}e_L)'(e_0-\hat{\rho}e_L)$，极大对数似然函数

$$\begin{aligned}\lg L=&-(n/2)\ln(2\pi)-(n/2)\ln\hat{\sigma}_\varepsilon^2+\ln|I-\hat{\rho}W|\\&-\left(1/2\hat{\sigma}_\varepsilon^2\right)\left(y-\hat{\rho}Wy-\hat{\beta}X\right)'\left(y-\hat{\rho}Wy-\hat{\beta}X\right)\end{aligned}$$

如果 SLM 模型设定正确，那么解释变量在重复抽样过程中的变动将会导致 OLS 估计产生有偏且不一致的结果。

空间误差模型的估计过程如下：

(1) 对模型 $y=\beta x+u$ 进行 OLS 估计，得到 β 的无偏估计值 $\hat{\beta}$；

(2) 计算 OLS 估计的残差为 $e=y-\hat{\beta}X$；

(3) 由 e 值，通过对数极大似然函数 L_c 得到参数 λ 的估计值 $\hat{\lambda}$；

$$L_c=-n(n/2)\ln[(1/n)(e-\lambda We)'(e-\hat{\lambda}We)]+\ln|I-\hat{\lambda}W|$$

(4) 由 $\hat{\lambda}$ 计算其余参数的估计值，$\hat{\sigma}_\varepsilon{}^2=(1/n)(e-\hat{\lambda}We)'(e-\hat{\lambda}W_c)$，极大对数似然函数

$$\lg L_c=-(n/2)\ln(2\pi)-(n/2)\ln\hat{\sigma}_\varepsilon{}^2+\ln|I-\hat{\lambda}W|-(1/2\hat{\sigma}_\varepsilon{}^2)e'(1-\lambda W)'(I-\lambda W)e$$

如果 SEM 模型设定正确，那么误差项的空间依赖将会导致 OLS 估计产生无偏但不一致的结果。

4) 空间自相关检验与 SLM、SEM 的选择

判断地区间经济行为的空间相关性是否存在，一般通过包括 Moran's I 检验、两个拉格朗日乘数(lagrange multiplier)形式的 LMERR、LMLAG 和稳健(robust)的 R-LMERR、R-LMLAG 等来进行。由于事先无法根据先验经验推断在 SLM 和 SEM 模型中是否存在空间依赖性，有必要构建一种判别准则，以决定哪种空间模型更加符合客观实际。Anselin 等(2004)提出了如下判别准则：如果在空间依赖性的检验中发现，LMLAG 较之 LMERR 在统计上更加显著，且 R-LMLAG 显著而 R-LMERR 不显著，则可以断定适合的模型是空间滞后模型；相反，如果 LMERR 比 LMLAG 在统计上更加显著，且 R-LMERR 显著

而 R-LMLAG 不显著，则可以断定空间误差模型是恰当的模型。除了拟合优度 R^2 检验以外，常用的检验准则还有：自然对数似然函数值(log likelihood，LogL)，似然比率(likelihood ratio，LR)、赤池信息准则(akaike information criterion，AIC)，施瓦茨准则(schwartz criterion，SC)。对数似然值的越大，似然率越小，AIC 和 SC 值越小，模型拟合效果越好。这几个指标也用来比较 OLS 估计的经典线性回归模型和 SLM、SEM，似然值的自然对数最大的模型最好。

2. 地理加权回归模型

当用横截面数据建立计量经济学模型时，由于这种数据在空间上表现出的复杂性、自相关性和变异性，使得解释变量对被解释变量的影响在不同区域之间可能是不同的。假定区域之间的经济行为在空间上具有异质性的差异可能更加符合现实，空间变系数回归模型(spatially varying-coefficient regression model)中的地理加权回归模型(geographically weighted regression，GWR)是一种解决这种问题的有效方法(Leung, et al., 2000; LeSage, 2004)。

假定我们有 $i=1,2,\cdots,m$ 、 $j=1,2,\cdots,n$ 的系列解释变量观测值 $\left\{x_{ij}\right\}$ 及系列被解释变量 $\left\{y_j\right\}$ ，经典的全域(Global)线性回归模型如式(5.59)所示

$$y_i=\beta_0+\sum_{j=1}^{n}x_{ij}\beta_j+\varepsilon_i\,,i=1,2,\cdots,m \tag{5.59}$$

在模型式(5.59)中，ε 是整个回归模型的随机误差项，满足球形扰动假设，回归系数 β 被假定是一个常数。模型参数 β_j 的估计一般采用普通最小二乘(OLS)法。

地理加权回归模型是一种相对简单的回归估计技术，它扩展了普通线性回归模型(5.59)。在扩展的 GWR 模型中，特定区位 i 的回归系数不再是利用全部信息获得的假定常数 β_0 ，而是利用邻近观测值的子样本数据信息进行局域(local)回归估计而得的、随着空间上局部地理位置 i 变化而变化的变数 β_j ，GWR 模型可以表示为

$$y_i=\beta_0\left(u_i,v_i\right)+\sum_{j=1}^{k}\beta_j\left(u_i,v_i\right)x_{ij}+\varepsilon_i \tag{5.60}$$

式中：系数 β_j 的下标 j 为与观测值联系的 $m\times 1$ 阶待估计参数向量，是关于地理位置 $\left(u_i,v_i\right)$ 的 $k+1$ 元函数。GWR 可以对每个观测值估计出 k 个参数向量的估计值，ε 是第 i 个区域的随机误差，满足零均值、同方差、相互独立等球形扰动假定。实际上，模型(5.60)可以表示为在每个区域都有一个对应的估计函数，其对数似然函数可以表示为

$$\begin{aligned}\lg L&=L\left[\beta_0\left(u,v\right),\cdots,\beta_k\left(u,v\right)\mid M\right]\\&=-\frac{1}{2\sigma^2}\sum_{i=1}^{n}\left[y_i-\beta_0\left(u_i,v_i\right)-\sum_{j=1}^{k}\beta_k\left(u_i,v_i\right)x_i\right]^2+\alpha\end{aligned} \tag{5.61}$$

式中：α 为常数；$M=\left[y_i, x_{ij},(u_i, v_i), i=1,2,\cdots,n, j=1,2,\cdots,k\right]$。由于极大似然法(ML)的解不是唯一的，Hastie 和 Tibshirani(1993)认为用该方法求解是不恰当的。Tibshirani 和 Hastie(1987)提出了局域求解法，原理与方法如下：

对于第 s 个空间位置$\left[(u_s, v_s), s=1,2,\cdots,n\right]$，任取一空间位置$(u_0, v_0)$与其位置邻近，构造一个简单的回归模型

$$y_i=\gamma_0+\sum_{j=1}^{k}\gamma_j x_{ij}+\varepsilon_i \tag{5.62}$$

式中：每个 γ_j 为常数且为 GWR 模型中 $\beta_j(u_s, v_s)$ 的近似值，通过考虑与点(u_0, v_0)相邻近的点来校正经典回归模型中的解。一个基本的方法就是采用加权最小二乘法(WLS)，寻找合适的$(\gamma_0, \gamma_1, \ldots, \gamma_k)$使得下式最小：

$$\sum_{i=1}^{n}W(d_{0i})\left(y_i-\gamma_0-\sum_{j=1}^{k}\gamma_j x_{ij}\right)^2 \tag{5.63}$$

式中：d_{0i} 为位置(u_0, v_0)和(u_i, v_i)之间的空间距离；$W(d_{0i})$为空间权值。令 $\hat{\gamma}_j$ 为 $\hat{\beta}_j(u_s, v_s)$ 的估计值，可得 CWR 模型在空间位置(u_s, v_s)上的估计值$\left\{\hat{\beta}_0(u_s, v_s),\right.$ $\left.\hat{\beta}_1(u_s, v_s),\cdots,\hat{\beta}_k(u_s, v_s)\right\}$。

对函数(5.63)求 γ_j 的一阶偏导数，并令其等于 0，可得

$$\hat{\gamma}_j=\left(X'\boldsymbol{W}_0{}^2X\right)^{-1}\left(X'\boldsymbol{W}_0{}^2Y\right) \tag{5.64}$$

式中：$\boldsymbol{W}_0$ 为$\left[W(d_{01},), W(d_{02},),\cdots,W(d_{0n})\right]$的对角线矩阵。可以看出，$\hat{\beta}_j(j=1,2,\cdots,k)$ 的 GWR 估计值是随着空间权值矩阵 $\boldsymbol{W}_{ij}$ 的变化而变化的，因此 W_{ij} 的选择至关重要，一般由观测值的空间坐标决定。

实际研究中常用的空间距离权值计算公式有三种(LeSage, 2004)。

(1) 高斯距离权值(gaussian distance)：

$$W_{ij}=\Phi\left(d_{ij}/\sigma\theta\right)$$

(2) 指数距离权值(exponential distance)：

$$W_{ij}=\sqrt{\exp(-d_{ij}/q)}$$

(3) 三次方距离权值(tricube distance)：

$$W_{ij}=\left[1-\left(\theta/d_{ij}\right)^{3}\right]^{3}$$

式中：d_{ij} 为第 i 个区域与第 j 个区域间的地理位置距离；Φ 为标准正态分布密度函数；q 为观测值 i 到第 q 个最近邻居之间的距离；σ 为距离向量 d_{ij} 的标准差；θ 为衰减参数(窗宽)。

在空间权值矩阵 $\boldsymbol{W}_{ij}$ 中，d 和 θ 非常关键。如果 d 较大，则局域模型的解越趋向于全域模型的解；如果 d 等于所研究空间任意两点间的最大距离，则全域和局域两个模型将相等，反之则相反。若 θ 趋于无穷大，任意两点的权重将趋于 1，则被估计的参数变成一致时，GWR 等于以 OLS 估计的经典线性回归模型；反之，当带宽变得很小时，参数估计将更加依赖于邻近的观测值。

Brunsdon 等(1996)用交叉实证方法(cross-validation)来选择一个最合适的 θ。若 θ 的值过大，会使得除回归点外其他观测值点的权重接近零，从而在参数估计中失去作用，故 θ 不宜取值太大。一般选择一个较小的 θ。

计算适当的窗宽或衰减函数的原理方法很多，最小二乘法仍然是一般常用的方法，其原理是

$$D=\sum_{i=1}^{n}\left[y_i-\hat{y}_i\left(\theta\right)\right]^{2}\to 0 \tag{5.65}$$

式中：$\hat{y}_i\left(\theta\right)$ 是用窗宽 θ 计算所得的 y_i 的拟合值。

3. 应用实例

考虑到创新从投入到产出需要经过一定时期的滞后，一般的研究都假设了滞后时间，有的选择一年，有的选择了两年(吴玉鸣等，2004；吴玉鸣，2005, 2006)。为了检验这一假设，实证分析中所用的样本包括除了香港、澳门特别行政区和台湾省的中国大陆 31 个省(自治区、直辖市，简称为省域)创新产出基础数据主要来源于 2001~2004 年的《中国统计年鉴》，而创新投入则来源于 2001 年的《中国统计年鉴》，数据如表 5.17 所示。被解释变量为十万人专利授权数(I)，代表专利创新产出，以大学(U)、企业(E)研发投入占 GDP 的比例为解释变量，建立了双对数线性的知识生产函数模型如下

$$\ln I_i=\beta_0+\beta_1\ln U+\beta_2\ln E+\varepsilon_i \tag{5.66}$$

式中：β 为回归参数；i 为$1,2,\cdots,31$ 个省域；ε 为随机误差项。

该模型的目的是检验大学、企业与区域创新产出活动的相互关系和决定因素，尤其是通过合适的估计方法考察省域创新产出的决定因素和局域溢出效应。

为了验证创新投入产出的滞后性假设，作者以 2000 年、2001 年、2002 年、2003 年 ln$I$ 分别为被解释变量，以 2000 年的 ln$U$、ln$E$ 分别作为解释变量。原始数据的形式如表 5.17 所示。

表 5.17　建模数据准备

省(直辖市、自治区)	*I*	*U*	*E*	East	North
北京	3.7975	4.2540	5.2742	40.2454	116.4612
天津	2.8983	2.8206	4.6062	39.4110	117.3670
河北	1.6051	1.8318	3.5556	39.3319	116.6502
山西	1.0422	1.3163	3.6870	37.6339	112.3684
内蒙古	1.0488	0.6512	2.6691	45.3714	118.6004
辽宁	2.3821	1.6503	4.0763	41.0984	122.3033
吉林	1.7198	1.7042	3.6751	43.5791	126.4700
黑龙江	1.6980	1.7920	3.4644	48.4869	127.9865
上海	3.7184	2.7927	4.5297	31.2719	121.3750
江苏	2.3312	1.9716	4.1173	34.5834	119.2828
浙江	3.1157	1.7074	3.7608	29.1651	120.4278
安徽	0.8060	2.5433	3.4815	32.0130	117.2704
福建	2.4461	1.2470	3.8015	25.9394	118.1813
江西	0.9053	0.5038	3.2259	27.2826	116.0300
山东	2.0832	0.5957	3.9641	36.3235	118.7490
河南	0.9911	0.1750	3.4264	33.8764	113.4785
湖北	1.3054	2.3223	3.7857	31.1431	112.2643
湖南	1.2643	2.0954	3.5785	27.3794	111.5150
广东	3.3660	1.3334	4.5903	22.8704	113.4299
广西	0.7820	1.5225	3.3917	23.6987	108.2706
海南	0.9075	−1.5781	2.0201	19.1595	109.8278
重庆	1.7348	2.2407	3.6549	30.1855	107.7399
四川	1.3670	2.1122	3.5423	30.1869	102.9485
贵州	0.4718	0.0562	3.5486	26.9189	106.5654
云南	0.9568	1.0208	2.6619	25.1822	101.8580
西藏	−1.3388	1.4722	−2.0581	31.6676	88.7492
陕西	1.4226	3.2836	4.7342	35.6432	109.5561
甘肃	0.4260	1.2627	3.5373	37.6833	102.8971
青海	0.4742	0.6890	3.5034	35.4277	96.2286
宁夏	1.3287	0.2987	3.9530	37.3259	105.9582
新疆	1.1913	−0.3726	2.7283	41.7472	84.9648

注：East 表示经度，North 表示纬度。

1) 空间自相关性检验

首先检测2002年中国31个省域创新产出在地理空间上的相关性即空间相互依赖性。根据表 5.17 中的数据，计算得到专利产出(I)的 Moran 指数为 0.36，其正态统计量 Z 值大于正态分布函数在 0.0020 水平下的临界值，表明中国 31 个省、直辖市和自治区的专利数在空间分布上具有正的自相关性，说明全国各省域创新的空间分布并非表现出完全随机状态，而是表现出相似值之间的空间集群(clustering)，即具有较高产出的省区相对地趋于和较高创新的省区相靠近，较低产出的省域相对地趋于和较低产出的省域相邻。因此，从整体上讲省域之间的创新是存在空间相关性的。因此，有必要使用空间计量经济模型进行估计。

2) 空间计量经济估计与分析

空间相关分析已经证明了中国省域创新产出具有空间相关性，需要采用空间计量经济模型进行估计。为此，以下的思路是：以中国大陆 31 个省域为空间单元，进行省域创新的空间计量经济检验和估计。

首先进行普通最小二乘(OLS)法估计，以及通过 Moran 指数检验、两个拉格朗日乘数来判断空间计量经济学模型 SLM 和 SEM 的形式，利用极大似然法(ML)估计参数，利用 Anselin(2004)的空间计量经济学软件 GeoDa 0.9.5-i 计算，结果如表 5.18 所示。

表 5.18　OLS 估计结果

模型	回归系数 $\hat{\beta}$	标准差 $\hat{\sigma}$	t 统计值	小概率 p 值
C	-0.7795^{***}	0.3998	−1.9496	0.0613
U	0.1792	0.1256	1.4262	0.1649
E	0.5926^{*}	0.1181	5.0188	0.0000
R^2	0.5852			
R^2_{adj}	0.5556			
F	19.7496^{*}			0.0000
LogL	−32.3352			
AIC	70.6704			
SC	74.9724			
空间依赖性检验	MI/DF	统计值	小概率 P	
Moran's I(error)	0.2778^{*}	2.8046	0.0050	
LMLAG	1	3.9817^{**}	0.0460	
R-LMLAG	1	0.1430	0.7054	
LMERR	1	5.1085^{**}	0.0238	
R-LMERR	1	1.2697	0.2598	

***、**、*分别表示通过 10%、5%、1%水平下的显著性检验。

由表 5.18 中结果可知，OLS 估计的 31 个省域创新函数的拟合优度达到 55.56%，

F 值为 19.7496，模型整体上通过了 1%水平的显著性检验。变量的显著性检验显示：大学和企业研发投入的回归系数均为正，与我们的预期基本一致，但是大学研发投入未能通过 10%的变量显著性检验，而企业研发通过了 1%水平的变量显著性检验，说明企业研发对创新产出有显著的正效应。如果不考虑空间相互作用，我们的分析也就到此为止了。但由于前述的 Moran 指数检验已经证明了 31 个省域的创新产出之间具有明显的空间自相关性，这说明忽视空间自相关性直接采用 OLS 法建立模型进行估计分析存在一定问题，出现这种问题的原因可能有两个：一是遗漏了重要的变量，二是模型设定有问题，例如，未考虑省域之间的空间相关性。

为了进一步验证空间自相关性的存在，由表 5.18 中的 Moran 指数检验、两个拉格朗日乘数的空间依赖性检验结果显示：Moran's I(error)检验表明经典回归误差的空间依赖性非常明显(显著性水平为 0.1%)；同时为了区分是内生的空间滞后还是空间误差自相关，根据前面介绍的判别准则，拉格朗日乘子误差和滞后及其稳健性检验表明，LMLAG 通过了 4.60%水平下的显著性检验，LMERR 通过了 2.38%水平下的显著性检验，而 R-LMERR、R-LMLAG 均未能通过 10%水平下的显著性检验，比较 SLM 和 SEM 模型对数似然函数值 AIC 和 SC 值、LogL、LR，相对而言，SEM 模型相对更好一些。当然，这种判断不是特别严格，为此给出了 SLM 和 SEM 的估计结果见表 5.19。

比较表 5.18 和表 5.19 中的检验结果发现，空间滞后模型和空间误差模型的拟合优度检验值均高于 OLS 模型，当然，由于采用 ML 法估计参数，基于残差平方和分解的拟合优度检验的意义不是很大。为此，比较对数似然函数值 LogL、就会发现，SEM 的 LogL 值(−29.4660)最大，极大似然比率通过了 5%水平的显著性检验，而 AIC 和 SC 值最小，因此 SEM 模型均比 OLS 和 SLM 估计的模型要好。由此可见，基于 OLS 法的经典线性回归模型由于遗漏了空间误差自相关性而设定的模型不够恰当。这也验证了这样的观点：省域之间的创新产出都不可能没有关系。以往的研究大多假定地区之间相互独立，导致了基于 OLS 法估计结果及推论可能不够可靠，需要通过引入空间差异性和空间依赖性对经典的线性模型进行修正。

表 5.19　SLM 和 SEM 估计结果

变量	SLM				SEM			
	β	Std.E	t 统计值	P 值	β	Std.E	t 统计值	P 值
C	−0.9607**	−2.5481	0.3770	0.0108	−0.4187	0.3991	−1.0492	0.2941
U	0.0718	0.6109	0.1176	0.5413	0.1052	0.1036	1.0155	0.3099
E	0.5470*	0.1069	5.1155	0.0000	0.5627*	0.0981	5.7353	0.0000
ρ/λ	0.3518**	0.1738	2.0239	0.0430	0.5686*	0.1714	3.3186	0.0009
统计检验	DF	统计值	P 值		DF	统计值	P 值	
R^2		0.6426				0.6840		
LogL		−30.4866				−29.4660		
LR	1	3.6971***	0.0545		1	5.7383**	0.0166	
AIC		68.9733				64.9321		
SC		74.7092				69.2340		

***、**、*分别表示通过 10%、5%、1%水平下的显著性检验。

当然，由于 OLS、SLM 和 SEM 模型均为全域(global)估计，这些模型给出的回归系数整体上(global)被假定为一个常数，无法揭示局域(local)各个省域的因素对局域创新产出的影响。为了解决这个问题，采用 LeSage(1998)的 GWR 程序计算地理加权回归模型(GWR)，采用加权最小二乘法(WLS)来进行局域估计，基于 OLS、SLM 和 SEM 所用的数据，以高斯(gaussian)、指数(exponential)和三次方(tricube)距离为权值的 GWR 估计模型的参数估计值的结果分别如表 5.20、表 5.21 和表 5.22 所示。在高斯距离估计的 GWR 模型中，调整后的 R^2=0.7282，高于全域估计值 OLS、SLM、SEM(0.5556、0.6426、0.6840)，这表明考虑了地理空间位置的地理加权回归模型的整体拟合效果要优于 OLS、SLM、SEM 全域估计模型，假定回归系数 β 固定不变是不完全符合空间和地理邻近性发挥作用的区域创新实践的，也就是说，中国 31 个省域的创新产出能力在空间上具有异质性的差异。

高斯距离权值和指数距离权值的衰减参数(窗宽) θ 为 1.1893、4.4721，三次方距离权值的 q 最邻近邻居为 10。图 5.8 给出了高斯(gaussian)、指数(exponential)和三次方(tricube)距离为权值的 GWR 估计模型的参数估计值。其中，横坐标为 31 个省域在中国统计年鉴上的编号及纵坐标分别为常数项 C、大学研发 $\ln U$、企业研发 $\ln E$ 的参数估计值 $\beta_C(u_i,v_i)$、$\beta_{\ln U}(u_i,v_i)$、$\beta_{\ln E}(u_i,v_i)$ 的图，可以看出，指数距离和三次方距离两种模型的估计结果在各省域上基本一致，而高斯距离 GWR 模型的估计结果较为平滑。表 5.20 给出了我国 31 个省域以高斯距离估计的局域回归系数估计值，结果显示：整体来看，在影响中国 31 个省域创新产出的因素中，U 未能通过 5%水平的变量显著性检验，表明大学研发对区域创新产出的贡献虽然为正但不明显；所有省域的企业研发变量均通过了 5%水平下的变量显著性检验，其中上海、浙江、安徽、福建、江苏、山东、江西、河南、吉林、辽宁、天津、河北等东中部地区的研发投入对创新的贡献更大，其弹性系数基本上在 1 以上。

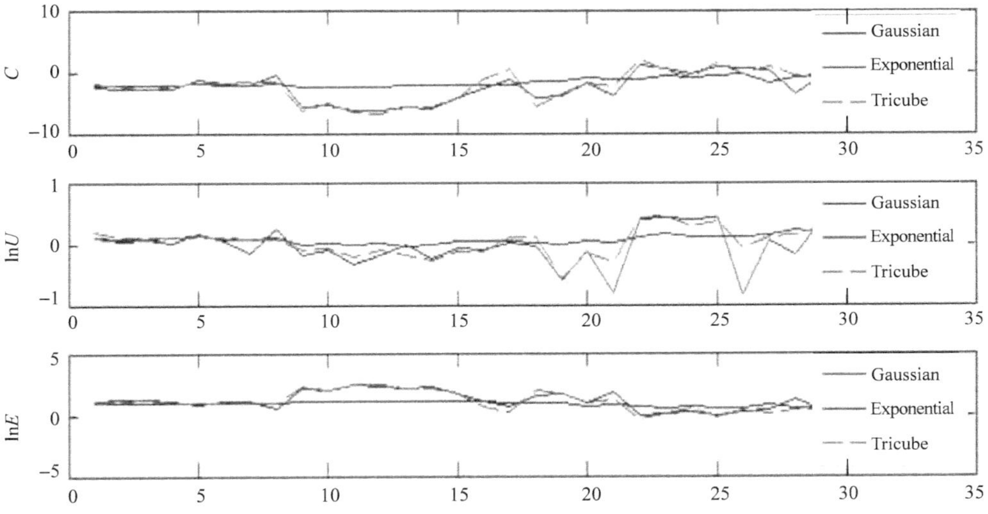

图 5.8　gaussian、exponential、tricube 距离权值的 GWR 参数估计值

同理，对于以指数距离权值计算的表 5.21 和以三次方距离权值计算的表 5.22，其 GWR 估计结果可进行类似的分析。

表 5.20　基于高斯距离权值的 GWR 估计结果

省(直辖市、自治区)	*C*	*t*	*U*	*t*	*E*	*t*
北京	2.0820	2.6482	0.0967	0.6560	0.9704	3.9841
天津	2.1207	2.6786	0.0852	0.5738	0.9899	4.0387
河北	2.1216	2.6698	0.0876	0.5909	0.9858	4.0126
山西	2.1874	2.6222	0.0924	0.6413	0.9694	3.8177
内蒙古	1.9132	2.6031	0.1231	0.8436	0.9247	3.9799
辽宁	2.1297	2.7495	0.0759	0.5057	1.0123	4.1779
吉林	2.1022	2.7887	0.0770	0.5137	1.0126	4.2556
黑龙江	1.9863	2.7740	0.0966	0.6546	0.9757	4.2567
上海	2.5307	2.9311	0.0146	0.0934	1.1622	4.3697
江苏	2.4016	2.8462	0.0237	0.1543	1.1011	4.2382
浙江	2.5067	2.9024	0.0289	0.1845	1.1618	4.3675
安徽	2.4444	2.8390	0.0022	0.0143	1.1164	4.2301
福建	2.3205	2.7758	0.0429	0.2778	1.1156	4.3164
江西	2.2017	2.6795	0.0213	0.1400	1.0644	4.2019
山东	2.3193	2.7997	0.0440	0.2894	1.0671	4.1773
河南	2.3230	2.7115	0.0395	0.2663	1.0418	3.9978
湖北	2.0780	2.5397	0.0324	0.2225	0.9779	3.9226
湖南	1.6839	2.3109	0.0264	0.1861	0.8826	3.9349
广东	1.6978	2.3662	0.0148	0.1028	0.9229	4.1274
广西	1.1004	1.9546	0.0549	0.4239	0.7063	4.0588
海南	1.2020	2.0458	0.0074	0.0562	0.7698	4.1735
重庆	1.2343	1.9957	0.1075	0.8351	0.6926	3.6981
四川	0.7761	1.9797	0.1576	1.3974	0.5229	4.5640
贵州	0.9892	1.8888	0.0962	0.7704	0.6398	4.0121
云南	0.6878	1.8885	0.1139	1.0087	0.5335	4.9463
西藏	0.5506	2.7156	0.1097	1.1154	0.4602	8.8541
陕西	1.8364	2.3433	0.1205	0.8954	0.8384	3.5616
甘肃	0.9255	2.2829	0.2289	2.1808	0.5005	4.3172
青海	0.6704	2.7608	0.1734	1.7183	0.4574	7.1339
宁夏	1.2397	2.0913	0.2026	1.7520	0.6114	3.5020
新疆	0.4472	2.4845	0.0405	0.4420	0.4502	9.4281

表 5.21　基于指数距离权值的 GWR 估计结果

省(直辖市、自治区)	C	t	U	t	E	t
北京	−2.4226	0.0000	0.1167	0.0000	1.0755	0.0000
天津	−2.7684	0.0000	0.0492	0.0000	1.1978	0.0000
河北	−2.8683	0.0000	0.0596	0.0000	1.2079	0.0000
山西	−2.7334	0.0000	0.0175	0.0000	1.0674	0.0000
内蒙古	−1.2513	0.0000	0.1635	0.0000	0.8088	0.0000
辽宁	−1.9964	0.0000	0.0450	0.0000	1.0426	0.0000
吉林	−2.1652	0.0000	−0.1571	0.0000	1.1531	0.0000
黑龙江	−0.5229	0.0000	0.2588	0.0000	0.5048	0.0000
上海	−5.6816	0.0000	−0.2032	0.0000	2.1854	0.0000
江苏	−5.3308	0.0000	−0.0949	0.0000	1.9222	0.0000
浙江	−6.3425	0.0000	−0.3301	0.0000	2.4477	0.0000
安徽	−6.4008	0.0000	−0.1851	0.0000	2.2583	0.0000
福建	−5.7132	0.0000	−0.0270	0.0000	2.1220	0.0000
江西	−6.1127	0.0000	−0.2373	0.0000	2.2488	0.0000
山东	−4.2707	0.0000	−0.0868	0.0000	1.6310	0.0000
河南	−2.6996	0.0000	−0.0935	0.0000	1.1137	0.0000
湖北	−1.2761	0.0000	0.0040	0.0000	0.6905	0.0000
湖南	−4.3956	0.0000	−0.0518	0.0000	1.6074	0.0000
广东	−3.9261	0.0000	−0.6068	0.1028	1.7559	0.0000
广西	−1.7805	0.0000	−0.1335	0.4239	0.8894	0.0000
海南	−4.0754	0.0000	−0.8059	0.0562	1.8240	0.0000
重庆	1.0569	0.0000	0.3949	0.8351	−0.1275	0.0000
四川	0.4113	0.0000	0.4308	1.3974	0.0247	0.0000
贵州	−0.2954	0.0000	0.4035	0.7704	0.2356	0.0000
云南	0.7803	0.0000	0.4140	1.0087	−0.0924	0.0000
西藏	0.3115	1.7245	−0.8283	1.1154	0.2093	7.8725
陕西	0.0002	0.0000	0.0529	0.8954	0.2974	0.0000
甘肃	−3.6981	0.0000	−0.2051	2.1808	1.2687	0.0000
青海	−1.0881	0.0000	0.3496	1.7183	0.3761	0.0000
宁夏	−2.4676	0.0000	−0.1717	1.7520	0.9594	0.0000
新疆	0.3115	0.0256	−0.8283	0.4420	0.2093	0.0311

注：t 值乘以 1.0e+012。

表 5.22 基于三次方距离权值的 GWR 估计结果

省(直辖市、自治区)	*C*	*t*	*U*	*t*	*E*	*t*
北京	−1.9369	−2.2837	0.1797	1.0947	0.9312	3.4143
天津	−2.4725	−2.9745	0.0962	0.6725	1.1052	4.3001
河北	−2.8645	−3.0996	0.0886	0.5896	1.1916	4.2121
山西	−2.4830	−1.0478	0.0947	0.2674	0.9903	1.3605
内蒙古	−1.7098	−3.7301	0.1127	0.9605	0.9351	5.5714
辽宁	−1.8074	−5.0868	0.0916	1.1938	0.9680	8.2195
吉林	−1.7258	−5.1762	0.0804	0.9277	0.9533	8.0551
黑龙江	−1.7173	−4.8996	0.0849	0.8952	0.9496	7.3828
上海	−6.1862	−2.9826	−0.0946	−0.3456	2.2242	3.8424
江苏	−5.2865	−3.3481	−0.0862	−0.4035	1.9259	4.4171
浙江	−6.6841	−3.6303	−0.2270	−0.8319	2.4273	4.4882
安徽	−6.8568	−3.5510	−0.1023	−0.4478	2.3631	4.2841
福建	−5.7089	−3.7808	−0.1777	−0.6690	2.1452	5.1346
江西	−5.8047	−3.5291	−0.2728	−1.0680	2.1813	4.8884
山东	−4.3948	−6.6546	−0.1390	−1.4009	1.6823	8.8481
河南	−1.2131	−1.1866	−0.1395	−1.1186	0.7007	2.3249
湖北	0.3868	0.4179	0.1060	0.9173	0.1671	0.5826
湖南	−5.8207	−5.3791	0.0999	0.6933	1.9256	6.4070
广东	−3.6778	−3.4256	−0.5592	−2.5130	1.6561	4.7631
广西	−1.8682	−1.4803	−0.1572	−0.6385	0.9853	2.4119
海南	−2.5014	−2.0363	−0.3212	−1.2275	1.2246	3.0822
重庆	1.8292	2.4212	0.4358	5.2868	−0.3797	−1.6946
四川	0.1187	0.1606	0.4509	4.4704	0.1113	0.5079
贵州	−0.9339	−0.7823	0.2781	1.5270	0.4887	1.3285
云南	1.4658	2.0234	0.3586	3.3085	−0.2626	−1.0919
西藏	−0.3454	−1.1772	−0.0616	−0.3381	0.3967	5.7301
陕西	0.6298	0.6206	0.1034	0.9357	0.1159	0.4004
甘肃	−0.6033	−0.4326	0.1211	0.7105	0.3860	0.9688
青海	−0.8982	−2.5871	0.2615	1.2130	0.4072	7.0801
宁夏	0.0300	0.0246	0.0879	0.6042	0.2589	0.7429
新疆	−0.1508	−0.6099	−0.2834	−1.6761	0.3562	6.0938

5.3　地统计建模方法

地统计学(geostatistics)，又称地质统计学，它是在法国著名统计学家 Matheron (1963)大量理论研究的基础上逐渐形成的一门新的统计学分支。一般认为，地统计学是以区域化变量理论为基础，以变异函数为主要工具，研究那些在空间分布上既有随机性又有结构性，或空间相关和依赖性的自然现象的科学。因此，凡是在研究空间分布数据的结构性和随机性，或空间相关性和依赖性，或空间格局与变异，并对这些数据进行最优无偏内插估计，或模拟这些数据的离散性、波动性时，均可应用地统计学的理论及相应的方法。地统计学的应用领域非常广泛，从开始的采矿学、地质学研究领域渗透到土壤、农业、水文、气象、生态、海洋、森林和环境治理等广阔领域(张崇甫等，1995；王政权，1999)。20 世纪 80 年代以来，地统计方法已经被引入地理学研究领域(Webster, 1985；Issaks et al., 1989；王广德等，1987；张朝生等，1997；Yue et al., 2003；徐建华等，2004)。

地统计学与经典统计学方法不同。经典统计学方法，从早期的频率分析法到以后的扩散指数法、相关分析、回归分析等模型，一个共同点是依赖于样本频率分布或均值方差关系及其相应的判定准则，确定空间分布格局与相关关系。这些方法忽视了样本的空间位置和方向，难以区别不同空间格局的差异，并受抽样方法和抽样区域范围大小的影响。因此需要一种既考虑样本值，又重视样本空间位置及样本之间距离的方法来研究要素的空间分布格局。地统计学就是一种能够弥补经典统计学的这些缺陷的比较好的方法。它在考虑样本点位置方向和彼此之间距离的基础上，直接测定空间结构的相关性和依赖性，研究具有一定随机性和一定结构性的各种变量的空间分布及变异规律。

地统计学的理论基础是区域化变量理论，主要研究那些分布于空间中并显示出一定结构性和随机性的自然现象。协方差函数和变异函数是以区域化变量理论为基础建立起来的地统计学的两个最基本的函数。地统计学的主要方法之一，克里格法就是建立在变异函数理论和结构分析基础之上的。

5.3.1　地统计方法的基本原理

1. 区域化变量

当一个变量呈现为空间分布时，就称之为区域化变量(regionalized variable)。这种变量常常反映某种空间现象的特征，用区域化变量来描述的现象称之为区域化现象。例如，地质学、水文学、土壤学、生态学中的许多变量都具有空间分布的特点，这些变量实质上都是区域化变量。

区域化变量，亦称区域化随机变量，Matheron(1963)将它定义为以空间点 x 的三个直角坐标 x_u, x_v, x_w 为自变量的随机场 $Z(x) = Z(x_u, x_v, x_w)$。区域化随机变量与普通随机变量不同，普通随机变量的取值符合某种概率分布，而区域化随机变量则根据其在一个域内的位置不同而取值。也就是说，区域化随机变量是普通随机变量在一个区域内确定位置上的特定取值，它是与位置有关的随机函数。在对所研究的空间对象进行一次抽样或随机观察后就得到它的一个取值 $Z(x)$，它是一个普通的三元实值函数，或者说是空间的点函数。因此，区域化变量具有两方面的含义，即观测前 $Z(x)$是一个随机场，观测后则是一个普通的空间三元函数值或空间点函数值。

区域化变量 $Z(x)$具有两个最显著，而且也是最重要的特征，即随机性和结构性。这似乎是区域化变量两个自相矛盾的性质。正是这两种性质使区域化变量在研究自然现象的空间结构和空间过程方面具有独特的优势。首先，区域化变量是一个随机函数，它具有局部的、随机的、异常的性质；其次，区域化变量具有一般的或平均的结构性质，即变量在点 x 与偏离空间距离为 h 的点 $x+h$ 处的数值 $Z(x)$ 与 $Z(x+h)$ 具有某种程度的自相关，这种自相关依赖于两点间的距离 h 及变量特征。这就体现了其结构性。此外，区域化变量还具有空间的局限性、不同程度的连续性和不同程度的各向异性等特征。

由于区域化变量具有上述特点，需要有一种合适的函数或模型来描述，这种函数或模型既能兼顾到区域化变量的随机性又能反映它的结构性。这可以通过描述空间变异性的空间协方差函数和变异函数来实现。

2. 协方差函数

1) 协方差函数的概念

区域化随机变量之间的差异，可以用空间协方差来表示。协方差又称为半方差，是地统计学中的关键概念。

在概率论中，随机向量 $\boldsymbol{X}$ 与 $\boldsymbol{Y}$ 的协方差被定义为

$$\mathrm{Cov}(\boldsymbol{X},\boldsymbol{Y}) = E[(\boldsymbol{X}-E\boldsymbol{X})(Y-E\boldsymbol{Y})] \tag{5.67}$$

区域化变量 $Z(x)=Z(x_u,x_v,x_w)$ 在空间点 x 和 $x+h$ 处的两个随机变量 $Z(x)$ 和 $Z(x+h)$ 的二阶混合中心矩定义为 $Z(x)$的自协方差函数，即

$$\mathrm{Cov}[Z(x),Z(x+h)] = E[Z(x)Z(x+h)] - E[Z(x)]E[Z(x+h)] \tag{5.68}$$

区域化变量 $Z(x)$ 的自协方差函数，也简称为协方差函数。一般来讲，它是一个依赖于空间点 x 和向量 $\boldsymbol{h}$ 的函数。

2) 协方差函数的计算公式

设 $Z(x)$ 为区域化随机变量，并满足二阶平稳假设，即随机函数 $Z(x)$ 的空间分布规律不因位移而改变，h 为两样本点空间分隔距离或距离滞后(distance lag)，$Z(x_i)$ 为 $Z(x)$ 在空间位置 x_i 处的实测值，$Z(x_i+h)$ 是 $Z(x)$ 在 x_i 处距离偏离 h 的实测值[$i=1,2,\cdots,N(h)$]根据协方差函数的定义(5.67)，可得协方差函数的计算公式为

$$c(h) = \frac{1}{N(h)}\sum_{i=1}^{N(h)}[Z(x_i)-\overline{Z}(x_i)][Z(x_i+h)-\overline{Z}(x_i+h)] \tag{5.69}$$

式中：$N(h)$ 为分隔距离为 h 时的样本点对(pairs)总数；$\bar{Z}(x_i)$ 和 $\bar{Z}(x_i+h)$ 分别为 $Z(x_i)$ 和 $Z(x_i+h)$ 的样本平均数，即

$$\bar{Z}(x_i)=\frac{1}{N}\sum_{i=1}^{N}Z(x_i) \tag{5.70}$$

$$\bar{Z}(x_i+h)=\frac{1}{N}\sum_{i=1}^{N}Z(x_i+h) \tag{5.71}$$

式中：N 为样本单元数；一般情况下 $\bar{Z}(x_i)\neq\bar{Z}(x_i+h)$ (特殊情况下可以认为近似相等)。若 $\bar{Z}(x_i)=\bar{Z}(x_i+h)=m$(常数)，则式(5.69)可以改写为

$$c(h)=\frac{1}{N(h)}\sum_{i=1}^{N(h)}[Z(x_i)Z(x_i+h)]-m^2 \tag{5.72}$$

式中：m 为样本平均数，可由一般算术平均数公式求得，即

$$m=\frac{1}{N}\sum_{i=1}^{n}Z(x_i)$$

3. 变异函数

1) 变异函数的概念

变异函数(variograms)，又称变差函数、变异矩，是地统计分析所特有的基本工具。在一维条件下变异函数定义为，当空间点 x 在一维 x 轴上变化时，区域化变量 $Z(x)$ 在点 x 和 $x+h$ 处的值 $Z(x)$ 与 $Z(x+h)$ 差的方差的一半为区域化变量 $Z(x)$在 x 轴方向上的变异函数，记为$\gamma(h)$，即

$$\begin{aligned}\gamma(x,h)&=\frac{1}{2}\mathrm{Var}[Z(x)-Z(x+h)]\\&=\frac{1}{2}E[Z(x)-Z(x+h)]^2-\frac{1}{2}\{E[Z(x)]-E[Z(x+h)]\}^2\end{aligned} \tag{5.73}$$

在二阶平稳假设条件下，对任意的 h 有

$$E[Z(x+h)]=E[Z(x)]$$

因此，式(5.73)可以改写为

$$\gamma(x,h)=\frac{1}{2}E[Z(x)-Z(x+h)]^2 \tag{5.74}$$

从上式可知，变异函数依赖于两个自变量 x 和 h，当变异函数 $\gamma(x,h)$ 仅仅依赖于距离 h 而与位置 x 无关时，$\gamma(x,h)$ 可改写成 $\gamma(h)$，即

$$\gamma(h)=\frac{1}{2}E[Z(x)-Z(x+h)]^2 \tag{5.75}$$

有时把$\gamma(h)$称为半变异函数，而将$2\gamma(h)$称为变异函数，两者使用时不会引起本质上的差别。

2) 变异函数的性质

设$Z(x)$是区域化变量，在满足二阶平稳假设条件下，变异函数(5.75)具有如下性质：

(1) $\gamma(0)$ =0，即在h=0 处，变异函数为 0；

(2) $\gamma(h)=\gamma(-h)$，即$\gamma(h)$关于直线h=0 是对称的，它是一个偶函数；

(3) $\gamma(h)\geqslant 0$，即$\gamma(h)$只能大于或等于 0；

(4) $|h|\to\infty$时，$\gamma(h)\to c(0)$，或$\gamma(\infty)=c(0)$，即当空间距离增大时，变异函数接近先验方差$c(0)=\frac{1}{N(h)}\sum_{i=1}^{N}[Z(x_i)]^2-m^2$；

(5) $[-\gamma(h)]$必须是一个条件非负定函数，由$[-\gamma(x_i-x_j)]$构成的变异函数矩阵在条件$\sum_{i=1}^{n}\lambda_i=0$时，为非负定的。

3) 变异函数的计算公式

设$Z(x)$是系统某属性Z在空间位置x处的值，$Z(x)$为一区域化随机变量，并满足二阶平稳假设，h为两样本点空间分隔距离，$Z(x_i)$和$Z(x_i+h)$分别是区域化变量$Z(x)$在空间位置x_i和x_i+h处的实测值[i=1, 2,⋯, $N(h)$]，那么，根据式(5.75)的定义，变异函数$\gamma(h)$的离散计算公式为

$$\gamma(h)=\frac{1}{2N(h)}\sum_{i=1}^{N(h)}[Z(x_i)-Z(x_i+h)]^2 \tag{5.76}$$

式中：各项的定义同前。变异函数揭示了在整个尺度上的空间变异格局，而且变异函数只有在最大间隔距离 1/2 之内才有意义。

这样对不同的空间分隔距离h，就可以根据式(5.69)和式(5.76)，计算出相应的$c(h)$和$\gamma(h)$值。如果分别以h为横坐标，$c(h)$或$\gamma(h)$为纵坐标，画出协方差函数和变异函数曲线图，就可以直接展示区域化变量$Z(x)$的空间变异特点。可见，变异函数能同时描述区域化变量的随机性和结构性，从而在数学上对区域化变量进行严格分析，是空间变异规律分析和空间结构分析的有效工具。

例如，假设某地区降水量$Z(x)$(mm)是二维区域化随机变量，满足二阶平稳假设，其观测值的空间正方形网格数据如图 5.9 所示(点与点之间的距离为h=1km)。试计算其南北方向及西北和东南方向的变异函数。

从图 5.9 可以看出，空间上有些点，由于某种原因没有采集到。如果没有缺失值，可直接对正方形网格数据结构计算变异函数；在有缺失值的情况下，也可以计算变异函数，办法是只要“跳过”缺失点位置即可(图 5.10)。

40	*	40	42	40	39	37	36	*
42	*	43	$\mathbf{X}_2$(42)	39	39	41	40	38
37	37	$\mathbf{X}_1$(37)	35	38	37	37	33	34
35	38	$\mathbf{X}_0$(*)	35	37	$\mathbf{X}_3$(36)	36	35	*
36	$\mathbf{X}_4$(35)	36	35	34	33	32	29	28
38	37	35	*	30	*	29	30	32

图 5.9　空间正方形网格数据(点间距 h=1km)

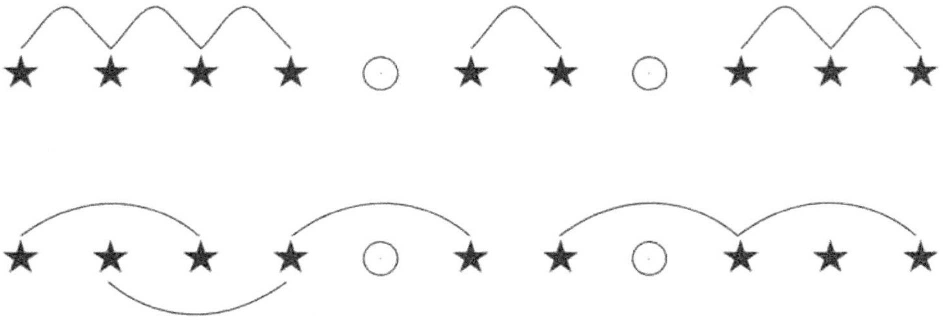

图 5.10　缺失值情况下样本数对的组成和计算过程(⊙为缺失值)

首先计算南北方向上的变异函数值，由变异函数的计算公式(5.76)可得

$$
\begin{aligned}
\gamma(1)=\frac{1}{2\times 36}[&(40-42)^2+(42-37)^2+(37-35)^2+(35-36)^2+(36-38)^2+(37-38)^2\\
&+(38-35)^2+(35-37)^2+(40-43)^2+(43-37)^2+(36-35)^2+(42-42)^2\\
&+(42-35)^2+(35-35)^2+(35-35)^2+(40-39)^2+(39-38)^2+(38-37)^2\\
&+(37-34)^2+(34-30)^2+(39-39)^2+(39-37)^2+(37-36)^2+(36-33)^2\\
&+(37-41)^2+(41-37)^2+(37-36)^2+(36-32)^2+(32-29)^2+(36-40)^2\\
&+(40-33)^2+(33-35)^2+(35-29)^2+(29-30)^2+(38-34)^2+(28-32)^2]
\end{aligned}
$$

$=385/72=5.35$

$$\gamma(2)=\frac{1}{2\times 27}[(40-37)^2+(42-35)^2+(37-36)^2+(35-38)^2+(37-35)^2+(38-37)^2$$
$$+(40-37)^2+(37-36)^2+(42-35)^2+(42-35)^2+(35-35)^2+(40-38)^2$$
$$+(39-37)^2+(38-34)^2+(37-30)^2+(39-37)^2+(39-36)^2+(37-33)^2$$
$$+(37-37)^2+(41-36)^2+(37-32)^2+(36-29)^2+(36-33)^2+(40-35)^2$$
$$+(33-29)^2+(35-30)^2+(34-28)^2]$$
$$=500/54=9.26$$

$$\gamma(3)=\frac{1}{2\times 21}[(40-35)^2+(42-36)^2+(37-38)^2+(37-37)^2+(43-36)^2+(37-35)^2$$
$$+(42-35)^2+(42-35)^2+(40-37)^2+(39-34)^2+(38-30)^2+(39-36)^2$$
$$+(39-33)^2+(37-36)^2+(41-32)^2+(37-29)^2+(36-35)^2+(40-29)^2$$
$$+(33-30)^2+(38-28)^2+(34-32)^2]$$
$$=737/42=17.55$$

$$\gamma(4)=\frac{1}{2\times 13}[(40-36)^2+(42-38)^2+(40-36)^2+(43-35)^2+(42-35)^2+(40-34)^2$$
$$+(39-30)^2+(39-33)^2+(37-32)^2+(41-29)^2+(36-29)^2+(40-30)^2$$
$$+(38-32)^2]$$
$$=668/26=25.69$$

$$\gamma(5)=\frac{1}{2\times 5}[(40-38)^2+(40-35)^2+(40-30)^2+(37-29)^2+(36-30)^2]$$
$$=229/10=22.90$$

最后，得到南北方向上的变异函数计算结果如表 5.23 所示。同样可以计算东西方向和西北—东南方向上的变异函数。东西方向上计算与南北向相同(这里不再赘述)。西北—东南方向上的变异函数的计算过程，主要是找出分隔距离 h 和样本数据对。这里的 h 不是南北和东西方向上的分隔距离 h 的整数，而是对角线上距离的 $\sqrt{2}\,h$ 倍。因为西北—东南方向是在对角线上选取样本数据对 $N(h)$，对正方形网格数据每一分隔距离都要乘以 $\sqrt{2}$ ，变异函数的计算方法与前面均相同。例如，$\gamma(5\sqrt{2})$ 的计算过程为

$$\gamma(5\sqrt{2})=\gamma(7.07)=\frac{1}{2\times 2}[(42-32)^2+(40-30)^2]=200/4=50.00$$

采用同样方法计算获得的西北—东南方向上变异函数的其他计算结果(表 5.23)。

表 5.23　南北、西北—东南方向上的变异函数计算结果

方向	南北					西北—东南				
h	1	2	3	4	5	1.41	2.82	4.24	5.65	7.07
$N(h)$	36	27	21	13	5	32	21	13	8	2
$\gamma(h)$	5.35	9.26	17.55	25.69	22.90	7.06	1295	30.85	58.13	50.00

4) 变异函数的参数

变异函数有四个非常重要的参数，即基台值(sill)、变程(range)或称空间依赖范围(range of spatial dependence)、块金值(nugget)或称区域不连续性值(localized discontinuity)和分维数(fractal dimension)。前三个参数可以直接从变异函数图中得到(图 5.11)。它们决定变异函数的形状与结构。变异函数的形状反映自然现象空间分布结构或空间相关的类型，同时还能给出这种空间相关的范围。

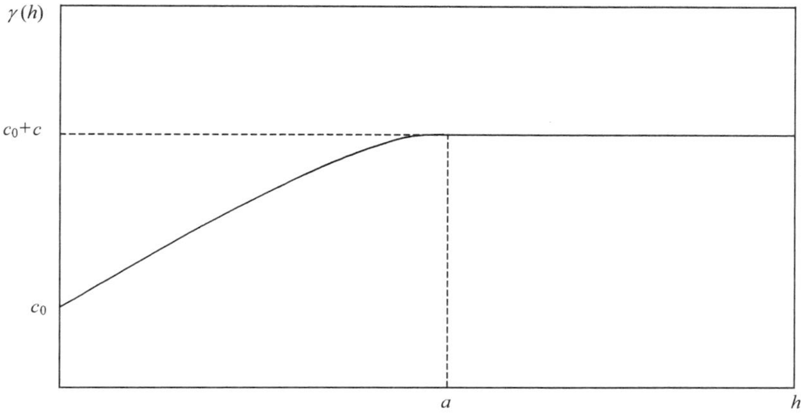

图 5.11　变异函数及有关参数

当变异函数 $\gamma(h)$ 随着间隔距离 h 的增大，从非零值达到一个相对稳定的常数时，该常数称为基台值 c_0+c，当间隔距离 $h=0$ 时，$\gamma(0)=c_0$，该值称为块金值或块金方差(Nugget Variance)。基台值是系统或系统属性中最大的变异，变异函数 $\gamma(h)$ 达到基台值时的间隔距离 a 称为变程。变程表示在 $h \geqslant a$ 以后，区域化变量 $Z(x)$空间相关性消失。块金值表示区域化变量在小于抽样尺度时非连续变异，由区域化变量的属性或测量误差决定。上述三个参数可从变异函数曲线图直接得到，或通过估计曲线回归参数得到。

第四个参数，即分维数用于表示变异函数的特性，由变异函数 $\gamma(h)$ 和间隔距离 h 之间的关系确定

$$2\gamma(h) = h^{(4-2D)}$$

分维数 D 为双对数直线回归方程中的斜率，它是一个无量纲数。分维数 D 的大小，表示变异函数曲线的曲率，可以作为随机变异的量度。但该随机分维数 D 与形状分维数有本质的不同。

5) 变异函数的理论模型

由区域化变量理论和变异函数的性质可知，实际上，理论变异函数模型是未知的，往往要从有效的空间取样数据中去估计，对各种不同的 h 值可以计算出一系列 $\gamma(h)$ 值。因此，需要用一个理论模型去拟合这一系列的 $\gamma(h)$ 值。到目前为止，地统计学将这些模型分为三大类：第一类是有基台值模型，包括球状模型、指数模型、高斯模型、线性有基台值模型和纯块金效应模型；第二类是无基台值模型，包括幂函数模型、线性无基台

值模型、抛物线模型；第三类是孔穴效应模型。下面有代表性地介绍几种常见的变异函数理论模型。

(1) 纯块金效应模型。其一般公式为

$$\gamma(h)=\begin{cases}0 & h=0\\ c_0 & h>0\end{cases} \tag{5.77}$$

式中：$c_0>0$，为先验方差。该模型相当于区域化变量为随机分布，样本点间的协方差函数对于所有距离 h 均等于 0，变量的空间相关不存在。

(2) 球状模型。其一般公式为

$$\gamma(h)=\begin{cases}0 & h=0\\ c_0+c\left(\dfrac{3h}{2a}-\dfrac{h^3}{2a^3}\right) & 0<h\leqslant a\\ c_0+c & h>a\end{cases} \tag{5.78}$$

式中：c_0 为块金(效应)常数，c 为拱高，c_0+c 为基台值，a 为变程。当 $c_0=0$，$c=1$ 时，称为标准球状模型。球状模型是地统计分析中应用最广泛的理论模型，许多区域化变量的理论模型都可以用该模型去拟合。

(3) 指数模型。其一般公式为

$$\gamma(h)=\begin{cases}0 & h=0\\ c_0+c\left(1-\mathrm{e}^{-\frac{h}{a}}\right) & h>0\end{cases} \tag{5.79}$$

式中：c_0 和 c 意义与前相同，但 a 不是变程。当 $h=3a$ 时，$1-\mathrm{e}^{-\frac{h}{a}}=1-\mathrm{e}^{-3}\approx 0.95\approx 1$，即 $\gamma(3a)\approx c_0+c$，从而指数模型的变程 a' 约为 $3a$。当 $c_0=0$，$c=1$ 时，称为标准指数模型。

(4) 高斯模型。其一般公式为

$$\gamma(h)=\begin{cases}0 & h=0\\ c_0+c\left(1-\mathrm{e}^{-\frac{h^2}{a^2}}\right) & h>0\end{cases} \tag{5.80}$$

式中：c_0 和 c 意义与前相同，a 也不是变程。当 $h=\sqrt{3}a$ 时，$1-\mathrm{e}^{-\frac{h^2}{a^2}}=1-\mathrm{e}^{-3}\approx 0.95\approx 1$，即 $\gamma(\sqrt{3}a)\approx c_0+c$，因此高斯模型的变程 a' 约为 $\sqrt{3}a$。当 $c_0=0, c=1$ 时，称为标准高斯函数模型。

(5) 幂函数模型。其一般公式为

$$\gamma(h)=Ah^{\theta},0<\theta<2 \tag{5.81}$$

式中：θ 为幂指数。当 θ 变化时，这种模型可以反映在原点附近的各种性状。但是 θ 必须小于 2，若 $\theta\geqslant 2$，则函数 $\gamma(-h)$ 就不再是一个条件非负定函数了，也就是说它已经不能成为变异函数了。

(6) 对数模型。其一般公式为

$$\gamma(h) = A\lg h \tag{5.82}$$

显然，当 $h \to 0, \lg h \to -\infty$，这与变异函数的性质 $\gamma(h) \geqslant 0$ 不符。因此，对数模型不能描述点支撑上的区域化变量的结构。

(7) 线性有基台值模型。其一般公式为

$$\gamma(h) = \begin{cases} c_0 & h = 0 \\ Ah & 0 < h \leqslant a \\ c_0 + c & h > a \end{cases} \tag{5.83}$$

该模型的变程为 a，基台值为 $c_0 + c$。

(8) 线性无基台值模型。其一般公式为

$$\gamma(h) = \begin{cases} c_0 & h = 0 \\ Ah & h > 0 \end{cases} \tag{5.84}$$

从式(5.84)可以看出，该模型没有基台值，也没有变程。

例如，某地区降水量是一个区域化变量，其变异函数 $\gamma(h)$ 的实测值及距离 h 的关系见表 5.24，下面我们试用回归分析方法建立其球状变异函数模型。

表 5.24　变异函数的观测值与距离数据

实测值 $\gamma(h)$	距离 h	实测值 $\gamma(h)$	距离 h
2.1	0.6	9.2	4.9
4.3	1.1	10.3	5.1
5.7	2.2	10.5	6.2
6.5	2.5	10.9	7.5
7.8	3.1	11.2	9.5
8.8	3.8	12.4	9.8

从上面的介绍和讨论，我们知道，球状变异函数的一般形式为

$$\gamma(h) = \begin{cases} 0 & h = 0 \\ c_0 + c\left(\dfrac{3h}{2a} - \dfrac{h^3}{2a^3}\right) & 0 < h \leqslant a \\ c_0 + c & h > a \end{cases}$$

当 $0 < h \leqslant a$ 时，有

$$\gamma(h) = c_0 + \left(\frac{3c}{2a}\right)h - \left(\frac{c}{2a^3}\right)h^3$$

如果记 $y=\gamma(h), b_0=c_0, b_1=\dfrac{3c}{2a}, b_2=-\dfrac{1}{2}\dfrac{c}{a^3}, x_1=h, x_2=h^3$ ，则可以得到线性模型

$$y=b_0+b_1x_1+b_2x_2 \tag{5.85}$$

根据表 5.24 中的数据，对式(5.85)进行最小二乘拟合，得到

$$y=2.048+1.731x_1-0.007\,92x_2 \tag{5.86}$$

进一步计算可知，式(5.86)的显著性检验参数 F=114.054，R^2=0.962，可见模型的拟合效果是很好的。

比较式(5.85)与式(5.86)，并做简单计算可知：c_0=2.048，c=9.850，a=8.535，所以，球状变异函数模型为

$$\gamma^*(h)=\begin{cases}0 & h=0\\ 2.048+9.850(\dfrac{3}{2}\times\dfrac{h}{8.535}-\dfrac{1}{2}\times\dfrac{h^3}{8.535^3}) & 0<h\leqslant 8.535\\ 11.898 & h>8.535\end{cases} \tag{5.87}$$

在实际问题分析中，变异函数模型的拟合计算，也可以借助于有关软件来完成。例如，7.0 以上版本的 GS$^+$(geostatistics for the environmental sciences)软件，就可以很好地帮助我们拟合各种变异函数模型。

4. *克里格插值方法*

克里格(Kriging)插值法，又称空间局部估计或空间局部插值法，是地统计学的主要内容之一。克里格法是建立在变异函数理论及结构分析基础之上的，它是在有限区域内对区域化变量的取值进行无偏最优估计的一种方法。南非矿产工程师 D.R. Krige 首先将该方法用于寻找金矿上，故法国著名统计学家 G. Matheron 在 1963 年将克里格的研究理论化和系统化时，就以 Krige 的名字命名了这种方法，即 Kriging。

克里格法适用的条件是，如果变异函数和相关分析的结果表明区域化变量存在空间相关性，则可以运用克里格法对空间未抽样点或未抽样区域进行估计。其实质是利用区域化变量的原始数据和变异函数的结构特点，对未采样点的区域化变量的取值进行线性无偏、最优估计。从数学上看，这是对空间分布的数据求线性最优无偏内插估计的一种方法。具体而言，克里格法是根据待估样本点(或块段)有限邻域内若干已测定的样本点数据，在考虑了样本点的形状、大小和空间相互位置关系，与待估样本点的相互空间位置关系，以及变异函数提供的结构信息之后，对待估样本点值进行的一种线性无偏最优估计。

克里格插值(Kriging Interpolation)，是根据变异函数模型而发展起来的一系列地统计的空间插值方法，包括普通克里格法(ordinary Kriging)、泛克里格法(universal Kriging)、指示克里格法(indicator Kriging)和析取克里格法(disjunctive Kriging)、协同克里格法(cokriging)等。由于篇幅所限，本书不可能详细地介绍每一种方法，下面仅对普通克里格

法做一些简单介绍。有感兴趣的读者，可以进一步参阅有关文献。

首先假设区域化变量 $Z(x)$ 满足二阶平稳假设和本征假设，其数学期望为 m，协方差函数 $c(h)$及变异函数 $\gamma(h)$ 存在。即

$$E[Z(x)] = m$$

$$c(h) = E[Z(x)Z(x+h)] - m^2$$

$$\gamma(h) = \frac{1}{2}E[Z(x) - Z(x+h)]^2$$

假设在待估计点(x)的临域内共有 n 个实测点，即 x_1，x_2，…，x_n，其样本值为 $Z(x_i)$。那么，普通克里格法的插值公式为

$$Z^*(x) = \sum_{i=1}^{n} \lambda_i Z(x_i) \tag{5.88}$$

式中：λ_i 为权重系数，表示各空间样本点 x_i 处的观测值 $Z(x_i)$ 对估计值 $Z^*(x)$ 的贡献程度。

可见，克里格插值的关键就是计算权重系数 λ_i。显然，权重系数的求取必须满足两个条件，一是使 $Z^*(x)$ 的估计是无偏的，即偏差的数学期望为零；二是最优的，即使估计值 $Z^*(x)$ 和实际值 $Z(x)$ 之差的平方和最小。为此，需要满足以下两个条件：

(1) 无偏性。要使 $Z^*(x)$ 成为 $Z(x)$ 的无偏估计量，即 $E[Z^*(x)] = E[Z(x)]$。当 $E[Z^*(x)] = m$ 时，也就是当 $E[\sum_{i=1}^{n} \lambda_i Z(x_i)] = \sum_{i=1}^{n} \lambda_i E[Z(x_i)] = m$ 时，则有

$$\sum_{i=1}^{n} \lambda_i = 1 \tag{5.89}$$

这时，$Z^*(x)$ 为是 $Z(x)$ 的无偏估计量。

(2) 最优性。在满足无偏性条件下，估计方差为

$$\sigma_E^2 = E[Z(x) - Z^*(x)]^2 = E[Z(x) - \sum_{i=1}^{n} \lambda_i Z(x_i)]^2$$

使用协方差函数表达，它可以进一步写为

$$\sigma_E^2 = c(x,x) + \sum_{i=1}^{n}\sum_{j=1}^{n} \lambda_i \lambda_j c(x_i, x_j) - 2\sum_{i=1}^{n} \lambda_i c(x_i, x) \tag{5.90}$$

为使估计方差 σ_E^2 最小，根据拉格朗日乘数原理，令

$$F = \sigma_E^2 - 2\mu(\sum_{i=1}^{n} \lambda_i - 1) \tag{5.91}$$

求 F 对 λ_i 和 μ 的偏导数，并令其为 0，得克里格方程组

$$\begin{cases} \dfrac{\partial F}{\partial \lambda_i} = 2\sum_{j=1}^{n} \lambda_j c(x_i, x_j) - 2c(x_i, x) - 2\mu = 0 \\ \dfrac{\partial F}{\partial \mu} = -2(\sum_{i=1}^{n} \lambda_i - 1) = 0 \end{cases} \tag{5.92}$$

整理后得

$$\begin{cases} \sum_{j=1}^{n} \lambda_j c(x_i, x_j) - \mu = c(x_i, x) \\ \sum_{i=1}^{n} \lambda_i = 1 \end{cases} \tag{5.93}$$

解线性方程组(5.93)，求出权重系数 λ_i 和拉格朗日乘数 μ，代入公式(5.90)，经过后可得克里格估计方差 σ_{E}^2，即

$$\sigma_{\mathrm{E}}^2 = c(x, x) - \sum_{i=1}^{n} \lambda_i c(x_i, x) + \mu \tag{5.94}$$

在变异函数存在的条件下，根据协方差与变异函数的关系：$c(h) = c(0) - \gamma(h)$ 或 $\gamma(h) = c(0) - c(h)$，也可以用变异函数表示普通克里格方程组和克里格估计方差，即

$$\begin{cases} \sum_{j=1}^{n} \lambda_j \gamma(x_i, x_j) + \mu = \gamma(x_i, x) \\ \sum_{i=1}^{n} \lambda_i = 1 \end{cases} \tag{5.95}$$

$$\sigma_K^2 = \sum_{i=1}^{n} \lambda_i \gamma(x_i, x) - \gamma(x, x) + \mu \tag{5.96}$$

上述过程也可用矩阵形式表示，令

$$\boldsymbol{K} = \begin{bmatrix} c_{11} & c_{12} & \cdots & c_{1n} & 1 \\ c_{21} & c_{22} & \cdots & c_{2n} & 1 \\ \vdots & \vdots & & \vdots & \vdots \\ c_{n1} & c_{n2} & \cdots & c_{nn} & 1 \\ 1 & 1 & \cdots & 1 & 0 \end{bmatrix}, \quad \boldsymbol{\lambda} = \begin{bmatrix} \lambda_1 \\ \lambda_2 \\ \vdots \\ \lambda_n \\ -\mu \end{bmatrix}, \quad \boldsymbol{D} = \begin{bmatrix} c(x_1, x) \\ c(x_2, x) \\ \vdots \\ c(x_n, x) \\ 1 \end{bmatrix}$$

则普通克里格方程组为

$$\boldsymbol{K\lambda} = \boldsymbol{D} \tag{5.97}$$

解方程组(5.97)，可得

$$\lambda = \boldsymbol{K}^{-1}\boldsymbol{D} \tag{5.98}$$

其估计方差为

$$\sigma_K^2 = c(x,x) - \boldsymbol{\lambda}^{\mathrm{T}}\boldsymbol{D} \tag{5.99}$$

也可以将克里格方程组和估计方差，用变异函数写成上述矩阵形式。令

$$\boldsymbol{K} = \begin{bmatrix} \gamma_{11} & \gamma_{12} & \cdots & \gamma_{1n} & 1 \\ \gamma_{21} & \gamma_{22} & \cdots & \gamma_{2n} & 1 \\ \vdots & \vdots & & \vdots & \vdots \\ \gamma_{n1} & \gamma_{n2} & \cdots & \gamma_{nn} & 1 \\ 1 & 1 & \cdots & 1 & 0 \end{bmatrix}, \lambda = \begin{bmatrix} \lambda_1 \\ \lambda_2 \\ \vdots \\ \lambda_n \\ \mu \end{bmatrix}, \boldsymbol{D} = \begin{bmatrix} \gamma(x_1,x) \\ \gamma(x_2,x) \\ \vdots \\ \gamma(x_n,x) \\ 1 \end{bmatrix}$$

$$\boldsymbol{K}\lambda = \boldsymbol{D} \tag{5.100}$$

$$\lambda = \boldsymbol{K}^{-1}\boldsymbol{D} \tag{5.101}$$

$$\sigma_K^2 = \lambda^{\mathrm{T}}\boldsymbol{D} - \gamma(x,x) \tag{5.102}$$

在以上的介绍中，区域化变量 $Z(x)$ 的数学期望 $E[Z(x)] = m$ 可以是已知或未知的。如果 m 是已知常数，称为简单克里格法；如果 m 是未知常数，称为普通克里格法。不管是哪一种方法，均可根据方法计算权重系数和克里格估计量。

以图 5.9 为例，四个观测点 x_1、x_2、x_3、x_4 的观测值分别为 $Z(x_1)$=37、$Z(x_2)$=42、$Z(x_3)$=36、$Z(x_4)$=35，如果假设降水量的变异函数是各向同性(即变异函数在各个方向是的变化都相同)的二维球状模型，其具体形式为式(5.87)。现在，我们用普通克里格法估计观测点 x_0 的降水量值 $Z(x_0)$。

根据普通克里格法的基本原理，我们知道，$Z(x_0)$估计的基本公式应该是

$$Z^*(x_0) = \sum_{i=1}^{n} \lambda_i Z(x_i),\ i = 1,2,3,4$$

根据式(5.98)，可知

$$\begin{bmatrix} \lambda_1 \\ \lambda_2 \\ \lambda_3 \\ \lambda_4 \\ -\mu \end{bmatrix} = \begin{bmatrix} c_{11} & c_{12} & c_{13} & c_{14} & 1 \\ c_{21} & c_{22} & c_{23} & c_{24} & 1 \\ c_{31} & c_{32} & c_{33} & c_{34} & 1 \\ c_{41} & c_{42} & c_{43} & c_{44} & 1 \\ 1 & 1 & 1 & 1 & 0 \end{bmatrix}^{-1} \begin{bmatrix} c_{01} \\ c_{02} \\ c_{03} \\ c_{04} \\ 1 \end{bmatrix} \tag{5.103}$$

根据协方差与变异函数的关系以及式(5.87)，可得协方差函数

$$c^*(h)=\begin{cases}0 & h>8.535\\ 9.850[1-(\frac{3}{2}\times\frac{h}{8.535}-\frac{1}{2}\times\frac{h^3}{8.535^3})] & 0<h\leqslant 8.535\\ 11.898 & h=0\end{cases}$$

当 $i=j$ 时，$c_{11}=c_{22}=c_{33}=c_{44}=c(0)=c_0+c=2.048+9.850=11.898$

根据克里格矩阵的对称性，当 $i\neq j$ 时，$c_{ij}=c(|x_i-x_j|)=11.898-\gamma|x_i-x_j|$，由此计算可得

$$\begin{aligned}c_{12}=c_{21}=c_{04}&=11.898-\gamma\sqrt{1^2+1^2}=11.898-\gamma(\sqrt{2})\\&=11.898-[2.048+9.850(\frac{3}{2}\frac{\sqrt{2}}{8.535}-\frac{1}{2}\frac{(\sqrt{2})^3}{8.535^3})]=7.424\end{aligned}$$

$$c_{13}=c_{31}=11.898-\gamma\sqrt{3^2+1^2}=4.626$$

$$c_{14}=c_{41}=c_{02}=11.898-\gamma\sqrt{2^2+1^2}=6.068$$

$$c_{23}=c_{32}=11.898-\gamma\sqrt{2^2+2^2}=5.133$$

$$c_{34}=c_{43}=11.898-\gamma\sqrt{4^2+1^2}=3.268$$

$$c_{24}=c_{42}=11.898-\gamma\sqrt{3^2+2^2}=3.980$$

$$c_{01}=11.898-\gamma\sqrt{1^2}=8.127$$

$$c_{03}=11.898-\gamma\sqrt{3^2}=4.871$$

将以上计算结果代入克里格方程组(5.103)，得

$$\begin{bmatrix}\lambda_1\\\lambda_2\\\lambda_3\\\lambda_4\\-\mu\end{bmatrix}=\begin{bmatrix}11.898 & 7.424 & 4.626 & 6.068 & 1\\7.424 & 11.898 & 5.133 & 3.980 & 1\\4.626 & 5.133 & 11.898 & 3.268 & 1\\6.068 & 3.980 & 3.268 & 11.898 & 1\\1 & 1 & 1 & 1 & 0\end{bmatrix}\begin{bmatrix}8.127\\6.068\\4.871\\7.424\\1\end{bmatrix}=\begin{bmatrix}0.402\\0.100\\0.128\\0.370\\-0.235\end{bmatrix}$$

即克里格权重系数分别为：λ_1=0.402，λ_2=0.100，λ_3=0.128，λ_4=0.370，μ=−0.235，所以 x_0 点的降水量的克里格估计值为

$$\begin{aligned}Z^*(x_0)&=0.402Z(x_1)+0.100Z(x_2)+0.128Z(x_3)+0.370Z(x_4)\\&=0.402\times37+0.100\times42+0.128\times36+0.370\times35=36.63\ \text{(mm)}\end{aligned}$$

克里格估计方差为

$$\begin{aligned}\sigma_K^2&=c(x_0,x_0)-\sum_{i=1}^{4}\lambda_i c(x_i,x_0)+\mu\\&=11.898-(0.402\times8.127+0.100\times6.068+0.128\times4.871+0.370\times7.424)+0.235\\&=4.8888\end{aligned}$$

在实际问题分析中，克里格插值计算量往往较大，需要借助于有关软件来完成。目前，在 ARCGIS8.0 以上版本中的 Geostatistical analyst 模块中，借助于 Geostatistical wizard 向导，不但可以完成普通克里格法的插值计算，还可以实现泛克里格、指示克里格、析取克里格、协同克里格等方法的插值计算过程。

5.3.2 应用实例

年降水量和蒸发量，既服从地带性规律，同时又受随机性因素的影响，因此它们是典型的区域化变量。我们以甘肃省 53 个气象台站多年平均降水量和蒸发量数据(表 5.5)为实测值，拟合了年降水量和蒸发量的半变异函数理论模型，并采用普通克里格法和双变量协同克里格法，做了空间插值计算，结论如下。

1. 半变异函数

半变异函数模型，是克里格空间插值的前提条件，同时它也决定着空间插值的精度。一般情况下，半变异函数模型是根据半变异函数云图的分布，选择合适的理论模型，按照估计方差最小的原则，运用最小二乘法求得。图 5.12 和图 5.13 分别给出了年降水量和年蒸发量的半变异函数云图。

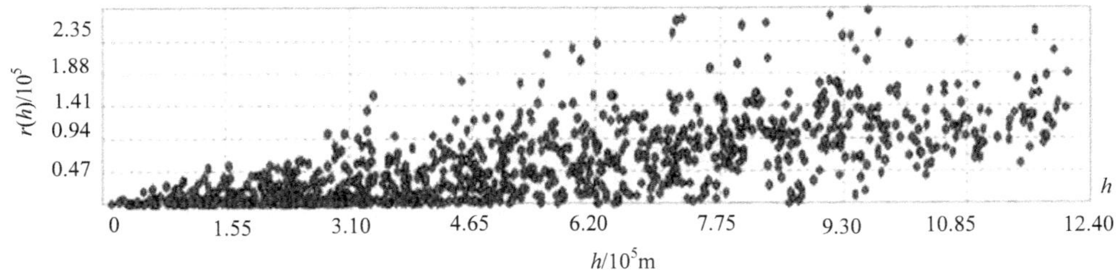

图 5.12　年降水量的半变异函数云图

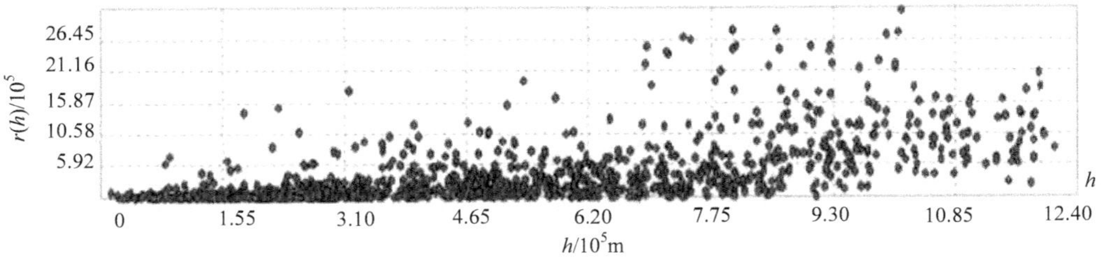

图 5.13　年蒸发量的半变异函数云图

从图 5.12 和图 5.13 可以看出，年降水量和年蒸发量的块金效应都不明显，这是因为样本点是各个气象站点的实测值，空间分辨率可以忽略不计，另外实验误差和人为性误差基本上都很小。

我们选择各种不同的半变异函数理论模型，经过多次拟合计算和对比分析，发现指数模型比较好地描述了年降水量的空间变异规律。其变异函数的具体形式如下

$$\gamma(h)=\begin{cases}0 & h=0\\ 100+211\,100(1-\mathrm{e}^{-\frac{h}{536.67}}) & h>0\end{cases} \tag{5.104}$$

式(5.104)拟合的适度系数为 $R^2=0.950$。

我们选择各种不同的半变异函数理论模型，经过多次拟合计算和对比分析，发现球状模型比较好地描述了年蒸发量的空间变异规律。其变异函数的具体形式如下

$$\gamma(h)=\begin{cases}0 & h=0\\ 1000+1\,012\,000\times(\dfrac{3h}{2\times1993}-\dfrac{h^3}{2\times1993^3}) & 0<h\leqslant1993\\ 1000+1\,012\,000 & h>1993\end{cases} \tag{5.105}$$

式(5.105)拟合的适度系数为 $R^2=0.856$。

2. 空间插值结果

基于半变异函数的理论模型式(5.104)和式(5.105)，对甘肃省范围内的年降水量和蒸发量，用普通克里格法进行空间插值计算，得到的结果分别如图 5.14 和图 5.15。

3. 结果讨论

从图 5.14 可以看出，在甘肃省范围内，年降水量的空间分布格局总体上是东南多西北少，并且呈现从东南方向到西北方向逐渐过渡，梯度变化明显；山地多，平地少，南

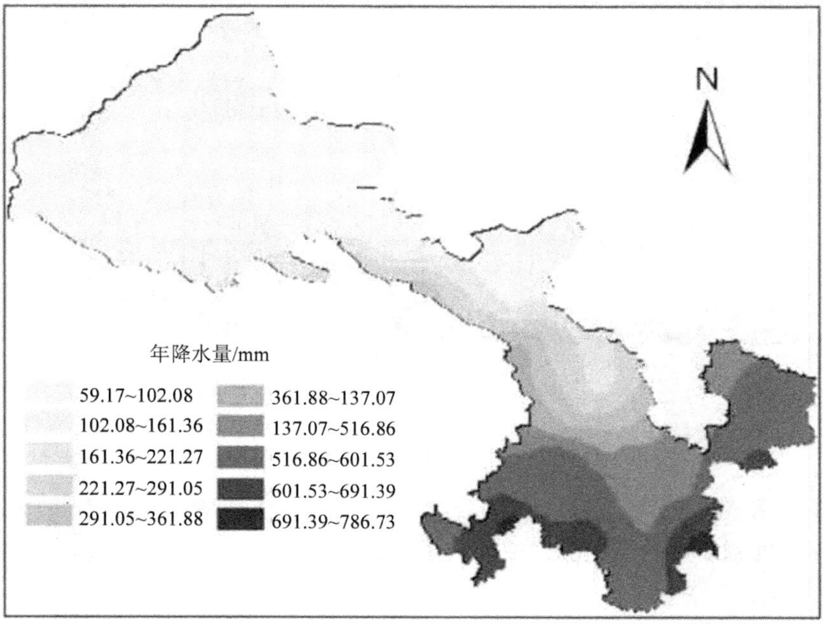

图 5.14　甘肃省年降水量的普通克里格空间插值结果

北方向从南部的祁连山脉向北部的沙漠戈壁逐渐减少。年降水量的空间变程很大，最多的东南部是最少的西北部的近 10 倍，其中，甘南东南部玛曲和碌曲、陇南东南部以及平凉灵台东南地区，年降水量达到 691.59~786.75mm。400mm 等降水线靠近兰州附近，而到了西北端，几乎整个酒泉市、嘉峪关市和张掖市的西北部，年降水量只有 59.17~102.08mm。

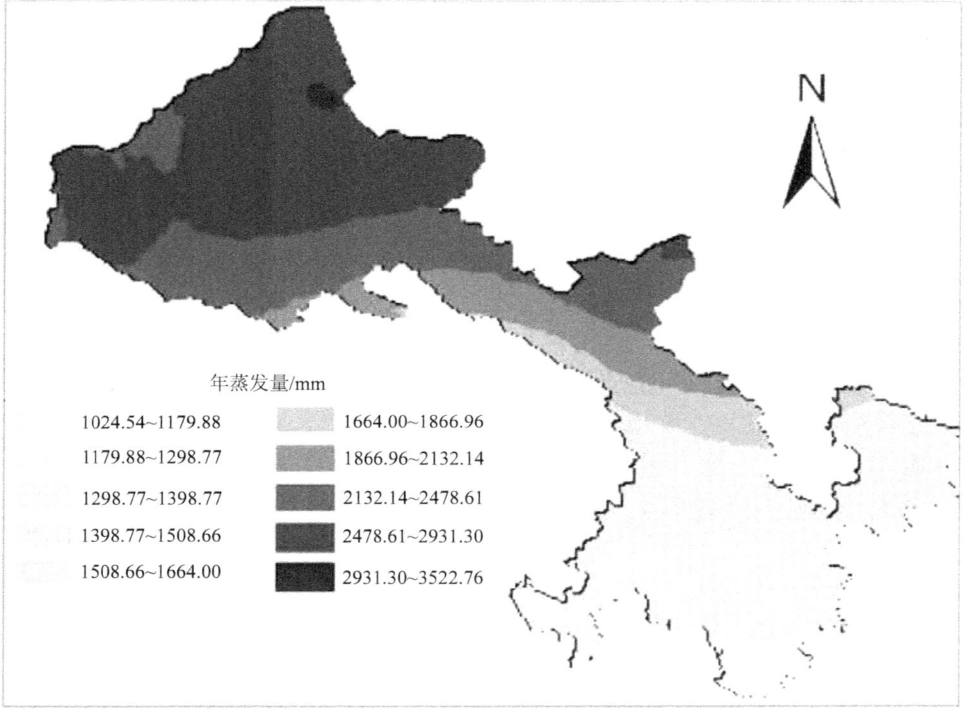

图 5.15　甘肃省年降水量的普通克里格空间插值结果

从图 5.15 可以看出，年蒸发量的空间格局，恰好与年降水量的空间格局相反：西北多、东南少，呈现出由西北向东南逐渐减少的变化趋势，梯度变化明显。年蒸发量的空间变程虽然小于年降水量，但仍然较大，在西北端的酒泉大部分地区以及民勤北部的腾格里沙漠地区，年蒸发量可以达到 2931.30~3522.76mm，而在甘南玛曲的部分地区，只有 1024.54~1179.88mm。兰州正好处于我国干旱和半干旱区的过渡地带，年蒸发量大致有 1389.77~1508.66mm。

上述克里格插值计算过程，可以借助于 ARCGIS8.0 以上版本中的 Geostatistical analyst 模块，在 Geostatistical wizard 向导下实现。

5.4　模糊数学建模法

模糊数学方法，是一种研究和处理模糊现象的新型数学方法。这一方法，是由美国自动控制专家查德(Zadeh, 1965)首次提出来的。40 多年来，模糊数学方法在自然科学和社会科学研究的各个领域得到了广泛应用(何平，1986；杨崇瑞，1994；Zimmermann, 1996；李士勇，2005；梁保松，2008)。

在地理学中，模糊现象和模糊概念是大量存在的。对于地理区划，地理模式识别，资源、环境及生态评价，区域发展规划与决策等许多问题的研究(顾恒岳等，1983，1984；李锋瑞等，1990；徐建华，1991；徐建华等，1991；Xu, et al., 1992；白永平，2000；石培基等，2000；徐建华等，1991，2001)，都必然涉及模糊现象、模糊概念与模糊逻辑问题。对于这类问题的进行建模研究，模糊数学方法是必不可少的重要工具。

5.4.1 模糊数学基本知识

1. 模糊子集及其运算

在经典集合论中，一个元素对于一个集合，要么属于，要么不属于，二者必居其一，绝不允许模棱两可。这一要求从根本上限定了以经典集合论为基础的常规数学方法的应用范围，它只能用来研究那些具有绝对明确的界限的事物和现象。但是，在现实世界中，并非所有事物和现象都具有明确的界限。例如，“高与低”，“富与贫”，“好与坏”，“美与丑”，等等，这样一些概念之间就没有绝对分明的界限。严格说来，这些概念没有绝对的外延，这些概念被称之为模糊概念，它们不能用一般集合论来描述，而需要用模糊集合论去描述。

1) 模糊子集及其表示方法

A. 模糊子集

(1) 隶属函数：在经典集合论中，一个元素 x 和一个集合 A 之间的关系只能有 $x \in A$ 或者 $x \notin A$ 这两种情况。元素与集合之间的关系可以通过特征函数刻画，每一个集合 A 都有一个特征函数 $C_A(x)$，其定义为

$$C_A(x)=\begin{cases}1 & x \in A \\ 0 & x \notin A\end{cases} \tag{5.106}$$

式中所表示的特征函数的图形，如图 5.16 所示。由于经典集合论的特征函数只允许取 0 或 1 两个值，故与二值逻辑{0,1}相对应。

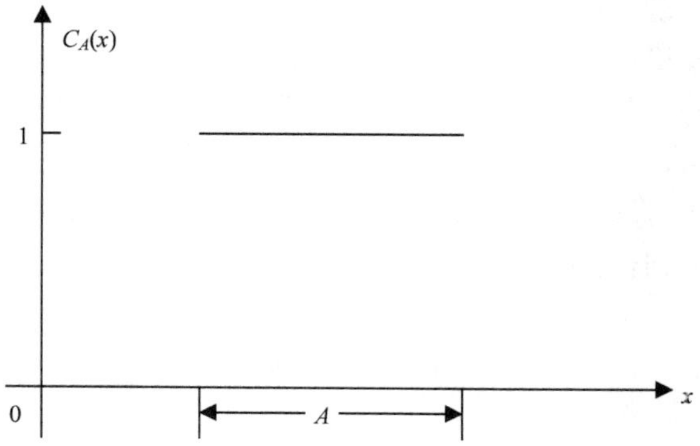

图 5.16 集合 A 的特征函数 $C_A(x)$

模糊数学是将二值逻辑$\{0,1\}$拓广到可取$[0,1]$闭区间上任意的无穷多个值的连续值逻辑。因此，也必须把特征函数作适当的拓广，这就是隶属函数$\mu(x)$，它满足

$$0 \leqslant \mu(x) \leqslant 1 \tag{5.107}$$

式(5.107)也可以记作$\mu(x) \in [0,1]$，其图形如图 5. 17 所示。

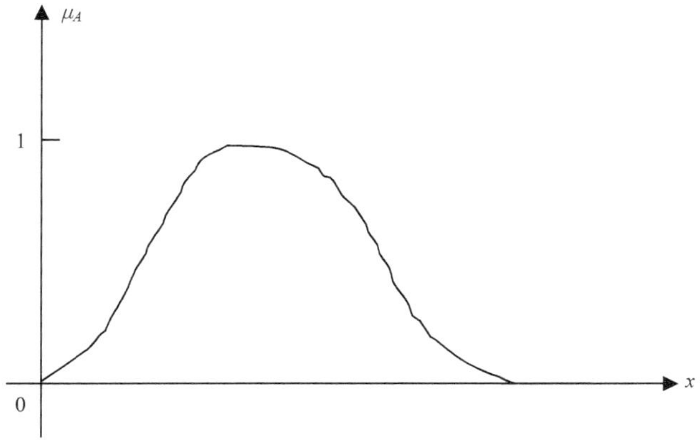

图 5.17　隶属函数$\mu(x)$

(2) 模糊子集的定义：1965 年，查德首次给出了模糊子集的定义：设U是一个给定的论域(即讨论对象的全体范围)，$\mu_A : x \to [0,1]$是U到$[0,1]$闭区间上的一个映射，如果对于任何$x \in U$，都有唯一的$\mu_A(x) \in [0,1]$与之对应，则该映射便给定了论域U上的一个模糊子集$\tilde{A}$，μ_A称作$\tilde{A}$的隶属函数，$\mu_A(x)$称作x对$\tilde{A}$的隶属度。

B. 模糊子集的表示方法

通过以上关于模糊子集的定义可以看出，一个模糊子集完全由其隶属函数所刻画。因此，模糊子集通常有以下几种表示方法：

(1) 如果论域U是有限集时，可以用向量来表示模糊子集$\tilde{A}$。一般地，若论域为$U = \{x_1, x_2, \cdots, x_n\}$，则模糊子集$\tilde{A}$可表示为

$$\tilde{A} = [\mu_1, \mu_2, \cdots, \mu_n] \tag{5.108}$$

式中：$\mu_i \in [0,1] (i = 1, 2, \cdots, n)$为第$i$个元素$x_i$对$\tilde{A}$的隶属度。

(2) 查德表示方法：如果论域U是有限集时，采用查德记号可以将模糊子集$\tilde{A}$表示为

$$\tilde{A} = \frac{u_1}{x_1} + \frac{u_2}{x_2} + \cdots + \frac{u_n}{x_n} = \sum_{i=1}^{n} \frac{u_i}{x_i} \tag{5.109}$$

需要说明的是，式(5.109)中，绝对不是分式求和，而只是一个记号而已，其“分母”表示论域U中的元素，“分子”是相应元素的隶属度，当隶属度为 0 时，那一项可以

不写入。

如果论域U是无限集时，采用查德记号可以将模糊子集$\tilde{A}$表示为

$$\tilde{A}=\int_{x\in U}\mu_A(x)/x \tag{5.110}$$

式中："积分号"不是普通的积分，也不代表求和，而是表示各个元素与其隶属度对应关系的一个总括。

另外，如果给出了论域U上的模糊子集$\tilde{A}$的隶属函数的解析表达式，则也就表示出了模糊子集$\tilde{A}$。

2) 模糊子集的运算及其性质

A. 模糊子集的运算

论域U上两个模糊子集$\tilde{A}$和$\tilde{B}$之间的相等、包含关系，以及并、交、补运算，分别定义如下：

(1) $\tilde{A}=\tilde{B}\Leftrightarrow\mu_A(x)=\mu_B(x)\quad\forall x\in U$；

(2) $\tilde{A}=\Phi\Leftrightarrow\mu_A(x)=0\quad\forall x\in U$；

(3) $\tilde{A}\subseteq\tilde{B}\Leftrightarrow\mu_A(x)\leqslant\mu_B(x)\quad\forall x\in U$；

(4) $\overline{\tilde{A}}\Leftrightarrow\mu_{\overline{A}}(x)=1-\mu_A(x)\quad\forall x\in U$；

(5) $\tilde{A}\cup\tilde{B}\Leftrightarrow\mu_{A\cup B}(x)=\max\{\mu_A(x),\mu_B(x)\}=\mu_A(x)\vee\mu_B(x)\quad\forall x\in U$；

(6) $\tilde{A}\cap\tilde{B}\Leftrightarrow\mu_{A\cap B}(x)=\min\{\mu_A(x),\mu_B(x)\}=\mu_A(x)\wedge\mu_B(x)\quad\forall x\in U$。

以上记号"$\vee$"和"$\wedge$"是逻辑运算符号，简称为算子，"$\vee$"表示取最大值，"$\wedge$"表示取最小值。

B. 模糊子集运算的基本性质

模糊子集的运算，具有如下几个基本性质。

(1) 幂等律：$\tilde{A}\cup\tilde{A}=\tilde{A}$，$\tilde{A}\cap\tilde{A}=\tilde{A}$；

(2) 交换律：$\tilde{A}\cup\tilde{B}=\tilde{B}\cup\tilde{A}$，$\tilde{A}\cap\tilde{B}=\tilde{B}\cap\tilde{A}$；

(3) 结合律：$(\tilde{A}\cup\tilde{B})\cup\tilde{C}=\tilde{A}\cup(\tilde{B}\cup\tilde{C})$，$(\tilde{A}\cap\tilde{B})\cap\tilde{C}=\tilde{A}\cap(\tilde{B}\cap\tilde{C})$；

(4) 吸收律：$\tilde{A}\cup(\tilde{A}\cap\tilde{B})=\tilde{A}$，$\tilde{A}\cap(\tilde{A}\cup\tilde{B})=\tilde{A}$；

(5) 分配律：$\tilde{A}\cup(\tilde{B}\cap\tilde{C})=(\tilde{A}\cup\tilde{B})\cap(\tilde{A}\cup\tilde{C})$，$\tilde{A}\cap(\tilde{B}\cup\tilde{C})=(\tilde{A}\cap\tilde{B})\cup(\tilde{A}\cap\tilde{C})$；

(6) 对合律：$\overline{\overline{\tilde{A}}}=\tilde{A}$；

(7) De Morgan 法则：$\overline{\tilde{A}\cup\tilde{B}}=\overline{\tilde{A}}\cap\overline{\tilde{B}}$，$\overline{\tilde{A}\cap\tilde{B}}=\overline{\tilde{A}}\cup\overline{\tilde{B}}$；

(8) 常数运算法则：$\tilde{A}\cup U=U$，$\tilde{A}\cap U=\tilde{A}$。

农业气候适宜性问题，是一个非常典型的模糊问题。顾恒岳等(1983)运用模糊数学方法首次建立了农业气候适宜度模型，从而把这一问题的研究提升到一个新的理论高度。近 30 年来，顾–艾模型得到了十分广泛地应用(顾恒岳等，1984；徐建华等，1990，1991；石培基等，2000；燕群等，2008)，很好解决了农业气候适宜性评价问题，为我国农业生产布局提供了科学基础。

2. 模糊子集的 α -截集及其性质

1) 模糊子集的 α -截集

定义：设 $\tilde{A}$ 是论域 U 上的一个模糊子集，其隶属函数为 μ_A， x 对 $\tilde{A}$ 的隶属度为 $\mu_A(x)$。对于任一数 $\alpha \in [0,1]$，称集合

$$\tilde{A}_\alpha = \{x \mid \mu_A(x) > \alpha,\quad x \in U\} \tag{5.111}$$

为 $\tilde{A}$ 的强 α -截集；称集合

$$\tilde{A}_{\overline{\alpha}} = \{x \mid \mu_A(x) \geqslant \alpha,\quad x \in U\} \tag{5.112}$$

为 $\tilde{A}$ 的弱 α -截集。

有时也将强 α -截集与弱 α -截集统称为 α -截集。

2) 模糊子集的 α -截集的性质

模糊子集的 α -截集，具有下述几个基本性质：

(1) 若 $\alpha \leqslant \beta$，则 $\tilde{A}_\beta \subseteq \tilde{A}_\alpha$， $\tilde{A}_{\overline{\beta}} \subseteq \tilde{A}_{\overline{\alpha}}$ ；

(2) 对于任意 $\alpha \in [0,1]$，都有：

$$\tilde{A}_\alpha \subseteq \tilde{A}_{\overline{\alpha}}$$

(3) 对于任意 $\alpha \in [0,1]$，都有：

$$(\tilde{A} \cup \tilde{B})_\alpha = \tilde{A}_\alpha \cup \tilde{B}_\alpha,\quad (\tilde{A} \cup \tilde{B})_{\overline{\alpha}} = \tilde{A}_{\overline{\alpha}} \cup \tilde{B}_{\overline{\alpha}}$$

(4) 对于任意 $\alpha \in [0,1]$，都有：

$$(\tilde{A} \cap \tilde{B})_\alpha = \tilde{A}_\alpha \cap \tilde{B}_\alpha,\quad (\tilde{A} \cap \tilde{B})_{\overline{\alpha}} = \tilde{A}_{\overline{\alpha}} \cap \tilde{B}_{\overline{\alpha}}$$

(5) $\bigcup\limits_{\alpha<\beta} \tilde{A}_\beta = \tilde{A}_\alpha$， $\bigcap\limits_{\alpha>\beta} \tilde{A}_\beta = \tilde{A}_{\overline{\alpha}}$ ；

(6) $\bigcap\limits_{\alpha>\beta} \tilde{A}_\beta = \tilde{A}_{\overline{\alpha}}$， $\bigcup\limits_{\alpha<\beta} \tilde{A}_{\overline{\beta}} = \tilde{A}_\alpha$ ；

(7) $\tilde{A} = \bigcup\limits_{\alpha \in [0,1]} \alpha \cdot \tilde{A}_\alpha$。　(5.113)

式中： $\alpha \cdot \tilde{A}_\alpha$ 为模糊子集，其隶属函数为

$$\mu_{\alpha \cdot A_\alpha}(x) = \begin{cases} \alpha & x \in \tilde{A}_\alpha \\ 0 & x \notin \tilde{A}_\alpha \end{cases}$$

3. 模糊关系与模糊变换

1) 模糊关系

A.　模糊关系的概念

模糊关系，是一般关系的推广，其定义为：设 U 和 V 是两个普通集合，则 U 与 V 的

直积

$$U \times V = \{(x,y) | x \in U, y \in V\}$$

上的一个模糊子集 $\tilde{R}$ 便称为 U 到 V 上的一个模糊关系。若 $(x,y) \in U \times V$，则称 $\mu_R(x,y)$ 为 x 与 y 具有关系 $\tilde{R}$ 的程度。一般地，也可以记为 $\tilde{R}(x,y)$。特别地，当 $U = V$ 时，则称 $\tilde{R}$ 为 U 中的模糊关系。

当 U 和 V 为有限集合时，模糊关系 $\tilde{R}$ 可以用矩阵表示为

$$\tilde{\boldsymbol{R}} = (r_{ij})_{m \times n} = \begin{pmatrix} r_{11} & r_{12} & \cdots & r_{1n} \\ r_{21} & r_{22} & \cdots & r_{2n} \\ \vdots & \vdots & & \vdots \\ r_{m1} & r_{m2} & \cdots & r_{mn} \end{pmatrix} \tag{5.114}$$

式中：$r_{ij} = \mu_R(x_i, y_j)$，$r_{ij} \in [0,1]$，$i = 1,2,\cdots,m$；$j = 1,2,\cdots,n$；m 为 U 中所含元素的个数，n 为 V 中所含元素的个数。式(5.114)所示的矩阵称为模糊关系矩阵，简称模糊矩阵。在不引起混淆的情况下，也可以将模糊关系 $\tilde{\boldsymbol{R}}$ 用 $\boldsymbol{R}$ 表示。

因为模糊关系就是集合 U 与 V 的直积 $U \times V$ 上的模糊子集，所以它的相等、包含、并、交、补等运算与模糊子集的概念和运算性质完全相同，这里不再作重复。下面介绍中几个重要的特殊关系。

(1) 恒等关系 I：

$$I \Leftrightarrow \mu_I(x,y) = \begin{cases} 1 & x = y \\ 0 & x \neq y \end{cases} \qquad \forall x, y \in U$$

(2) 零关系 0：

$$0 \Leftrightarrow \mu_0(x,y) = 0 \qquad \forall x, y \in U$$

(3) 全称关系 E：

$$E \Leftrightarrow \mu_E(x,y) = 1 \qquad \forall x, y \in U$$

(4) 转置关系或逆关系 $\boldsymbol{R}^{\mathrm{T}}$：

$$\boldsymbol{R}^{\mathrm{T}} \Leftrightarrow \mu_{\boldsymbol{R}^{\mathrm{T}}}(x,y) = \mu_R(y,x) \qquad \forall x, y \in U$$

B. 模糊关系的合成及其性质

定义：设 U、V、W 是三个集合，R_1 是 U 到 V 上的模糊关系，R_2 是 V 到 W 上的模糊关系，则称 $R_1 \circ R_2$ 为关系 R_1 与 R_2 的合成，且规定它为 U 到 W 上的模糊关系，其隶属函数为

$$\mu_{R_1 \circ R_2}(x,z) = \vee[\mu_{R_1}(x,y) \wedge \mu_{R_2}(y,z)]$$

模糊关系的合成，具有如下基本性质：

(1) 结合律：$(R_1 \circ R_2) \circ R_3 = R_1 \circ (R_2 \circ R_3)$；

(2) $I \circ R = R \circ I = R$；

(3) $0 \circ R = R \circ 0 = 0$；

(4) 若 $R_1 \subseteq R_2$，则有

$$R \circ R_1 \subseteq R \circ R_2 , \quad R_1 \circ R \subseteq R_2 \circ R$$

(5) $(R_1 \circ R_2)^{\mathrm{T}} \subseteq R_2^{\mathrm{T}} \circ R_1^{\mathrm{T}}$；

(6) $R \circ (R_1 \cup R_2) = R \circ R_1 \cup R \circ R_2$，$(R_1 \cup R_2) \circ R = (R_1 \circ R) \cup (R_2 \circ R)$；

(7) $R \circ (R_1 \cap R_2) = R \circ R_1 \cap R \circ R_2$，$(R_1 \cap R_2) \circ R = (R_1 \circ R) \cap (R_2 \circ R)$；

(8) $(R_1 \cup R_2)^{\mathrm{T}} = R_1^{\mathrm{T}} \cup R_2^{\mathrm{T}}$，$(R_1 \cap R_2)^{\mathrm{T}} = R_1^{\mathrm{T}} \cap R_2^{\mathrm{T}}$；

(9) $(R^{\mathrm{T}})^{\mathrm{T}} = R$

C. 模糊相似关系与模糊等价关系

定义：设 R 是 U 中的模糊关系，若它满足如下性质：

(1) 自反性：$\forall x \in U$，$\mu_R(x,x) = 1$；

(2) 对称性：$\forall x, y \in U$，$\mu_R(x,y) = \mu_R(y,x)$。

则称 R 为 U 中的模糊相似关系。

定义：设 R 是 U 中的模糊相似关系，若它满足传递性，即 $\forall x,y,z \in U$，$\vee[\mu_R(x,z) \wedge \mu_R(z,y)] \leqslant \mu_R(x,y)$，则称 R 为 U 中的模糊等价关系。

2) 模糊变换

定义：设 $\boldsymbol{R}$ 是一个给定的模糊矩阵

$$\boldsymbol{R} = (r_{ij})_{m \times n} = \begin{pmatrix} r_{11} & r_{12} & \cdots & r_{1n} \\ r_{21} & r_{22} & \cdots & r_{2n} \\ \vdots & \vdots & & \vdots \\ r_{m1} & r_{m2} & \cdots & r_{mn} \end{pmatrix}$$

$\tilde{\boldsymbol{A}}$ 是一个给定的模糊向量

$$\tilde{\boldsymbol{A}} = [a_1, a_2, \cdots, a_m]$$

则称 $\tilde{\boldsymbol{A}}$ 与 $\boldsymbol{R}$ 的合成运算

$$\tilde{\boldsymbol{B}} = [b_1, b_2, \cdots, b_n] = \tilde{\boldsymbol{A}} \circ \boldsymbol{R} = [\mathop{\vee}_{k=1}^{m}(a_k \wedge r_{k1}), \mathop{\vee}_{k=1}^{m}(a_k \wedge r_{k2}), \cdots, \mathop{\vee}_{k=1}^{m}(a_k \wedge r_{kn})] \tag{5.115}$$

是一个模糊变量。显然，式(5.115)中，$0 \leqslant b_j \leqslant 1 (j = 1, 2, \cdots, n)$。

5.4.2 模糊聚类方法

模糊聚类，是从模糊集的观点来探讨事物的数量分类的方法。模糊聚类方法常常被用于地理区划和地理分类研究。本节主要介绍基于模糊等价关系的模糊聚类方法。

基于模糊等价关系的模糊聚类方法的基本思想是：由于模糊等价关系 R^* 是论域集 U

与自己的直积$U \times U$上的一个模糊子集，因此可以对R^*进行分解，当用λ-水平对R^*作截集时，截得的$U \times U$的普通子集R_λ^*就是U上的一个普通等价关系，基于这种普通等价关系就得到了关于U的一种分类。当λ由1下降到0时，分类由细变粗，逐渐归并，从而形成一个动态聚类谱系图。下面结合实例说明基于模糊等价关系的模糊聚类过程。

1. 建立模糊等价关系

分类对象集U上的模糊等价关系R^*的建立是这种聚类分析方法中的一个关键性的环节。为了建立分类对象集合U上的模糊等价关系，通常需要首先计算测度各个分类对象之间相似性的统计量，由此建立分类对象集合U上的模糊相似关系R；然后通过R的“自乘”运算，把它改造为模糊等价关系R^*。

1) 建立模糊相似关系R

假设第i个分类对象的第k项指标为$x_{ik}(i=1,2,\cdots,m;k=1,2,\cdots,n)$，那么测度第$i$个与第$j$个分类对象之间相似性的统计量$r_{ij}$，可以采用如下几种方法计算：

数量积法

$$r_{ij}=\begin{cases}1 & i=j \\ \sum_{k=1}^{n} x_{ik}\, x_{jk} \big/ M & i \neq j\end{cases}, i,j=1,2,\cdots,m \tag{5.116}$$

式中：M为一个适当选择之正数，一般而言，它应满足

$$M > \max \sum_{\substack{k=1 \\ i \neq j}}^{n} x_{ik} x_{jk}$$

绝对值差数法：

$$r_{ij}=\begin{cases}1 & i=j \\ 1-c\sum_{k=1}^{n}\left|x_{ik}-x_{jk}\right| & i \neq j\end{cases}, i,j=1,2,\cdots,m \tag{5.117}$$

式中：c为适当选择之正数，使$0 \leqslant r_{ij} \leqslant 1(i \neq j)$。

最大最小值法：

$$r_{ij}=\frac{\sum_{k=1}^{n}\min(x_{ik},x_{jk})}{\sum_{k=1}^{n}\max(x_{ik},x_{jk})}, i,j=1,2,\cdots,m \tag{5.118}$$

算术平均最小法：

$$r_{ij}=\frac{\sum_{k=1}^{n}\min(x_{ik},x_{jk})}{\frac{1}{2}\sum_{k=1}^{n}(x_{ik}+x_{jk})},i,j=1,2,\cdots,m \tag{5.119}$$

绝对值指数：

$$r_{ij}=\mathrm{e}^{-\sum_{k=1}^{n}\left|x_{ik}-x_{jk}\right|},i,j=1,2,\cdots,m \tag{5.120}$$

指数相似系数：

$$r_{ij}=\frac{1}{n}\sum_{k=1}^{n}\mathrm{e}^{-\frac{3}{4}\frac{(x_{ik}-x_{jk})^2}{s_k^2}},i,j=1,2,\cdots,m \tag{5.121}$$

式中：s_k 为第 k 个指标的方差，即

$$s_k=\sqrt{\frac{1}{m}\sum_{i=1}^{m}(x_{ik}-\overline{x}_k)^2}\ ,\quad \overline{x}_k=\frac{1}{m}\sum_{i=1}^{n}x_{ik}$$

夹角余弦

$$r_{ij}=\cos\theta_{ij}=\frac{\sum_{k=1}^{n}x_{ik}x_{jk}}{\sqrt{\sum_{k=1}^{n}x_{ik}^2}\sqrt{\sum_{k=1}^{n}x_{jk}^2}},i,j=1,2,\cdots,m \tag{5.122}$$

相关系数：

$$r_{ij}=\frac{\sum_{k=1}^{n}(x_{ik}-\overline{x}_i)(x_{jk}-\overline{x}_j)}{\sqrt{\sum_{k=1}^{n}(x_{ik}-\overline{x}_i)^2}\sqrt{\sum_{k=1}^{n}(x_{jk}-\overline{x}_j)^2}},i,j=1,2,\cdots,m \tag{5.123}$$

式中：$\overline{x}_i$ 和 $\overline{x}_j$ 分别为第 i 和第 j 个分类对象的各个指标的平均值。

需要说明的是，为了消除量纲的影响，在计算 r_{ij} 之前，一般需要对描述各分类对象的各项指标进行标准化处理，其处理方法在 5.1.5 节中已经作了介绍，此处将不再赘述。

运用上述方法计算出 r_{ij} 以后，就可以建立如下的模糊相似关系

$$\boldsymbol{R}=(r_{ij})_{m\times m}=\begin{pmatrix} r_{11} & r_{12} & \cdots & r_{1m} \\ r_{21} & r_{22} & \cdots & r_{2m} \\ \vdots & \vdots & & \vdots \\ r_{m1} & r_{m2} & \cdots & r_{mm} \end{pmatrix} \tag{5.124}$$

2) 将模糊相似关系 $\boldsymbol{R}$ 改造为模糊等价关系 $\boldsymbol{R}^*$

模糊相似关系 $\boldsymbol{R}$ 一定满足自反性和对称性，但一般而言，它并不一定满足传递性，也就是说它并不一定是模糊等价关系。为了进行聚类分析，必须采用传递闭合的性质将模糊相似性关系 $\boldsymbol{R}$ 改造为模糊等价关系 $\boldsymbol{R}^*$。改造的办法是将 $\boldsymbol{R}$ 自乘，即

$$R^2 = R \circ R$$
$$R^4 = R^2 \circ R^2$$
$$\cdots\cdots$$

这样下去，必然会存在一个自然数 k，使得

$$R^{2k} = R^k \circ R^k = R^k \tag{5.125}$$

这时，$R^* = R^k$ 便是一个模糊等价关系了。

例如，对于某地区的 9 个农业经济区，通过数据标准化处理，然后用夹角余弦公式计算，得到如下模糊相似关系

$$\boldsymbol{R} = \begin{pmatrix} 1 & 0.88 & 0.49 & 0.88 & 0.30 & 0.24 & 0.20 & 0.93 & 0.77 \\ 0.88 & 1 & 0.38 & 0.94 & 0.06 & 0.05 & 0.01 & 0.95 & 0.93 \\ 0.49 & 0.38 & 1 & 0.67 & 0.76 & 0.80 & 0.71 & 0.45 & 0.55 \\ 0.88 & 0.94 & 0.67 & 1 & 0.30 & 0.30 & 0.24 & 0.92 & 0.95 \\ 0.30 & 0.06 & 0.76 & 0.30 & 1 & 0.99 & 0.98 & 0.21 & 0.21 \\ 0.24 & 0.05 & 0.80 & 0.30 & 0.99 & 1 & 0.99 & 0.18 & 0.23 \\ 0.20 & 0.01 & 0.71 & 0.24 & 0.98 & 0.99 & 1 & 0.14 & 0.19 \\ 0.93 & 0.95 & 0.45 & 0.92 & 0.21 & 0.18 & 0.14 & 1 & 0.90 \\ 0.77 & 0.93 & 0.55 & 0.95 & 0.21 & 0.23 & 0.19 & 0.90 & 1 \end{pmatrix}$$

经过自乘计算可以验证

$$\boldsymbol{R}^* = R^4 \circ R^4 = R^4 = \begin{pmatrix} 1 & 0.03 & 0.67 & 0.93 & 0.67 & 0.67 & 0.67 & 0.93 & 0.93 \\ 0.93 & 1 & 0.67 & 0.94 & 0.67 & 0.67 & 0.67 & 0.95 & 0.94 \\ 0.67 & 0.67 & 1 & 0.67 & 0.80 & 0.80 & 0.80 & 0.67 & 0.67 \\ 0.93 & 0.94 & 0.67 & 1 & 0.67 & 0.67 & 0.67 & 0.94 & 0.95 \\ 0.67 & 0.67 & 0.80 & 0.67 & 1 & 0.99 & 0.99 & 0.67 & 0.67 \\ 0.67 & 0.67 & 0.80 & 0.67 & 0.99 & 1 & 0.99 & 0.67 & 0.67 \\ 0.67 & 0.67 & 0.80 & 0.67 & 0.99 & 0.99 & 1 & 0.67 & 0.67 \\ 0.93 & 0.95 & 0.67 & 0.94 & 0.67 & 0.67 & 0.67 & 1 & 0.94 \\ 0.93 & 0.94 & 0.67 & 0.95 & 0.67 & 0.67 & 0.67 & 0.94 & 1 \end{pmatrix}$$

所以，$\boldsymbol{R}^*$是一个模糊等价关系。

2. 在不同的截集水平下进行聚类

用上述模糊等价关系 $\boldsymbol{R}^*$，在不同的截集水平下进行聚类，得到如下聚类结果：

(1) 取 $\lambda=1$，求 $\boldsymbol{R}^*$ 的截集，得

$$\boldsymbol{R}_1^*=\begin{pmatrix}1&0&0&0&0&0&0&0&0\\0&1&0&0&0&0&0&0&0\\0&0&1&0&0&0&0&0&0\\0&0&0&1&0&0&0&0&0\\0&0&0&0&1&0&0&0&0\\0&0&0&0&0&1&0&0&0\\0&0&0&0&0&0&1&0&0\\0&0&0&0&0&0&0&1&0\\0&0&0&0&0&0&0&0&1\end{pmatrix}$$

在 $\boldsymbol{R}_1^*$ 中，各行均不相同，故 G_1、G_2、G_3、G_4、G_5、G_6、G_7、G_8、G_9 各自成为一类。

(2) 取 $\lambda=0.99$，得

$$\boldsymbol{R}_{0.99}^*=\begin{pmatrix}1&0&0&0&0&0&0&0&0\\0&1&0&0&0&0&0&0&0\\0&0&1&0&0&0&0&0&0\\0&0&0&1&0&0&0&0&0\\0&0&0&0&1&1&1&0&0\\0&0&0&0&1&1&1&0&0\\0&0&0&0&1&1&1&0&0\\0&0&0&0&0&0&0&1&0\\0&0&0&0&0&0&0&0&1\end{pmatrix}$$

在 $\boldsymbol{R}_{0.99}^*$ 中，由于第 5、6、7 行相同，而其他各行均不相同，故将 G_5、G_6、G_7 归并为一类，而 G_1、G_2、G_3、G_4、G_8、G_9 各自成为一类。

(3) 取 $\lambda=0.95$，得

$$\boldsymbol{R}_{0.95}^*=\begin{pmatrix}1&0&0&0&0&0&0&0&0\\0&1&0&0&0&0&0&1&0\\0&0&1&0&0&0&0&0&0\\0&0&0&1&0&0&0&0&1\\0&0&0&0&1&1&1&0&0\\0&0&0&0&1&1&1&0&0\\0&0&0&0&1&1&1&0&0\\0&1&0&0&0&0&0&1&0\\0&0&0&1&0&0&0&0&1\end{pmatrix}$$

在 $\boldsymbol{R}_{0.95}^*$ 中，由于第 2、8 行相同，第 4、9 行相同，第 5、6、7 行相同，而第 1 行与第 3 行和其他各行均不相同，故 G_2 与 G_8 聚为一类，G_4 与 G_9 聚为一类，G_5、G_6、G_7 聚

为一类，而 G_1 和 G_3 各自成为一类。

(4) 取 $\lambda = 0.94$，得

$$
\boldsymbol{R}_{0.94}^{*} = \begin{pmatrix}
1 & 0 & 0 & 0 & 0 & 0 & 0 & 0 & 0 \\
0 & 1 & 0 & 0 & 0 & 0 & 0 & 1 & 1 \\
0 & 1 & 1 & 0 & 0 & 0 & 0 & 0 & 0 \\
0 & 0 & 0 & 1 & 0 & 0 & 0 & 1 & 1 \\
0 & 0 & 0 & 0 & 1 & 1 & 1 & 0 & 0 \\
0 & 0 & 0 & 0 & 1 & 1 & 1 & 0 & 0 \\
0 & 0 & 0 & 0 & 1 & 1 & 1 & 0 & 0 \\
0 & 1 & 0 & 1 & 0 & 0 & 0 & 1 & 1 \\
0 & 1 & 0 & 1 & 0 & 0 & 0 & 1 & 1
\end{pmatrix}
$$

在 $\boldsymbol{R}_{0.94}^{*}$ 中，第 2、4、8、9 行相同，第 5、6、7 行相同，第 1 行与第 3 行和其他各行均不相同，故 G_2、G_4、G_8、G_9 聚为一类，G_5、G_6、G_7 聚为一类，G_1 和 G_3 各自聚为一类。

(5) 取 $\lambda = 0.93$，得

$$
\boldsymbol{R}_{0.93}^{*} = \begin{pmatrix}
1 & 1 & 0 & 1 & 0 & 0 & 0 & 1 & 1 \\
1 & 1 & 0 & 1 & 0 & 0 & 0 & 1 & 1 \\
0 & 0 & 1 & 0 & 0 & 0 & 0 & 0 & 0 \\
1 & 1 & 0 & 1 & 0 & 0 & 0 & 1 & 1 \\
0 & 0 & 0 & 0 & 1 & 1 & 1 & 0 & 0 \\
0 & 0 & 0 & 0 & 1 & 1 & 1 & 0 & 0 \\
0 & 0 & 0 & 0 & 1 & 1 & 1 & 0 & 0 \\
1 & 1 & 0 & 1 & 0 & 0 & 0 & 1 & 1 \\
1 & 1 & 0 & 1 & 0 & 0 & 0 & 1 & 1
\end{pmatrix}
$$

在 $\boldsymbol{R}_{0.93}^{*}$ 中，第 1、2、4、8、9 行相同，第 5、6、7 行相同，第 3 行与其他各行均不相同，故 G_1、G_2、G_4、G_8、G_9 聚为一类，G_5、G_6、G_7 聚为一类，G_3 各自成为一类。

(6) 取 $\lambda = 0.80$，得

$$
\boldsymbol{R}_{0.80}^{*} = \begin{pmatrix}
1 & 1 & 0 & 1 & 0 & 0 & 0 & 1 & 1 \\
1 & 1 & 0 & 1 & 0 & 0 & 0 & 1 & 1 \\
0 & 0 & 1 & 0 & 1 & 1 & 1 & 0 & 0 \\
1 & 1 & 0 & 1 & 0 & 0 & 0 & 1 & 1 \\
0 & 0 & 1 & 0 & 1 & 1 & 1 & 0 & 0 \\
0 & 0 & 1 & 0 & 1 & 1 & 1 & 0 & 0 \\
0 & 0 & 1 & 0 & 1 & 1 & 1 & 0 & 0 \\
1 & 1 & 0 & 1 & 0 & 0 & 0 & 1 & 1 \\
1 & 1 & 0 & 1 & 0 & 0 & 0 & 1 & 1
\end{pmatrix}
$$

在 $\boldsymbol{R}_{0.80}^{*}$ 中，由于第 1、2、4、8、9 行相同，第 3、5、6、7 行相同，故 G_1、G_2、G_4、G_8、G_9 聚为一类，G_3、G_5、G_6、G_7 聚为一类。

(7) 取 $\lambda = 0.67$，得

$$\boldsymbol{R}_{0.67}^{*} = \begin{pmatrix} 1 & 1 & 1 & 1 & 1 & 1 & 1 & 1 & 1 \\ 1 & 1 & 1 & 1 & 1 & 1 & 1 & 1 & 1 \\ 1 & 1 & 1 & 1 & 1 & 1 & 1 & 1 & 1 \\ 1 & 1 & 1 & 1 & 1 & 1 & 1 & 1 & 1 \\ 1 & 1 & 1 & 1 & 1 & 1 & 1 & 1 & 1 \\ 1 & 1 & 1 & 1 & 1 & 1 & 1 & 1 & 1 \\ 1 & 1 & 1 & 1 & 1 & 1 & 1 & 1 & 1 \\ 1 & 1 & 1 & 1 & 1 & 1 & 1 & 1 & 1 \\ 1 & 1 & 1 & 1 & 1 & 1 & 1 & 1 & 1 \end{pmatrix}$$

在 $\boldsymbol{R}_{0.67}^{*}$ 中，各行都相同，故 G_1、G_2、G_3、G_4、G_5、G_6、G_7、G_8、G_9 均聚为一类。聚类谱系图，如图 5.18 所示。

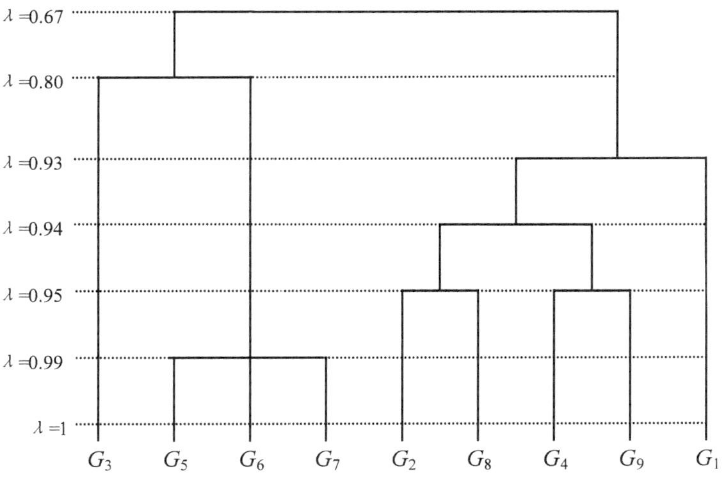

图 5.18　基于模糊等价关系的聚类谱系图

5.4.3　模糊综合评判方法

模糊综合评判方法，是一种运用模糊变换原理分析和评价模糊系统的方法。它是一种以模糊推理为主的定性与定量相结合、精确与非精确相统一的分析评判方法。由于这种方法在处理各种难以用精确数学方法描述的复杂系统问题方面，表现出了独特的优越性，所以它在各个学科领域中得到了越来越广泛地应用。在地理学中，模糊综合评判方法常常被用于资源与环境条件评价，生态评价，区域可持续发展评价等各个方面。

1. 模糊综合评判模型

1) 单层次模糊综合评判模型

给定两个有限论域

$$U = \{u_1, u_2, \cdots, u_m\} \tag{5.126}$$

$$V = \{v_1, v_2, \cdots, v_n\} \tag{5.127}$$

式(5.126)中：U 为所有的评判因素所组成的集合；式(5.127)中，V 为所有的评语等级所组成的集合。

如果着眼于第 $i(i=1,2,\cdots,n)$ 个评判因素 u_i，其单因素评判结果为 $R_i = [r_{i1}, r_{i2}, \cdots, r_{in}]$，则各个评判因素的评判决策矩阵

$$\boldsymbol{R} = \begin{pmatrix} R_1 \\ R_2 \\ \vdots \\ R_m \end{pmatrix} = \begin{pmatrix} r_{11} & r_{12} & \cdots & r_{1n} \\ r_{21} & r_{22} & \cdots & r_{2n} \\ \vdots & \vdots & & \vdots \\ r_{m1} & r_{m2} & \cdots & r_{mn} \end{pmatrix} \tag{5.128}$$

就定义了 U 到 V 上的一个模糊关系。

如果各评判因素的权数分配为：$\tilde{A} = [a_1, a_2, \cdots, a_m]$(显然，$\tilde{A}$ 是论域 U 上的一个模糊子集，且 $0 \leqslant a_i \leqslant 1$，$\sum_{t=1}^{m} a_i = 1$)，则通过模糊变换，可以得到论域 V 上的一个模糊子集，即综合评判结果

$$\tilde{B} = \tilde{A} \circ R = [b_1, b_2, \cdots, b_n] \tag{5.129}$$

2) 多层次模糊综合评判模型

在复杂的大系统中，需要考虑的因素往往是很多的，而且因素之间还存在着不同的层次。这时，应用单层次模糊综合评判模型就很难得出正确的评判结果。在这种情况下，就需要将评判因素集合按照某种属性分成几类，先对每一类进行综合评判，然后再对各类评判结果进行类之间的高层次综合评判。这样，就产生了多层次模糊综合评判问题。

多层次模糊综合评判模型的建立，可按以下步骤进行：

(1) 对于评判因素集合 U，按某个属性 c，将其划分成 m 个子集，使它们满足

$$\begin{cases} \sum_{i=1}^{m} U_i = U \\ U_i \cap U_j = \Phi, i \neq j \end{cases} \tag{5.130}$$

这样，就得到了第二级评判因素集合

$$U/c = \{U_1, U_2, \cdots, U_m\} \tag{5.131}$$

式中：$U_i = \{u_{ik}\}(i=1,2,\cdots,m;\ k=1,2,\cdots,n_i)$ 表示子集 U_i 中含有 n_i 个评判因素。

(2) 对于每一个子集 U_i 中的 n_i 个评判因素，按照单层次模糊综合评判模型进行评判。

如果U_i中诸因素的权数分配为$\tilde{A}_i$，其评判决策矩阵为$\boldsymbol{R}_i$，则得到第i个子集U_i的综合评判结果

$$\tilde{B}_i = \tilde{A}_i \circ \boldsymbol{R}_i = [b_{i1}, b_{i2}, \cdots, b_{in}] \tag{5.132}$$

(3) 对U/c中的m个评判因素子集$U_i(i=1,2,\cdots,m)$，进行综合评判，其评判决策矩阵为

$$\boldsymbol{R} = \begin{pmatrix} \tilde{B}_1 \\ \tilde{B}_2 \\ \vdots \\ \tilde{B}_m \end{pmatrix} = \begin{pmatrix} b_{11} & b_{12} & \dots & b_{1n} \\ b_{21} & b_{22} & \dots & b_{2n} \\ \vdots & \vdots & & \vdots \\ b_{m1} & b_{m2} & \dots & b_{mn} \end{pmatrix} \tag{5.133}$$

如果U/c中的各评判因素子集的权数分配为$\tilde{A}$，则可得综合评判结果

$$\tilde{B} = \tilde{A} \circ R \tag{5.134}$$

式中：$\tilde{B}$既是对U/c的综合评判结果，也是对U中的所有评判因素的综合评判结果。

这里需要强调的是，式(5.133)或式(5.134)中，矩阵合成运算的方法通常有两种：第一种是主因素决定模型法，即利用逻辑算子$M(\wedge,\vee)$进行取大或取小合成，该方法一般适合于单项最优的选择；第二种是普通矩阵模型法，即利用普通矩阵乘法进行运算，这种方法兼顾了各方面的因素，因此适宜于多因素的排序。

若U/c中仍含有很多因素，则可以对它再进行划分，得到三级以至更多层次的模糊综合评判模型。多层次的模糊综合评判模型，不仅可以反映评判因素的不同层次，而且避免了由于因素过多而难于分配权重的弊病。

2. *应用实例：区域可持续发展综合评价模型*

1) 区域背景

本模型的区域背景是位于我国西北干旱、半干旱区的三西地区，即以定西为代表的甘肃中部地区(简称定西地区)、河西走廊地区及以西吉、海原、固原为代表的宁夏南部山区(简称西海固地区)的总称(图 5.19)。其中，甘肃中部地区和宁夏南部山区属黄土高原西部半干旱区，资源贫乏，生态环境脆弱，植被稀少，水土流失严重，自然灾害频繁，人口严重超载，经济、文化落后，是一个集中连片的区域性贫困地区。河西走廊地区西北干旱区，降水稀少，水资源紧缺，荒漠面积广阔，沙漠化严重，人口稀少；然而，丰富的光热资源、发源于祁连山冰川的灌溉水源以及成片的宜农荒地孕育了历史悠久绿洲农业，独特的自然风光(如七一冰川等)和丝绸古道上的历史文化景点(如敦煌莫高窟等)，使国内外游客流连忘返，我国著名的镍都——金昌市与钢铁工业基地之一——嘉峪关市就位于本区。根据区域差异及其之间的互补性，1983 年以来，在国务院扶贫办的直接领导下，按照“兴西济中”，“兴川济山”的跨区域扶贫开发战略构思和“三路并行——有水走水路；无水走旱路；水、旱路都不通，另找出路”的方针，从改变区域生态环境和人民生活、生产条件入手，对三西地区进行了集中连片地扶贫开发建设：兴建灌溉工程，

开展水土流失与沙漠化治理，实施开发性移民，发展乡镇企业……经过近 20 年的扶贫开发建设，三西地区开始呈现出资源、环境与社会、经济相互协调的可持续发展势头，生态环境得到一定程度的改善，人民生活水平不断提高；甘肃中部地区和宁夏南部山区基本停止了植被破坏，实现了脱贫目标；甘肃河西走廊地区，乡镇企业异军突起，沙产业和农业高新技术产业方兴未艾。今天，在西部大开发的形势、背景下，为了进一步给三西地区的区域开发规划提供决策依据，就必须对三西地区各县(市、区)可持续发展的程度和水平做出定量化的综合评价。

2) 评价指标体系

由于区域发展涉及自然生态环境和社会经济等许多方面的很多要素，因此无法采用一个或几个指标评价区域可持续发展问题，为此，必须建立一套科学、完备并且可以定量化的指标体系。根据三西地区的自然资源、生态环境及社会经济特点，建立如表 5.25 所示的区域可持续发展综合评价指标体系(徐建华等，2001)。

表 5.25　三西地区可持续发展综合评价指标体系

	一级评价指标集合	二级评价指标集合	具体评价指标
U：可持续发展综合评价指标	U_1：经济、社会发展指标	U_{11}：经济发展指标	U_{111}：人均 GDP(元)
			U_{112}：人均粮食产量(kg)
			U_{113}：人均工业产值(元)
			U_{114}：人均第三产业产值(元)
		U_{12}：生活水平指标	U_{121}：城镇化水平(%)
			U_{122}：城镇居民人均收入(元)
			U_{123}：农民人均纯收入(元)
		U_{13}：社会进步指标	U_{131}：育龄妇女计划生育率(%)
			U_{132}：九年义务教育普及率(%)
			U_{133}：文盲、半文盲占总人口比重(%)
			U_{134}：大专以上文化程度人数占总人口比重(%)
		U_{14}：基础设施指标	U_{141}：交通条件：公路密度(km/km^2)
			U_{142}：医疗条件——每万人拥有病床数
			U_{143}：通信条件——每万人拥有邮电局
	U_2：资源状况及其消耗指标	U_{21}：资源状况指标	U_{211}：人均水资源拥有量(m^3)
			U_{212}：人均耕地面积 (hm^2)
			U_{213}：水浇地占耕地总面积的比重(%)
			U_{214}：人均林地面积 (hm^2)
		U_{22}：资源消耗指标	U_{221}：单位粮食产量消耗的水资源量(t)
			U_{222}：单位粮食产量使用的耕地面积(hm^2)
			U_{223}：单位工业产值消耗的水资源数量(t)
	U_3：生态环境及其治理指标	U_{31}：生态环境状况指标	U_{311}：植被覆盖率(%)
			U_{312}：水土流失面积占土地总面积比重(%)
			U_{313}：沙漠化面积占土地总面积比重(%)
			U_{314}：耕地盐碱化面积占耕地总面积比重(%)
		U_{32}：生态环境治理指标	U_{321}：人均绿化面积(hm^2)
			U_{322}：水土流失治理率(%)
			U_{323}：沙漠化治理率(%)
			U_{324}：盐碱化耕地治理率(%)

3) 评价模型

根据评价指标体系的层次结构，建立三级评价模型。

一级评价模型，是着眼于具体的评价指标 U_{ijk}(i =1,2,3；j =1,2, ⋯ ,n_l；k=1,2,⋯,n_m；n_l =2,4；n_m =3,4)，建立在二级指标体系 U_{ij} 上的，即 $U_{ijk}\to U_{ij}$ 的评价模型。

假设：待评价的区域范围共包含 p 个区域单元，二级评价指标集合 U_{ij} 中的第 k 个指标 U_{ijk} 在第 s 个区域单元上的实测值(统计或调查数据)为 $u_{ijk}^{(s)}$ (s=1,2,⋯,p)。

记：$u_{ijk}^{(\max)}=\max\limits_{s} u_{ijk}^{(s)}$；$u_{ijk}^{(\min)}=\min\limits_{s} u_{ijk}^{(s)}$。如果 U_{ijk} 是越大越优型的(如人均水资源拥有量)，令

$$a_{ijk}^{(s)}=[u_{ijk}^{(s)}-u_{ijk}^{(\min)}]/[u_{ijk}^{(\max)}-u_{ijk}^{(\min)}] \tag{5.135}$$

如果 U_{ijk} 是越小越优型的(如沙漠化占土地总面积比重)，令

$$a_{ijk}^{(s)}=[u_{ijk}^{(\max)}-u_{ijk}^{(s)}]/[u_{ijk}^{(\max)}-u_{ijk}^{(\min)}] \tag{5.136}$$

显然，$a_{ijk}^{(s)}$ 就是对于评价指标 U_{ijk} 而言，第 s 个区域单元从属于“可持续发展”的隶属度。这样，就可以得到如下隶属度矩阵

$$\boldsymbol{A}_{ij}=\begin{bmatrix} a_{ij1}^{(1)} & a_{ij1}^{(2)} & \cdots & a_{ij1}^{(p)} \\ a_{ij2}^{(1)} & a_{ij2}^{(2)} & \cdots & a_{ij2}^{(p)} \\ \vdots & \vdots & & \vdots \\ a_{ijn_m}^{(1)} & a_{ijn_m}^{(2)} & \cdots & a_{ijn_m}^{(p)} \end{bmatrix} \tag{5.137}$$

在二级评价指标集合 U_{ij} 中，如果各评价指标的权重分配为：$\boldsymbol{W}_{ij}=(w_{ij1},w_{ij2},\cdots,w_{ijn_m})$，则一级评价结果可以通过如下变换公式求得

$$\boldsymbol{V}_{ij}=\left[v_{ij}^{(1)},v_{ij}^{(2)},\cdots,v_{ij}^{(p)}\right]=\boldsymbol{W}_{ij}\cdot\boldsymbol{A}_{ij} \tag{5.138}$$

式中：$v_{ij}^{(s)}$ (s=1,2,⋯ ,p)为就二级评价指标集合 U_{ij} 而言，第 s 个区域单元从属于“可持续发展”的隶属度。

在一级评价指标集合 U_i 中，如果各二级评价指标集合的权重分配为：$W_i=(w_{i1},w_{i2},\cdots,w_{in_l})$，则在一级评价模型计算结果的基础上，二级评价结果为

$$V_i=[v_i^{(1)},v_i^{(2)},\cdots,v_i^{(p)}]=W_i\cdot\boldsymbol{A}_i \tag{5.139}$$

式中：$\boldsymbol{A}_i=(V_{i1},V_{i2},\cdots,V_{in_l})^{\mathrm{T}}$，$v_i^{(s)}$ (s=1,2,⋯ ,p)为就一级评价指标集合 U_i 而言，第 s 个区域单元从属于“可持续发展”的隶属度。

在 U 中，如果各一级评价指标集合的权重分配为：$\boldsymbol{W}=(w_1,w_2,w_3)$，则在二级评价模型计算结果的基础上，三级评价结果，即综合评价结果为

$$V = \left[v^{(1)}, v^{(2)}, \cdots, v^{(p)} \right] = W \cdot A \tag{5.140}$$

式中：$A = (V_1, V_2, V_3)^{\mathrm{T}}$，$v^{(s)}$ $(s=1,2,\cdots,p)$为就评价指标体系 U 而言，第 s 个区域单元从属于“可持续发展”的隶属度。将 $v^{(s)}$ $(s=1,2,\cdots,p)$从大到小排序，便得到待评价的各区域单元可持续发展综合评价的优劣顺序。

对于各级评价指标的权重分配，一般先用 AHP 方法(见 6.4 节)求得，然后再用信息熵对其进行修正。下面就怎样运用信息熵修正用 AHP 方法求得的评价指标的权重，做一简单介绍。

假设对于某评价指标集合 $U=\{U_1, U_2, \cdots, U_q\}$，用 AHP 方法求得其权重分配为 $W=(w_1, w_2, \cdots, w_q)$，其判断矩阵($\boldsymbol{U}$–$\boldsymbol{U}_i$ 判断矩阵)为 $B = (b_{gh})_{q\times q}$。那么，用信息熵对其修正的步骤为

(1) 对 $\boldsymbol{B}$ 做归一化处理：$b'_{gh} = b_{gh} / \sum\limits_{g=1}^{q} b_{gh}$ $(g,h=1,2,\cdots,q)$；

(2) 定义指标 $U_h(h=1,2,\cdots,q)$输出的熵为 $E_h = -\sum\limits_{g=1}^{q} b'_{gh} \ln b'_{gh} / \ln q$；

(3) 求指标 U_h 的偏差度：$d_h = 1 - E_h$；

(4) 确定指标 U_h 的信息权重：$\mu_h = d_h / \sum\limits_{h=1}^{q} d_h$；

(5) 将权数分配集合 $W = (w_1, w_2, \cdots w_q)$ 修正为 $W' = (w'_1, w'_2, \cdots, w'_q)$，其计算公式为

$$w'_h = \mu_h w_h / \sum_{h=1}^{q} \mu_h w_h \tag{5.141}$$

4) 评价计算与结果分析

运用上述模型对三西地区进行评价计算：

(1) 用 AHP 方法和熵修正技术，确定各评价指标的权重分配为：W=(0.40，0.32，0.28)，W_1=(0.32，0.28，0.22，0.18)，W_2=(0.45，0.55)，W_3=(0.44，0.56)，W_{11}=(0.35，0.24，0.26，0.15)，W_{12}=(0. 28，0. 30，0.42)，W_{13}=(0.38，0.27，0.20，0.15)，W_{14}=(0.43，0.26，0.31)，W_{21}=(0.34，0.16，0.32，0.18)，W_{22}=(0.50，0.28，0.22)，W_{31}=(0.25，0.32，0.28，0.15)，W_{32}=(0.24，0.30，0.28，0.16)。

(2) 根据有关调查资料与统计年鉴数据，运用上述模型，对三西地区各县(市、区)可持续发展的程度与水平进行综合评价计算，结果如图 5.19 所示。

结果表明，在 53 个区域单元(县、市、区)中，可持续发展的隶属度在 0.6 以上的有 15 个，占 28.30%，它们分别是嘉峪关、酒泉、张掖、金塔、玉门、敦煌、民乐、临泽、肃北、阿克塞、永昌、武威、景泰，这些县(市)主要集中在河西走廊地区；可持续发展的隶属度介于 0.4 和 0.6 之间的有 27 个，占 50.94%，它们分别是高台、民勤、肃南、靖远、平川、兰州、白银、山丹、金川、天祝、榆中、皋兰、泾源、古浪、隆德、盐池、永登、庄浪、同心、静宁、华池、海原、临洮；这些县(市、区)在河西走廊地区、定西

地区和西海固地区均有分布；可持续发展的隶属度在 0.4 以下的有 11 个，占 20.76%，它们分别是西吉、环县、东乡、固原、秦安、彭阳、陇西、定西、永靖、通渭、会宁，这些县主要集中在定西地区和西海固地区。

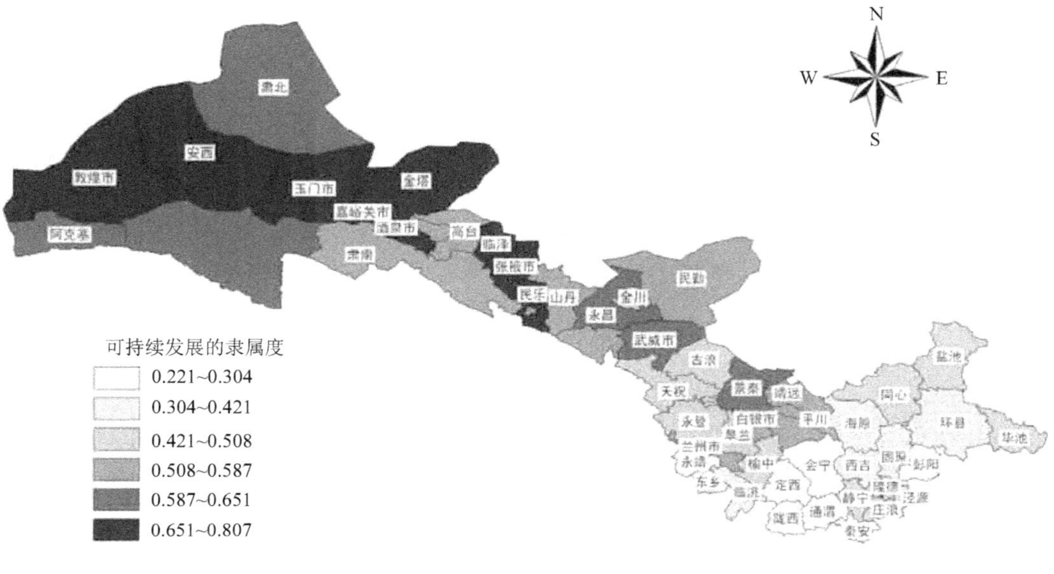

图 5.19　三西地区可持续发展水平综合评价结果示意图

上述评价结果与三西地区的实际情况相吻合。这些评价结果说明，尽管 20 年来扶贫开发建设的成绩功不可没，但是三西地区可持续发展的任务仍然十分艰巨。为了巩固和发展三西地区扶贫开发建设所取得的成果，应该进一步实施可持续发展战略，为此，就必须在科学研究与分析的基础上，制定一个切实可行的区域可持续发展规划。对于甘肃河西走廊干旱区，可持续发展所面临的主要问题是水资源供需矛盾、土地退化(包括土地沙化和盐碱化)以及地方经济发展等一系列问题，针对这些问题，其发展要点是：①保护灌溉水源；②推广节水技术，特别是节水灌溉技术；③进行沙漠化和盐碱化治理，发展沙产业；④发展地方工业和旅游产业。对于甘肃中部半干旱区和宁夏南部山区，可持续发展所面临的主要问题是自然资源(包括水资源、高质量的土地资源，矿产资源等)贫乏，水土流失严重、生态环境脆弱，生产条件艰苦，人口超载，地方经济发展严重滞后、财政困难，缺乏投资能力等；针对这些问题，其发展要点是：①植树种草，大搞农田基本建设，全面开展小流域综合治理；②推广截雨集流技术，发展雨养生态农业；③控制人口数量，发展科教，提高人口素质；④调整产业结构，培植地方特色产业。

思　考　题

1. 经典统计方法包括哪些内容？它们在地理建模中的意义与作用分别是什么？
2. 在你的研究工作中，可以用哪些经典统计分析方法建立有关模型？
3. 空间统计分析与传统的统计分析有何区别，为什么不能直接运用传统的统计分析方法建立空间统计分析模型？

4. 什么叫空间自相关？怎样测度全局和局部空间自相关性？
5. 在你自己的研究领域，是否存在空间自相关问题？如果存在这样的问题，该如何解决？
6. 空间滞后和空间误差模型的基本原理是怎样的？
7. 在你自己的研究领域，空间滞后和空间误差模型可以用于解决哪些问题？
8. 地统计方法的研究对象是什么？区域化变量的基本特征是什么？
9. 什么是协方差函数和变异函数？二者之间的关系如何？变异函数的四个重要参数的含义是什么？
10. 在实际计算中，怎样运用样本值估计协方差函数和变异函数？怎样拟合变异函数的理论模型？
11. 什么是克里格法？请结合你自己的研究领域与相关问题，试举例说明克里格法在空间插值方面中的意义和作用，并做一个具体的实例研究。
12. 模糊数学与数理统计方法所关注的地理对象，在内涵与外延方面有何区别？
13. 根据你自己的认识与理解，模糊数学方法可以用于哪些方面的地理建模研究？
14. 结合你自己的研究领域，就某一具体问题，试做模糊聚类或模糊综合评价建模研究。

参考文献

艾彬, 徐建华, 岳文泽. 2004. 湖南省城市空间关联研究. 地域研究与开发, 23(6)：48-52

白永平. 2000. 西北地区(甘宁青)农业生态气候资源量化与评价. 自然资源学报, 15(3): 218-224

邓铭江. 2006.塔里木河流域气候与径流变化及生态修复. 冰川冻土, 28(5): 694-702

顾恒岳, 艾南山. 1984. 农业生态气候系统及其动态模型. 大自然探索, 3(1):43-56

顾恒岳, 艾南山, 陈国桢. 1983. 中国农业气候的动态分析. 兰州大学学报, 19(4): 144-151

何平. 1986.模糊数学及其在经济管理中的应用. 沈阳: 辽宁科学技术出版社

李锋瑞, 段顺山. 1990. 农业生态系统功能的模糊综合评价. 草业科学, 7(4): 21-25

李江风. 2003. 塔克拉玛干沙漠和周边山区天气气候. 北京: 科学出版社

李士勇. 2005. 工程模糊数学及应用. 哈尔滨: 哈尔滨工业大学出版

梁保松. 2008. 模糊数学及其应用. 北京: 科学出版社

林炳耀. 1985. 计量地理学概论. 北京: 高等教育出版社

刘顺忠. 2005. 数理统计理论、方法、应用和软件计算. 武汉: 华中科技大学出版社

满苏尔·沙比提, 楚新正. 2007. 近 40 年来塔里木河流域气候及径流变化特征研究. 地域研究与开发, 26(4):97-101

石培基, 白永平. 2000. 宁夏农业生态气候资源系统分析. 中国沙漠, 20(1): 20-24

滕素珍, 冯敬海.2005.数理统计学. 大连: 大连理工大学出版社

王广德, 过常龄. 1987. "Krige"空间内插技术在地理学中的应用. 地理学报, 42(4): 366-375

王政权. 1999.地统计学及在生态学中的应用. 北京: 科学出版社

吴玉鸣. 2005. 中国经济增长与收入分配差异的空间计量经济分析. 北京: 经济科学出版社

吴玉鸣. 2006. 空间计量经济模型在省域研发与创新中的应用研究. 数量经济技术经济研究, 23(5): 74-85

吴玉鸣, 徐建华. 2004. 中国区域经济增长集聚的空间统计分析. 地理科学, 24(6): 654-659

徐贵青, 魏文寿. 2004. 新疆气候变化及其对生态环境的影响. 干旱区地理, 27(1): 14-18

徐建华.1991.地理系统分析. 兰州：兰州大学出版社

徐建华. 1996. 现代地理学中的数学方法. 北京：高等教育出版社

徐建华. 2002. 现代地理学中的数学方法. 第二版. 北京：高等教育出版社

徐建华. 2006. 计量地理学. 北京: 高等教育出版社

徐建华, 段顺山. 1991. 农业生态经济系统分析. 兰州：兰州大学出版社

徐建华, 艾南山, 蔡光柏. 1990. 农业生态环境适宜度理论及其动态过程. 干旱资源与环境, 4(3): 96-104

徐建华, 张林源, 伍光和. 1991. 甘肃黄土高原区农业生态气候条件分析. 干旱区资源与环境, 4(3): 33-40

徐建华, 岳文泽, 兰琳等. 2001. 三西地区可持续发展水平综合定量评价研究. 地域研究与开发, 20(2): 54-57

徐建华, 岳文泽, 谈文琦. 2004. 城市景观格局尺度效应的空间统计规律. 地理学报, 59(6): 1058-1067

徐建华, 鲁凤, 苏方林等. 2005. 中国区域经济差异的时空尺度分析. 地理研究, 24(1): 57-68
燕群, 徐建华, 陈公德. 2008. 中国农用地集约度与农业气候适宜度的空间关系研究. 生态科学, 27(2): 107-113
杨崇瑞.1994.模糊数学及其应用. 北京: 农业出版社
杨虎, 钟波, 刘琼荪.2006.应用数理统计. 北京: 清华大学出版社
杨青, 何清. 2003. 塔里木河流域的气候变化、径流量及人类活动间的相互影响. 应用气象学报, 14(3): 309-321
杨余辉, 魏文寿.2004.新疆气候转型及其对全球变化的影响. 新疆师范大学学报(自然科学版), 23(1):70-74
岳文泽, 徐建华, 徐丽华. 2005. 基于地统计方法的气候要素的空间插值研究. 高原气象, 24(6): 974-980
张超, 杨秉赓.1984.计量地理学基础. 北京：高等教育出版社
张朝生, 章申, 何建邦. 1997. 长江水系沉积物重金属含量空间分布特征研究. 地理学报, 52(2): 184-192
张崇甫，陈述云. 胡希铃.1995. 统计分析方法及其应用. 重庆：重庆大学出版社: 47-64, 76-81
张一驰, 李宝林, 程维明等. 2004. 开都河流域径流对气候变化的响应研究, 资源科学, 26(6): 69-76
Anselin L. 1988. Spatial Econometrics: Methods and Models. Boston: Kluwer Academic Publishers
Anselin L. 1995. Local indicatiors of spatial association-LISA.Geogpraphical Analysis, 27(2): 93-115
Anselin L. 2004. GeoDa: an introduction to spatial data analysis. http://geodacenter.asu.edu/pdf/geodaGA.pdf
Brunsdon C, Fotheringham A S , Charlton M. 1996. Geographically weighted regression: a method for exploring spatial nonstationarity. Geographical Analysis, 28: 281-298
Chen Y N, Xu Z X. 2005. Plausible impact of global climate change on water resources in the Tarim River Basin. Science in China (D), 48 (1): 65-73
Chen Y N, Takeuchi K, Xu C C et al. 2006. Regional climate change and its effects on river runoff in the Tarim Basin, China. Hydrological Processes, 20:2207-2216
Cliff A D, Ord J K. 1981. Spatial Processes: Models and Applications. London: Pion : 6-22, 42-46
Cliff A D. 1987. Spatial autocorrelation: a primer. Resource Publications in Geography (Washington: Association of American Geographers), 2-18
Fabrikant S, Montello D R, Ruocco M et al. 2002. The first law of cognitive geography: distance and similarity in semantic space. Paper Presented at GIScience 2002, Boulder, Co
Fotheringham A S, Brunsdon C, Charlton M. 2000. Quantitative Geography: Perspectives on Spatial Data Analysis. London: SAGE Publications LTD
Getis A, Ord J K. 1992. The analysis of spatial association by the use of distance statistics. Geographical Analysis, 24(3): 189-206
Getis A, Ord J K. 1996.Local spatial statistics :an overview. *In*: Long P. Spatial Analysis: Modelling in a GIS Environment. Cambridge: GeoInformation International, 261-177
Goodchild M F. 1986. Spatial Autoeorrelation (CATMOG 47). Norwich, UK: GeoBooks : 6-25
Hastie T, Tibshirani R. 1993. Varying coefficient models. Journal of the Royal Statistical Society (series B), 55: 757-796
Issaks E H, Srivastava R M. 1989.An Introduction to Applied Geostatistics. New York :Oxford Univ. Press
LeSag J P. 1998.Spatial econometrics. http://www.spatial-econometrics.com/html/wbook.pdf
LeSage J P. 2004. A family of geographically weighted regression models. *In*: Luc Anselin, Florax R J G, Rey S J. Advances in Spatial Econometrics. Berlin: Springer-Verlag : 241-264
Leung Y, Mei C L, Zhang W X. 2000. Statistical tests for spatial nonstationarity based on the geographically weighted regression model. Environment and Planning A, 32(1):9-32
Matheron G. 1963. Principles of geostatistics. Economic Geology, 58:1246-1266
Ord J K, Getis A. 1995. Local autocorrelation statistics: distilbutional issues and an application. Geographical Analysis, 27(4): 286-306
Shi Y F, Shen Y P, Kang E, et al.2007. Recent and future climate change in northwest china. Climatic Change, 80: 379-393
Sui D Z. Tobler's first law of geography: a big idea for a small world. Annals of the Association of American Geographers, 94(2): 269-277
Tibshirani R J, Hastie T J. 1987. Local likelihood estimation. Journal of the American Statistical Association, 82: 559-567
Tobler W. 1970. A computer movie simulating urban growth in the detroit region. Economic Geography, 46(2): 234-240
Webster R. 1985. Quantitative spatial analysis of soil in the field. Advanced in Soil Science,3 : 1-70
Xu J H, Chen Y N, Li W H et al. 2009. Wavelet analysis and nonparametric test for climate change in Tarim River basin of Xinjiang during 1959~2006. Chinese Geographical Science, 19(4): 306-313

Xu J H, McColl R W, Hu X J. 1992. An approach to the theory of agri-ecological environmental suitability and its application. Journal of Xinjiang University, 9(1): 86-97

Yue W Z, Xu J H, Liao H J et al. 2003. Applications of spatial interpolation for climate variables based on geostatistics: a case study in Gansu Province, China. Geographic Information Sciences, 9(1-2): 71-77

Zadeh L A. 1965. Fuzzy sets. Information and Control, 8:338-353

Zadeh L A. 1999. Fuzzy sets as a basis for a theory of possibility. Fuzzy Sets and Systems, 100(Supp.1): 9-34

Zimmermann H J. 1996. Fuzzy Set Theory: and Its Applications. 3rd ed. Norwell, MA; Kluwer Academic Publishers

第 6 章　运筹决策建模方法

在工业、农业、商业与服务业、物流业以及资源利用与环境保护的各个领域中，与人类活动相关的地理决策问题屡见不鲜。运筹决策建模方法，是地理学中解决有关规划、决策和系统优化问题的重要手段(徐建华，1991，1994，1996，2002，2006)。鉴于篇幅限制，本章主要讨论线性规划、目标规划、网络分析及 AHP 决策分析方法在地理建模中的应用。

6.1　线性规划方法

线性规划是运筹学中发展较快、应用较广和比较成熟的一个分支。早在 20 世纪 30 年代末，就有人从运输问题开始研究线性规划方法。自丹泽(GB. Dantzig)提出求解线性规划问题的一般方法，即单纯形法(simplex method)(Dantzig, 1951, 1963)之后，线性规划在理论和算法上趋于成熟，在实际应用中日益广泛与深入(马仲蕃等，1981；钱颂迪等，1990；张建中等，1990；高鸿桢等，1995；施泉生，2004)。线性规划也是地理学中解决有关规划与决策问题的重要方法之一(徐建华，1987；1994)。

6.1.1　线性规划的数学模型

1. 线性规划模型之实例

线性规划研究的问题主要有两类：一是某项任务确定后，如何统筹安排，以最少的人力、物力和财力去完成该项任务；二是面对一定数量的人力、物力和财力资源，如何安排使用，使得完成的任务最多。实际上，这是一个问题的两个方面，它们都属于最优规划的范畴。以下，我们列举线性规划问题的两个实例，供读者研究。

(1) 运输问题。假设某种物资(例如煤炭、钢铁、石油等)有 m 个产地，n 个销地；产地 i 的产量为 $a_i(i=1,2,\cdots,m)$，销地 j 的需求量为 $b_j(j=1,2,\cdots,n)$，它们满足产销平衡条件 $\sum_{i=1}^{m} a_i=\sum_{j=1}^{n} b_j$。如果产地 i 到销地 j 的单位物资的运费为 c_{ij}，试问如何安排该种物资调运计划，才能使总运费达到最小？

设 x_{ij} 表示产地 i 供给销地 j 的物资调运量，则上述问题可以表述为：求一组实数值变量 $x_{ij}(i=1,2,\cdots,m;j=1,2,\cdots,n)$，使它们满足

$$
\begin{cases}
\sum_{i=1}^{m} x_{ij}=b_j & j=1,2,\cdots,n \\
\sum_{j=1}^{n} x_{ij}=a_i & i=1,2,\cdots,m \\
x_{ij}\geqslant 0 & i=1,2,\cdots,m;j=1,2,\cdots,n
\end{cases}
$$

而且使

$$z=\sum_{i=1}^{m}\sum_{j=1}^{n}c_{ij}x_{ij}\to\min$$

(2) 资源利用问题。假设某地区拥有 m 种资源，其中，第 i 种资源的拥有量为 $b_i(i=1,2,\cdots,m)$；这 m 种资源可用来生产 n 种产品，其中，生产单位数量的第 j 种产品需要消耗的第 i 种资源的数量为 $a_{ij}(i=1,2,\cdots,m;j=1,2,\cdots,n)$，第 j 种产品的单价为 $c_j(j=1,2,\cdots,n)$。试问如何安排这几种产品的生产计划，才能使规划期内资源利用的总产值达到最大?

设第 j 种产品的产量为 $x_j(j=1,2,\cdots,n)$，则上述资源问题就是：在约束条件

$$\begin{cases}\sum_{j=1}^{n}a_{ij}x_j\leqslant b_i & i=1,2,\cdots,m\\ x_j\geqslant 0 & j=1,2,\cdots,n\end{cases}$$

下求一组实数变量 $x_j(j=1,2,\cdots,n)$，使

$$Z=\sum_{j=1}^{n}c_jx_j\to\max$$

2. 线性规划的数学模型

线性规划之实例有很多，如生产布局问题、连续投资问题等，无论占用再大的篇幅，也无法把它们一一列举出来。不过，从以上的例子可以看出，尽管各种线性规划问题的表现形式不尽相同，但它们都具有一些共同的特征(钱颂迪等，1990)：

(1) 每一个问题，都可以用一组未知变量$(x_1,x_2,\cdots,x_n)$表示某一规划方案，这组未知变量的一组定值代表一个具体的方案，而且通常要求这些未知变量的取值是非负的。

(2) 每一个问题，都有两个主要组成部分：一是目标函数，按照研究问题的不同，常常要求目标函数取最大或最小值；二是约束条件，它定义了一种求解范围，使问题的解必须在这一范围之内。

(3) 每一个问题的目标函数和约束条件都是线性的。

根据上述问题的三个基本特征，我们可以抽象出线性规划问题的数学模型。它一般地可表示为：在线性约束条件

$$\sum_{j=1}^{n}a_{ij}x_j\leqslant(\geqslant,=)b_i\text{，}\ i=1,2,\cdots,m \tag{6.1}$$

及非负约束条件

$$x_j\geqslant 0,\qquad j=1,2,\cdots,n \tag{6.2}$$

下，求一组未知变量 $x_j(j=1,2,\cdots,n)$ 的值，使

$$Z=\sum_{j=1}^{n}c_jx_j \to \max(\min) \tag{6.3}$$

若采用矩阵记号，上述线性规划模型的一般形式可进一步描述为：在约束条件

$$\boldsymbol{AX} \leqslant (\geqslant,\ =)\mathrm{b} \tag{6.1'}$$

及

$$\boldsymbol{X} \geqslant 0 \tag{6.2'}$$

下，求未知向量 $\boldsymbol{X}=[x_1,x_2,\cdots,x_n]^{\mathrm{T}}$，使得

$$\boldsymbol{Z}=\boldsymbol{CX} \to \max(\min) \tag{6.3'}$$

其中：

$$\boldsymbol{b}=[b_1,b_2,\cdots,b_m]^{\mathrm{T}}$$

$$\boldsymbol{C}=[c_1,c_2,\cdots,c_n]$$

$$\boldsymbol{A}=\begin{bmatrix} a_{11} & a_{12} & \cdots & a_{1n} \\ a_{21} & a_{22} & \cdots & a_{2n} \\ \vdots & \vdots & & \vdots \\ a_{m1} & a_{m2} & \cdots & a_{mn} \end{bmatrix}$$

6.1.2　线性规划的标准形式

1. 线性规划的标准形式

为了讨论与计算上的方便，常常需要将线性规划问题的数学模型转化为标准形式，即在约束条件

$$\begin{cases} a_{11}x_1+a_{12}x_2+\cdots+a_{1n}x_n=b_1 \\ a_{21}x_1+a_{22}x_2+\cdots+a_{2n}x_n=b_2 \\ \cdots \\ a_{m1}x_1+a_{m2}x_2+\cdots+a_{mn}x_n=b_m \end{cases} \tag{6.4}$$

及

$$x_j \geqslant 0, \quad j=1,2,\cdots,n \tag{6.5}$$

下，求一组未知变量 $x_j(j=1,2,\cdots,n)$ 的值，使

$$Z = \sum_{j=1}^{n} c_j x_j \to \min \tag{6.6}$$

其缩写形式为：在约束条件

$$\sum_{j=1}^{n} a_{ij} x_j = b_i, \quad i = 1, 2, \cdots, m \tag{6.4'}$$

及

$$x_j \geqslant 0, \qquad j = 1, 2, \cdots, n \tag{6.5'}$$

下，求一组未知变量 x_j (j = 1，2，…，n)的值，使得

$$Z = \sum_{j=1}^{n} c_j x_j \to \min \tag{6.6'}$$

上述标准形式的线性规划，常被记为如下更为紧凑的形式

$$\begin{cases} \sum_{j=1}^{n} a_{ij} x_j = b_i \quad i = 1, 2, \cdots, m \\ x_j \geqslant 0 \quad j = 1, 2, \cdots n \\ \min Z = \sum_{j=1}^{n} c_j x_j \end{cases}$$

或

$$\begin{cases} \boldsymbol{AX} = \boldsymbol{b} & (6.4'') \\ X \geqslant 0 & (6.5'') \\ \min Z = \boldsymbol{CX} & (6.6'') \end{cases}$$

在通常情况下，$\boldsymbol{b}$ 和 $\boldsymbol{C}$ 为已知常数向量；$\boldsymbol{A}$ 为已知常数矩阵，且 $\boldsymbol{A}$ 的秩为 m。

2. 化为标准形式的方法

具体的线性规划问题，其数学模型常常是各式各样的，它们不一定符合标准形式的要求，为了将其转化为标准形式，常常需要对目标函数或约束条件采用一定的变换方法进行转换。

1) 目标函数化为标准形式的方法

如果其线性规划问题的目标函数为

$$\max Z = CX$$

则令 $Z' = -Z$，显然：

$$-\max Z = \min(-Z) = \min Z'$$

所以，可将原问题的目标函数换为

$$\min Z' = -CX$$

这就是标准形式的目标函数了。

2) 约束方程化为标准形式的方法

如果第 k 个约束方程为不等式，即

$$a_{k1}x_1 + a_{k2}x_2 + \cdots + a_{kn}x_n \leqslant (\geqslant) b_k$$

则只需在原问题中引入松弛变量 $x_{n+k} \geqslant 0$，并将第 k 个方程改写为

$$a_{k1}x_1 + a_{k2}x_2 + \cdots + a_{kn}x_n + (-)x_{n+k} = b_k$$

而将其目标函数看作

$$Z = \sum_{j=1}^{n} c_j x_j = \sum_{j=1}^{n} c_j x_j + o \cdot x_{n+k}$$

这样就将原问题转化为标准形式的线性规划模型了。

6.1.3　线性规划的解及其性质

1. 线性规划的解

1) 可行解与最优解

在线性规划问题中，称满足约束条件(即满足线性约束和非负约束)的一组变量 $\boldsymbol{x} = [x_1, x_2, \cdots, x_n]^{\mathrm{T}}$ 为可行解。所有可行解组成的集合称为可行域。

使目标函数取最大(或最小)值的可行解称为最优解。

2) 基解与基可行解

在线性规划问题式(6.4″)至式(6.6″)中，如果我们把约束方程组的 $m \times n$ 阶系数矩阵 $\boldsymbol{A}$ 写成由 n 个列向量组成的分块矩阵

$$\boldsymbol{A} = [P_1, P_2, \cdots, P_n] \tag{6.7}$$

式中：$\boldsymbol{P}_j = [a_{1j}, a_{2j}, \cdots, a_{mj}]^{\mathrm{T}} (j = 1, 2, \cdots, n)$，即 $\boldsymbol{P}_j$ 是对应变量 x_j 的系数列向量。

如果 $\boldsymbol{B}$ 是 $\boldsymbol{A}$ 中的一个 $m \times m$ 阶的非奇异子阵，则称 $\boldsymbol{B}$ 为该线性规划问题的一个基。不失一般性，不妨设

$$\boldsymbol{B}=\begin{bmatrix} a_{11} & a_{12} & \cdots & a_{1m} \\ a_{21} & a_{22} & \cdots & a_{2m} \\ \vdots & \vdots & & \vdots \\ a_{m1} & a_{m2} & \cdots & a_{mm} \end{bmatrix}=[P_1,P_2,\cdots,P_m] \tag{6.8}$$

则称 $\boldsymbol{P}_j(j=1,2,\cdots,m)$ 为基向量，与基向量相对应的向量 $\boldsymbol{x}_j(j=1,2,\cdots,m)$ 为基变量，而其余的变量 $x_i(i=m+1,m+2,\cdots,n)$ 为非基变量。

如果 $\boldsymbol{X}_B=[x_1,x_2,\cdots,x_m]^{\mathrm{T}}$ 是方程组

$$\boldsymbol{BX}_B=b \tag{6.9}$$

的解，则 $\boldsymbol{X}=[x_1,x_2,\cdots,x_m,0,0,\cdots,0]^{\mathrm{T}}$ 就是方程组(6.4″)的一个解，它称为对应于基 $\boldsymbol{B}$ 的基解。

满足非负约束条件的基解，称为基可行解。对应于基可行解的基，称为可行基。

线性规划问题的以上几个解的关系，可用图 6.1 来描述。

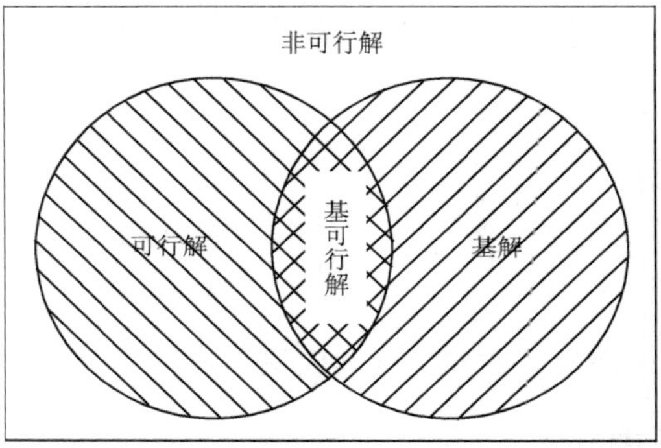

图 6.1　线性规划问题的几种解之间的关系

2. 线性规划解的性质

为了说明线性规划解的性质，需要引入凸集和顶点的概念。

若连接 n 维点集 S 中的任意两点 $x^{(1)}$ 和 $x^{(2)}$ 之间的线段仍在 S 中，则称 S 为凸集。例如，三角形、平行四边形、正多边形、圆、球体、正多面体等都是凸集。而圆环、空心球等都不是凸集。

若凸集 S 中的点 $x^{(0)}$ 不能成为 S 中任何线段的内点，则称 $x^{(0)}$ 为 S 的顶点或极点。例如，三角形、平行四边形、正多边形、正多面体的顶点以及圆周上的点都是极点。

可以证明，线性规划问题的解具有以下性质：

(1) 线性规划问题的可行解集(可行域)为凸集。

(2) 可行解集 S 中的点 X 是顶点的充要条件是基可行解。

(3) 若可行解集有界，则线性规划问题的最优值一定可以在其顶点上达到。

由于线性规划的基的个数是有限的，因此基可行解也是有限的，这就是说可行解集的顶点数目是有限的。所以，如果线性规划问题有最优解，就只需从其可行解集的有限

个顶点中去寻找。

6.1.4　线性规划问题的求解方法——单纯形法

1. 单纯形表

在标准形式线性规划式(6.4″)至式(6.6″)中，不妨设 $B=[P_1,P_2,\cdots,P_m]$ 是一个基，令 $\boldsymbol{N}=[P_{m+1},P_{m+2},\cdots,P_n]$，则 $\boldsymbol{A}=[\boldsymbol{B},\boldsymbol{N}]$。记基变量为 $\boldsymbol{X}_B=[x_1,x_2,\cdots,x_m]^{\mathrm{T}}$，非基变量为 $\boldsymbol{X}_N=[x_{m+1},x_{m+2},\cdots,x_n]^{\mathrm{T}}$，则运用分块矩阵的运算法则可知，式(6.5″)可以被进一步改写为

$$\boldsymbol{B}\boldsymbol{X}_B+\boldsymbol{N}\boldsymbol{X}_N=b \tag{6.10}$$

用 $\boldsymbol{B}^{-1}$ 左乘式(6.10)两端，并作适当整理，可得

$$\boldsymbol{X}_B=\boldsymbol{B}^{-1}b-\boldsymbol{B}^{-1}\boldsymbol{N}\boldsymbol{X}_N \tag{6.11}$$

式(6.11)就是用非基变量表示基变量的关系式。

相应地，记 $\boldsymbol{C}_B=[c_1,c_2,\cdots,c_m]$，$\boldsymbol{C}_N=[c_{m+1},c_{m+2},\cdots,c_n]$，$\boldsymbol{C}=[C_B,C_N]$，则目标函数也可以改写为

$$\boldsymbol{Z}_B=\boldsymbol{C}_B\boldsymbol{B}^{-1}b+(\boldsymbol{C}_N-\boldsymbol{C}_B\boldsymbol{B}^{-1}\boldsymbol{N})\boldsymbol{X}_N \tag{6.12}$$

显然，$\boldsymbol{X}_B=\boldsymbol{B}^{-1}b$，$\boldsymbol{X}_N=0$ 构成了对应于基 $\boldsymbol{B}$ 的基解，其相应的目标函数值为 $\boldsymbol{Z}=\boldsymbol{C}_B\boldsymbol{B}^{-1}b$。

如果 $\boldsymbol{B}^{-1}b\geqslant 0$，则 $\boldsymbol{X}_B=\boldsymbol{B}^{-1}b$，$\boldsymbol{X}_N=0$ 构成了一个基可行解，$\boldsymbol{B}$ 是一个可行基。

如果 $\boldsymbol{C}_N-\boldsymbol{C}_B\boldsymbol{B}^{-1}\boldsymbol{N}\geqslant 0$，则由式(6.12)可以看出，对于一切可行解 X，有 $\boldsymbol{Z}=\boldsymbol{C}X\geqslant\boldsymbol{C}_B\boldsymbol{B}^{-1}b$。这就是说，对应于 $\boldsymbol{B}$ 的基可行解为最优解，这时，$\boldsymbol{B}$ 也被称为最优基。

由于

$$\begin{aligned}\boldsymbol{C}-\boldsymbol{C}_B\boldsymbol{B}^{-1}A&=[\boldsymbol{C}_B,\boldsymbol{C}_N]-\boldsymbol{C}_B\boldsymbol{B}^{-1}[\boldsymbol{B},\boldsymbol{N}]\\&=[\boldsymbol{C}_B,\boldsymbol{C}_N]-[\boldsymbol{C}_B,\boldsymbol{C}_B\boldsymbol{B}^{-1}\boldsymbol{N}]\\&=[0,(\boldsymbol{C}_N-\boldsymbol{C}_B\boldsymbol{B}^{-1}\boldsymbol{N})]\end{aligned} \tag{6.13}$$

即 $\boldsymbol{C}_N-\boldsymbol{C}_B\boldsymbol{B}^{-1}\boldsymbol{N}\geqslant 0$ 与 $\boldsymbol{C}-\boldsymbol{C}_B\boldsymbol{B}^{-1}\boldsymbol{A}\geqslant 0$ 等价，所以我们可以得出如下最优性判定定理：对于基 $\boldsymbol{B}$，若 $\boldsymbol{B}^{-1}b\geqslant 0$，且 $\boldsymbol{C}-\boldsymbol{C}_B\boldsymbol{B}^{-1}\boldsymbol{A}\geqslant 0$，则对应于基 $\boldsymbol{B}$ 的基解为最优解，$\boldsymbol{B}$ 为最优基。

由式(6.12)和式(6.13)可得

$$-\boldsymbol{Z}+(\boldsymbol{C}-\boldsymbol{C}_B\boldsymbol{B}^{-1}\boldsymbol{A})\boldsymbol{X}=-\boldsymbol{C}_B\boldsymbol{B}^{-1}b \tag{6.14}$$

用 $\boldsymbol{B}^{-1}$ 左乘式(6.5″)两端得

$$\boldsymbol{B}^{-1}\boldsymbol{A}X=\boldsymbol{B}^{-1}b \tag{6.15}$$

联合式(6.14)与式(6.15)可得

$$\begin{bmatrix} -1 & \boldsymbol{C}-\boldsymbol{C}\boldsymbol{B}^{-1}\boldsymbol{A} \\ 0 & \boldsymbol{B}^{-1}A \end{bmatrix}\begin{bmatrix} \boldsymbol{Z} \\ \boldsymbol{X} \end{bmatrix}=\begin{bmatrix} -\boldsymbol{C}\boldsymbol{B}^{-1}b \\ \boldsymbol{B}^{-1}b \end{bmatrix} \tag{6.16}$$

在式(6.16)中，称系数矩阵

$$\begin{bmatrix} -\boldsymbol{C}_B\boldsymbol{B}^{-1}b & -1 & \boldsymbol{C}-\boldsymbol{C}_B\boldsymbol{B}^{-1}\boldsymbol{A} \\ \boldsymbol{B}^{-1}b & 0 & \boldsymbol{B}^{-1}\boldsymbol{A} \end{bmatrix}$$

或

$$\begin{bmatrix} -\boldsymbol{C}_B\boldsymbol{B}^{-1}b & \boldsymbol{C}-\boldsymbol{C}_B\boldsymbol{B}^{-1}\boldsymbol{A} \\ \boldsymbol{B}^{-1}b & \boldsymbol{B}^{-1}\boldsymbol{A} \end{bmatrix}$$

为对应于基 $\boldsymbol{B}$ 的单纯形表，记作 $T(B)$ 。

如果记

$-\boldsymbol{C}_B\boldsymbol{B}^{-1}b=b_{00}$ ， $\boldsymbol{C}-\boldsymbol{C}_B\boldsymbol{B}^{-1}\boldsymbol{A}=[b_{01},b_{02},\cdots,b_{0n}]$ ， $\boldsymbol{B}^{-1}b=[b_{10},b_{20},\cdots,b_{m0}]^{\mathrm{T}}$ ，

$$\boldsymbol{B}^{-1}\boldsymbol{A}=\begin{bmatrix} b_{11} & b_{12} & \cdots & b_{1n} \\ b_{21} & b_{22} & \cdots & b_{2n} \\ \vdots & \vdots & & \vdots \\ b_{m1} & b_{m2} & \cdots & b_{mn} \end{bmatrix}$$

则

$$\boldsymbol{T}(\boldsymbol{B})=\begin{bmatrix} b_{00} & b_{01} & b_{02} & \cdots & b_{0n} \\ b_{10} & b_{11} & b_{12} & \cdots & b_{1n} \\ b_{20} & b_{21} & b_{22} & \cdots & b_{2n} \\ \vdots & \vdots & \vdots & & \vdots \\ b_{m0} & b_{m1} & b_{m2} & \cdots & b_{mn} \end{bmatrix} \tag{6.17}$$

式(6.17)表明，单纯形表就是把非基变量作为参数，表示基变量和目标函数时的系数矩阵。b_{00} 就是对应于基 $\boldsymbol{B}$ 的基解下的目标函数值；$b_{10},b_{20},\cdots,b_{m0}$ 就是对应于基 $\boldsymbol{B}$ 的基解的基变量取值；$b_{01},b_{02},\cdots,b_{0n}$ 为检验数，如果这组数均非负，则这一基可行解就是最优解。

2. 单纯形法的计算步骤

单纯形法求解线性规划问题的计算步骤如下：

第一步，找出初始可行基 $\boldsymbol{B}=[P_{j_1},P_{j_2},\cdots,P_{j_m}]$，建立初始单纯形表。

第二步，判别、检验所有的检验数 $b_{0j}(j=1,2,\cdots,n)$。

(1) 如果所有的验系数 $b_{0j} \geqslant 0(j=1,2,\cdots,n)$，则由最优性判定定理知，已获最优解，即此时的基可行解就是最优解。

(2) 若检验数 $b_{0j}(j=1,2,\cdots,n)$ 中，有些为负数，但其中某一负的检验数所对应的列向量的各分量均非正，则线性规划问题无解。

(3) 若检验数 $b_{0j}(j=1,2,\cdots,n)$ 中，有些为负数，且它们所对应的列向量中有正的分量，则需要换基、进行迭代运算。

第三步，选主元。在所有 $b_{0j}<0$ 的检验数中选取最小者 b_{0s}，其对应的非基变量为 x_s，对应的列向量为 $\boldsymbol{P}_s=[b_{1s},b_{2s},\cdots,b_{ms}]^{\mathrm{T}}$。如果

$$\theta=\min\left\{\frac{b_{i0}}{b_{is}}\middle| b_{is}>0\right\}=\frac{b_{r0}}{b_{rs}}$$

则确定 b_{rs} 为主元项。

第四步，在基 $\boldsymbol{B}$ 中调进 P_s，换出 P_{j_r}，得到一个新的基

$$\boldsymbol{B}'=[P_{j_1},P_{j_2},\cdots,P_{j_{r-1}},P_s,P_{j_{r+1}},\cdots,p_{j_m}]$$

第五步，在单纯形表上进行初等行变换，使第 s 列向量变为单位向量，又得到一张新的单纯形表。

第六步，转入上述第二步。

下面，我们用单纯形方法求解线性规划问题：

$$\begin{cases}x_1+3x_2\leqslant 12\\ 2x_1+x_2\leqslant 9\\ x_1\geqslant 0, x_2\geqslant 0\end{cases}$$
$$\max Z=2x_1+3x_2$$

首先引入松弛变量 x_3、x_4，把原问题划为标准形式

$$\begin{cases}x_1+3x_2+x_3=12\\ 2x_1+x_2+x_4=9\\ x_1,x_2,x_3,x_4\geqslant 0\end{cases}$$
$$\min Z'=-2x_1-3x_2$$

在上述问题中：

$$\boldsymbol{A}=\begin{bmatrix}1&3&1&0\\2&1&0&1\end{bmatrix},\quad \boldsymbol{P}_1=\begin{bmatrix}1\\2\end{bmatrix},\quad \boldsymbol{P}_2=\begin{bmatrix}3\\1\end{bmatrix},\quad \boldsymbol{P}_3=\begin{bmatrix}1\\0\end{bmatrix},$$

$$P_4=\begin{bmatrix}0\\1\end{bmatrix},\quad b=\begin{bmatrix}12\\9\end{bmatrix},\quad C=[-2,\quad -3,\quad 0,\quad 0]$$

第一步，因为 $B_1=[P_3,P_4]$ 为单位矩阵，且 $B_1^{-1}b=b>0$，故 B_1 是一个可行基。由于 $-C_B B_1^{-1}b=0$，$C-C_B B_1^{-1}A=C$，$B_1^{-1}A=A$，所以对应于 B_1 的初始单纯形表如表 6.1 所示。

第二步，判别。在初始单纯形表(表 6.1)中，$b_{01}=-2$，$b_{02}=-3$，所以 B_1 不是最优基，要进行换基和迭代运算。

表 6.1

		x_1	x_2	x_3	x_4
$-Z'$	0	−2	−3	0	0
x_3	12	1	[3]	1	0
x_4	9	2	1	0	1

第三步，选主元。由于 $\min\{-2,-3\}=-3$，所以取 $s=2$，其对应的非基变量为 x_2，对应的列向量为 $P_2=\begin{bmatrix}3\\1\end{bmatrix}$。$\theta=\min\left\{\frac{12}{3},\frac{9}{1}\right\}=4$，所以 $r=1$。因而主元项为 $b_{12}=3$。

第四步，P_2 调入基，P_3 退出基，得到一个新基 $B_2=[P_2,P_4]=\begin{bmatrix}3&0\\1&1\end{bmatrix}$。

第五步，对表 6.1 做初等行变换，使 P_2 变为单位向量，就得到了基 B_2 下的新单纯形表(表 6.2)。

表 6.2

		x_1	x_2	x_3	x_4
$-Z'$	12	−1	0	1	0
x_2	4	1/3	1	1/3	0
x_4	5	[5/3]	0	−1/3	1

第六步，转入第二步。因为在对应于基 B_2 的单纯形表(表 6.2)中，检验数有负数 $b_{01}=-1$，重复以上步骤，可以得到对应于基 $B_3=[P_1,P_2]=\begin{bmatrix}1/3&1\\5/3&0\end{bmatrix}$ 的单纯形表(表 6.3)。因为在表 6.3 中，检验数已经没有负数，所以 B_3 是最优基，其对应的基最优解为：$x_1=3$，$x_2=3$，$x_3=0$，$x_4=0$，目标函数 Z' 的最小值为 $Z'=-15$，原目标函数 Z 的最大值为 15。

表 6.3

		x_1	x_2	x_3	x_4
$-Z'$	15	0	0	4/5	3/5
x_2	3	0	1	2/5	−1/5
x_1	3	1	0	−1/5	3/5

在实际应用中，线性规划模型的求解过程，可以借助 MATLAB 或 Lindo 软件实现。在这些软件中，线性规划的求解程序，就是根据单纯形方法或改进的单纯形方法编制的。

6.1.5 应用实例：农场种植计划模型

某农场 I、II、III 等耕地的面积分别为 100hm^2、300hm^2 和 200hm^2，计划种植水稻、大豆和玉米，要求三种作物的最低收获量分别为 190 000kg、130 000kg 和 350 000kg。I、II、III 等耕地种植三种作物的单产如表 6.4 所示。若三种作物的售价分别为水稻 1.20 元/kg，大豆 1.50 元/kg，玉米 0.80 元/kg。那么，①如何制订种植计划，才能使总产量最大？②如何制订种植计划，才能使总产值最大？

表 6.4 不同等级耕地种植不同作物的单产 (单位: kg/hm^2)

作物种类	I 等耕地	II 等耕地	III 等耕地
水稻	11 000	9500	9000
大豆	8000	6800	6000
玉米	14 000	12 000	10 000

对于上面的农场种植计划问题，我们可以用线性规划方法建立模型。

根据题意，决策变量设置如表 6.5 所示，表中 x_{ij} 表示在第 j 等级的耕地上种植第 i 种作物的面积。

表 6.5 作物计划种植面积 (单位: hm^2)

作物种类	I 等耕地	II 等耕地	III 等耕地
水稻	x_{11}	x_{12}	x_{13}
大豆	x_{21}	x_{22}	x_{23}
玉米	x_{31}	x_{32}	x_{33}

三种作物的产量可以用表 6.6 表示。

表 6.6 三种作物的总产量 (单位: kg)

作物种类	总产量
水稻	$11\,000x_{11}+9500x_{12}+9000x_{13}$
大豆	$8000x_{21}+6800x_{22}+6000x_{23}$
玉米	$14\,000x_{31}+12\,000x_{32}+10\,000x_{33}$

根据题意，约束方程如下

耕地面积约束：$\begin{cases} x_{11}+x_{21}+x_{31}=100 \\ x_{12}+x_{22}+x_{32}=300 \\ x_{13}+x_{23}+x_{33}=200 \end{cases}$

最低收获量约束：$\begin{cases} 11\,000x_{11}+9500x_{12}+9000x_{13} \geqslant 190\,000 \\ 8000x_{21}+6800x_{22}+6000x_{23} \geqslant 130\,000 \\ 14\,000x_{31}+12\,000x_{32}+10\,000x_{33} \geqslant 350\,000 \end{cases}$

非负约束：$x_{ij} \geqslant 0, \quad i=1,2,3; \ j=1,2,3$

(1) 追求最大总产量的目标函数为

$$\begin{aligned} \max Z = & 11\,000x_{11}+9500x_{12}+9000x_{13} \\ & +8000x_{21}+6800x_{22}+6000x_{23} \\ & +14\,000x_{31}+12\,000x_{32}+10\,000x_{33} \end{aligned}$$

对于上述线性规划模型，调用 MATLAB 软件系统优化工具箱中的 linprog 函数(杜增吉等，2007)，进行求解运算，可以得到一个最优解(表 6.7)。在该方案下，最优值，即最大总产量为 6 892 200kg。从表中可以看出，如果以追求总产量最大为种植计划目标，那么，玉米的种植面积在 I、II、III 等耕地上都占绝对优势。

表 6.7　追求总产量最大的计划方案　(单位: hm^2)

作物种类	I 等耕地	II 等耕地	III 等耕地
水稻	0	0	21.1111
大豆	0	0	21.6667
玉米	100	300	157.2222

(2) 追求最大总产值的目标函数为

$$\begin{aligned} \max Z = & 1.20\times(11\,000x_{11}+9500x_{12}+9000x_{13}) \\ & +1.50\times(8000x_{21}+6800x_{22}+6000x_{23}) \\ & +0.80\times(14\,000x_{31}+12\,000x_{32}+10\,000x_{33}) \\ = & 13\,200x_{11}+11\,400x_{12}+10\,800x_{13} \\ & +12\,000x_{21}+10\,200x_{22}+9000x_{23} \\ & +11\,200x_{31}+9600x_{32}+8000x_{33} \end{aligned}$$

对于该线性规划模型，调用 MATLAB 软件系统优化工具箱中的 linprog 函数(杜增吉等，2007)，进行求解运算，可以得到一个最优解(表 6.8)。在该方案下，最优值，即最大总产值为 6 830 500 元。从表中可以看出，如果以追求总产值最大为种植计划目标，那么，水稻的种植面积在 I、II、III 等耕地上都占绝对优势。

表 6.8　追求总产值最大的计划方案　(单位：hm^2)

作物种类	I 等耕地	II 等耕地	III 等耕地
水稻	58.75	300	200
大豆	16.25	0	0
玉米	25	0	0

6.2　目标规划方法

目标规划方法，是解决多目标规划的重要方法之一。这一方法是美国学者 Charnes 等(1955,1961)在线性规划的基础上提出来的。后来，Jasskelainen(1969)和 Lee 等(1971)进一步给出了求解目标规划问题的一般性方法——单纯形方法。

在有关地理问题的决策中，常常需要考虑多个目标，如经济效益目标、生态效益目标、社会效益目标等(徐建华等，1995)。为了解决这类问题，必须运用多目标规划方法。其中，目标规划方法是解决这类地理决策问题的重要方法之一。

6.2.1　目标规划模型

目标规划的基本思想是，给定若干目标以及实现这些目标的优先顺序，在有限的资源条件下，使总的偏离目标值的偏差最小。

为了具体地说明目标规划与线性规划在处理问题的方法上的区别，可以通过下面的例子来介绍目标规划的有关概念及其数学模型。

例如，某一个企业利用某种原材料和现有设备可生产甲、乙两种产品，其中，甲、乙两种产品的单价分别为 8 万元和 10 万元；生产单位甲、乙两种产品需要消耗的原材料分别为 2 个单位和 1 个单位，需要占用的设备台时分别为 1 个单位和 2 个单位；原材料拥有量为 11 个单位；可利用的设备总台时为 10 个单位。试问：该企业领导者应如何确定其生产方案？

如果决策者所追求的唯一目标是使总产值达到最大，则这个企业的生产方案可以由如下线性规划模型给出：求 x_1， x_2， 使

$$\max Z = 8x_1 + 10x_2 \tag{6.18}$$

而且满足

$$\begin{cases} 2x_1 + x_2 \leqslant 11 & (6.19) \\ x_1 + 2x_2 \leqslant 10 & (6.20) \\ x_1, x_2 \geqslant 0 & (6.21) \end{cases}$$

式中： x_1 和 x_2 为决策变量; Z 为目标函数值。将上述问题化为标准后，用单纯形方法求

解可得最佳决策方案为 $x_1^* = 4, x_2^* = 3, Z^* = 62$ (万元)。

但是，在实际决策时，企业领导者必须考虑市场因素等一系列其他条件，例如：

(1) 根据市场信息，甲种产品的需求量有下降的趋势，因此甲种产品的产量不应大于乙种产品的产量。

(2) 根据市场信息，原材料已经涨价，如果生产过程中再追加原材料，就需要高价采购，从而会使生产成本增加。

(3) 应尽可能地充分利用设备的有效台时，但不希望加班。

(4) 应尽可能达到并超过计划产值指标 56 万元。

这样，该企业生产方案的确定，便成为一个多目标决策问题，这一问题可以运用目标规划方法建立模型并求解。

1. 描述目标规划模型的有关概念

为了建立目标规划数学模型，下面引入有关概念。

1) 偏差变量

在目标规划模型中，除了决策变量外，还需要引入正、负偏差变量 d^+ 、 d^- 。其中，正偏差变量 d^+ 表示决策值超过目标值的部分，负偏差变量 d^- 表示决策值未达到目标值的部分。因为决策值不可能既超过目标值同时又未达到目标值，故有 $d^+ \times d^- = 0$ 成立。

2) 绝对约束和目标约束

绝对约束，是指必须严格满足的等式约束和不等式约束，例如，线性规划问题的所有约束条件都是绝对约束，不能满足这些约束条件的解称为非可行解，所以它们是硬约束。

目标约束是目标规划所特有的，可以将约束方程右端项看作是追求的目标值，在达到此目标值时允许发生正的或负的偏差，因此在这些约束条件中加入正、负偏差变量，它们是软约束。线性规划问题的目标函数，在给定目标值和加入正、负偏差变量后可以转化为目标约束，也可以根据问题的需要将绝对约束转化为目标约束。例如，在线性问题式(6.18)至式(6.21)中，目标函数 $Z = 8x_1 + 10x_2$ 可以转化为目标约束 $8x_1 + 10x_2 + d_1^- - d_1^+ = 56$，绝对约束 $2x_1 + x_2 \leqslant 11$ 可以转化为 $2x_1 + x_2 + d_2^- - d_2^+ = 11$。

3) 优先因子(优先等级)与权系数

一个规划问题,常常有若干个目标，决策者对各个目标的考虑,往往是有主次或轻重缓急的。凡要求第一位达到的目标赋予优先因子 p_1，次位的目标赋予优先因子 p_2，…，并规定 $p_l >> p_{l+1} (l = 1, 2, \cdots, L)$ 表示 p_l 比 p_{l+1} 有更大的优先权。这就是说，首先保证 p_1 级目标的实现，这时可以不考虑次级目标；而 p_2 级目标是在实现 p_1 级目标的基础上考虑的；依此类推。若要区别具有相同优先因子 p_l 的目标的差别，就可以分别赋予它们不同的权系数 $\omega_{lk} (k = 1, 2, \cdots, K)$。这些优先因子和权系数都由决策者按照具体情况而定。

4) 目标函数

目标规划的目标函数(准则函数)是按照各目标约束的正、负偏差变量和赋予相应的

优先因子而构造的。当每一目标确定后，决策者的要求就是尽可能缩小与目标值的偏离。因此，目标规划的目标函数只能是

$$\min Z = f(d^+, d^-) \tag{6.22}$$

式(6.22)的基本形式有三种。

(1) 要求恰好达到目标值，就是正、负偏差变量都要尽可能小,即

$$\min Z = f(d^+, d^-) \tag{6.23}$$

(2) 要求不超过目标值，即允许达不到目标值，就是正偏差变量要尽可能小，即

$$\min Z = f(d^+) \tag{6.24}$$

(3) 要求超过目标值，也就是超过量不限，但负偏差变量要尽可能小，即

$$\min Z = f(d^-) \tag{6.25}$$

在实际问题中，可以根据决策者的要求，引入正、负偏差变量和目标约束，并给不同目标赋予相应的优先因子和权系数，构造目标函数，建立模型。

对于上例，如果在原材料供应受严格控制的基础上，依次考虑：甲种产品的产量不超过乙种产品的产量；充分利用设备的有效台时但希望不加班；产值不小于 56 万元；并分别赋予这三个目标 p_1, p_2, p_3 优先因子，则该问题的目标规划模型如下

$$\min Z = p_1 d_1^+ + p_2(d_2^- + d_2^+) + p_3 d_3^- \tag{6.26}$$

$$2x_1 + x_2 \leqslant 11 \tag{6.27}$$

$$x_1 - x_2 + d_1^- - d_1^+ = 0 \tag{6.28}$$

$$x_1 + 2x_2 + d_2^- - d_2^+ = 10 \tag{6.29}$$

$$8x_1 + 10x_2 + d_3^- - d_3^+ = 56 \tag{6.30}$$

$$x_1, x_2, d_i^-, d_i^+ \geqslant 0,\ i = 1,2,3 \tag{6.31}$$

2. 目标规划模型的一般形式

通过上述讨论，我们可以给出目标规划模型的一般形式。

假定有 K 个目标，L 个优先级 $(L \leqslant K)$，n 个决策变量。在同一优先级 p_l 中，不同目标的正、负偏差变量的权系数分别为 ω_{lk}^+、ω_{lk}^-，则多目标规划问题可以表示为

$$\min Z = \sum_{l=1}^{L} p_l \sum_{k=1}^{K} (\omega_{lk}^- d_k^- + \omega_{lk}^+ d_k^+) \tag{6.32}$$

$$\sum_{j=1}^{n} c_j^{(k)} x_j + d_k^- - d_k^+ = g_k\ ,\ \ k = 1,2,\cdots,K \tag{6.33}$$

$$\sum_{j=1}^{n} a_{ij} x_j \leqslant (=,\geqslant) b_i\ ,\ \ i = 1,2,\cdots,m \tag{6.34}$$

$$x_j \geqslant 0\ ,\ \ j = 1,2,\cdots,n \tag{6.35}$$

$$d_k^+, d_k^- \geqslant 0\ ,\ \ k = 1,2,\cdots,K \tag{6.36}$$

在以上各式中，ω_{lk}^+、ω_{lk}^- 分别为赋予 p_l 优先因子的第 k 个目标的正、负偏差变量的权系数；g_k 为第 k 个目标的预期值；x_j 为决策变量；d_k^+、d_k^- 分别为第 k 个目标的正、负偏差变量。式(6.32)为目标函数，式(6.33)为目标约束，式(6.34)为绝对约束，式(6.35)和式(6.36)为非负约束。$c_j^{(k)}$、a_{ij}、b_i 分别为目标约束和绝对约束中决策变量的系数及约束值。其中，$i = 1,2,\cdots,m$；$j = 1,2,\cdots,n$；$l = 1,2,\cdots,L$；$k = 1,2,\cdots,K$。

6.2.2　求解目标规则的单纯形方法

目标规划模型的结构，与线性规划模型的结构没有本质的区别，所以可以用单纯形方法求解目标规划问题。但考虑到目标规划模型的特点，在用单纯形方法求解目标规划时，应作以下规定：

(1) 因为目标规划模型的目标函数都是求最小值，所以，以检验数 $c_j - z_j \geqslant 0 (j = 1,2,\cdots,n)$ 为最优判别准则。

(2) 因为非基变量的检验数中含有不同等级的优先因子，即 $c_j - z_j = \sum_{l=1}^{L} \beta_{lj} p_l$ $(j = 1,2,\cdots,n;\ l = 1,2,\cdots,L)$，而且 $p_1 >> p_2 >> \cdots >> p_L$，所以从每个检验数的整体来看，其值的正、负号首先决定于 p_1 的系数 β_{1j} 的正、负，若 $\beta_{1j} = 0$，则其值的正、负号就取决于 p_2 的系数 β_{2j} 的正、负，依此类推。

据此，我们可以总结出求解目标规划问题的单纯形方法的计算步骤如下：

(1) 首先建立初始单纯形表，并在表中将检验数行按优先因子个数分别排成 L 行，置 $l = 1$。

(2) 检查该行中是否存在负数，且对应的前 $l - 1$ 行的系数皆为零。若有，取其中最小者对应的变量为换入变量，转(3)。若无负数，则转(5)。

(3) 按最小比值规则(θ 规则)确定换出变量，当存在两个和两个以上相同的最小比值时，选取具有较高优先级别的变量为换出变量。

(4) 按单纯形法进行基变换运算，建立新的计算表，返回(2)。

(5) 当 $l = L$ 时，计算结束，表中的解即为满意解。否则置 $l = l + 1$，返回(2)。

下面，我们用单纯形法求解目标规划问题式(6.26)至式(6.31)。

首先将这一问题化为如下标准形式

$$\min Z = p_1 d_1^+ + p_2(d_2^- + d_2^+) + p_3 d_3^-$$

$$\begin{cases} 2x_1 + x_2 + x_3 = 11 \\ x_1 - x_2 + d_1^- - d_1^+ = 0 \\ x_1 + 2x_2 + d_2^- - d_2^+ = 10 \\ 8x_1 + 10x_2 + d_3^- - d_3^+ = 56 \end{cases}$$

$$x_i, d_i^-, d_i^+ \geqslant 0 \quad (i = 1,2,3)$$

① 取 x_3， d_1^-， d_2^-， d_3^- 为初始基变量，列出初始单纯形表(表 6.9)。

表 6.9

C_B	X_B	b	x_1	x_2	x_3	d_1^-	d_1^+	d_2^-	d_2^+	d_3^-	d_3^+	θ
c_j			0	0	0	0	p_1	p_2	p_2	p_3	0	
0	x_3	11	2	1	1	0	0	0	0	0	0	
0	d_1^-	0	1	−1	0	1	−1	0	0	0	0	
p_2	d_2^-	10	1	[2]	0	0	0	1	−1	0	0	$\frac{10}{2}$
p_3	d_3^-	56	8	10	0	0	0	0	0	1	−1	
$c_j - z_j$	p_1		0	0	0	0	1	0	0	0	0	
	p_2		−1	−2	0	0	0	0	2	0	0	
	p_3		−8	−10	0	0	0	0	0	0	1	

② 取 $l=1$，检查检验数的 p_1 行，因该行无负检验数，故转⑤。

⑤ 因为 $l=1<L=3$，置 $l=l+1=2$，返回②。

② 检查发现检验数 p_2 行中有 -1， -2，因为有 $\min\{-1,-2\}=-2$，所以 x_2 为换入变量，转入③。

③ 按 θ 规则计算： $\theta = \min\left\{\frac{11}{1},\frac{10}{2},\frac{56}{10}\right\} = \frac{10}{2}$，所以 d_2^- 为换出变量，转入④。

④ 进行换基运算，得到表 6.10。以此类推，直至得到最终单纯形表为止，如表 6.11 所示。

表 6.10

c_j			0	0	0	0	p_1	p_2	p_2	p_3	0	θ
C_B	X_B	b	x_1	x_2	x_3	d_1^-	d_1^+	d_2^-	d_2^+	d_3^-	d_3^+	
0	x_3	6	3/2	0	1	0	0	−1/2	1/2	0	0	
0	d_1^-	5	3/2	0	0	1	−1	1/2	−1/2	0	0	$\frac{6}{3}$
0	x_2	5	1/2	1	0	0	0	1/2	−1/2	0	0	
p_3	d_3^-	6	[3]	0	0	0	0	−5	5	1	−1	
$c_j - z_j$		p_1	0	0	0	0	1	0	0	0	0	
		p_2	0	0	0	0	0	1	1	0	0	
		p_3	−3	0	0	0	0	5	−5	0	1	

表 6.11

c_j			0	0	0	0	p_1	p_2	p_2	p_3	0	θ
C_B	X_B	b	x_1	x_2	x_3	d_1^-	d_1^+	d_2^-	d_2^+	d_3^-	d_3^+	
0	x_3	3	0	0	1	0	0	2	−2	−1/2	1/2	
0	d_1^-	2	0	0	0	1	−1	3	−3	−1/2	1/2	$\frac{6}{3}$
0	x_2	4	0	1	0	0	0	4/3	−4/3	−1/6	1/6	
0	x_1	2	1	0	0	0	0	−5/3	5/3	1/3	−1/3	
$c_j - z_j$		p_1	0	0	0	0	1	0	0	0	0	
		p_2	0	0	0	0	0	1	1	0	0	
		p_3	0	0	0	0	0	0	0	1	0	

由表 6.11 可知，$x_1^* = 2$，$x_2^* = 4$ 为满意解。检查表 6.11 中的检验数行，发现非基变量 d_3^+ 的检验数为 0，这表明该问题存在多重解。在表 6.11 中，以非基变量 d_3^+ 为换入变量，d_1^- 为换出变量，经迭代得到表 6.12。从表 6.12 可以看出，$x_1^* = 10/3$，$x_2^* = 10/3$ 也是该问题的满意解。事实上，上述两组满意解的线性组合均是该问题的满意解。

表 6.12

c_j			0	0	0	0	p_1	p_2	p_2	p_3	0	θ
C_B	X_B	b	x_1	x_2	x_3	d_1^-	d_1^+	d_2^-	d_2^+	d_3^-	d_3^+	
0	x_3	1	0	0	1	−1	1	−1	1	0	0	
0	d_3^+	4	0	0	0	2	−2	6	−6	−1	1	
0	x_2	10/3	0	1	0	−1/3	1/3	1/3	−1/3	0	0	
0	x_1	10/3	1	0	0	2/3	−2/3	1/3	−1/3	0	0	
$c_j - z_j$		p_1	0	0	0	0	1	0	0	0	0	
		p_2	0	0	0	0	0	1	1	0	0	
		p_3	0	0	0	0	0	0	0	1	0	

6.2.3 目标规划模型实例：土地利用规划

在上节中，我们运用线性规划方法讨论了表 6.4 所描述的农场作物种植计划的问题。但是，由于线性规划只有单一的目标函数，所以当时我们建立的作物种植计划模型属于单目标规划模型，给出的种植计划方案，要么使总产量最大，要么使总产值最大；两个目标无法兼得。那么，究竟怎样制订作物种植计划，才能兼顾总产量和总产值双重目标呢？下面我们用多目标规划的思想方法解决这个问题。

取 x_{ij} 决策变量，它表示在第 j 等级的耕地上种植第 i 种作物的面积。如果追求总产量最大和总产值最大双重目标，那么，目标函数包括：

(1) 追求总产量最大，即

$$\begin{aligned}\max f_1(X)=&11\,000x_{11}+9500x_{12}+9000x_{13}\\&+8000x_{21}+6800x_{22}+6000x_{23}\\&+14\,000x_{31}+12\,000x_{32}+10\,000x_{33}\end{aligned}\tag{6.37}$$

(2) 追求总产值最大，即

$$\begin{aligned}\max f_2(X)=&1.20\times(11\,000x_{11}+9500x_{12}+9000x_{13})\\&+1.50\times(8000x_{21}+6800x_{22}+6000x_{23})\\&+0.80\times(14\,000x_{31}+12\,000x_{32}+10\,000x_{33})\\=&13\,200x_{11}+11\,400x_{12}+10\,800x_{13}\\&+12\,000x_{21}+10\,200x_{22}+9000x_{23}\\&+11\,200x_{31}+9600x_{32}+8000x_{33}\end{aligned}\tag{6.38}$$

根据题意，约束方程包括：

耕地面积约束：

$$\begin{cases}x_{11}+x_{21}+x_{31}=100\\x_{12}+x_{22}+x_{32}=300\\x_{13}+x_{23}+x_{33}=200\end{cases}\tag{6.39}$$

最低收获量约束：

$$\begin{cases}11\,000x_{11}+9500x_{12}+9000x_{13}\geqslant 190\,000\\8000x_{21}+6800x_{22}+6000x_{23}\geqslant 130\,000\\14\,000x_{31}+12\,000x_{32}+10\,000x_{33}\geqslant 350\,000\end{cases}\tag{6.40}$$

非负约束：

$$x_{ij}\geqslant 0,\qquad i=1,2,3;\ j=1,2,3\tag{6.41}$$

对上述多目标规划问题，我们可以采用如下方法，求其非劣解。

1) 用线性加权方法

取 $\alpha_1 = \alpha_2 = 0.5$，重新构造目标函数：

$$\begin{aligned}\max Z &= 0.5f_1(X) + 0.5f_2(X)\\ &= 12\,100x_{11} + 10\,450x_{12} + 9900x_{13}\\ &\quad + 10\,000x_{21} + 9000x_{22} + 7500x_{23}\\ &\quad + 12\,600x_{31} + 10\,800x_{32} + 9000x_{33}\end{aligned} \tag{6.42}$$

这样，就将多目标规划转化为单目标线性规划。

用单纯形方法对该问题求解，可以得到一个满意解(非劣解)方案，结果见表 6.13。此方案是：III 等耕地全部种植水稻，I 等耕地全部种植玉米，II 等耕地种植大豆 19.1176hm^2、种植玉米 280.8824hm^2。在此方案下，线性加权目标函数的最大取值为 6 445 600。

表 6.13 线性加权目标下的非劣解方案 (单位：hm^2)

作物种类	I 等耕地	II 等耕地	III 等耕地
水稻	0	0	200
大豆	0	19.1176	0
玉米	100	280.8824	0

2) 目标规划方法

实际上，除了线性加权求和法以外，我们还可以用目标规划方法求解上述多目标规划问题。如果我们对总产量 $f_1(X)$ 和总产值 $f_2(X)$，分别提出一个期望目标值 $f_1^* = 6\,100\,000$ (kg)，$f_2^* = 6\,600\,000$ (元)，并赋予两个目标的优先级分别为 P_1 和 P_2。

如果 d_1^-、d_1^+ 分别表示对应第一个目标期望值的正、负偏差变量，d_2^-、d_2^+ 分别表示对应于第二个目标期望值的正、负偏差变量，而且将每一个目标的正、负偏差变量同等看待(即可将它们的权系数都赋为 1)，那么，该目标规划问题的目标函数为

$$\min Z = P_1(d_1^- + d_1^+) + P_2(d_2^- + d_2^+) \tag{6.43}$$

对应的两个目标约束为

$$f_1(X) + d_1^- - d_1^+ = 6\,100\,000 \tag{6.44}$$

$$f_2(X) + d_1^- - d_1^+ = 6\,600\,000 \tag{6.45}$$

即

$$\begin{aligned}&11\,000x_{11}+9500x_{12}+9000x_{13}+8000x_{21}+6800x_{22}+6000x_{23}\\&+14\,000x_{31}+12\,000x_{32}+10\,000x_{33}+d_1^- - d_1^+ = 6\,100\,000\end{aligned} \tag{6.46}$$

$$\begin{aligned}&13\,200x_{11}+11\,400x_{12}+10\,800x_{13}+12\,000x_{21}+10\,200x_{22}+9000x_{23}\\&+11\,200x_{31}+9600x_{32}+8000x_{33}+d_2^- - d_2^+ = 6\,600\,000\end{aligned} \tag{6.47}$$

除了目标约束以外，该模型的约束条件，还包括硬约束和非负约束的限制。其中，硬约束包括耕地面积约束[式(6.39)]和最低收获量约束[式(6.40)]；非负约束，不但包括决策变量的非负约束[式(6.41)]，还包括正、负偏差变量的非负约束

$$d_1^- \geqslant 0, d_1^+ \geqslant 0, d_2^- \geqslant 0, d_2^+ \geqslant 0 \tag{6.48}$$

求解上述目标规划问题，可以得到一个非劣解方案，详见表 6.14。在此非劣解方案下，两个目标的正、负偏差变量分别为 $d_1^- = 0$，$d_1^+ = 2114.181$，$d_2^- = 0$，$d_2^+ = 122.0324$。

表 6.14　目标规划的非劣解方案　　(单位：hm^2)

作物种类	I 等耕地	II 等耕地	III 等耕地
水稻	4.538 102	233.422 6	199.221 2
大豆	13.609 35	3.324 99	0.528 958
玉米	81.821 69	63.252 45	0.249 813

6.3　网络分析方法

网络分析，是运筹学的一个重要分支，它主要运用图论方法研究各类网络的结构及其优化问题(Burt et al., 1983；田丰等，1987；钱颂迪等，1990；Xu, 2003)。网络分析方法是地理建模必不可少的重要方法之一(牛文元，1987)。许多地理问题，例如，城镇体系问题、城市地域结构问题、交通问题、商业网点布局问题、物流问题、管道运输问题、供电与通信线路问题、社会结构问题等(王富年等，1988；王缉宪，1988；杨吾扬，1989；Wasserman et al.，1994)，都可以运用网络分析方法进行研究。当地理问题被抽象为图论意义上的网络图时，问题的核心就变成了网络图上的优化计算问题(徐建华，1991，1996，2002)。

6.3.1　地理网络的测度

对于许多现实的地理问题，只要经过一定的简化和抽象，就可以将它们描述为图论意义下的地理网络——点和线的排布格局。例如，在图 6.2 中，(a)与(b)表示同一个网络图的两种不同画法。

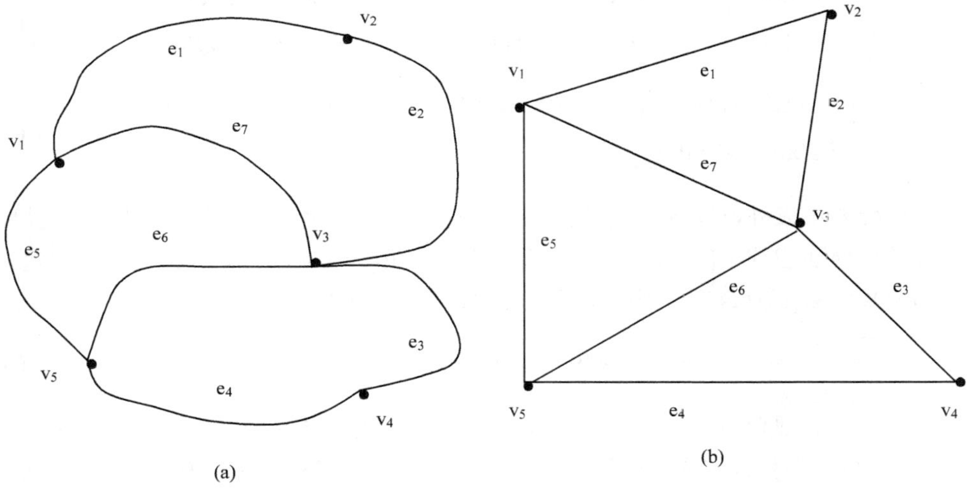

图 6.2　同一个网络图的两种不同画法

对于地理网络，可以进一步定量化地测度它们的拓扑结构，以及连通性和复杂性。地理网络的拓扑分类，可以归纳为图 6.3。

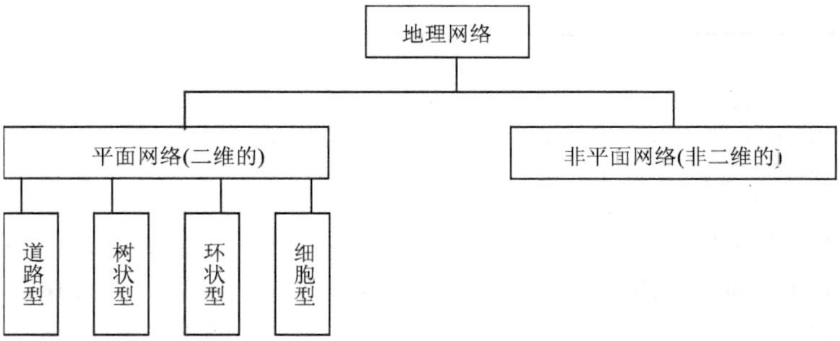

图 6.3　地理网络的拓扑分类(牛文元，1987)

目前关于地理网络的拓扑研究，最多、最常见的是基于平面图描述的二维平面网络。所谓平面图，被规定为：各连线之间不能交叉，而且每一条连线除顶点以外，不能再有其他的公共点(牛文元，1987)。而在非平面图中，这种限制则被打破。以下的讨论，除非特别申明，都限于二维平面网络。

1. 关联矩阵与邻接矩阵

1) 关联矩阵

关联矩阵是对网络图中顶点与边的关联关系的一种描述。假设网络图 $G=(V,E)$ 的顶点集为 $V=\{v_1,v_2,\cdots,v_n\}$，边集为 $E=\{e_1,e_2,\cdots,e_m\}$，则该网络图的关联矩阵就是一个 $n\times m$ 矩阵，可表示为

$$
\boldsymbol{L}(G)=\begin{bmatrix} g_{11} & g_{12} & \cdots & g_{1m} \\ g_{21} & g_{22} & \cdots & g_{2m} \\ \vdots & \vdots & & \vdots \\ g_{n1} & g_{n2} & \cdots & g_{nm} \end{bmatrix} \tag{6.49}
$$

式中： g_{ij} 为顶点 v_i 与边 e_j 相关联的次数。

例如，在网络图 6.2 中，(a)或(b)的关联矩阵为

$$
\boldsymbol{L}(G)=\begin{bmatrix} 1 & 0 & 0 & 0 & 1 & 0 & 1 \\ 1 & 1 & 0 & 0 & 0 & 0 & 0 \\ 0 & 1 & 1 & 0 & 0 & 1 & 1 \\ 0 & 0 & 1 & 1 & 0 & 0 & 0 \\ 0 & 0 & 0 & 1 & 1 & 1 & 0 \end{bmatrix}
$$

2) 邻接矩阵

邻接矩阵是对网络图中各顶点之间的连通性程度的一种描述。假设图 $G=(V,E)$ 的顶点集为 $V=\{v_1,v_2,\cdots,v_n\}$，则其邻接矩阵是一个 n 阶方阵，可表示为

$$
\boldsymbol{A}(G)=\begin{bmatrix} a_{11} & a_{12} & \ldots & a_{1n} \\ a_{21} & a_{22} & \ldots & a_{2n} \\ \vdots & \vdots & & \vdots \\ a_{n1} & a_{n2} & \ldots & a_{nn} \end{bmatrix} \tag{6.50}
$$

式中： a_{ij} 为连接顶点 v_i 与 v_j 的边的数目。

例如，在网络图 6.2 中，(a)或(b)的邻接矩阵为

$$
\boldsymbol{A}(G)=\begin{bmatrix} 0 & 1 & 1 & 0 & 1 \\ 1 & 0 & 1 & 0 & 0 \\ 1 & 1 & 0 & 1 & 1 \\ 0 & 0 & 1 & 0 & 1 \\ 1 & 0 & 1 & 1 & 0 \end{bmatrix}
$$

2. 有关测度指标

对于任何一个网络图，都存在着三种共同的基础指标：①连线(边或弧)数目；②结点(顶点)数目；③网络中亚图的数目。如果将这三个基础指标分别记为 m，n 和 p，则由它们可以产生如下几个更为一般性的测度指标。

1) β 指数

β 指数，也称为线点率，它描述的是网络内每一个结点的平均联线数目，即

$$\beta = \frac{m}{n} \tag{6.51}$$

β 指数是关于网络复杂性程度的简单度量。$\beta=0$，表示无网络存在；网络的复杂性增加，则β值也增大。

一种最低限度的连接，被定义为没有孤立点存在的网络，其连线的数目为 $n-p$，此时，β 指数为

$$\beta_l = \frac{n-p}{n} \tag{6.52}$$

如果地理网络不包含次级亚图，即 $P=1$，则其最低限度连接的 β 指数值为 $(1-1/n)$ 。

2) 回路数 k

回路是一种闭合路径，它的始点同时也是终点。如果网络内存在回路，则连线的数目就必须超过 $n-p$，因为这个数目定义了一个最低限度连接的网络。那么，回路数目就等于实际连线数目减去最低限度连接的连线数目，即

$$k = m - n + p \tag{6.53}$$

3) α 指数

α 指数是网络中实际回路数与网络内可能存在的最大回路数之间的比率。对于平面网络，α 指数的计算公式为

$$\alpha = \frac{m-n+p}{2n-5p} \tag{6.54}$$

α 指数的变化范围，一般介于[0，1]，$\alpha=0$ 意味着网络中不存在回路；$\alpha=1$，说明网络中已达到最大限度的回路数目。α 指数也可以用百分率来表示，即

$$\alpha = \frac{m-n+p}{2n-5p} \times 100\% \tag{6.55}$$

对于非平面网络，α 指数的计算公式为

$$\alpha' = \frac{m-n+p}{[n(n-1)/2-(n-1)]} \times 100\% \tag{6.56}$$

4) γ 指数

γ 指数是网络内连线的实际数目与可能存在的连线最大数目之间的比率。对于平面网络，其计算公式为

$$\gamma = \frac{m}{3(n-2p)} \tag{6.57}$$

γ 指数是测度网络连通性的一种指标，其数值变化范围为[0，1]。γ =0，表示网络内无连线，只有孤立点存在；γ =1，则表示网络内每一个结点都存在与其他结点相连的连线。γ 指数也可以用百分比来表示，即

$$\gamma = \frac{m}{3(n-2p)} \times 100\% \tag{6.58}$$

对于非平面网络，γ 指数的计算公式为

$$\gamma' = \frac{m}{n(n-1)/2} \times 100\% \tag{6.59}$$

表 6.15 给出了几种简单的平面网络图的 k、α 、β 、γ 指标，读者自己也可以计算验证。

表 6.15　几种简单网络图的有关测度指标

图形(平面)	m，n，p	k	α	β	γ
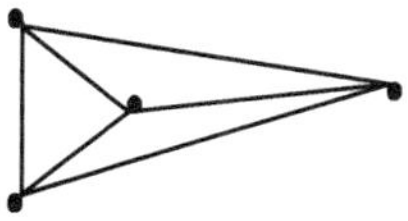	m=6，n=4，p=1	3	1	1.5	1
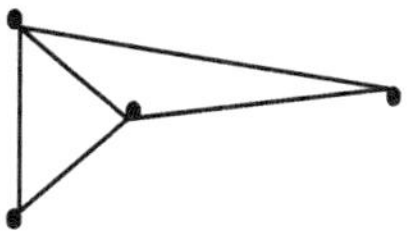	m=5，n=4，p=1	2	0.667	1.25	0.833
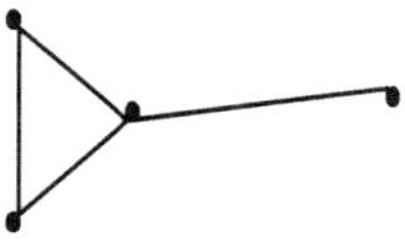	m=4，n=4，p=1	1	0.333	1	0.667
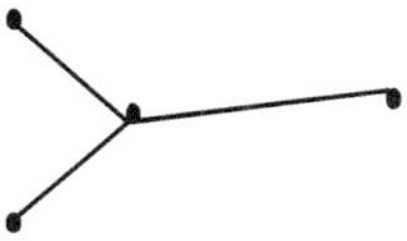	m=3，n=4，p=1	0	0	0.75	0.5
	m=2，n=4，p=1	0	0	0.5	0.333
	m=1，n=4，p=1	0	0	0.25	0.167
	m=1，n=4，p=1	0	0	0	0

6.3.2　最短路径问题

最短路径问题，是地理网络分析中的一个重要问题之一，这一问题的研究不但具有理论意义，而且具有重要的应用价值。

1. 最短路径的含义

在地理的网络分析中，最短路径常常可以代表多种不同的含义。一般而言，它主要指以下三个方面的含义。

(1) “纯距离”意义上的最短路径。例如，需要运送一批物资从一个城市到另一个城市，那么，究竟选择什么样的运输路线(不一定是直达的线路)距离最短？显然，这里所谓的距离是指实际的里程数，即“纯距离”。

(2) “经济距离”意义上的最短路径。例如，某公司在世界上某 10 大港口 C_1，C_2，…，C_{10} 设有货栈，为了更好地适应市场供需形势，经常要在各港口之间运送各类货物。从 C_i 到 C_j 之间的直接航运价格，是由市场动态决定的。如果两个港口之间无直接通航路线，则通过第三个港口转运。那么，各个港口之间最廉价的货运线路是什么？显然，这一问题就是“经济距离”意义上的最短路径问题。

(3) “时间”意义上的最短路径。例如，某家经营公司有一批货物急需从一个城市运往另一个城市，那么，在由公路、铁路、河流航运、航空运输等四种运输方式和各个运输线路所构成的交通网络中，究竟选择怎样的运输路线(运输方式不限)最节省时间？显然，这一问题就是“时间距离”意义上的最短路径问题。

以上三类问题，都可以抽象为同一类问题，即赋权图上的最短路径问题。在这里，不同意义下的距离都可以被抽象为网络图中边的权值。当然，这种权值既可以代表“纯距离”，又可以代表“经济距离”，也可以代表“时间距离”。针对不同的问题，其距离(权值)与最短路径的含义各不相同。

2. 最短路径的算法

关于最短路径问题，目前所公认的最好的求解方法，是 1959 年由 E.W.Dijkstar 提出的标号法。该方法之所以被称为标号法，是由于这个方法在求解过程的每一个步骤中，都对于网络图中的每一个顶点赋予一个(或几个)相应的数，这个(些)数就称之为该顶点的标号。这个算法的一个突出优点是：它不仅可以求出起点到终点的最短路径及其长度，而且可以求出起点到其他任何一个点的最短路径及其长度。更值得一提的是，这一算法不但适用于求解有向图上的最短路径问题，而且同样也适用于求解无向图上的最短路径问题。

设 $G=(V, A)$ 是一个赋权有向图，即对于图中的每一条边 $e=(\mathrm{v}_i,\mathrm{v}_j)$，都赋予了一个权值 w_{ij}。在图 G 中指定两个顶点，确定为起点和终点，不妨设 v_1 为起点，v_k 为终点。标号法的基本思想是：首先从 v_1 开始，给每一个顶点标一个数，称为标号。这些标号，又进一步区分为 T 标号和 P 标号两种类型。其中，每一个顶点的 T 标号表示从起点 v_1 到该点的最短路径长度的上界，这种标号为临时标号；P 标号表示从 v_1 到该点的最短路长度，这种标号为固定标号。在最短路径计算过程中，对于已经得到 P 标号的顶点，不再改变其标号；对于凡是没有标上 P 标号的顶点，先给它一个 T 标号；算法的每一步就是把顶点的 T 标号逐步修改，将其变为 P 标号。那么，最多经过 $k-1$ 步，就可以求得到从起点 v_1 到每一个顶点的最短路径及其长度。

标号法的具体计算步骤如下：

开始，先给 v_1 标上 P 标号 $P(v_1)=0$，对其余各点，均标上 **T** 标号

$$T(v_j)=+\infty,\ \ j\neq 1 \tag{6.60}$$

(1) 如果刚刚得到 P 标号的点是 v_i，那么，对于所有这样的点 $v_j:(v_i,v_j)\in E$，而且 v_j 的标号是 T 标号，将其 T 标号修改为：$\min\{T(v_j),P(v_i)+w_{ij}\}$。

(2) 若 G 中已经没有 T 标号，则停止计算。否则，计算所有 T 标号的最小值

$$T(v_{j_0})=\min T(v_j) \tag{6.61}$$

并把点 v_{j_0} 的 T 标号修改为 P 标号，即令 $P(v_{j_0})=0$，然后再转入(1)。

在图 6. 4 所示的赋权有向图中，每一个顶点 $v_i(i=1,2,\cdots,n)$ 代表一个城镇；每一条边代表相应两个城镇之间的交通线，其长度用边旁边的数字表示。

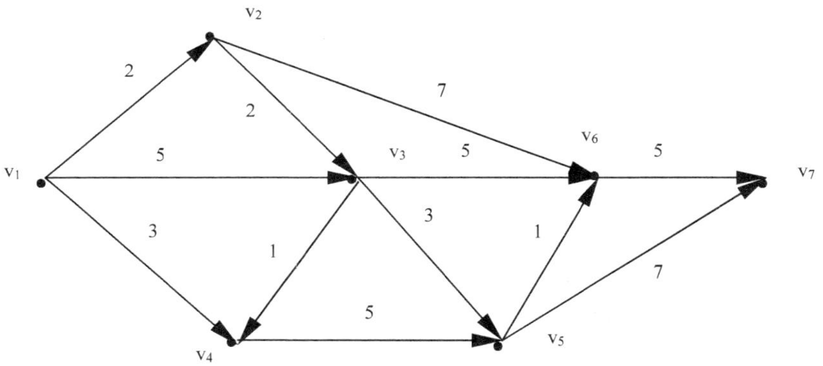

图 6.4 赋权有向交通网络

下面用标号法，求城镇 v_1 到 v_7 之间的最短路径。

开始，首先给 v_1 标上 P 标号 $P(v_1)=0$，表示从 v_1 到 v_7 的最短路权为零；对其他点，标上 T 标号 $T(v_j)=+\infty\ \ (j=2,3,\ldots,7)$。

第一步：

(1) v_1 是刚得到 P 标号的点。因为 $(v_1,v_2)\in E$，$(v_1,v_3)\in E$，$(v_1,v_4)\in E$，而且 v_2，v_3，v_4 是 T 标号，所以修改这三个点的 T 标号为

$$T(v_2)=\min\{T(v_2),P(v_1)+w_{12}\}=\min\{+\infty,0+2\}=2$$

$$T(v_3)=\min\{T(v_3),P(v_1)+w_{13}\}=\min\{+\infty,0+5\}=5$$

$$T(v_4)=\min\{T(v_4),P(v_1)+w_{14}\}=\min\{+\infty,0+3\}=3$$

(2) 在所有 T 标号中，$T(v_2)=2$ 最小，于是令 $P(v_2)=2$。

第二步：

(1) v_2 是刚得到 P 标号的点。因为 $(v_2,v_3)\in E$，$(v_2,v_6)\in E$，而且 v_3 与 v_6 是 T 标号，故修改它们的 T 标号为

$$T(v_3)=\min\{T(v_3),P(v_2)+w_{23}\}=\min\{5,2+2\}=4$$

$$T(v_6)=\min\{T(v_6),P(v_2)+w_{26}\}=\min\{+\infty,2+7\}=9$$

(2) 在所有的 T 标号中，$T(v_4)=3$ 最小，于是令 $P(v_4)=3$。

第三步：

(1) v_4 是刚得到 P 标号的点。因为 $(v_4,v_5)\in E$，而且 v_5 是 T 标号，故修改它的 T 标号为

$$T(v_5)=\min\{T(v_5),P(v_4)+w_{45}\}=\min\{+\infty,3+5\}=8$$

(2) 在所有的 T 标号中，$T(v_3)=4$ 最小，故令 $P(v_3)=4$。

第四步：

(1) v_3 是刚得到 P 标号的点。因为 $(v_3,v_5)\in E$，$(v_3,v_6)\in E$，而且 v_5 和 v_6 为 T 标号，故修改它们的 T 标号为

$$T(v_5)=\min\{T(v_5),P(v_3)+w_{35}\}=\min\{8,4+3\}=7$$

$$T(v_6)=\min\{T(v_6),P(v_3)+w_{36}\}=\min\{9,4+5\}=9$$

(2) 在所有的 T 标号中，$T(v_5)=7$ 最小，故令 $P(v_5)=7$。

第五步：

(1) v_5 是刚得到 P 标号的点。因为 $(v_5,v_6)\in E$，$(v_5,v_7)\in E$，而且 v_6 和 v_7 都是 T 标号，故修改它们的 T 标号为

$$T(v_6)=\min\{T(v_6),P(v_5)+w_{56}\}=\min\{9,7+1\}=8$$

$$T(v_7)=\min\{T(v_7),P(v_5)+w_{57}\}=\min\{+\infty,7+7\}=14$$

(2) 在所有 T 标号中，$T(v_6)=8$ 最小，于是令：$P(v_6)=8$。

第六步：

(1) v_6 是刚得到 P 标号的点。因为 $(v_6,v_7)\in E$，而且 v_7 为 T 标号，故修改它的 T 标号为

$$T(v_7)=\min\{T(v_7),P(v_6)+w_{67}\}=\min\{14,8+5\}=13$$

(2) 目前只有 v_7 是 T 标号，故令：$P(v_7)=13$。

现在，图 6.3 中的所有点都标上了 P 标号，所以求解结束。显然，从城镇 v_1 到 v_7 之间的最短路径为 $(v_1,v_2,v_3,v_5,v_6,v_7)$，最短路径长度为 13。

6.3.3 选址问题

选址问题，是现代地理学的分支学科——区位论研究的主要方向之一。选址问题涉及人类生产、生活、文化、娱乐等各个方面。选址问题的数学模型取决于可供选址的范

围、条件，以及怎样判定选址的质量两个方面的条件。由于存在大量的各种各样的选址问题，所以有关文献中也有各种各样的选址问题的数学模型及求解方法。但是，本节的讨论仅限于选址的范围是一个地理网络，而且选址位置位于网络图的某一个或几个顶点上。对这样的选址问题，根据其选址的质量判据，可以将其归纳为求网络图的中心点与中位点两类问题。

1. 中心点选址问题

中心点选址问题的质量判据为：使最佳选址位置所在的顶点的最大服务距离为最小。这类选址问题适宜于医院、消防站点等一类服务设施的布局问题。例如，某县要在其所辖的六个乡镇之一修建一个消防站，为 6 个乡镇服务，要求消防站至最远乡镇的距离达到最小。这就是中心点选址问题，这一类问题，实质上就是求网络图的中心点问题。该问题的数学描述如下：

设 $G=(V,E)$ 是一个无向简单连通赋权图，连结两个顶点的边的权值代表它们之间的距离，对于每一个顶点 v_i，它与各个顶点之间的最短路径长度为 d_{i1}，d_{i2}，…，d_{in}。这些最短路径长度的最大值，称为顶点 v_i 的最大服务距离，记为 $\mathrm{e}(\mathrm{v}_i)$。那么，中心点选址问题，就是求网络图 G 的中心点 v_{i_0}，使得

$$\mathrm{e}(\mathrm{v}_{i_0})=\min_i \mathrm{e}(\mathrm{v}_i) \tag{6.62}$$

假设某县下属的 6 个乡镇及其之间公路联系如图 6.5 所示。图中，每一个顶点代表一个乡镇；每一条边代表连接两个乡镇之间的公路，边旁的数字代表该条公路的长度。现在要设立一个消防站，为全县的 6 个乡镇服务。试问该消防站应该设在哪一个乡镇(图中的哪一个顶点)？

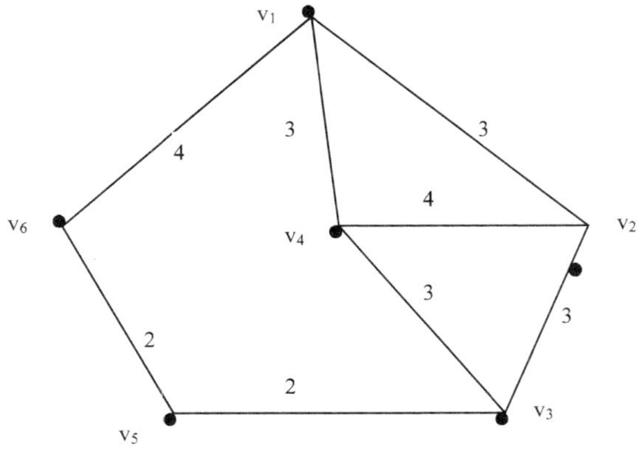

图 6.5　消防站选址问题

这个问题，是一个中心点选址问题，要回答这个问题，就需要求解图 6.5 的中心点。

第一步：用标号法求出每一个点 v_i 至其他各个点 v_j 的最短路径长度 $d_{ij}(i,j=1,2,\cdots,6)$，并将它们写成如下的距离矩阵

$$
\boldsymbol{D}=\begin{pmatrix} d_{11} & d_{12} & d_{13} & d_{14} & d_{15} & d_{16} \\ d_{21} & d_{22} & d_{23} & d_{24} & d_{25} & d_{26} \\ d_{31} & d_{32} & d_{33} & d_{34} & d_{35} & d_{36} \\ d_{41} & d_{42} & d_{43} & d_{44} & d_{45} & d_{46} \\ d_{51} & d_{52} & d_{53} & d_{54} & d_{55} & d_{56} \\ d_{61} & d_{62} & d_{63} & d_{64} & d_{65} & d_{66} \end{pmatrix}=\begin{pmatrix} 0 & 3 & 6 & 3 & 6 & 4 \\ 3 & 0 & 3 & 4 & 5 & 7 \\ 6 & 3 & 0 & 3 & 2 & 4 \\ 3 & 4 & 3 & 0 & 5 & 7 \\ 6 & 5 & 2 & 5 & 0 & 2 \\ 4 & 7 & 4 & 7 & 2 & 0 \end{pmatrix}
$$

第二步：求出每一个点的最大服务距离。显然，它们分别是矩阵 $\boldsymbol{D}$ 中各行的最大值，即：$\mathrm{e}(\mathrm{v}_1)=6$，$\mathrm{e}(\mathrm{v}_2)=7$，$\mathrm{e}(\mathrm{v}_3)=6$，$\mathrm{e}(\mathrm{v}_4)=7$，$\mathrm{e}(\mathrm{v}_5)=6$，$\mathrm{e}(\mathrm{v}_6)=7$。

第三步：判定，求网络图的中心点。因为 $\mathrm{e}(\mathrm{v}_1)=\mathrm{e}(\mathrm{v}_3)=\mathrm{e}(\mathrm{v}_5)=\min\limits_i \mathrm{e}(\mathrm{v}_i)=6$，所以 v_1、v_3、v_5 都是图 6.5 的中心点。也就是说，消防站设在 v_1、v_3、v_5 中任何一个点上都是可行的。

2. 中位点选址问题

网络图的中位点选址问题的质量判据要求是：最佳选址位置所在的点到其他各点的最短路径长度的总和(或者以各点的载荷加权求和)为最小。这类问题的数学描述为：

设 $G=(V,E)$ 是一个简单连通赋权无向图，连接两个顶点的边的权值为它们之间的距离；对于每一个顶点 $\mathrm{v}_i(i=1,2,...,n)$，有一个正的负荷 $a(\mathrm{v}_i)$，而且它与其他各顶点之间的最短路径长度为 d_{i1}，d_{i2}，…，d_{in}。那么，中位点选址的任务，就是求图 G 的中位点 v_{i_0}，使得

$$
S(\mathrm{v}_{i_0})=\min_i S(\mathrm{v}_i)=\min_i \sum_{j=1}^{n} a(\mathrm{v}_j)d_{ij} \tag{6.63}
$$

假设某县下属的 7 个乡镇，每一个乡镇的人口数、公路联系如图 6.6 所示。图中，每一个顶点 $\mathrm{v}_i(i=1,2,\cdots,7)$ 代表一个乡镇，其载荷 $a(\mathrm{v}_i)$ 代表该乡镇的人口数；每一条边代表连接两个乡镇之间的公路，边旁的数字代表该条公路的长度。现在需要设立一个中心邮局，为全县所辖的 7 个乡镇共同服务。试问该中心邮局应该设在哪一个乡镇(图中的哪一个顶点)？

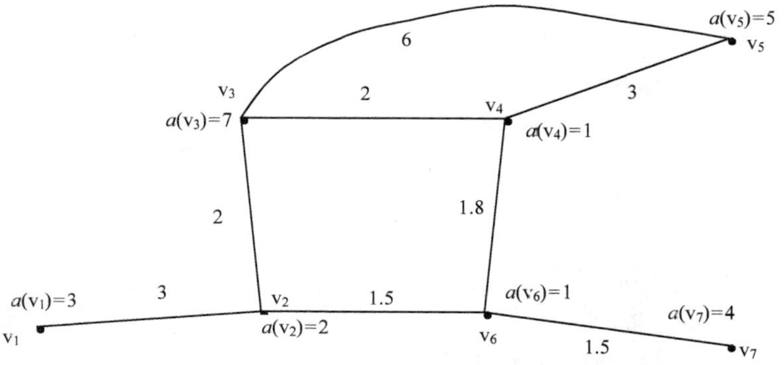

图 6.6　中心邮局选址问题

这个问题，是一个中位点选址问题，要回答这个问题，就需要求解图 6.6 的中位点。

第一步：用标号法求出每一个点 v_i 至其他各个点 v_j 的最短路径长度 $d_{ij}(i,j=1,2,\cdots,7)$，并将它们写成如下的距离矩阵

$$\boldsymbol{D}=\begin{pmatrix} d_{11} & d_{12} & d_{13} & d_{14} & d_{15} & d_{16} & d_{17} \\ d_{21} & d_{22} & d_{23} & d_{24} & d_{25} & d_{26} & d_{27} \\ d_{31} & d_{32} & d_{33} & d_{34} & d_{35} & d_{36} & d_{37} \\ d_{41} & d_{42} & d_{43} & d_{44} & d_{45} & d_{46} & d_{47} \\ d_{51} & d_{52} & d_{53} & d_{54} & d_{55} & d_{56} & d_{57} \\ d_{61} & d_{62} & d_{63} & d_{64} & d_{65} & d_{66} & d_{67} \\ d_{71} & d_{72} & d_{73} & d_{74} & d_{75} & d_{76} & d_{77} \end{pmatrix}$$

$$=\begin{pmatrix} 0 & 3 & 5 & 6.3 & 9.3 & 4.5 & 6 \\ 3 & 0 & 2 & 3.3 & 6.3 & 1.5 & 3 \\ 5 & 2 & 0 & 2 & 5 & 3.5 & 5 \\ 6.3 & 3.3 & 2 & 0 & 3 & 1.8 & 3.3 \\ 9.3 & 6.3 & 5 & 3 & 0 & 4.8 & 6.3 \\ 4.5 & 1.5 & 3.5 & 1.8 & 4.8 & 0 & 1.5 \\ 6 & 3 & 5 & 3.3 & 6.3 & 1.5 & 0 \end{pmatrix}$$

第二步：以各顶点的载荷(人口数)加权，求出每一个顶点至其他各个顶点的最短路径长度的加权和

$$S(v_1)=\sum_{j=1}^{7}a(v_j)d_{1j}\ =122.3$$

$$S(v_2)=\sum_{j=1}^{7}a(v_j)d_{2j}\ =71.3$$

$$S(v_3)=\sum_{j=1}^{7}a(v_j)d_{3j}\ =69.5$$

$$S(v_4)=\sum_{j=1}^{7}a(v_j)d_{4j}\ =69.5$$

$$S(v_5)=\sum_{j=1}^{7}a(v_j)d_{5j}\ =108.5$$

$$S(v_6)=\sum_{j=1}^{7}a(v_j)d_{6j}\ =72.8$$

$$S(\mathrm{v}_7)=\sum_{j=1}^{7}a(\mathrm{v}_j)d_{7j}=95.3$$

第三步：判定，求网络图的中位点。因为 $S(\mathrm{v}_3)=S(\mathrm{v}_4)=\min_i\{S(\mathrm{v}_i)\}=\min_i\sum_{j=1}^{7}a(\mathrm{v}_j)d_{ij}=69.5$。所以，$\mathrm{v}_3$ 和 v_4 都是图 6.6 的中位点。也就是说，中心邮局设在 v_3 和 v_4 都是可行的。

6.3.4　最大流问题及其求解方法

1. 最大流问题

设 $N(V,A)$ 是一个有向网络，在发点 V_s 有一批货，要通过网络上的弧运输到收点 V_t 去，由于运输条件的限制，每条弧 a_{ij} 在单位时间内通过的车辆数有一定的限制，不能超过 c_{ij} 辆，那么，应该如何组织运输，才能使从 V_s 到 V_t 在单位时间内通过的车辆达到最多？

上面描述的这类问题，称为最大流问题。最大流问题，是交通运输、供水、管道供油、邮电通信，以及生产调度等实际工作中经常碰到的问题。

看下面的例子：如图 6.7 中，有一批物资需要用汽车尽快从发点①运到收点⑦，弧 (i,j) 上所标的数字表示该条道路在单位时间内最多能通过的车辆数(单位：百辆)。试问如何调度安排，才能使单位时间里从①到⑦通过的车辆数最多？

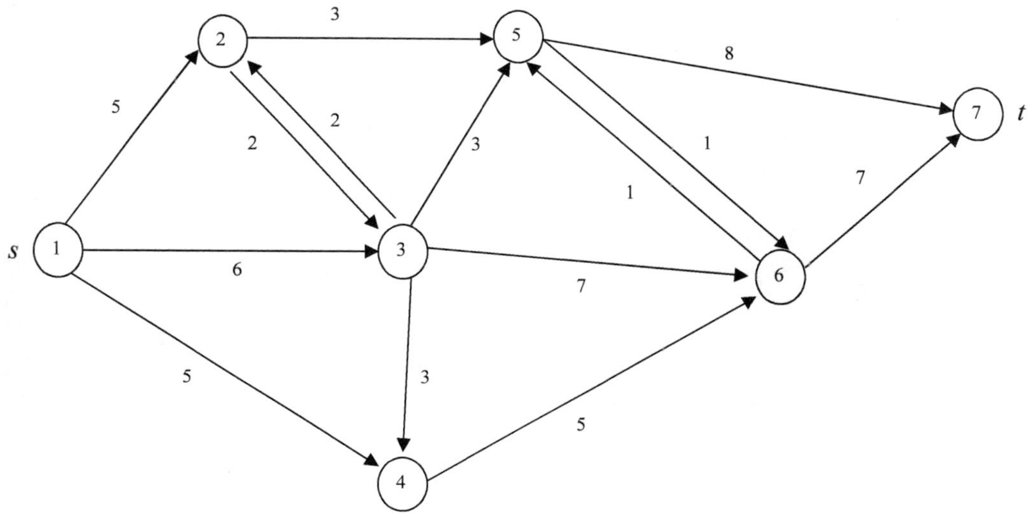

图 6.7　一个有流量约束的交通网络

如果将上述问题用线性规划进行描述，那么，首先点①出发的车辆数应该与点⑦到达的车辆数相同，即

$$x_{12}+x_{13}+x_{14}=x_{57}+x_{67}=f \tag{6.64}$$

对于除①和⑦以外的各中间点，进的车辆数应该与离去的车辆数应该相同，即

对点②：
$$x_{12}+x_{32}=x_{23}+x_{25} \tag{6.65}$$

对点③：
$$x_{13}+x_{23}=x_{32}+x_{34}+x_{35}+x_{36} \tag{6.66}$$

对点④：
$$x_{14}+x_{34}=x_{46} \tag{6.67}$$

对点⑤：
$$x_{25}+x_{35}+x_{65}=x_{56}+x_{57} \tag{6.68}$$

对点⑥：
$$x_{36}+x_{46}+x_{56}=x_{65}+x_{67} \tag{6.69}$$

式中：x_{ij} 是通过弧 (i,j) 的车辆数。

显然，对所有弧 (i,j) 上的车辆数，应满足约束：

$$0 \leqslant x_{ij} \leqslant c_{ij} \tag{6.70}$$

满足条件(6.64)~(6.70)的解称为从①到⑦的一个可行流，我们目的就是要在所有可行流中求出一个方案，使得这个可行流得到的 f 最大。

如果从收点到发点间连接一条假想的弧 $(7,1)$，设它的容量为 $c_{71}=+\infty$，那么

对点①：
$$x_{71}=x_{12}+x_{13}+x_{14} \tag{6.71}$$

对点⑦：
$$x_{57}+x_{67}=x_{71} \tag{6.72}$$

最大流问题的目标就是要使

$$x_{71}=\max \tag{6.73}$$

所以，对于发点为 V_s，收点为 V_t 的网络 $N(V,U)$，当增加一条约束为 $c_{ts}=+\infty$ 的假想弧 (t,s) 后，最大流问题就成为：

容量约束：$0 \leqslant x_{ij} \leqslant c_{ij}$　(6.74)

平衡条件：$\sum\limits_{(j,i)\in U} x_{ji} = \sum\limits_{(i,j)\in U} x_{ij}$　(6.75)

目标函数：$x_{st}=\max$　(6.76)

2. 求最大流的方法：弧标号法

尽管最大流问题可以用线性规划模型描述，但是我们一般并不用求解线性规划的方法求最大流，而是用一种更为简便明了的图上作业法——弧标号法(高鸿桢等，1995)，求解上述最大流问题。

为了便于弧标号法的计算，首先需要将最大流问题(图 6.7)重新改画成为图 6.8 的形式。

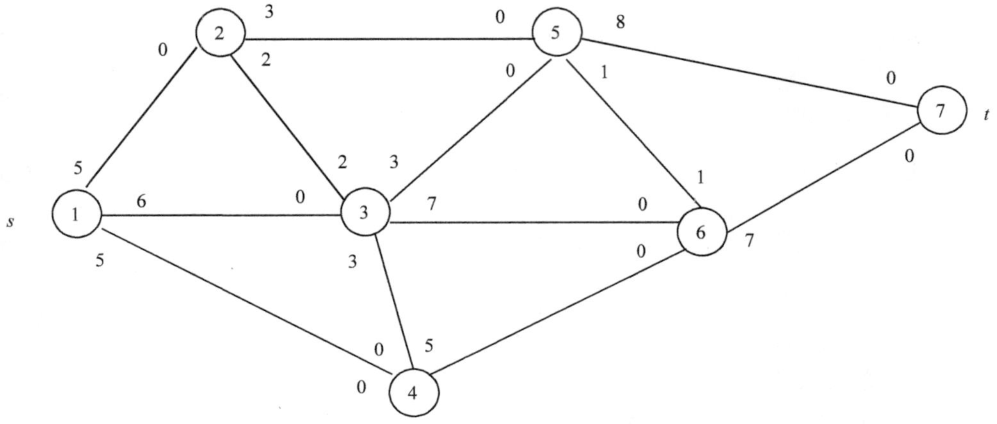

图 6.8　弧标号

在图 6.8 中，每条弧 V_{ij} 上标有两个数字，其中，靠近 i 点的是 c_{ij}，靠近 j 点的是 c_{ji}。如① $\overset{5\quad\quad 0}{——}$ ②表示从①到②的最大通过量是 5(百辆)，从②到①的最大通过量是 0；② $\overset{2\quad\quad 2}{——}$ ③表示从②到③和从③到②都可以通过 2(百辆)等。

弧标号法求最大流的过程，就是对图 6.8 反复地进行修改的过程，其计算步骤如下：

(1) 从发点 s 到收点 t 找一条路，使得这条路上的所有弧 V_{ij} 前面的约束量 $c_{ij}>0$。如果找不到这样的路，说明已经求得最大流，当前图就是最大流图。下一步直接转入步骤(4)。

(2) 在选定的路上，找容许量 c_{ij} 的最小值，记为 P。

(3) 对选定的路中的每条弧的容量作以下修改：对于与路同向的弧，将 c_{ij} 修改为 $c_{ij}-P$；对于与路反向的弧，将 c_{ij} 修改为 $c_{ij}+P$。修改完毕后再转入(1)。

(4) 用原图中各条弧上起点与终点数值减去修改后的图中对应点的数值，得到正、负号相反的两个数，并将从正到负的方向用箭头表示。这样，就得到一个最大流量图。

下面，我们用弧标号法求解图 6.8 中的最大流。

(1) 从发点 s 到收点 t 找一条路，使得这条路上的所有弧 V_{ij} 前面的约束量 $c_{ij}>0$。从图 6. 8 中可以看出，显然，①—③—⑥—⑦就是满足这样的条件的一条路。

(2) 在路①—③—⑥—⑦中，$c_{13}=6$，$c_{36}=7$，$c_{67}=7$，所以取 $P=c_{13}=6$。

(3) 在路①—③—⑥—⑦中，修改每一条弧的容量：

$$c_{13}=6-P=6-6=0$$

$$c_{31}=0+P=0+6=6$$

$$c_{36} = 7 - P = 7 - 6 = 1$$

$$c_{63} = 0 + P = 0 + 6 = 6$$

$$c_{67} = 7 - P = 7 - 6 = 1$$

$$c_{76} = 0 + P = 0 + 6 = 6$$

通过第一次修改，得到图 6.9。

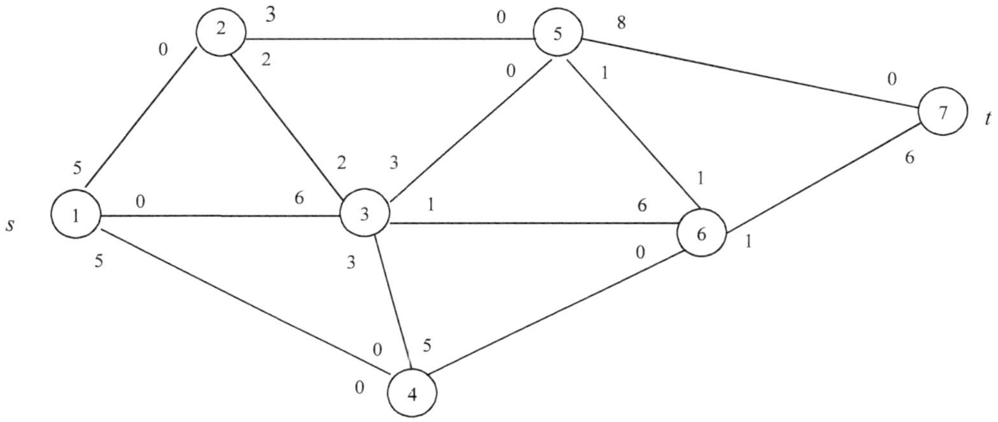

图 6.9　第一次修改后的弧标号

返回步骤(1)，进行第二次修改，这次我们选定①—②—⑤—⑦，在这条路中，由于 $P = c_{25} = 3$，所以：将 c_{12} 改为 2，c_{21} 改为 3；c_{25} 改为 0，c_{52} 改为 3；c_{57} 改为 5，c_{75} 改为 3。修改后的图变为图 6.10。

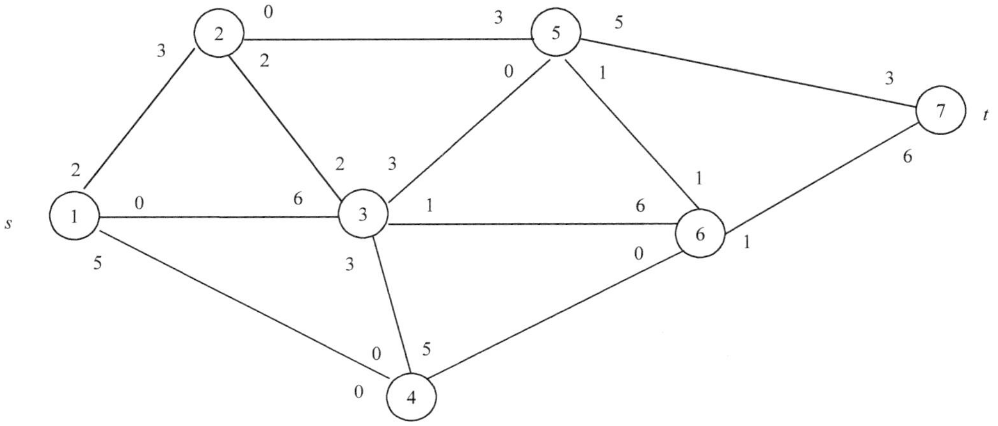

图 6.10　第二次修改后的弧标号

返回步骤(1)，继续做第三次修改：

取①—②—③—⑤—⑦，在这条路中，由于 $P = c_{23} = 2$，所以：将 c_{12} 改为 0，c_{21} 改为 5；c_{23} 改为 0，c_{32} 改为 4；c_{35} 改为 1，c_{53} 改为 2；c_{57} 改为 3，c_{75} 改为 5。修改后的图变为图 6.11。

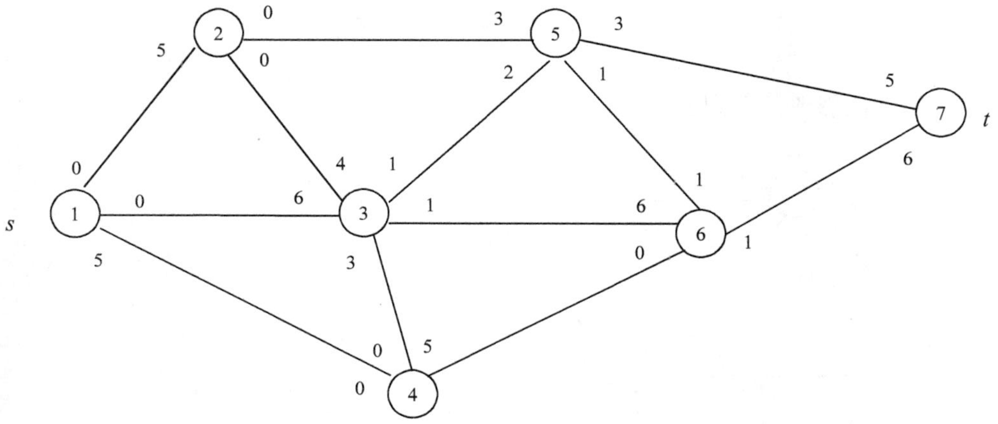

图 6.11　第三次修改后的弧标号

返回步骤(1)，继续做第四次修改：取①—④—⑥—⑦，在这条路中，由于 $P = c_{67} = 1$，所以：将 c_{14} 改为 4，c_{41} 改为 1；c_{46} 改为 4，c_{64} 改为 1；c_{67} 改为 0，c_{76} 改为 7。修改后的图为变为图 6.12。

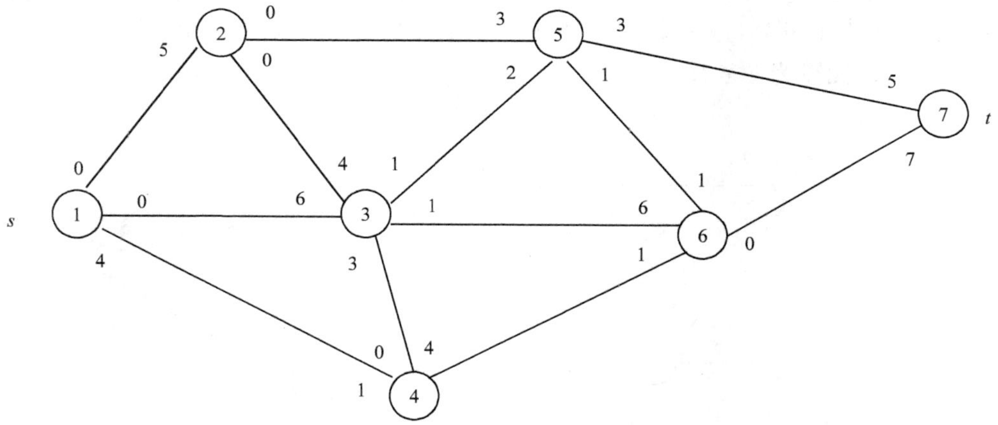

图 6.12　第四次修改后的弧标号

返回步骤(1)，继续做第五次修改：取①—④—⑥—⑤—⑦，在这条路中，由于 $P = c_{65} = 1$，所以：将 c_{14} 改为 3，c_{41} 改 2；c_{46} 改为 3，c_{64} 改为 2；c_{65} 改为 0，c_{56} 改为 2；c_{57} 改为 2，c_{75} 改为 6。修改后的图变为图 6.13。

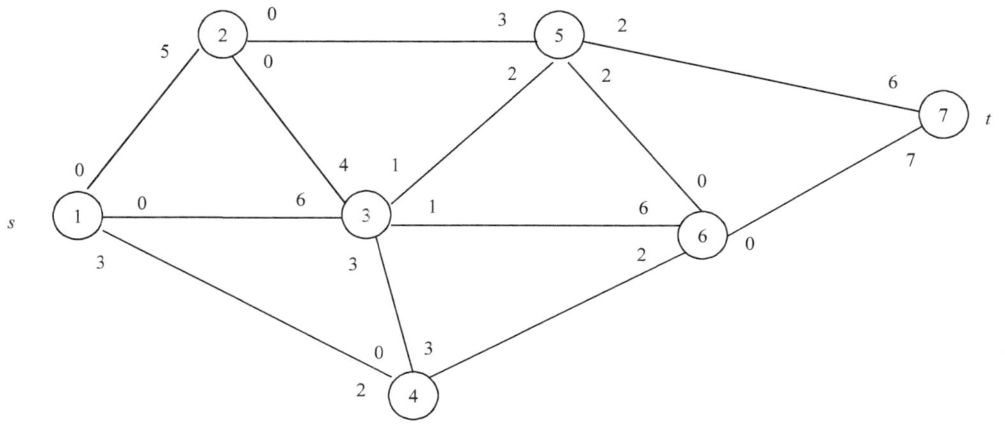

图 6.13　第五次修改后的弧标号

需要注意的是，由图 6.8 中可以看出，弧(6,3)本来是无容量可通过的，但经过几次修改，由③$\overset{7\quad 0}{\text{——}}$⑥变成③$\overset{1\quad 6}{\text{——}}$⑥，即此时从③到⑥还可通过 1(百辆)，而从⑥到③，可以通过 6(百辆)的容量，这说明，修改过程实际上是把计划中从③到⑥的通过车辆数减少了。

返回步骤(1)，继续做第六次修改：取①—④—⑥—③—⑤—⑦，在这条路中，由于 $P=c_{35}=1$，所以：将 c_{14} 改为 2，c_{41} 改为 3；c_{46} 改为 2，c_{64} 改为 3；c_{63} 改为 5，c_{36} 改为 2；c_{35} 改为 0，c_{53} 改为 3；c_{57} 改为 1，c_{75} 改为 7。修改后的图变为图 6.14。

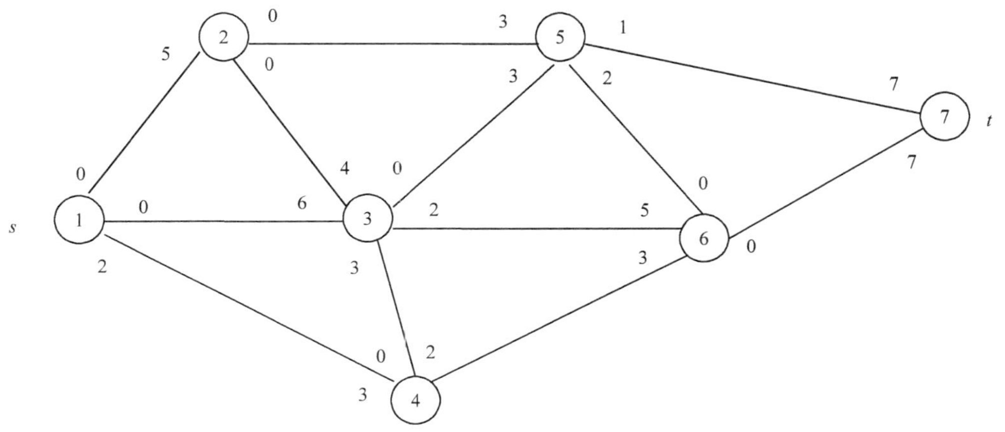

图 6.14　第六次修改后的弧标号：最大流图

在图 6.14 中，从发点①到收点⑦，再也不存在连通的起点容量都大于零的弧构成的路了，所以它被称为最大流图。

转入步骤(4)，用原图中各条弧上起点与终点数值减去修改后的图上各点的数值，将得到正、负号相反的两个数，将这个数标在弧上，并将从正到负的方向用箭头表示，这样就得到最大流量图。例如，原来弧(3,6)是③$\overset{7\quad 0}{\text{——}}$⑥，现在是③$\overset{2\quad 5}{\text{——}}$⑥，相减为±5，③

那边为正，⑥那边为负,我们就记作③$\xrightarrow{5}$⑥。这样，就得到图 6.15，即最大流量图。依这样的调度方式，可以从发点 s 调运 14(百辆)汽车到收点 t。

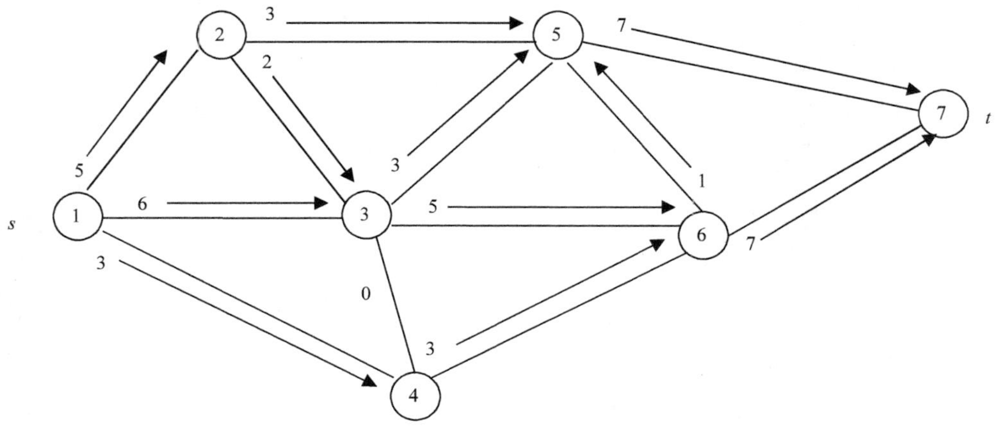

图 6.15　最大流量图

3. 几点讨论

下面，我们对上面的最大流算法做一些讨论。

(1) 从上面的标号计算过程可以看出，一个图成为最大流图的条件是从发点到收点的每一条路上总存在某个起点容量为零的弧，我们称这样的路为饱和路；如果从 s 到 t 有一条路，它上面每条路的起点容量都大于零，则称为非饱和路。由此可以得到一个结论：一个图是最大流图的充分必要条件是不存在从 s 到 t 的非饱和路(高鸿桢等，1995)。

(2) 将网络中的点分成两组，一组包括发点 s，称为发集 V_1，一组包括收点 t，称为收集 V_2，连接 V_1 到 V_2 的所有弧称为截集，截集中各弧在 V_1 旁的容量和称为截集的容量。例如，在图 6.8 中，我们取 $V_1=\{1,2,3\}$，$V_2=\{4,5,6,7\}$，则截集为 $\{(2,5),(3,5),(1,4),(3,6),(3,4)\}$，它的容量为 3+3+5+7+3=21；若在图 6.12 中，取 $V_1=\{1,2,3,4,6\}$，$V_2=\{5,7\}$，则截集为 $\{(2,5),(3,5),(6,5),(6,7)\}$，其容量为 0+1+1+0=2 等。在将网络分成发集与收集的所有分法中，容量最小的截集称为最小截集。可以证明：

① 设 f 是网络 N 的一个可行流，那么，网络 N 的最小截集的容量(μ)等于网络最大流 $f_{\max}$ 与 f 的差，即

$$\mu = f_{\max} - f \tag{6.77}$$

式中：μ 称为可行流 f 的余量。

显然，当 μ=0 时，就得到了最大流。因此，进一步可以得到：

② 在网络 N 中，设 f 是从发点到收点的一个可行流，那么，f 是最大流的充分必要条件是网络 N 的最小截集的容量为零。

③ 从 V_s 到 V_t 的最大流的流量等于分离 V_s 与 V_t 的最小截集的容量。

这表明，从 V_s 到 V_t，最小截集的弧是网络中的“卡脖子”线路，要获得最大流量，

必须在最小截集的各弧上达到满载。

(3) 最大流 f_{max} 的大小是确定的，但最大流的路线可以不唯一。在上例中，如果从不同的路开始来修改图，也可能得到另外一个最大流图(图 6.16)。

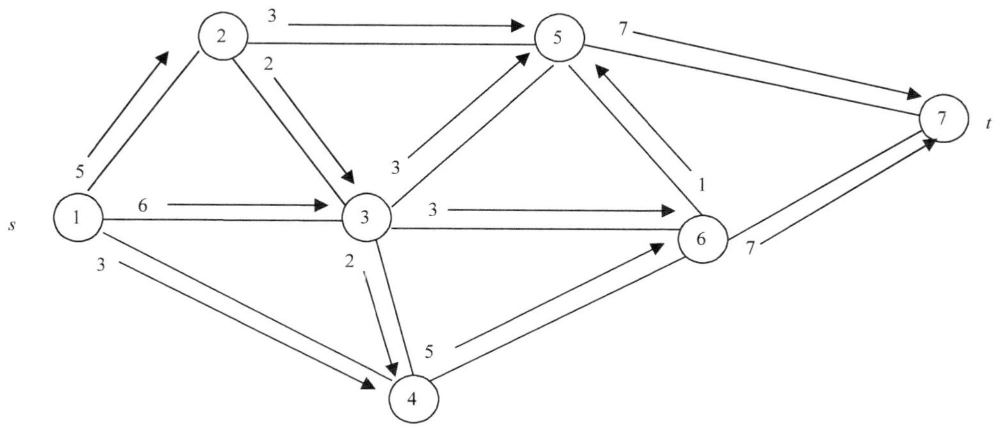

图 6.16　另外一个最大流图

对于不同的最大流图(图 6.15 和图 6.16)，它们必有以下性质：

① 对于网络的最小截集上的弧，它们的流量是相同的。

② 对于由最小截集分开的 V_1 和 V_2 内，它们的流量可能不同，但都是相差一个或几个不饱和回路上的量，如图 6.15 与图 6.16 所示，相差的是③—④—⑥—③回路上一个值为 2 的流量。

6.3.5　最小费用流及其求解方法

如果在考虑网络上流量的同时，还要使得所安排流量的费用或者代价达到最小，就是所谓的最小费用流问题。在上例中，如果单位车辆数通过某一条弧要付出一定的代价，其代价如图 6.17 所示。

现在要从发点①调动若干车辆到收点⑦去，约束条件为图 6.7，代价条件为图 6.17，要使所花费的代价达到最小，用式子表示，就是要在式(6.64)至式(6.70)的约束条件下，找到一个可行流 f 的流量

$$f = f_0 \leqslant f_{max} \tag{6.78}$$

使其代价最小，即

$$d = \sum_{(i,j)\in V} d_{ij} x_{ij} = \min \tag{6.79}$$

式中：d_{ij} 为单位车辆数通过弧 (i,j) 的代价。

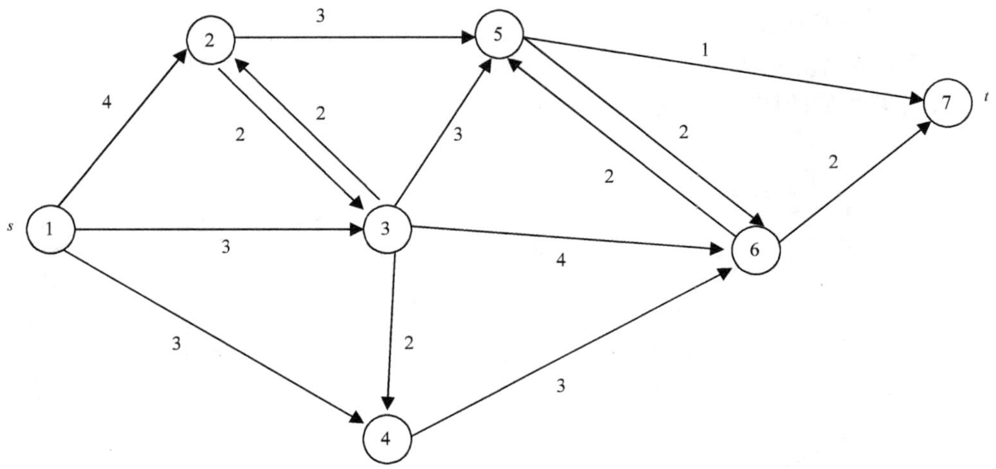

图 6.17　交通流的代价条件

求最小费用流的步骤和求最大流的步骤几乎完全一致(高鸿桢等，1995)，只是在步骤(1)中，选一条非饱和路时，应选代价和最小的路，即最短路。例如，在图 6.17 中，从①到⑦的最短路是①—③—⑤—⑦，代价为 7，在这条最短非饱和路上取 P = 3 后，③—⑤变成容量为零，在下一次选择最短路时应将③—⑤视为断路来选取最短非饱和路。另外，选取①—③—⑤—⑦路后，③—①，⑤—③，⑦—⑤的弧成为容量大于零的弧，可分别标上它们的代价值为–3、–3、–1，是①—③、③—⑤、⑤—⑦的相反数。

在求最小费用流过程中，可以依上述方法不断重复求最大流的步骤来进行，当流量达到 f_0 时就可以停止，这时求出的是最小费用流。当然，如果 $f_0 = f_{\max}$，就需要将步骤进行到最后，直到不存在非饱和路存在为止(高鸿桢等，1995)。

按照这种方法，可以将约束条件由图 6.7 所示，代价函数为图 6.17 所示的最小费用流问题的求解算法，可以用表 6.16 表示，这里设 $f_0 = f_{\max} = 14$。

表 6.16　最小费用流的求解过程

修改次数	最短路	最短路的代价和 d_i	最短路的流量 x_i	该路的饱和弧 (i, j)
1	①—③—⑤—⑦	7	3	③—⑤
2	①—④—⑥—⑦	8	5	①—④与④—⑥
3	①—②—⑤—⑦	8	3	②—⑤
4	①—③—⑥—⑦	9	2	①—③与⑥—⑦
5	①—③—⑥—⑤—⑦	10	1	①—③

将各条路的流量相加，就得到最小费用流，如图 6.18 所示。

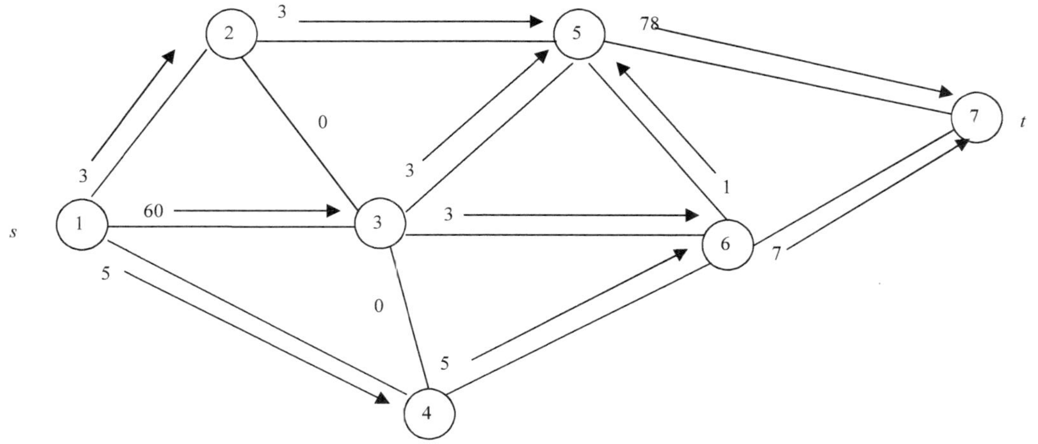

图 6.18　最小费用流

这个最小费用流的总代价为

$$d=\sum_{i=1}^{5}d_i x_i=7\times3+8\times5+8\times3+9\times2+10\times1=113\text{。}$$

6.4　AHP 决策分析方法

美国运筹学家 Saaty(1980)提出的 AHP 决策分析法(analytic hierarchy process，AHP)，是一种定性与定量相结合的决策分析方法。它常常被运用于多目标、多准则、多要素、多层次的非结构化的复杂决策问题，特别是战略决策问题的研究，具有十分广泛的实用性(赵焕臣，1986)。

AHP 决策分析法，是一种将决策者对复杂问题的决策思维过程模型化、数量化的过程。通过这种方法，可以将复杂问题分解为若干层次和若干因素，在各因素之间进行简单的比较和计算，就可以得出不同方案重要性程度的权重，从而为决策方案的选择提供依据(Saaty, 2004)。

AHP 决策分析法，是解决复杂的非结构化的地理决策问题的重要方法，是地理决策建模的主要方法之一(徐建华，1994，1996，2002，2006)。

6.4.1　AHP 决策分析的基本原理与计算方法

1. 基本思想

AHP 决策分析方法的基本原理，可以用以下的简单事例分析来说明。假设有 n 个物体 A_1，A_2，…，A_n，它们的重量分别记为 W_1，W_2，…，W_n。现将每个物体的重量两两进行比较如下：

	A_1	A_2	…	A_n
A_1	W_1/W_1	W_1/W_2	…	W_1/W_n
A_2	W_2/W_1	W_2/W_2	…	W_2/W_n
⋮	⋮	⋮		⋮
A_n	W_n/W_1	W_n/W_2	…	W_n/W_n

若以矩阵来表示各物体重量的相互比较关系，即

$$\boldsymbol{A}=\begin{pmatrix} W_1/W_1 & W_1/W_2 & \cdots & W_1/W_n \\ W_2/W_1 & W_2/W_2 & \cdots & W_2/W_n \\ \vdots & \vdots & & \vdots \\ W_n/W_1 & W_n/W_2 & \cdots & W_n/W_n \end{pmatrix} \tag{6.80}$$

式中：$\boldsymbol{A}$ 称为判断矩阵。

若取重量向量 $\boldsymbol{W}=[W_1,W_2,\cdots,W_n]^{\mathrm{T}}$，则有

$$\boldsymbol{AW}=n\boldsymbol{W} \tag{6.81}$$

式中，n 是 $\boldsymbol{A}$ 的一个特征值，$\boldsymbol{W}$ 是判断矩阵 $\boldsymbol{A}$ 对应于特征值 n 的特征向量。事实上，根据线性代数知识，不难证明，n 是矩阵 $\boldsymbol{A}$ 的唯一非零的，也是最大的特征值。

上述事实告诉我们，如果有一组物体，需要知道它们的重量，而又没有衡器，那么就可以通过两两比较它们的相互重量，得出每一对物体重量比的判断，从而构成判断矩阵；然后通过求解判断矩阵的最大特征值 $\lambda_{\max}$ 和它所对应的特征向量，就可以得出这一组物体的相对重量。这一思路提示我们，在复杂的决策问题研究中，对于一些无法度量的因素，只要引入合理的度量标度，通过构造判断矩阵，就可以用这种方法来度量各因素之间的相对重要性，从而为有关决策提供依据。这一思想，实际上就是 AHP 决策分析方法的基本思想，AHP 决策分析方法的基本原理也由此而来。

2. 基本步骤

AHP 决策分析方法的基本过程，大体可以分为以下五个基本步骤。

1) 明确问题

首先要弄清研究目的，问题涉及的范围，所包含的因素，各因素之间的关系等，以便尽量掌握充分的信息。

2) 建立层次结构模型

在这一个步骤中，要求将问题所含的要素进行分组，把每一组作为一个层次，并将它们按照：最高层(目标层)、若干中间层(准则层)、最低层(措施层)的次序排列起来。

这种层次结构模型常用结构图来表示(图 6.19)，图中要标明上下层元素之间的关系。如果某一个元素与下一层的所有元素均有联系，则称这个元素与下一层次存在有完全层次的关系；如果某一个元素只与下一层的部分元素有联系，则称这个元素与下一层次存在有不完全层次的关系。层次之间可以建立子层次，子层次从属于主层次中的某一个元素，它的元素与下一层的元素有联系，但不形成独立层次。

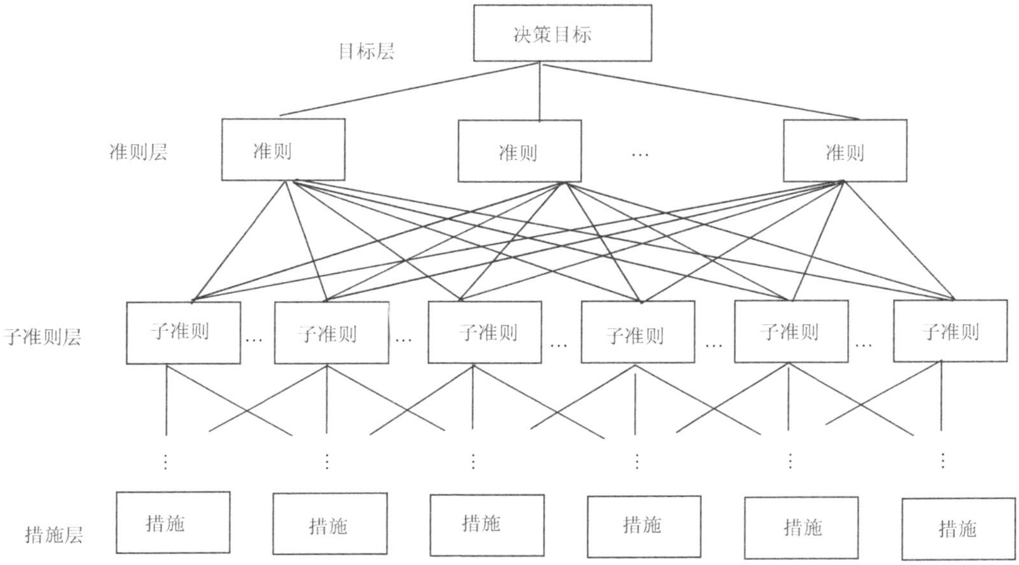

图 6.19　AHP 决策分析法层次结构示意图

3) 构造判断矩阵

这一个步骤是 AHP 决策分析中一个关键的步骤。判断矩阵表示针对上一层次中的某元素而言，评定该层次中各有关元素相对重要性程度的判断，其形式如下：

A_k	B_1	B_2	…	B_n
B_1	b_{11}	b_{12}	…	b_{1n}
B_2	b_{21}	b_{22}	…	b_{2n}
⋮	⋮	⋮		⋮
B_n	b_{n1}	b_{n2}	…	b_{nn}

其中，b_{ij} 表示对于 $\boldsymbol{A}_k$ 而言，元素 B_i 对 B_j 的相对重要性程度的判断值。b_{ij} 一般取 1、3、5、7、9 等 5 个等级标度，其意义为：1 表示 B_i 与 B_j 同等重要；3 表示 B_i 较 B_j 重要一点；5 表示 B_i 较 B_j 重要得多；7 表示 B_i 较 B_j 更重要；9 表示 B_i 较 B_j 极端重要。而 2，4，6，8 表示相邻判断的中值，当 5 个等级不够用时，可以使用这几个数。

显然，对于任何判断矩阵都应满足

$$
\begin{cases} b_{ii}=1 \\ b_{ij}=\dfrac{1}{b_{ji}} \end{cases} , \quad i,j=1,2,\cdots,n \tag{6.82}
$$

因此，在构造判断矩阵时，只需写出上三角(或下三角)部分即可。

一般而言，判断矩阵的数值是根据数据资料、专家意见和分析者的认识，加以平衡后给出的。衡量判断矩阵质量的标准是矩阵中的判断是否具有一致性。如果判断矩阵存在关系

$$
b_{ij}=\frac{b_{ik}}{b_{kj}} , \quad i,j,k=1,2,\cdots,n \tag{6.83}
$$

则称它具有完全一致性。但是，因客观事物的复杂性和人们认识上的多样性，可能会产生片面性，因此要求每一个判断矩阵都有完全的一致性显然是不可能的，特别是因素多，规模大的问题更是如此。为了考察 AHP 决策分析方法得出的结果是否基本合理，需要对判断矩阵进行一致性检验。

4) 层次单排序

层次单排序的目的，是对于上层次中的某元素而言，确定本层次与之有联系的各元素重要性次序的权重值。层次单排序是层次总排序的基础。

层次单排序的任务可以归结为计算判断矩阵的特征根和特征向量问题，即对于判断矩阵 $\boldsymbol{B}$，计算满足

$$
\boldsymbol{BW}=\lambda_{\max}\boldsymbol{W} \tag{6.84}
$$

的特征根和特征向量。在式(6.84)中，$\lambda_{\max}$ 为判断矩阵 $\boldsymbol{B}$ 的最大特征根，$\boldsymbol{W}$ 为对应于 $\lambda_{\max}$ 的正规化特征向量，$\boldsymbol{W}$ 的分量 W_i 就是对应元素单排序的权重值。

通过前面的分析，我们知道，如果判断矩阵 $\boldsymbol{B}$ 具有完全一致性时，$\lambda_{\max}=n$。但是，在一般情况下是不可能的。为了检验判断矩阵的一致性，需要计算它的一致性指标

$$
\mathrm{CI}=\frac{\lambda_{\max}-n}{n-1} \tag{6.85}
$$

式中：当 CI＝0 时，判断矩阵具有完全一致性；反之，CI 越大，就表示判断矩阵的一致性就越差。

为了检验判断矩阵是否具有令人满意的一致性，需要将 CI 与平均随机一致性指标 RI(表 6.17)进行比较。一般而言，1 或 2 阶的判断矩阵总是具有完全一致性的。对于 2 阶以上的判断矩阵，其一致性指标 CI 与同阶的平均随机一致性指标 RI 之比，称为判断矩阵的随机一致性比例，记为 CR。一般地，当

$$
\mathrm{CR}=\frac{\mathrm{CI}}{\mathrm{RI}}<0.10 \tag{6.86}
$$

时，就认为判断矩阵具有令人满意的一致性；否则，当 CR≥0.1 时，就需要调整判断矩阵，直到满意为止。

表 6.17　平均随机一致性指标

阶数	1	2	3	4	5	6	7	8	9	10	11	12	13	14	15
RI	0	0	0.58	0.90	1.12	1.24	1.32	1.41	1.45	1.49	1.52	1.54	1.56	1.58	1.59

5) 层次总排序

利用同一层次中所有层次单排序的结果，就可以计算针对上一层次而言，本层次所有元素的重要性权重值，这就称为层次总排序。层次总排序需要从上到下逐层顺序进行。对于最高层而言，其层次单排序的结果也就是总排序的结果。

假如上一层的层次总排序已经完成，元素 A_1，A_2，…，A_m 得到的权重值分别为 a_1，a_2，…，a_m；与 A_j 对应的本层次元素 $B_1, B_2, \cdots, B_n$ 的层次单排序结果为 $[b_1^j, b_2^j, \cdots, b_n^j]^{\mathrm{T}}$（当 B_i 与 A_j 无联系时，$b_i^j=0$）；那么，B 层次的总排序结果见表 6. 18。

表 6.18　层次总排序表

层次 B	层次 A				B 层次的总排序
	A_1	A_2	…	A_m	
	a_1	a_2	…	a_m	
B_1	b_1^1	b_1^2	…	b_1^m	$\sum_{j=1}^{m} a_j b_1^j$
B_2	b_2^1	b_2^2	…	b_2^m	$\sum_{j=1}^{m} a_j b_2^j$
⋮	⋮	⋮		⋮	⋮
B_n	b_n^1	b_n^2	…	b_n^m	$\sum_{j=1}^{m} a_j b_n^j$

显然

$$\sum_{i=1}^{n}\sum_{j=1}^{m} a_j b_i^j = 1 \tag{6.87}$$

即层次总排序是归一化的正规向量。

为了评价层次总排序结果的一致性，类似于层次单排序，也需要进行一致性检验。为此，需要分别计算下列指标

$$\mathrm{CI} = \sum_{j=1}^{m} a_j \mathrm{CI}_j \tag{6.88}$$

$$\mathrm{RI} = \sum_{j=1}^{m} a_j \mathrm{RI}_j \tag{6.89}$$

$$\mathrm{CR}=\frac{\mathrm{CI}}{\mathrm{RI}} \tag{6.90}$$

式中：CI为层次总排序的一致性指标；CI_j为与A_j对应的 B 层次中判断矩阵的一致性指标；RI 为层次总排序的随机一致性指标；RI_j为与A_j对应的 B 层次中判断矩阵的随机一致性指标；CR 为层次总排序的随机一致性比例。

同样，当 CR<0.10 时，则认为层次总排序的结果具有令人满意的一致性；否则，就需要对本层次的各判断矩阵进行调整，直至层次总排序的一致性检验达到要求为止。

3. 计算方法

通过前面的介绍，我们知道，在 AHP 决策分析方法中，最根本的计算任务是求解判断矩阵的最大特征根及其所对应的特征向量。这些问题当然可以用线性代数知识去求解，并且能够利用计算机求得任意高精度的结果。但事实上，在 AHP 决策分析方法中，判断矩阵的最大特征根及其对应的特征向量的计算，并不需要追求太高的精度。这是因为判断矩阵本身就是将定性问题定量化的结果，允许存在一定的误差范围。因此，常常用如下两种近似算法求解判断矩阵的最大特征根及其所对应的特征向量。

1) 方根法

这一方法的计算步骤如下：

(1) 计算判断矩阵每一行元素的乘积

$$M_i=\prod_{j=1}^{n} b_{ij},\quad i=1,2,\cdots,n \tag{6.91}$$

(2) 计算M_i的n次方根：

$$\overline{W}_i=\sqrt[n]{M_i},\quad i=1,2,\cdots,n \tag{6.92}$$

(3) 将向量$\overline{\boldsymbol{W}}=\left[\overline{W_1},\overline{W_2},\cdots,\overline{W_n}\right]^{\mathrm{T}}$归一化，即

$$W_i=\overline{W_i}\Big/\sum_{k=1}^{n}\overline{W_k},\quad i=1,2,\cdots n \tag{6.93}$$

则$\boldsymbol{W}=\left[W_1,W_2,\cdots,W_n\right]^{\mathrm{T}}$即为所求的特征向量。

(4) 计算最大特征根

$$\lambda_{\max}=\sum_{i=1}^{n}\frac{(AW)_i}{nW_i} \tag{6.94}$$

式中：$(AW)_i$为向量$\boldsymbol{AW}$的第i个分量。

2) 和积法

这一方法的计算步骤如下：

(1) 将判断矩阵每一列归一化

$$\bar{b}_{ij} = b_{ij} \Big/ \sum_{k=1}^{n} b_{kj} \text{ ， } i,j = 1,2,\cdots,n \tag{6.95}$$

(2) 对按列归一化的判断矩阵，再按行求和

$$\overline{W_i} = \sum_{j=1}^{n} \bar{b}_{ij}, \quad i = 1,2,\cdots,n \tag{6.96}$$

(3) 将向量 $\overline{\boldsymbol{W}} = \left[\overline{W_1}, \overline{W_2}, \cdots, \overline{W_n}\right]^{\mathrm{T}}$ 归一化

$$W_i = \overline{W_i} \Big/ \sum_{k=1}^{n} \overline{W_k} \text{ ， } i = 1,2,\cdots,n \tag{6.97}$$

则 $\boldsymbol{W} = \left[W_1, W_2, \cdots, W_n\right]^{\mathrm{T}}$ 即为所求的特征向量。

(4) 计算最大特征根

$$\lambda_{\max} = \sum_{i=1}^{n} \frac{(AW)_i}{nW_i} \tag{6.98}$$

式中：$(AW)_i$ 为向量 $\boldsymbol{AW}$ 的第 i 个分量。

AHP 决策分析法的优点是：思路简单明了，它将决策者的思维过程条理化、数量化，便于计算，容易被人们所接受；所需要的定量化数据较少，但对问题的本质，问题所涉及的因素及其内在关系分析得比较透彻、清楚。但是，这种方法却存在着较大的随意性，这是其本身无法克服的一个缺点。例如，对于同样一个决策问题，如果在互不干扰、互不影响的条件下，让不同的人同样都采用 AHP 决策分析方法进行研究，则他们所建立的层次结构模型、所构造的判断矩阵很可能是各不相同的，分析所得出的结论也可能各有差异。为了克服这种缺点，在实际运用中，特别是在多目标、多准则、多要素、多层次的非结构化的战略决策问题的研究中，对于问题所涉及的各种要素及其层次结构模型的建立，往往需要多部门、多领域的专家共同会商、集体决定；在构造判断矩阵时，对于各个因素之间的重要程度的判断，也应该综合各个专家的不同意见，例如，取各个专家的判断值的平均数、众数或中位数。

6.4.2　应用实例：扶贫开发战略决策定量分析

甘肃省两西地区，包括以定西为代表的中部半干旱区及以河西走廊干旱区。

笔者曾运用 AHP 分析方法，研究了甘肃省两西地区扶贫开发战略决策问题，有关研究结果已经被甘肃省扶贫开发领导小组办公室在制定有关决策时应用，取得了良好的社会与经济效益。

1. 层次结构模型

(1) 总目标：A，使甘肃省两西地区稳定解决温饱，彻底脱贫致富，改变落后面貌。
(2) 战略目标，包括：
O_1，改善生态环境，力争达到良性循环；
O_2，发展大农业生产；
O_3，积极发展第二、第三产业。
(3) 发展战略，包括：
C_1，移民；
C_2，建设河西商品粮基地；
C_3，建设中部自给粮基地；
C_4，种树种草，大力发展林牧业；
C_5，扩大经济作物种植面积，发展名优农副生产基地；
C_6，充分利用当地资源，发展多样化产业。
(4) 制约因素，有：
S_1，资金不足；
S_2，水资源不足；
S_3，有效灌溉面积不足；
S_4，技术力量缺乏(包括农业技术人员、工程技术人员、科研人员、教员等)；
S_5，交通运输条件差；
S_6，自然条件恶劣，自然灾害频繁，水土流失严重；
S_7，饲料严重不足；
S_8，人口自然增长率高。
(5) 方针措施，包括：
P_1，国家投入专项基金；
P_2，省财政设立农业专项开发资金；
P_3，当地对资源实行有偿使用，以便积累资金；
P_4，向国际金融机构申请贷款；
P_5，采取联合开发的方式，弥补资金、技术力量的不足；
P_6，实施高扬程引黄提灌工程；
P_7，积极修建河西水利工程；
P_8，开采地下水资源；
P_9，发展节水农业，提高水资源利用率；
P_{10}，开垦荒地；
P_{11}，建设基本农田；
P_{12}，努力提高粮食单产；
P_{13}，退耕还林、还牧；
P_{14}，开展科技培训、提高劳动者科技素质；
P_{15}，建立健全科技服务网络；

P_{16}，兴办集体企业，壮大集体经济实力；

P_{17}，改善公路运输条件，兴建公路；

P_{18}，修建铁路，提高铁路运输能力；

P_{19}，抓紧抓好计划生育工作。

根据上述各因素及其之间的相互关系，可以建立如图 6.20 所示的决策层次结构模型。

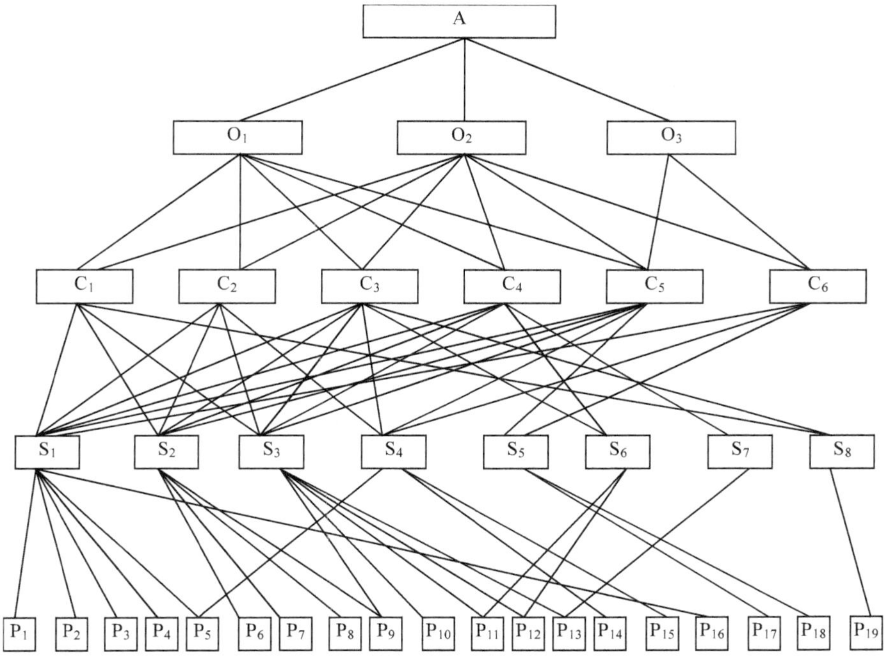

图 6.20　甘肃省两西地区扶贫开发战略决策分析层次结构模型

2. 计算过程

根据该模型层次结构，通过构造判断矩阵(共构造了 18 个判断矩阵)、层次单排序、层次总排序及一致性检验等步骤，作如下几个方面的计算：

(1) 计算三个战略目标 O_1，O_2，O_3 的相对权重(既是层次单排序，也是层次总排序)，它们表示每一个战略目标对实现总目标的重要性程度。

(2) 计算每一个发展战略 C_1，C_2，…，C_6 对每个战略目标的相对权重(层次单排序)，并用 O_1，O_2，O_3 的权重对发展战略的相应权重加权后相加，计算各发展战略的组合权重(层次总排序)，它们表示每一个发展战略对实现总目标的重要性程度。

(3) 计算每个制约因素 S_1，S_2，…，S_8 对每个发展战略的相对权重(层次单排序)，并用发展战略 C_1，C_2，…，C_6 的组合权重对制约因素的相应权重加权后相加，计算各制约因素的组合权重(层次总排序)，它们表示每一个制约因素对实现总目标的制约程度。

(4) 计算各方针措施 P_1，P_2，…，P_{19} 对每个制约因素的相对权重(层次单排序)，并用各制约因素的组合权重对方针措施的相应权重相加，计算各方针措施的组合权重(层次总排序)，它们表示每一个方针措施对实现总目标的重要性程度。权重越大越重要，因此在实现总目标的过程中，应该首先考虑实施那些权重较大的措施。

以上计算结果如下：

(1) A–O 判断矩阵及层次排序(既是层次单排序，也是层次总排序)结果如表 6.19 所示。

表 6.19

A	O_1	O_2	O_3	W	排序
O_1	1	2	4	0.558	1
O_2	1/2	1	3	0.320	2
O_3	1/4	1/3	1	0.122	3

注：λ=3.018，**CI**=0.009，**RI**=0.58，**CR**=0.015<0.10。

(2) O_1–C 判断矩阵及层次单排序结果如表 6.20 所示。

表 6.20

O_1	C_1	C_2	C_3	C_4	C_5	W
C_1	1	3	5	2	5	0.435
C_2	1/3	1	2	2	4	0.223
C_3	1/5	1/2	1	1/3	2	0.093
C_4	1/2	1/2	3	1	3	0.188
C_5	1/5	1/4	1/2	1/3	1	0.061

注：λ=5.179，**CI**=0.045，**RI**=1.12，**CR**=0040<0.10。

(3) O_2–C 判断矩阵及层次单排序结果如表 6.21 所示。

表 6.21

O_2	C_1	C_2	C_3	C_4	C_5	C_6	W
C_1	1	1/4	1/2	1/5	1/2	1/3	0.060
C_2	4	1	2	2	2	2	0.300
C_3	2	1/2	1	2	1/2	1/2	0.133
C_4	5	1/2	1/2	1	2	2	0.196
C_5	2	1/2	2	1/2	1	2	0.168
C_6	3	1/2	2	1/2	1/2	1/2	0.143

注：λ=6.524，**CI**=0.105，**RI**=1.24，**CR**=0.085<0.10。

(4) O_3–C 判断矩阵及层次单排序结果如表 6.22 所示。

表 6.22

O_3	C_5	C_6	**W**
C_5	1	1/2	0.333
C_6	2	1	0.687

注：$\lambda=2$，**CI**=**RI**=0。

(5) 发展战略的层次总排序结果如表 6.23 所示。

表 6.23

	O_1	O_2	O_3	**W**	排序
	0.558	0.320	0.122		
C_1	0.435	0.06		0.262	1
C_2	0.223	0.3		0.220	2
C_3	0.093	0.133		0.094	6
C_4	0.188	0.196		0.168	3
C_5	0.061	0.168	0.333	0.128	4
C_6		0.143	0.667	0.127	5

注：**CI**=0.059，**RI**=1.022，**CR**=0058<0.10。

(6) C_1–S 判断矩阵及层次单排序结果如表 6.24 所示。

表 6.24

C_1	S_1	S_2	S_3	S_8	**W**
S_1	1	4	5	7	0.579
S_2	1/4	1	3	7	0.255
S_3	1/5	1/3	1	4	0.121
S_8	1/7	1/7	1/4	1	0.045

注：$\lambda=4.259$，**CI**=0.086，**RI**=09，**CR**=0.096<0.10。

(7) C_2–S 判断矩阵及层次单排序结果如表 6.25 所示。

表 6.25

C_2	S_1	S_2	S_3	S_4	**W**
S_1	1	3	4	4	0.522
S_2	1/3	1	3	3	0.261
S_3	1/4	1/3	1	2	0.127
S_4	1/4	1/3	1/2	1	0.09

注：$\lambda=4.145$，**CI**=0.048，**RI**=0.9，**CR**=0.047<0.10。

(8) C_3–S 判断矩阵及层次单排序结果如表 6.26 所示。

表 6.26

C_3	S_1	S_2	S_3	S_4	S_6	S_8	W
S_1	1	2	2	3	4	5	0.33
S_2	1/2	1	2	3	4	5	0.262
S_3	1/2	1/2	1	3	2	4	0.179
S_4	1/3	1/3	1/3	1	3	4	0.116
S_6	1/4	1/4	1/2	1/3	1	2	0.07
S_8	1/5	1/5	1/4	1/4	1/2	1	0.043

注：λ=6.290，**CI**=0.058，**RI**=1.24，**CR**=0047<0.10。

(9) C_4–S 判断矩阵及层次单排序结果如表 6.27 所示。

表 6.27

C_4	S_1	S_2	S_3	S_6	S_7	W
S_1	1	3	2	2	2	0.325
S_2	1/3	1	1/3	1/2	1/3	0.078
S_3	1/2	3	1	4	2	0.283
S_6	1/2	2	1/4	1	1/4	0.099
S_7	1/2	3	1/2	4	1	0.215

注：λ=5.338，**CI**=0.084，**RI**=1.12，**CR**=0.075<0.10。

(10) C_5–S 判断矩阵及层次单排序结果如表 6.28 所示。

表 6.28

C_5	S_1	S_2	S_3	S_4	S_5	W
S_1	1	3	3	3	3	0.404
S_2	1/3	1	1/3	1/2	1/3	0.075
S_3	1/3	3	1	3	1/2	0.182
S_4	1/3	2	1/3	1	1/3	0.1
S_5	1/3	3	2	3	1	0.24

注：λ=5.314，**CI**=0.078，**RI**=1.12，**CR**=0.07<0.10。

(11) C_6–S 判断矩阵及层次单排序结果如表 6.29 所示。

表 6.29

C_6	S_1	S_4	S_5	W
S_1	1	2	3	0.54
S_4	1/2	1	2	0.297
S_5	1/3	1/2	1	0.163

注：λ=3.01，**CI**=0.005，**RI**=0.58，**CR**=0.009<0.10。

(12) 制约因素的层次总排序结果如表 6.30 所示。

表 6.30

	C_1	C_2	C_3	C_4	C_5	C_6	$\boldsymbol{W}$	排序
	0.262	0.22	0.094	0.168	0.128	0.127		
S_1	0.579	0.522	0.33	0.325	0.404	0.54	0.472	1
S_2	0.255		0.262	0.078	0.075		0.172	2
S_3	0.121	0.127	0.179	0.283	0.182		0.147	3
S_4		0.09	0.116		0.1	0.297	0.081	4
S_5					0.24	0.163	0.051	5
S_6			0.07	0.099			0.023	6
S_7				0.215			0.036	7
S_8	0.045		0.043				0.016	8

注：**CI**=0.063，**RI**=0.956，**CR**=0.066<0.10。

(13) S_1–P 判断矩阵及层次单排序结果如表 6.31 所示。

表 6.31

S_1	P_1	P_2	P_3	P_4	P_5	P_{16}	$\boldsymbol{W}$
P_1	1	1/2	1/2	1/2	1/3	2	0.122
P_2	2	1	3	3	1/2	3	0.253
P_3	2	1/3	1	1/2	1/3	2	0.114
P_4	2	1/3	2	1	1/2	2	0.122
P_5	3	2	3	2	1	3	0.319
P_{16}	1/2	1/3	1/2	1/2	1/3	1	0.072

注：λ=6.394，**CI**=0.079，**RI**=1.24，**CR**=0.064<0.10。

(14) S_2–P 判断矩阵及层次单排序结果如表 6.32 所示。

表 6.32

S_2	P_6	P_7	P_8	P_9	$\boldsymbol{W}$
P_6	1	2	3	2	0.417
P_7	1/2	1	3	1/2	0.208
P_8	1/3	1/3	1	1/2	0.109
P_9	1/2	2	2	1	0.266

注：λ=4.143，**CI**=0.048，**RI**=0.9，**CR**=0.053<0.10。

(15) S_3–P 判断矩阵及层次单排序结果如表 6.33 所示。

表 6.33

S_3	P_9	P_{10}	P_{11}	P_{12}	P_{13}	W
P_9	1	1/3	1/2	2	2	0.16
P_{10}	3	1	2	4	2	0.376
P_{11}	2	1/2	1	3	2	0.248
P_{12}	1/2	1/4	1/3	1	1/3	0.074
P_{13}	1/2	1/2	1/2	3	1	0.142

注：$\lambda=5.183$，**CI**=0.046，**RI**=1.12，**CR**=0.041<0.10。

(16) S_4–P 判断矩阵及层次单排序结果如表 6.34 所示。

表 6.34

S_4	P_5	P_{14}	P_{15}	W
P_5	1	2	3	0.528
P_{14}	1/2	1	3	0.333
P_{15}	1/3	1/3	1	0.14

注：$\lambda=3.054$，**CI**=0.027，**RI**=0.58，**CR**=0.046<0.10。

(17) S_5–P 判断矩阵及层次单排序结果如表 6.35 所示。

表 6.35

S_5	P_{17}	P_{18}	W
P_{17}	1	2	0.667
P_{18}	1/2	1	0.333

注：$\lambda=2$，**CI**=**RI**=0。

(18) S_6–P 判断矩阵及层次单排序结果如表 6.36 所示。

表 6.36

S_6	P_{11}	P_{12}	W
P_{11}	1	2	0.667
P_{12}	1/2	1	0.333

注：$\lambda=2$，**CI**=**RI**=0。

(19) S_7–P_{13}：$\boldsymbol{W}$=1，$\boldsymbol{\lambda}$=1，**CI**=**RI**=0。

(20) S_8–P_{19}：$\boldsymbol{W}$=1，$\boldsymbol{\lambda}$=1，**CI**=**RI**=0。

(21) 方针措施的层次总排序结果如表 6.37 所示。

表 6.37

	S_1	S_2	S_3	S_4	S_5	S_6	S_7	S_8	$\boldsymbol{W}$	
	0.472	0.172	0.147	0.081	0.051	0.023	0.036	0.016		
P_1	0.122								0.058	6
P_2	0.253								0.119	2
P_3	0.114								0.054	9
P_4	0.122								0.058	7
P_5	0.319			0.528					0.193	1
P_6		0.417							0.072	3
P_7		0.208							0.036	11
P_8		0.109							0.019	15
P_9		0.266	0.16						0.069	4
P_{10}			0.376						0.055	8
P_{11}			0.248			0.667			0.052	10
P_{12}			0.074						0.011	19
P_{13}			0.142			0.333	1		0.065	5
P_{14}				0.333					0.027	14
P_{15}				0.14					0.011	18
P_{16}	0.072								0.034	13
P_{17}					0.667				0.034	12
P_{18}					0.333				0.017	16
P_{19}								1	0.016	17

注：**CI**=0.054，**RI**=0.952，**CR**=0.057<0.10。

3. 结果分析

(1) 从战略目标来看，要实现两西地区扶贫开发的总目标，要积极改善生态环境，尽快恢复生态平衡，使之走上良性循环的轨道，其权重为 0.558；还必须采取开发与治理并重的总方针，边开发边治理，以开发促治理，大力发展农业生产，计算结果表明这一目标的权重为 0.320，其重要程度处在第二位；当然，第二、第三产业的发展也应得到相应的重视，其权重为 0.122。

(2) 从发展战略上来讲，在定西地区继续实施以扶贫为目标的移民工程，其权重为 0.262；河西商品粮基地的建设与发展也占有举足轻重的地位，其权重为 0.220；两区积极发展林业和畜牧业也应放到重要的位置上来，权重值为 0.168；随着两区社会经济的不断发展，建设名优农副产品基地和积极发展乡镇企业这两条战略的重要性将逐渐显示出来，其权重值分别为 0.128 和 0.127；定西地区的粮食生产基地也有待积极建设，保证自给，缓解粮食供求的紧张局面，其权重值为 0.094。

(3) 从制约因素来看，资金短缺这一点对两西地区扶贫开发影响最大，其权重为 0.472；水资源不足与有效灌溉面积不足也是两个至关重要的问题，二者的权重分别为

0.172 和 0.147；技术力量不足，交通运输条件差也对总目标的实现有较为严重的制约，其权重分别为 0.081 和 0.051；饲料严重不足，自然条件恶劣、人口自然增长率高三者的权重分别为 0.036、0.023 和 0.016。

(4) 从方针措施来看，当前亟待解决的几个问题：第一，采取联合开发的形式，弥补资金、技术力量的不足，权重为 0.193；第二，省财政继续设立农业专项开发资金，权重为 0.119；第三，继续实施高扬程引黄灌溉工程，解决中部严重缺水的问题，权重为 0.072；第四，在以河西为重点的两西地区，积极发展节水农业，各行业应努力提高水资源利用率，权重为 0.069；第五，退耕还林、还牧、保持生态平衡，控制水土流失，积极发展林牧业，其权重值为 0.065；第六，国家投入专项扶贫资金，以及向国际金融机构申请贷款，对于筹集资金也很重要，二者的权重均为 0.058；第七，积极开垦荒地、加强资源的有偿使用，提高使用效益，逐步积累基金，建设基本农田，继续修建河西蓄水工程，改建或新建公路这五条措施也是需要抓紧抓好、尽快落实的几点措施，它们的权重依次为 0.055、0.0554、0.052、0.036 和 0.034；第八，从长远角度考察，为了克服两西扶贫开发中的阻碍还需要采取的一些措施有：兴办集体企业，壮大集体经济实力；对劳动力积极培训；开采地下水资源；提高铁路运输能力；抓紧抓好计划生育工作；建立健全科技服务网络；努力提高单产等。

思 考 题

1. 在你自己的研究领域，是否存在有关运筹决策问题？你通常运用哪些方法解决这些问题？
2. 在你自己的研究领域，运用线性规划模型可以解决哪些方面的问题？请举一例。
3. 目标规划与线性规划模型的区别与联系是什么？如何运用目标规划模型解决你的研究领域内的相关决策问题？
4. 怎样运用图论方法描述地理网络？关联矩阵和邻接矩阵测度了地理网络的什么性质？
5. 怎样运用标号法求解地理网络中的最短路径？
6. 在地理网络图上，中心点选址和中位点选择的基本原理是什么？怎样计算中心点和中位点？
7. 结合实际问题，试述最大流和最小费用流的地理意义；并简述用标号法求解最大流和最小费用流的基本思想与步骤。
8. AHP 决策分析建模法的基本思路、步骤和计算方法是什么？该方法的优点和缺点各是什么？在实际应用中应该怎样尽量克服其缺点？
9. 在你自己的研究领域，AHP 决策分析方法可以解决哪些方面的决策问题？试做一实例研究。

参 考 文 献

陈迁，王浣尘. 1996. AHP 方法判断尺度的合理定义. 系统工程，(5)：18-20
杜增吉，褚洪生，阎金华，等. 2007. MATLAB 7.2 优化设计实例指导教程. 北京：机械工业出版社
段顺山，徐建华. 1995.反贫困的战略选择：甘肃两西地区扶贫开发战略与对策研究. 兰州：甘肃科学技术出版社
高鸿桢，郑应文. 1995.管理运筹学. 南昌：江西人民出版社
侯岳衡，沈德家. 1995.指数标度及其几种标度的比较. 系统工程理论与实践，15(10)：43-46
梁吉义，王学萌. 1989.国土开发整治系统工程. 太原：山西人民出版社

马仲蕃, 魏权龄, 赖炎连. 1981.数学规划讲义. 北京: 中国人民大学出版社
倪建华, 孙九林, 黄艳萍, 等. 1992.区域资源开发模型系统. 北京: 中国科学技术出版社
牛文元. 1987.现代应用地理学. 北京: 科学出版社
钱颂迪等. 1990.运筹学(修订版). 北京: 清华大学出版社
施泉生. 2004.运筹学. 北京: 中国电力出版社
田丰, 马仲蕃. 1987.图与网络流理论. 北京: 科学出版社
王富年, 朱德威. 1988.图论在交通运输地理方面的应用. 见: 中国地理学会数量地理专业组. 数量地理学在生产布局中的应用. 北京: 科学出版社:131-143
王缉宪. 1988.运网空间结构指标的评价与应用. 见: 中国地理学会数量地理专业组. 数量地理学在生产布局中的应用. 北京: 科学出版社:160-167
徐建华. 1987. 甘肃中部干旱地区产业结构探讨. 科学经济社会, 5(5): 278-281
徐建华. 1991. 地理系统分析. 兰州: 兰州大学出版社
徐建华. 1994. 区域开发理论与研究方法. 兰州: 甘肃科学技术出版社
徐建华. 1996. 现代地理学中的数学方法. 北京: 高等教育出版社
徐建华. 2002. 现代地理学中的数学方法. 第二版. 北京: 高等教育出版社
徐建华. 2006. 计量地理学. 北京: 高等教育出版社
徐建华, 白新萍. 1996.甘肃省两西地区扶贫开发战略决策定量分析. 干旱区资源与环境, 10(3): 5-12
徐建华, 罗格平, 牛达奎. 1995.绿洲型城市优化选址的数学模型, 兰州大学学报, 31(3): 129-135
杨吾扬. 1989. 区位论原理: 产业、城市和区域的区位经济分析. 兰州: 甘肃人民出版社
张建中, 许绍吉. 1990. 线性规划. 北京: 科学出版社
赵焕臣. 1986. 层次分析法: 一种简易的新决策方法. 北京: 科学出版社
Burt R S, Minor M J. 1983. Applied Network Analysis: A Methodological Introduction. Beverly Hills: Sage Publications, Inc
Charnes A, Cooper W W, Ferguson R. 1955. Optimal estimation of executive compensation by linear programming. Management Science, 1(2): 138-151
Charnes A, Cooper W W. 1961. Management Models and Industrial Applications of Linear Programming. New York: John Wiley and Sons, Inc
Dantzig G B. 1951.Application of the simplex method to a transportation problem. *In*:Koopman T C. Activity Analysis of Production and Allocation. New York: John Wiley & Sons, Inc 359-373
Dantzig G B. 1963. Linear Programming and Extensions. Princeton, New Jersey: Princeton University Press
Jasskelainen V. 1969. A goal programming model of aggregate production planning. The Swedish Journal of Economics, 71: 14-29
Lee S M, Jasskelainen V. 1971. Goal programming: management's math model. Industrial Engineering, 3(2): 30-35
Saaty T L. 1980.The Analytic Hierarchy Process. Landon: Mc Graw-Hill Company
Saaty T L. 2004. decision making-the analytic hierarchy and network processes (AHP/ANP). Journal of Systems Science and Systems Engineering, 13(1): 1-35
Wasserman S, Faust K. 1994.Social Network Analysis: Methods and Applications. Cambridge, New York: Cambridge University Press
Xu J M. 2003.Theory and Application of Graphs (Network Theory and Applications). New York: Springer-verlag

第 7 章　信息反馈与系统仿真方法

自 20 世纪 40 年代以来，系统科学方法迅速在自然科学、社会科学和工程技术等各个学科领域之间相互渗透、高度综合，从而成为一种普适性的方法论学科。其中，信息反馈方法、功能模拟方法、系统仿真方法等，已成为现代地理学的方法论基础，是地理建模方法的重要基石，这些方法在现代地理学研究中具有不可或缺和不可替代的地位与作用(徐建华，2002)。本章主要讨论基于控制论的信息反馈方法、灰色系统方法和系统动力学方法在地理建模中的应用问题。

7.1　控制论与信息反馈方法

7.1.1　几个基本概念

系统、控制、信息、反馈、输入、输出、状态等，是控制论与信息反馈(Wiener,1948)的基本概念(Jacobs, 1993; 卢志恒, 1994。

1. 系统

系统，是控制论的一个基本概念。但是，在早期的控制论著作中，例如，在维纳的《控制论》中，作者只是对系统的主要特征作了描述，并没有给出系统的明确定义。后来，人们认识到，为了使控制论得到进一步发展和深化，就必须给出系统的确切定义。基于这种认识，许多控制论专家都曾经从不同的角度给出了系统的定义。例如，我国著名的控制论专家钱学森等(1980)，曾在《工程控制论》一书修订版序言中明确指出控制论的研究对象就是系统，“所谓系统，是由相互制约的各个部分组织成的具有一定功能的整体”。这一定义揭示了系统的一些重要特性：系统是一个整体，这个整体由各个部分组成，各个组成部分之间相互联系、相互制约，系统具有一定的功能。控制论特别强调系统的功能，它认为对系统进行控制的目的在于实现特定的功能。为了实现一定的功能，需要对系统的各个构成部分进行有效的组织和控制。

任何系统都处在一定的环境中。从其外部规定性来看，任何一个系统都是人们按照自己所关心的问题，从错综复杂、相互联系的事物中相对孤立出来作为研究对象的一个部分。控制论所研究的系统，一般都包括三个不同的子系统，即受控系统、控制系统及环境。

从控制论的角度来看，地理学的研究对象——地理环境与人类活动相互作用的地理系统，实际上就是一个人–地调控系统，在这个系统中，受控系统、调控系统与环境之间的相互关系可以用图 7.1 来表示(徐建华，1991，1993)。

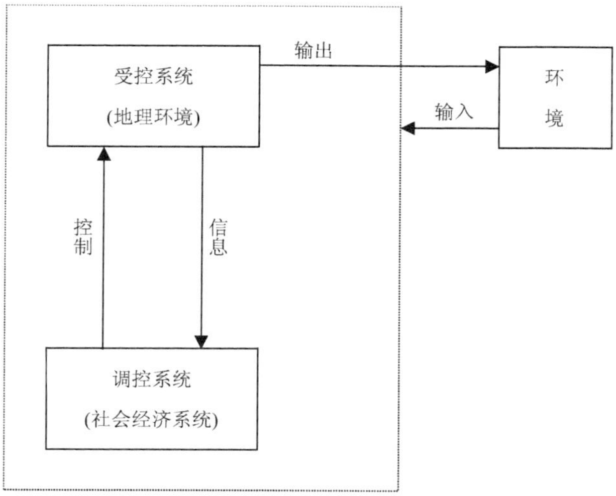

图 7.1　地理调控系统

在图 7.1 中，受控系统是指地理环境或其中的一个组成部分，它是系统的客体，是被调控对象。调控系统是指人类活动社会经济系统或其中的一个组成部分，它是人–地调控系统的主体，支配人类活动的决策行为从这里发出，并通过有关信息传递和执行环节产生行动，使人类活动作用于受控系统——地理环境或其中一个组成部分。系统调控的目的就是通过人类活动为社会提供尽可能多的产品(包括物质产品、精神产品和文化产品等)，并协调资源、环境与社会经济发展的关系，实现可持续发展。图 7.1 中的“环境”，则是一个不同于地理环境的概念，它是相对于受控系统和调控系统而言的外部环境。以农田生态经济系统为例，其受控系统就是农田土壤系统，调控系统就是种植业生产系统，环境则不但包括农作物生长发育的非生物环境(如气候、水文、地貌等)，而且还包括影响农田生态经济系统运行的社会经济环境(如物价、税收以及有关的农业经济政策等)。农田生态经济系统的调控过程，就是通过生产活动将一组来自于环境的输入要素(包括光、水、热等气候要素，以及籽种、肥料、农药、灌溉、农用机械等生产要素)转化为农产品输出给社会的过程。系统调控的目的是：在保持农田生态系统稳定与良性循环的条件下，给社会提供尽可能多的农产品。

2. 控制

控制，是控制论的核心概念之一。控制论是研究各种不同系统所共同具有的控制规律的科学。控制，是控制者(控制系统)作用于受控对象(受控系统)的一种主动行为。领导、指挥、管理、教育、设计等，都是控制者对受控对象施加控制作用的行为。控制是有目的的，它能导致受控对象发生合乎目的的变化。例如，企业管理的目的是提高经济效益，增强企业活力；教育的目的是使受教育者增长知识，掌握技能。控制的目的，一般是根据受控对象的功能输出衡量的。对于一个系统，如果控制的目的只有一个，则称为单目标控制系统；如果控制的目的有多个，则称为多目标控制系统。

控制论研究的受控对象一般都有多种可能的行为(只有一种可能行为的对象无控制

的必要)，其中，有些合乎目标，有些则与目标相悖。控制就是在多种可能的行为中选择一个最合乎目标的行为，避免不合乎目标的行为发生。对于控制者而言，应该有多种手段(只有一种手段无控制的可能)，不同手段作用于受控对象会产生不同的效果。控制就是在多种手段中选择最有效的手段，以达到最佳的控制效果。

综上所述，控制就是控制者选择适当的手段作用于受控对象，以引起受控对象的行为发生预期变化的一种策略性的主动行为。

3. 输入和输出

控制论既强调系统与环境之间的明确界限，也强调系统与环境之间的相互联系和作用。输入与输出就是描述系统与环境之间相互联系和作用的概念。

在控制论中，环境对系统的作用称为输入，而系统对环境的作用称为输出。其中，输入又可以进一步分成两类：一类是体现控制目标的控制作用，记作 u；另一类是有碍于控制目标实现的干扰作用，记作 m。如果将系统的输出记作 y，则可以将一个控制系统抽象地描述为图 7.2 所示的形式。

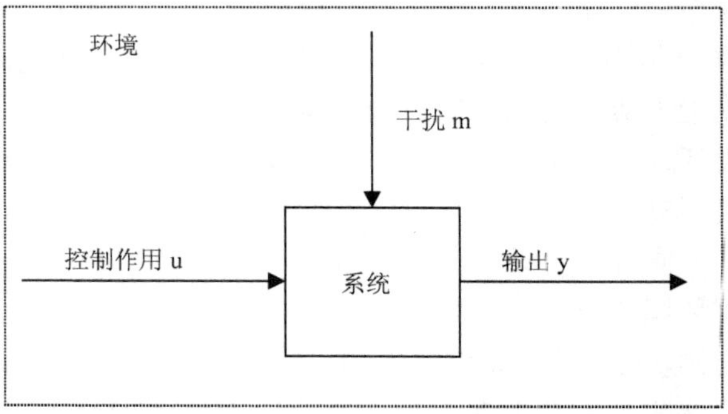

图 7.2　控制系统示意图

在控制论中，用输入和输出描述系统，具有基本的方法论意义。在这种描述下，我们可以把控制理解为选择适当输入以获得预期输出的操作。这样，控制问题的研究也就可以归结为系统的输入–输出关系的研究。从这种观点出发，一些学者曾把系统定义为“从输入到输出的变换器”或“由一些分别表示输入和输出的时间函数的有序对描述的一种抽象的对象”。

输入是环境对系统的激励，输出是系统对输入激励的响应。输出对输入的响应特性，表现了系统的基本特性。如果将输入空间记为 U，输出空间记为 Y，则系统的输出对输入的响应特性可定义为从 U 到 Y 的映射，即

$$f: U \to Y$$

映射 f 表示输入与输出之间的因果关系。这种关系通常都具有某种不确定性。正是这种不确定性的存在，才使控制成为必要和可能。控制的意义正在于使系统在不确定的条件下达到比较确定的目标。控制论所研究的就是如何描述这种不确定性，寻找处理这种不确定性的控制手段。因此，维纳在《控制论》一书中强调控制问题不属于牛顿决定

论的范畴，而属于统计力学范畴。

4. 状态

输入–输出关系描述的是系统的外部特性。但是，为了更有效地控制系统，还需要了解它的内部特性。描述系统内部特性的概念是状态。这一概念较为精确的定义是：系统的现有状态可以看成是，当所有现在和未来时刻的输入为已知时，为了完全描述系统将来的行为所需要的关于“过去”的最少量信息。借助于状态概念，现代控制论获得了对系统概念的深刻认识。

5. 反馈

反馈，就是把系统受上一步控制作用而产生的效果(输出)作为决定对系统下一步控制(输入)的依据的一种行为或策略。如果反馈量被用来加强控制量对系统的作用，则称为正反馈；如果反馈量被用来抵消控制量对系统的作用，则称为负反馈。反馈代表一种控制原理，它能对各类控制系统的运行机制做出科学的解释。反馈是一种技术方法，也是一种思想，它在环境、生物、经济、社会、工程等问题的控制研究中有着十分广泛的应用。

6. 信息

一个具体的控制过程可能是物理的、生理的或社会的，但是贯穿于一切控制过程的共同本质是信息的获取、传输、加工与利用。借助于信息的运动过程，可以把空间上相互分立和时间上前后相继的不同环节连接成为一个功能整体，对控制目标和手段进行选择，对系统各个构成部分进行组织。控制系统的显著特点是：物质运动与能量的传输变换，都可以通过信息指挥和控制。信息是控制论最基本的概念之一。

7.1.2　地理系统动态的控制论描述

地理学的研究对象是各种各样的地理系统。对于每一个具体的地理系统来说，地理学家所关心的问题是，其动态演化过程是怎样进行的？演化的机制是什么？它的未来状态是否可以预测？行为是否可以控制？这些问题的回答都依赖于人们对地理系统的认识程度，而对地理系统动态过程的描述就是人们对其认识程度的基本反映。本节将从控制论与信息反馈方法的角度出发，讨论地理系统动态过程的描述问题。

1. 传递函数法

传递函数法，是经典控制论对系统动态过程的描述方法。这种描述方法的基本思路是：首先将系统抽象为由若干个串联、并联及反馈环节构成的框图模型，其中的每一个环节都代表一个具体的实际过程；然后再用传递函数分别描述各个串联、并联及反馈环节；最后通过各个环节的传递函数的合成运算，求得描述整个系统动态过程的传递函数模型。

1) 框图模型

对于一个具体的地理系统，为了研究它的动态过程与控制行为，可以撇开其中与控制过程无关的具体内容，把整个系统划分为若干个环节，其中每一个环节都代表一个具体的实际过程，然后再将每一个环节按照其相应过程的输入–输出关系连接起来，这样就得到了描述该地理系统动态过程的框图模型。例如，对于一个农田生态系统，其中主要的控制环节包括耕种、施肥、灌溉和使用农药等，根据其每一个环节的输入–输出关系，可以将整个系统抽象地描述为图 7.3 所示的框图模型。

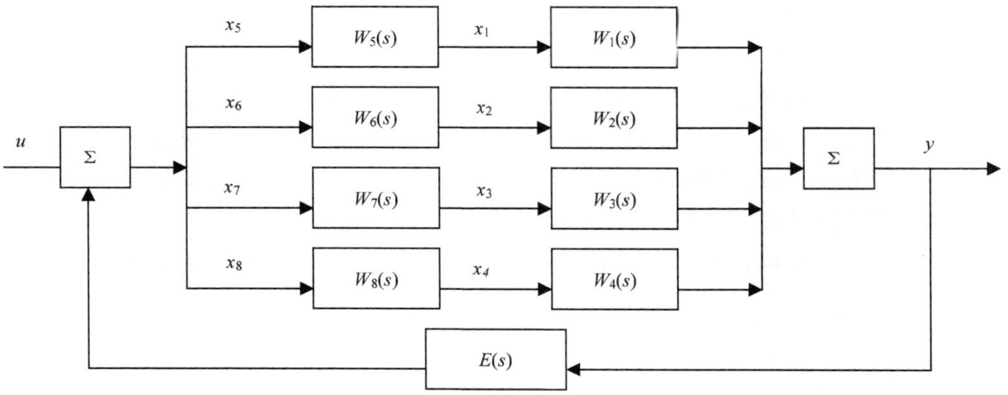

图 7.3　农田生态系统动态过程的框图模型

在图 7.3 中，y 为农田生态系统的经济收益；x_1 为种籽播种量；x_2 为肥料施用量；x_3 为灌溉用水量；x_4 为农药使用量；x_5 为种籽投资；x_6 为肥料投资；x_7 为灌溉投资；x_8 为农药投资；u 为初始投资；$W_i(s)(i=1,2,\cdots,8)$ 为各环节的传递函数；$E(s)$ 为反馈环节的传递函数。

图 7.3 表明，农田生态系统的经济收益(系统输出)取决于种籽、肥料、灌溉用水及农药使用量的输入；而籽种、肥料、灌溉用水及农药使用量作为输出，它们又取决于各自的投资输入。在一定的输入(初始投资)下，经过系统各个环节的运行就会得到一定的输出(经济收益)，然后又可以把输出引向输入端，将部分收益再用于投资。这样就构成了农田生态系统的反馈控制过程。在这个框图模型中，传递函数的功能是描述各输入–输出环节的动态关系。

2) 传递函数

根据经典控制论，对于线性定常系统，可以用传递函数描述系统输入和输出之间的动态关系，反映系统的动态特性。

所谓某一个环节的传递函数，就是在零初始条件下，该环节输出量(或称响应函数)的拉普拉斯(Laplace)变换 $Y(s)$与输入量(或称驱动函数)的拉普拉斯变换 $X(s)$之比，即

$$W(s)=\frac{Y(s)}{X(s)} \tag{7.1}$$

其框图模型如图 7.4 所示。

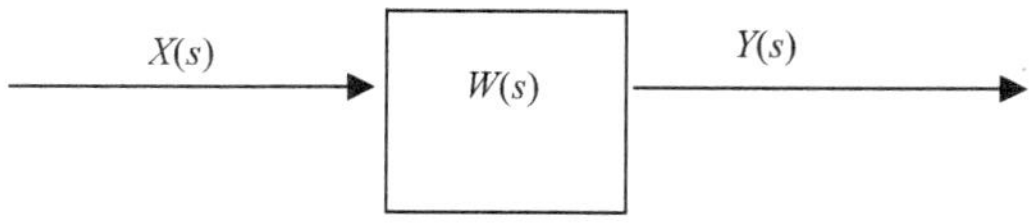

图 7.4

尽管传递函数的概念一般只适用于线性定常系统，然而它也可以被扩充到一些非线性系统的研究之中。

这里需要说明的是，系统动态的微分方程描述与传递函数描述是一致的。在进行系统动态特征分析时，为了避免复杂的微分方程的求解工作，常常需要将系统的微分方程描述形式转化为传递函数描述形式。假设描述某系统输入–输出关系的微分方程为

$$\begin{aligned}&\frac{\mathrm{d}^n Y}{\mathrm{d}t^n}+a_{n-1}\frac{\mathrm{d}^{n-1}Y}{\mathrm{d}t^{n-1}}+\cdots+a_1\frac{\mathrm{d}Y}{\mathrm{d}t}+a_0Y\\&=b_0X+b_1\frac{\mathrm{d}X}{\mathrm{d}t}+\cdots+b_{m-1}\frac{\mathrm{d}^{m-1}X}{\mathrm{d}t^{m-1}}+b_m\frac{\mathrm{d}^m X}{\mathrm{d}t^m}\end{aligned} \tag{7.2}$$

式中：Y 为输出；X 为输入。

在零初始条件下，对式(7.2)两端作拉普拉斯变换得

$$(s^n+a_{n-1}s^{n-1}+\cdots+a_1s+a_0)Y(s)=(b_0+b_1s+\cdots+b_{m-1}s^{m-1}+b_ms^m)X(s)$$

由上式容易得到系统的传递函数，即

$$W(s)=\frac{Y(s)}{X(s)}=\frac{b_0+b_1s+\cdots+b_{m-1}s^{m-1}+b_ms^m}{s^n+a_{n-1}s^{n-1}+\cdots+a_1s+a_0} \tag{7.3}$$

其框图模型如图 7.5 所示。

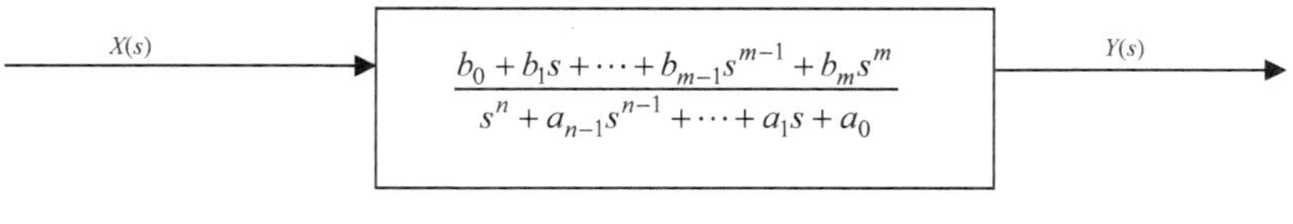

图 7.5

一个复杂的地理系统，往往包含若干个输入–输出环节，而各个环节又以不同的方式连接。为了求得描述整个系统动态过程的传递函数，往往需要对各个环节的传递函数进行合成运算。现在，我们讨论传递函数的合成运算问题。

(1) 串联系统。如果一个系统的动态过程由两个输入–输出环节构成，第一个环节的输出又是第二个环节的输入，则这种连接方式构成了如图 7.6 所示的串联系统。

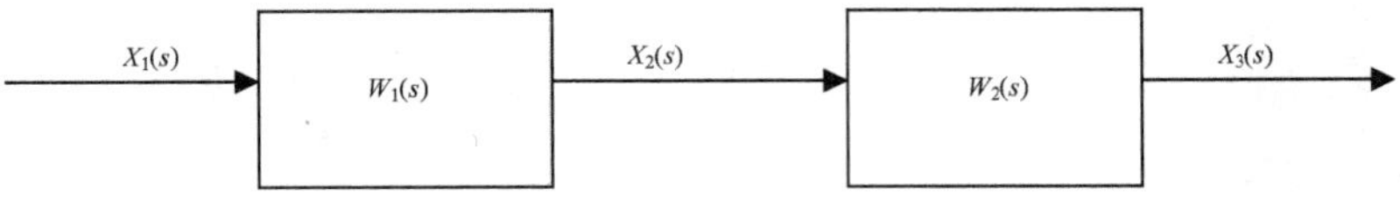

图 7.6

如果记整个系统的传递函数为$W(s)$，则图 7.6 就被简化为图 7.7。

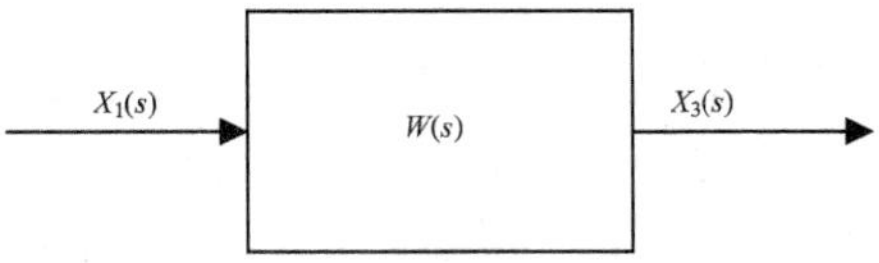

图 7.7

那么

$$W(s)=\frac{X_3(s)}{X_1(s)}=\frac{X_3(s)}{X_2(s)}\cdot\frac{X_2(s)}{X_1(s)}=W_1(s)\cdot W_2(s) \tag{7.4}$$

式(7.4)表明，整个系统的传递函数等于两个环节传递函数的乘积。同样的道理可以证明，以 n 个输入–输出环节构成的串联系统，其传递函数等于各个环节传递函数的乘积，即

$$W(s)=W_1(s)\cdot W_2(s)\cdots W_n(s)=\prod_{i=1}^{n}W_i(s) \tag{7.5}$$

(2) 并联系统。并联系统，是指流入系统的输入分别进入了不同的输入–输出环节，由各个环节的分别作用，共同决定系统的输出，即如图 7.8 所示的系统。

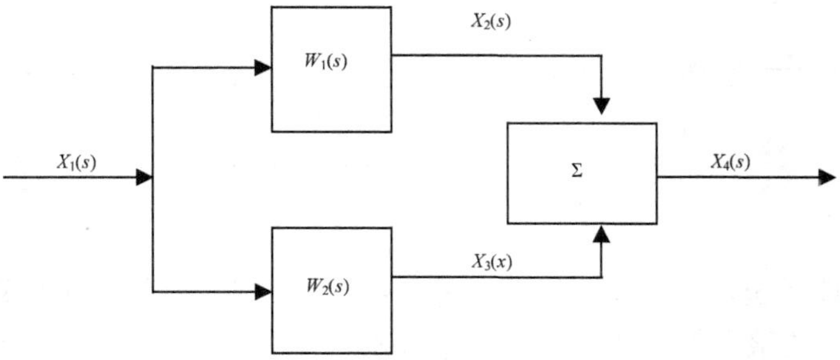

图 7.8

如果记整个系统的传递函数为$W(s)$，则图 7.8 就被简化为图 7.9。

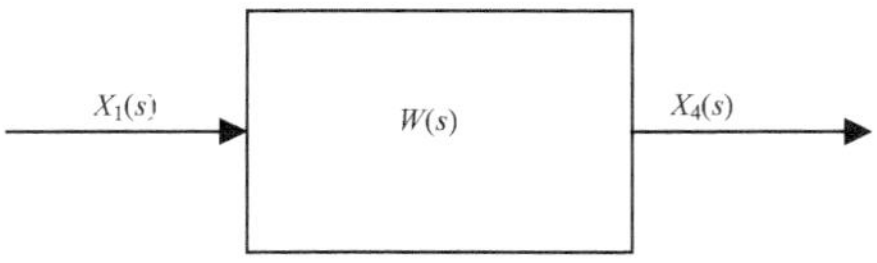

图 7.9

由于 $X_4(s)=X_2(s)+X_3(s)=W_1(s)X_1(s)+W_2(s)X_1(s)=[W_1(s)+W_2(s)]X_1(s)$
所以，系统的传递函数为

$$W(s)=\frac{X_4(s)}{X_1(s)}=W_1(s)+W_2(s) \tag{7.6}$$

同理可以证明，由 n 个输入–输出环节构成的并联系统，其传递函数等于各个环节传递函数之和，即

$$W(s)=W_1(s)+W_2(s)+\cdots+W_n(s)=\sum_{i=1}^{n}W_i(s) \tag{7.7}$$

(3) 反馈系统。反馈系统，就是把系统的输出再引向输入端，从而使系统的输入发生改变的一类控制系统，即如图 7.10 所示的系统。

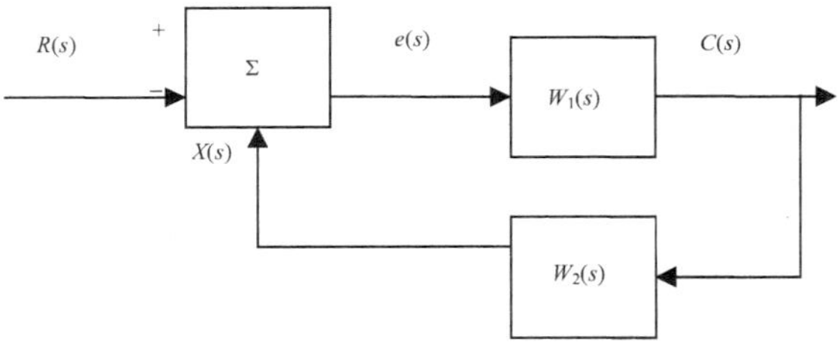

图 7.10

其中，$W_1(s)$ 为系统输入–输出环节的传递函数， $W_2(s)$ 为反馈环节的传递函数。如果记整个反馈控制系统的传递函数为 $W(s)$，则以图 7.10 就被简化为图 7.11。

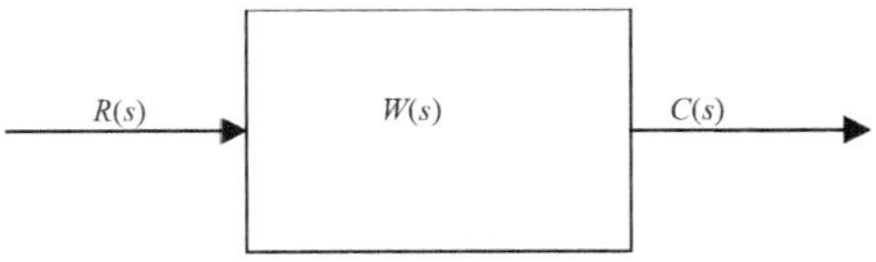

图 7.11

对于反馈控制系统，又可以根据不同的反馈机制，将它分为正反馈和负反馈两种形式。

(1) 正反馈。

由于

$$\begin{cases} e(s)=R(s)+X(s) \\ X(s)=C(s)W_2(s) \\ C(s)=e(s)W_1(s) \end{cases}$$

因而

$$R(s)=e(s)-X(s)=e(s)-C(s)W_2(s)=e(s)-e(s)W_1(s)W_2(s)=[1-W_1(s)W_2(s)]e(s)$$

所以，系统的传递函数为

$$W(s)=\frac{C(s)}{R(s)}=\frac{e(s)W_1(s)}{[1-W_1(s)W_2(s)]e(s)}=\frac{W_1(s)}{1-W_1(s)W_2(s)} \tag{7.8}$$

(2) 负反馈。

由于

$$\begin{cases} e(s)=R(s)-X(s) \\ X(s)=C(s)W_2(s) \\ C(s)=e(s)W_1(s) \end{cases}$$

因而

$$R(s)=e(s)+X(s)=e(s)+C(s)W_2(s)=e(s)+e(s)W_1(s)W_2(s)=[1+W_1(s)W_2(s)]e(s)$$

所以，系统的传递函数为

$$W(s)=\frac{C(s)}{R(s)}=\frac{e(s)W_1(s)}{[1+W_1(s)W_2(s)]e(s)}=\frac{W_1(s)}{1+W_1(s)W_2(s)} \tag{7.9}$$

对于图 7.3 所描述的农田生态系统，通过运用以上传递函数的三种运算法则，经过合成运算可以得到系统的传递函数，即

$$W(s)=\frac{[W_1(s)W_5(s)+W_2(s)W_6(s)+W_3(s)W_7(s)+W_4(s)W_8(s)]}{1-E(s)[W_1(s)W_5(s)+W_2(s)W_6(s)+W_3(s)W_7(s)+W_4(s)W_8(s)]}$$

任何一个复杂地理系统，其动态关系都是以上三种关系(串联、并联、反馈)的组合与合成。因此具有以上传递函数的运算法则，就可以由各个环节的传递函数经过合成运算得到整个系统的传递函数。通过对系统传递函数的分析，就可以把握地理系统的动态特征，由此就可以对系统进行未来发展趋势的预测，从而为系统的调控提供决策依据。

2. 状态空间法

上面介绍了运用传递函数描述地理系统的方法。但是，许多地理系统是多输入、多输出的时变系统，对于这类系统，经典控制论的传递函数法就显得无能为力了。而现代控制论则适用于对多输入、多输出的，线性的或者非线性的，定常的或者时变的系统。在现代控制论中，描述系统的方法是状态空间法。

状态空间是指状态变量构成的欧氏空间，它包含描述系统的状态变量的一个最小集合。状态空间有时也称为相空间，系统的状态随时间的变化在状态空间中形成的运动轨迹称为相轨线。为了描述系统的动态行为，一般需要两组方程：一组为状态方程，即输入对状态变量的作用关系式；另一组为输出方程，也称为观察方程，即输出和状态变量的关系式。

一般地，一个系统的状态空间描述可以表示为

$$\begin{cases} \dfrac{\mathrm{d}X}{\mathrm{d}t} = F(\boldsymbol{X},\boldsymbol{U}) \\ \boldsymbol{Y}(t) = G(\boldsymbol{X},\boldsymbol{U}) \end{cases} \tag{7.10}$$

式中：$\boldsymbol{X}$ 为状态变量向量；$\boldsymbol{U}$ 为输入(或控制)变量向量；$\boldsymbol{Y}$ 为输出变量向量。

对于线性系统来说，其状态空间描述为

$$\begin{cases} \boldsymbol{X} = \boldsymbol{A}(t)\boldsymbol{X} + \boldsymbol{B}(t)\boldsymbol{U} \\ \boldsymbol{Y} = \boldsymbol{C}(t)\boldsymbol{X} + \boldsymbol{D}(t)\boldsymbol{U} \end{cases} \tag{7.11}$$

式中：$\boldsymbol{A}(t)$ 为状态矩阵；$\boldsymbol{B}(t)$ 为输入矩阵；$\boldsymbol{C}(t)$ 为输出矩阵；$\boldsymbol{D}(t)$ 为输入矩阵。因为矩阵 $\boldsymbol{A}(t)$、$\boldsymbol{B}(t)$、$\boldsymbol{C}(t)$、$\boldsymbol{D}(t)$ 完全决定了系统的动态特征，因而方程式(7.11)表示的系统也可以记为形如 $\left[\boldsymbol{A}(t),\boldsymbol{B}(t),\boldsymbol{C}(t),\boldsymbol{D}(t)\right]$ 的四联矩阵。当 $\boldsymbol{A}(t)=A$，$\boldsymbol{B}(t)=B$，$\boldsymbol{C}(t)=C$，$\boldsymbol{D}(t)=D$ 都为常系数矩阵时，$\left[A,B,C,D\right]$ 就表示一个线性定常系统。

事实上，由微分方程或传递函数表示的线性定常系统都可以转化为状态空间的表示形式。设有某一连续的线性定常系统，其微分方程描述为

$$y^{(n)} + a_1 y^{(n-1)} + a_2 y^{(n-2)} + \cdots + a_{n-1} y^{(1)} + a_n y = u \tag{7.12}$$

式中：u 为输入变量；y 为输出变量；$y^{(i)}(i=1,2,\cdots,n)$ 为输出变量 y 的 i 阶导数；$a_i(i=1,2,\cdots,n)$ 为常系数。下面将它转化为状态空间的描述形式。

对于上述微分方程，若已知初始值 $y(0)$，$y^{(1)}(0)$，$y^{(2)}(0)$，$\cdots$，$y^{(n-1)}(0)$，并且已知 $t \geqslant 0$ 的输入变量 $u(t)$，则可以完全确定系统的未来行为。因此，可以取

$$\boldsymbol{X} = \begin{pmatrix} x_1 \\ x_2 \\ \vdots \\ x_n \end{pmatrix} = \begin{pmatrix} y \\ y^{(1)} \\ \vdots \\ y^{(n-1)} \end{pmatrix}$$

作为状态变量向量。将状态向量的每一个分量代入系统的微分方程中就得到

$$\begin{cases} \dfrac{\mathrm{d}x_1}{\mathrm{d}t} = y^{(1)} = x_2 \\ \dfrac{\mathrm{d}x_2}{\mathrm{d}t} = y^{(2)} = x_3 \\ \dfrac{\mathrm{d}x_3}{\mathrm{d}t} = y^{(3)} = x_4 \\ \quad \cdots \\ \dfrac{\mathrm{d}x_{n-1}}{\mathrm{d}t} = y^{(n-1)} = x_n \\ \dfrac{\mathrm{d}x_n}{\mathrm{d}t} = y^{(n)} = u - a_1 y^{(n-1)} - a_2 y^{(n-2)} - \cdots - a_{n-1} y^{(1)} - a_n y \\ \quad = u - a_1 x_n - a_2 x_{n-1} - \cdots - a_{n-1} x_2 - a_n x_1 \end{cases}$$

所以，只要取

$$\boldsymbol{A}=\begin{pmatrix} 0 & 1 & 0 & \cdots & 0 \\ 0 & 0 & 1 & \cdots & 0 \\ \vdots & \vdots & \cdots & & \vdots \\ 0 & 0 & 0 & \cdots & 1 \\ -a_n & -a_{n-1} & -a_{n-2} & \cdots & -a_1 \end{pmatrix} \qquad \boldsymbol{B}=\begin{pmatrix} 0 \\ 0 \\ \vdots \\ 0 \\ 1 \end{pmatrix}$$

就可以得到系统的状态方程，即

$$\frac{\mathrm{d}X}{\mathrm{d}t}=\boldsymbol{AX}+Bu \tag{7.13}$$

显然，系统的输出方程为

$$y=x_1$$

因此，只要取 $C=\left[1,0,0,\cdots,0\right]$，就可以得到其矩阵形式，即

$$y=\boldsymbol{CX} \tag{7.14}$$

这样，联立式(7.13)和式(7.14)，就得到了系统式(7.12)的状态空间描述，即

$$\begin{cases} \dfrac{\mathrm{d}X}{\mathrm{d}t}=\boldsymbol{AX}+\boldsymbol{B}u \\ \boldsymbol{y}=\boldsymbol{CX} \end{cases} \tag{7.15}$$

以上我们所讨论的是连续系统。但是在地理学中，许多地理数据的取值是离散的。所以，离散系统是常见的。对于线性离散系统，其状态空间的描述可以表述为

$$\begin{cases} \boldsymbol{X}(t+1)=\boldsymbol{A}(t+1,t)\boldsymbol{X}(t)+\boldsymbol{B}(t)\boldsymbol{U}(t) \\ \boldsymbol{Y}(t)=\boldsymbol{C}(t)\boldsymbol{X}(t)+\boldsymbol{D}(t)\boldsymbol{U}(t) \end{cases} \tag{7.16}$$

或者

$$\begin{cases} \boldsymbol{X}(t+1)=\boldsymbol{A}(t+1,t)\boldsymbol{X}(t)+\boldsymbol{B}(t)\boldsymbol{U}(t+1) \\ \boldsymbol{Y}(t)=\boldsymbol{C}(t)\boldsymbol{X}(t)+\boldsymbol{D}(t)\boldsymbol{U}(t) \end{cases} \tag{7.17}$$

在以上两式中，各矩阵与连续系统中的称谓一样。系统式(7.16)与系统式(7.17)的差别在于式(7.17)的输入是同时的，而式(7.16)的输入是有时间延迟的。在地理系统中，延迟是不可避免的。例如，生产投资过程，环境治理过程等都是有时间延迟的过程。当 $\boldsymbol{A}(t+1,t)$、$\boldsymbol{B}(t)$、$\boldsymbol{C}(t)$、$\boldsymbol{D}(t)$ 与时间无关时，上述系统就称为离散的线性定常系统。

从以上讨论可以看出，建立一个系统的状态空间模型的方法是：首先确定系统的状态变量、输入变量(或控制变量)及输出变量，然后再建立状态方程组和输出方程组。如果可能的话，将状态变量与输出变量取为同一组变量，则状态方程与输出方程也就变为

一组方程，这样对系统建模将带来极大的方便。

考虑某区域人口动态系统，假设该区域由若干小区组成。如果记 $x_i(t)(i=1,2,\cdots,n)$ 为第 i 个小区在第 t 时刻(第 t 年)的人口数量，那么向量

$$\boldsymbol{X}(t)=\begin{pmatrix} x_1(t) \\ x_2(t) \\ \vdots \\ x_n(t) \end{pmatrix} \tag{7.18}$$

既可以作为状态变量，又可以作为输出变量。

显然，$\boldsymbol{X}(t)$ 不仅与每一个小区的人口增长率有关，而且还与各小区之间的相互作用，以及整个区域与外界之间的人口交流有关。如果用 $u_1(t)$ 表示来自于区外的人口迁入量，$u_2(t)$ 表示从区内流向区外的人口迁出量，则系统的输入变量可以取为

$$U(t)=\begin{bmatrix} u_1(t) \\ u_2(t) \end{bmatrix}$$

为了建立该区域人口系统的状态空间模型，现在引入如下有关参量：设 r_i 为 i 小区的人口自然增长率，即出生率减去死亡率；$e_i^{(1)}$ 为第 i 小区的就业率，$e_i^{(2)}=1-e_i^{(1)}$ 为未就业率。设 r_{ij} 为 i 小区的经济中心至 j 小区的经济中心的距离，显然 $r_{ij}=r_{ji}$。

如果记 $x_{ij}(t)$ 为第 t 年由 j 小区流向 i 小区的人口数量；而 $x_{ji}(t)$ 为第 t 年由 i 小区流向 j 小区的人口数量；$x_{i0}(t)$ 为第 t 年由区域外迁入 i 小区的人口数量，而 $x_{0i}(t)$ 为第 t 年由 i 小区迁出区域以外的人口数量。那么，对于每一个小区，有

$$x_i(t+1)=(1+r_i)x_i(t)+\sum_{j\neq i}x_{ij}(t)-\sum_{j\neq i}x_{ji}(t)+x_{i0}(t)-x_{0i}(t) \tag{7.19}$$

由区外迁入的人口 $u_1(t)$ 及由区内迁出的人口 $u_2(t)$，在各小区之间的数量分配是由各小区的就业率与未就业率决定的，即

$$x_{i0}(t)=\frac{e_i^{(1)}}{\sum_{j=1}^{n}e_j^{(1)}}u_1(t) \tag{7.20}$$

$$x_{0i}(t)=\frac{e_i^{(2)}}{\sum_{j=1}^{n}e_j^{(2)}}u_2(t) \tag{7.21}$$

另外，由第 j 小区流向 i 小区的人口数量与 i 小区的就业率 $e_i^{(1)}$ 及 j 小区的人口数量成正比，而与该两小区经济中心之间的距离成反比，即

$$x_{ij}(t) = k\frac{e_i^{(1)}}{r_{ij}}x_j(t) \tag{7.22}$$

式中：k 为经验常数。

同理

$$x_{ji}(t) = k\frac{e_j^{(1)}}{r_{ji}}x_i(t) \tag{7.23}$$

将式(7.20)至式(7.23)代入式(7.19)得

$$x_i(t+1) = \left[(1+r_i) - \sum_{j\neq i} k\frac{e_j^{(1)}}{r_{ji}}\right]x_i(t) + \sum_{j\neq i} k\frac{e_i^{(1)}}{r_{ij}}x_j(t) + \frac{e_i^{(1)}}{\sum_{j=1}^{n} e_j^{(1)}}u_1(t) - \frac{e_i^{(2)}}{\sum_{j=1}^{n} e_j^{(2)}}u_2(t)$$

如果记

$$A = \begin{pmatrix} [(1+r_1) - \sum_{j\neq 1}^{n} k\frac{e_j^{(1)}}{r_{j1}}] & k\frac{e_1^{(1)}}{r_{12}} & \cdots & k\frac{e_1^{(1)}}{r_{1n}} \\ k\frac{e_2^{(1)}}{r_{21}} & [(1+r_2) - \sum_{j\neq 2} k\frac{e_j^{(1)}}{r_{j2}}] & \cdots & k\frac{e_2^{(1)}}{r_{2n}} \\ \vdots & \vdots & & \vdots \\ k\frac{e_n^{(1)}}{r_{n1}} & k\frac{e_n^{(1)}}{r_{n2}} & \cdots & [(1+r_n) - \sum_{j\neq n}^{n-1} k\frac{e_j^{(1)}}{r_{jn}}] \end{pmatrix}$$

$$B = \begin{pmatrix} \frac{e_1^{(1)}}{\sum_{j=1}^{n} e_j^{(1)}} & -\frac{e_1^{(2)}}{\sum_{j=1}^{n} e_j^{(2)}} \\ \frac{e_2^{(1)}}{\sum_{j=1}^{n} e_j^{(1)}} & -\frac{e_2^{(2)}}{\sum_{j=1}^{n} e_j^{(2)}} \\ \vdots & \vdots \\ \frac{e_n^{(1)}}{\sum_{j=1}^{n} e_j^{(1)}} & -\frac{e_n^{(2)}}{\sum_{j=1}^{n} e_j^{(2)}} \end{pmatrix}$$

那么，该区域人口系统的状态方程和输出方程组均为

$$\boldsymbol{X}(t+1) = \boldsymbol{AX}(t) + \boldsymbol{BU}(t) \tag{7.24}$$

7.1.3　建模实例：可更新资源的最优利用策略

如果研究单一种类可更新资源的管理利用问题，则这一问题就是一维地理系统的最佳调控问题(徐建华，1991)。这里，我们取资源的储备量 $x=x(t)$为系统的状态变量，资源收获量 $u=u(t)$为调控变量。如果记该种可更新资源的自然增长率函数为 $F(x)$，则该调控系统的动态描述为

$$\begin{cases} \dfrac{\mathrm{d}x}{\mathrm{d}t}=F(x)-u(t) \\ x(0)=x_0 \end{cases} \tag{7.25}$$

在收获过程中一个最基本的要求就是

$$x(t)>0 \tag{7.26}$$

为了保护资源的再生能力，我们对于收获量提出上下限约束

$$u_{\min}\leqslant u(t)\leqslant u_{\max} \tag{7.27}$$

如果资源的单位收获量价格为 p，成本为 $C(x)$，那么持续的经济收益为

$$J_0=\int_0^{\infty}[p-C(x)]u(t)\mathrm{d}t \tag{7.28}$$

若货币贴现率为 $\delta(\delta>0)$，那么折算成现值以后，上述受益就是

$$J(u)=\int_0^{\infty}\mathrm{e}^{-\delta t}[p-C(x)]u(t)\mathrm{d}t \tag{7.29}$$

我们的目的是在维持生态平衡的前提下获得持续的最佳经济效益。因此，问题的实质就是在式(7.25)、式(7.26)、式(7.27)共同约束下求目标泛函式(7.29)的极大值。这就意味着确定一个容许的收获量 $u(t)$，使资源储量稳定在某个水平上而获得最佳收益。利用极值原理可知，最优状态水平 x^*满足如下方程，即

$$\frac{\mathrm{d}\rho(x)}{\mathrm{d}x}=\delta[p-C(x)] \tag{7.30}$$

式中：$\rho(x)=F(x)[p-C(x)]$表示资源储量为 x 时的持续经济利润。

若方程式(7.30)有唯一的解 x^*，那么资源的最佳收获利用决策为

$$u^*(t)=\begin{cases} u_{\max} & x>x^* \\ F(x^*) & x=x^* \\ u_{\min} & x<x^* \end{cases}$$

如果在种群水平上探讨可更新的生物资源(如森林资源、渔类资源、草场资源等)的管理利用问题，则状态变量 $x=x(t)$ 就代表在 t 时刻资源(林木、鱼类、牧草等)的种群水平，而调控变量 $u=u(t)$ 则代表森林的采伐速率、鱼的捕获速率、牧草的采食速率等。对于这类生物资源，其种群自然增长过程可以用逻辑斯谛(Logistic)方程描述，即自然增长率函数为(Clark, 1976)

$$F(x)=rx(1-\frac{x}{k}) \tag{7.31}$$

式中：r 为资源种群的内禀增长率；k 为环境容纳量。

如果认为收获成本与种群水平成反比，则可以假设

$$C(x)=\frac{c}{x} \tag{7.32}$$

式中：c 为常数。

把式(7.31)和式(7.32)代入式(7.30)，可以得一正数解

$$x^{*}=\frac{k}{4}\{(\frac{c}{pk}+1-\frac{\delta}{r})+[(\frac{c}{pk}+1-\frac{\delta}{r})^{2}+\frac{8\delta c}{pkr}]^{\frac{1}{2}}\}$$

因此，资源的最佳收获策略为

$$u^{*}(t)=\begin{cases} u_{\max} & x>x^{*} \\ rx^{*}(1-\frac{x^{*}}{k}) & x=x^{*} \\ u_{\min} & x<x^{*} \end{cases}$$

7.2　灰色系统方法

灰色系统，是由我国学者邓聚龙教授于 20 世纪 80 年代首创的一种系统建模理论(Deng，1982, 1989；邓聚龙，1985，1987)。该理论认为，客观世界，既是物质的世界又是信息的世界。它既包含大量的已知信息，也包含大量的未知信息与非确定信息。未知的或非确定的信息称为黑色信息；已知信息称为白色信息。既含有已知信息，又含有未知和非确定信息的系统，称为灰色系统。

地理系统是一类典型的灰色系统。因此，灰色系统是地理建模的重要方法之一(徐建华等，1988；徐建华，1991，1996，2002)。灰色系统方法包括灰色关联分析方法、灰色预测方法、灰色建模方法、灰色规划方法、灰色局势决策方法等(邓聚龙，1985，1987)。限于篇幅，本节主要讨论灰色关联分析方法、灰色预测方法和灰色建模方法在地理建模中的应用。

7.2.1　灰色关联分析方法

在地理系统中，许多因素之间的关系是灰色的，人们很难分清哪些因素是主导因素，哪些因素是非主导因素；哪些因素之间关系密切，哪些不密切。灰色关联分析为我们解决这类问题提供了一种行之有效的方法。

1. 灰色关联分析的基本原理

统计相关分析是对因素之间的相互关系进行定量分析的一种有效方法。但是，相关系数具这样的性质：即因素 y 对因素 x 的相关程度与因素 x 对因素 y 的相关程度相等。暂且不去追究因素之间的相关程度究竟有多大，单就相关系数的这种性质而言，也是与实际情况不太相符的。例如，在区域经济研究中，能将农业对工业的关联程度与工业对农业的关联程度等同看待吗？其次，由于地理现象与问题的复杂性，以及人们认识水平的限制，许多因素之间的关系是灰色的，很难用相关系数比较精确地度量其相关程度的客观大小。为了克服统计相关分析的上述缺陷，灰色系统理论中的灰色关联分析方法给人们提供了一种可供尝试的新方法。

灰色关联分析，从其思想方法上来看，属于几何处理的范畴，其实质是对反映各因素变化特性的数据序列所进行的几何比较。用于度量因素之间关联程度的灰色关联度，就是通过对因素之间的关联曲线的比较而得到的。

设 $x_1,x_2,\cdots,x_m$ 为 m 个要素，反映各要素变化特性的数据列分别为 $\{x_1(t)\}$，$\{x_2(t)\}$，$\cdots$，$x_m(t)$ $t=1,2,\cdots,n$。因素 x_j 对 x_i 的关联系数定义为

$$\xi_{ij}(t)=\frac{\Delta_{\min}+k\Delta_{\max}}{\Delta_{ij}(t)+k\Delta_{\max}},\ t=1,2,\cdots,n \tag{7.33}$$

式中：k 为[0,1]区间上的灰数；$\xi_{ij}(t)$ 为因素 x_j 对 x_i 在 t 时刻的关联系数，其中：

$$\Delta_{ij}(t)=\left|x_i(t)-x_j(t)\right|$$

$$\Delta_{\max}=\max_j\max_i\Delta_{ij}(t)$$

$$\Delta_{\min}=\min_j\min_i\Delta_{ij}(t)$$

不难看出，$\Delta_{ij}(t)$ 的最小值是 $\Delta_{\min}$，当它取最小值时，关联系数 $\xi_{ij}(t)$ 取最大值 $\max_i\xi_{ij}(t)=1$；$\Delta_{ij}(t)$ 的最大值为 $\Delta_{\max}$，当它取最大值时，关联系数 $\xi_{ij}(t)$ 取最小值。

$$\min_i\xi_{ij}(t)=\frac{1}{1+k}\cdot(k+\frac{\Delta_{\min}}{\Delta_{\max}})$$

可见，$\xi_{ij}(t)$ 是一个有界的离散函数。若取灰数 k 的白化值为 1，则有

$$\frac{1}{2}\left(1+\frac{\Delta_{\min}}{\Delta_{\max}}\right) \leqslant \xi_{ij}(t) \leqslant 1 \tag{7.34}$$

在实际计算时，可取 $\Delta_{\min}=0$，这时有

$$0.5 \leqslant \xi_{ij}(t) \leqslant 1$$

作出函数 $\xi_{ij}=\xi_{ij}(t)$ 随时间变化的曲线，它被称为关联曲线(图 7.12)。图中的水平线，说明任何时刻的关联系数为 1，它代表 x_i 与 x_i 本身的关联曲线 $\xi_{ii}\equiv 1$，因为自己与自己总可以认为是密切关联的。

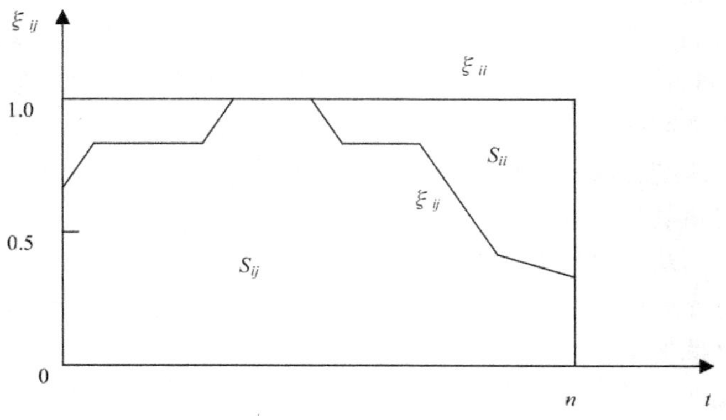

图 7.12　灰色关联曲线

将关联曲线 $\xi_{ij}(t)$ 与 $\xi_{ii}(t)$ 和坐标轴围成的面积分别记为 S_{ij} 与 S_{ii}，则 x_j 对 x_i 的关联度为

$$\gamma_{ij}=\frac{S_{ij}}{S_{ii}} \tag{7.35}$$

显然 $S_{ii}=1\times n=n$，所以式(7.35)可以进一步写成

$$\gamma_{ij}=S_{ij}/n \tag{7.36}$$

在实际计算中，常用近似公式

$$\gamma_{ij}\approx\frac{1}{n}\sum_{t=1}^{n}\xi_{ij}(t) \tag{7.36′}$$

代替式(7.35)或式(7.36)。

从以上关联度的定义可以看出，它主要取决于各时刻的关联系数 $\xi_{ij}(t)$ 的值，而 $\xi_{ij}(t)$ 又取决于各时刻 x_i 与 x_j 观测值之差 $\Delta_{ij}(t)$。显然，x_i 与 x_j 的量纲不同，作图比例尺就会不同，因而关联曲线的空间相对位置也会不同，这样就会影响关联度 γ_{ij} 的计算结果。为

了消除量纲的影响，增强不同量纲的因素之间的可比性，就需要在进行关联度计算之前，首先对各要素的原始数据作初值变换或均值变换，然后利用变换后所得到的新数据作关联度计算。其中，初值变换的计算公式为

$$x_i'(t)=x_i(t)/x_i(1),\ i=1,2,\cdots,m;t=1,2,\cdots,n \tag{7.37}$$

均值变换的计算公式为

$$x_i'(t)=x_i(t)/\overline{x}_i,\ i=1,2,\cdots,m;t=1,2,\cdots,n \tag{7.38}$$

式中：$\overline{x}_i=\dfrac{1}{n}\sum_{t=1}^{n}x_i(t)$。

2. 实例分析

地下水是一个复杂的动态系统。一般而言，地下水位动态地响应于地下水系统的输入(补给)与输出(基流或地下水泄入河流)。补给过程受各种水文过程的影响，包括降水、蒸发、蒸腾、径流、土壤与含水层的水压性质、浸润作用，以及依赖于气温、气压、太阳辐射、风速、地形、土地利用、土地覆盖、土壤湿度等(刘昌明，1997)。不同空间和时间尺度上的各种自然过程的变化都直接或间接地影响着地下水位的波动，从而导致地下水位和基流的变化超越了多种时空尺度，并非表现出单一特征的时空尺度特征(Li et al., 2007)。

塔里木河是中国最长的内陆河流，它沿塔克拉玛干沙漠北缘，自西向东，由肖峡克流入台特马湖，干流全长 1321km。这条河流是南疆干旱区最重要的水源，它供养着河流沿岸冲击平原地区串珠状的农田绿洲、村落、城镇及 800 万以上的人口。然而，随着人口的增长，水资源的过度利用，1972 年以来，自大西海子水库以下的塔里木河下游河道彻底干枯，随之而来的是越来越严重的沙漠化和生态退化问题(陈亚宁等，2003；李新等，2001)，地下水位下降，生态环境退化，植物群落逐渐减少，一些灌木和草本植物甚至彻底消亡。

为了阻止沙漠化蔓延，保护环境和恢复塔里木河下游生态系统，经国家批准，2000 年 5 月开始从上游向断流 30 年的下游实施应急生态输水工程，旨在通过地表河道输水来抬升两岸地下水位，拯救日益衰败的天然植被。迄今，已经完成了 11 次输水过程①。在三次输水过程作用的基础上，2001 年 11 月 2 日，第四次输水过程终于让干枯了 30 年之久的台特马湖底土地第一次受到了久违的上游来水的滋润。

目前，尽管已有研究结果表明，来自上游的输水使下游地下水位明显回升(徐海量等，2004)，但是由于缺乏详细的数据资料和有效的方法，关于上游输水对塔里木河下游地下水位变化的影响问题，仍然缺乏定量化的建模分析与研究。事实上，从灰色系统的观点来看，受包括上游输水在内的多种复杂因素影响的塔里木河下游地区地下水位系统，是一个典型的灰色系统。因此，灰色系统理论可能给我们提供了一种可以尝

---

① 这里的一次输水过程，是指一个连续输水的时段，不同与其他文献中“输水次数”的概念。

试的研究方法。

基于有限的数据资料，完全弄清上游输水对塔里木河下游地区地下水位的动态过程及其影响因素是困难的。本节选择每一次输水过程都有流水经过的距大西海子水库45km的英苏断面，运用灰色关联分析方法，解析上游输水因素对地下水位变化的影响。

为了揭示上游输水的相关因素对英苏端面地下水位变化的影响，我们用 $X_1^{(0)}(t)$ 代表第 t 个输水过程所引起的最高地下水位的埋深，$X_2^{(0)}(t)$ 代表第 t 个输水过程的下泄水量，$X_3^{(0)}(t)$ 代表第 t 个输水过程的输水日数，$X_4^{(0)}(t)$ 代表第 t 个输水过程的日输水量，$X_5^{(0)}(t)$ 代表第 t 个输水过程中干流来水量，$X_6^{(0)}(t)$ 代表第 t 个输水过程中博斯腾湖调出水量，计算输水因素与地下水位变化的灰色关联度，结果如表 7.1 所示。

表 7.1　输水因素对塔里木河英苏端面地下水位影响的灰色关联度

观测井	灰色关联度				
	γ_{12}	γ_{13}	γ_{14}	γ_{15}	γ_{16}
C4	0.7430	0.8553	0.7124	0.5693	0.6054
C5	0.7537	0.8387	0.7190	0.5723	0.6297
C6	0.7541	0.8329	0.7274	0.5806	0.6505
C7	0.8326	0.9181	0.8501	0.6637	0.7839
C8	0.8396	0.8997	0.8569	0.6733	0.8334

从表 7.1 可以看出，对于监测井 C4、C5 和 C6 来说，灰色关联度按照降序排序的结果是 $\gamma_{13}>\gamma_{12}>\gamma_{14}>\gamma_{16}>\gamma_{15}$，也就是说，影响其地下水位变化的因素依次是输水日数、下泄水量、日输水量、博斯腾湖调出水量、干流来水量；而对于监测井 C7 和 C8 来说，灰色关联度按照降序排序的结果是 $\gamma_{13}>\gamma_{14}>\gamma_{12}>\gamma_{16}>\gamma_{15}$，也就是说，影响其地下水位变化的因素依次是输水日数、日输水量、下泄水量、博斯腾湖调出水量、干流来水量。尽管各因素的排序略有差别，但是对于每一个监测井位来说，影响其地下水位变化的前三个因素都是相同的，即都是输水日数、下泄水量、日输水量，由此说明，这三个因素是影响地下水位的主要因素。

7.2.2　灰色预测方法

基于灰色建模理论的灰色预测法，按照预测问题的特征，可分为 5 种基本类型，即数列预测、灾变预测、季节灾变预测、拓扑预测和系统综合预测(邓聚龙，1987)。这 5 种类型的预测方法，都是地理学中重要而且常用的预测方法。鉴于本书篇幅有限，本节只探讨数列预测法和灾变预测法在地理建模中的应用。

1. *数列预测*

数列预测，就是对某一指标的发展变化情况所做的预测，其预测的结果是该指标在未来各个时刻的具体数值。例如，在地理学研究中，人口数量预测、耕地面积预测、粮食产量预测、降水量预测等，都是数列预测。

数列预测的基础，是基于累加生成数列的 GM(1,1)模型。

设 $x^{(0)}(1)$， $x^{(0)}(2)$， $\cdots$ $x^{(0)}(M)$ 是所要预测的某项指标的原始数据，它是一个非负不平稳数列。一般而言，对于这样一个随机数列，如果它波动太大，其发展趋势无规律可循(图 7.13)，这样就无法用其他方法对其进行预测。

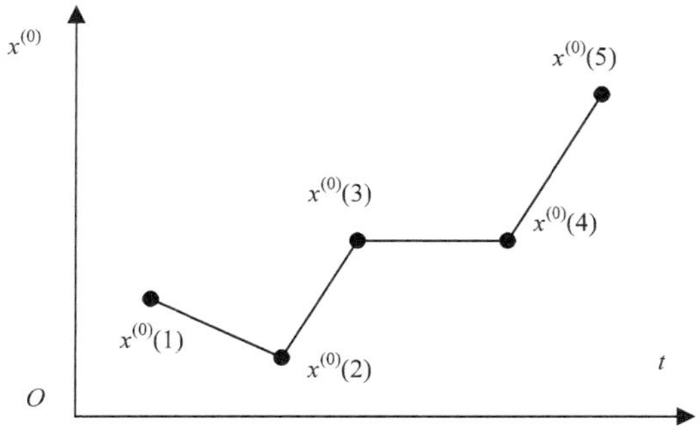

图 7.13　不平稳的随机数列

如果对原始数列作一次累加生成处理，即

$$x^{(1)} = x^{(0)}(1)$$
$$x^{(1)}(2) = x^{(0)}(1) + x^{(0)}(2)$$
$$x^{(1)}(3) = x^{(0)}(1) + x^{(0)}(2) + x^{(0)}(3)$$
$$\cdots$$
$$x^{(1)}(k) = \sum_{i=1}^{k} x^{(0)}(t)$$
$$\cdots$$
$$x^{(1)}(M) = \sum_{i=1}^{M} x^{(0)}(t)$$

这样，就得到一个新的数列。这个新数列与原始数列相比较，其随机性程度大大弱化，平稳程度大大增加(图 7.14)。

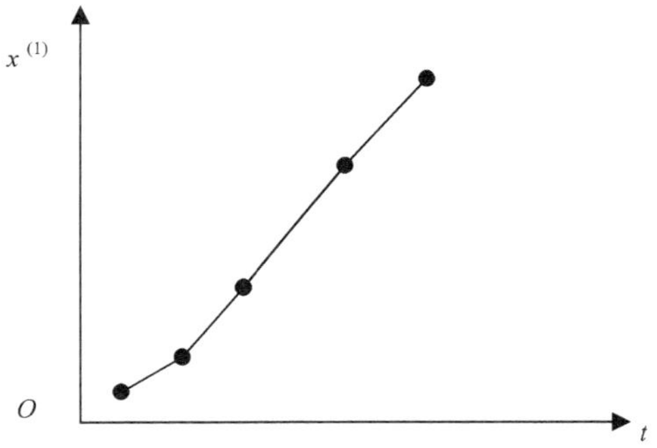

图 7.14　比较平稳的数列

对于这样的新数列，其变化趋势可以近似地用如下微分方程描述

$$\frac{\mathrm{d}x^{(1)}}{\mathrm{d}t}+ax^{(1)}=u \tag{7.39}$$

式中，a 和 u 可以通过如下最小二乘法拟合得到

$$\begin{bmatrix} a \\ u \end{bmatrix}=\left(\boldsymbol{B}^{\mathrm{T}}\boldsymbol{B}\right)^{-1}\boldsymbol{B}^{\mathrm{T}}\boldsymbol{Y}_M \tag{7.40}$$

式中：$\boldsymbol{Y}_M$ 为列向量 $\boldsymbol{Y}_M=[x^{(0)}(2),x^{(0)}(3),\cdots,x^{(0)}(M)]^{\mathrm{T}}$；$\boldsymbol{B}$ 为构造数据矩阵，即

$$\boldsymbol{B}=\begin{pmatrix} -\frac{1}{2}[x^{(1)}(1)+x^{(1)}(2)] & 1 \\ -\frac{1}{2}[x^{(1)}(2)+x^{(1)}(3)] & 1 \\ \vdots & \vdots \\ -\frac{1}{2}[x^{(1)}(M-1)+x^{(1)}(M)] & 1 \end{pmatrix}$$

微分方程式(7.39)所对应的时间响应函数为

$$x^{(1)}(t+1)=[x^{(0)}(1)-\frac{u}{a}]\mathrm{e}^{-at}+\frac{u}{a} \tag{7.41}$$

式(7.41)就是数列预测的基础公式。由式(7.41)对一次累加生成数列的预测值 $\hat{x}^{(1)}(t)$，可以求得原始数的还原值

$$\hat{x}^{(0)}(t)=\hat{x}^{(1)}(t)-\hat{x}^{(1)}(t-1) \tag{7.42}$$

式中：$t=1,2,\cdots,M$，并规定 $\hat{x}^{(0)}(0)=0$。原始数据的还原值与其实际观测值之间的残差值 $\varepsilon^{(0)}(t)$ 和相对误差值 $q(t)$ 为

$$\begin{cases} \varepsilon^{(0)}(t)=x^{(0)}(t)-\hat{x}^{(0)}(t) \\ q(t)=\dfrac{\varepsilon^{(0)}(t)}{x^{(0)}(t)}\times 100\% \end{cases} \tag{7.43}$$

对于预测公式(7.41)，我们所关心的是它的预测精度。这一预测公式是否达到精度要求，可按下述方法进行精度检验。

首先计算：

$$\overline{x}^{(0)}=\frac{1}{M}\sum_{t=1}^{M}x^{(0)}(t)$$

$$s_1^2=\frac{1}{M}\sum_{t=1}^{M}[x^{(0)}(t)-\overline{x}^{(0)}]^2$$

$$\overline{\varepsilon}^{(0)}=\frac{1}{M-1}\sum_{t=2}^{M}\varepsilon^{(0)}(t)$$

$$s_2^2=\frac{1}{M-1}\sum_{t=2}^{M}[\varepsilon^{(0)}(t)-\overline{\varepsilon}^{(0)}]^2$$

其次计算：

方差比 $c=s_2/s_1$；

小误差概率 $p\{\left|\varepsilon^{(0)}(t)-\overline{\varepsilon}^{(0)}\right|<0.6745s_1\}$。

一般地，预测公式(7.41)的精度检验可由表 7.2 给出。如果 p 和 c 都在允许范围之内，则可以计算预测值。否则，需要通过分析残差序列 $\{\varepsilon^{(0)}(t)\}_{t=2}^{M}$，对式(7.41)进行修正，灰色预测常用的修正方法有残差序列建模法和周期分析法两种(邓聚龙，1987)。

表 7.2 灰色预测精度检验等级标准

精度等级	P	C
好	> 0.95	< 0.35
合格	> 0.80	< 0.5
勉强	> 0.70	< 0.65
不合格	≤0.70	≥0.65

数列预测方法，被广泛地应用在自然、经济、社会研究的各个领域(李春华等，2008；张建兴等，2008；王冬等，1996；李自珍等，1988)。

作为灰色数列预测的应用实例，笔者以英苏监测断面的数据为基础，建立了塔里木河下游地区地下水位预测模型。

对于塔里木河下游英苏监测断面，来自监测井的地下水位数据不是等间隔监测的，并不是每天都有地下水位的监测数据。但是，每年最后一个观测数据往往取自 11 月和 12 月的某一天，因为是冬季，没有季节的波动变化，这些日期的地下水位相对稳定，所以不同年份的数据记录具有可比性，它们可以代表地下水位的年际变化。为了预测地下水位的年际变化，用每年最后一个观测记录的地下水位数据作为年际数据，我们建立 5 个监测井地下水位的 GM (1,1) 模型，每一个监测井的模型参数及精度检验参数如表 7.3 所示(Xu et al., 2008a)。

表 7.3　地下水位预测的 GM(1,1)模型

监测井	距河心距离/m	模型参数		预测公式	检验参数	
		a	u		P	C
C4	250	0.01 395	4.8315	$X_1^{(1)}(k+1)=-340.3884\exp(-0.013\,95k)+346.3584$	0.7143	0.5386
C5	350	0.01 227	4.8530	$X_1^{(1)}(k+1)=-388.4997\exp(-0.012\,27k)+395.5197$	1.0000	0.2630
C6	450	0.01 600	5.2963	$X_1^{(1)}(k+1)=-323.3222\exp(-0.0160k)+330.9822$	1.0000	0.2538
C7	750	0.01 785	6.3323	$X_1^{(1)}(k+1)=-347.8761\exp(-0.017\,85k)+354.6761$	1.0000	0.4282
C8	1050	0.01 388	6.5312	$X_1^{(1)}(k+1)=-463.0617\exp(-0.013\,88k)+470.7217$	0.8000	0.1507

表 7.3 中最后两列告诉我们，每一个模型的精度检验参数均达到了预测精度的基本要求。基于表 7.3 中的预测公式，对英苏断面各观测井的地下水埋深进行预测计算，结果如表 7.4 所示。预测结果表明，各观测井位的地下水埋深将逐渐减小，但是随着时间的推移，其减速将逐渐降低，最后在 2009 年或 2010 年以后，将基本趋于稳定。换句话说，各观测井的地下水位将逐渐上升，但是随着时间的推移，其上升的速度将逐渐减小，最后到 2009 年或 2010 年以后将基本趋于稳定。

表 7.4　地下水位预测值

年份	地下水埋深预测值/m				
	C4	C5	C6	C7	C8
2003	4.585 538	4.622 916	4.970 366	6.046 931	6.380 614
2004	4.522 016	4.566 540	4.891 473	5.939 927	6.292 694
2005	4.459 374	4.510 850	4.813 833	5.834 817	6.205 986
2006	4.397 600	4.455 840	4.737 424	5.731 566	6.120 473
2007	4.336 682	4.401 501	4.662 229	5.630 143	6.036 137
2008	4.276 608	4.347 825	4.588 227	5.530 514	5.952 964
2009	4.217 365	4.294 803	4.515 399	5.432 649	5.870 937
2010	4.158 944	4.242 428	4.443 728	5.336 515	5.790 041

图 7.15 可以帮助我们从时空变化的角度，直观地了解地下水位动态随着年份与距河心距离变化，从而使我们更深入地理解地下水位的时空变化规律。即在同一年份、同一位置上的地下水位随时间的变化将呈现上升的趋势；但是在同一年份，随着离开河心距离的增大，地下水位的变化呈现出下降趋势。

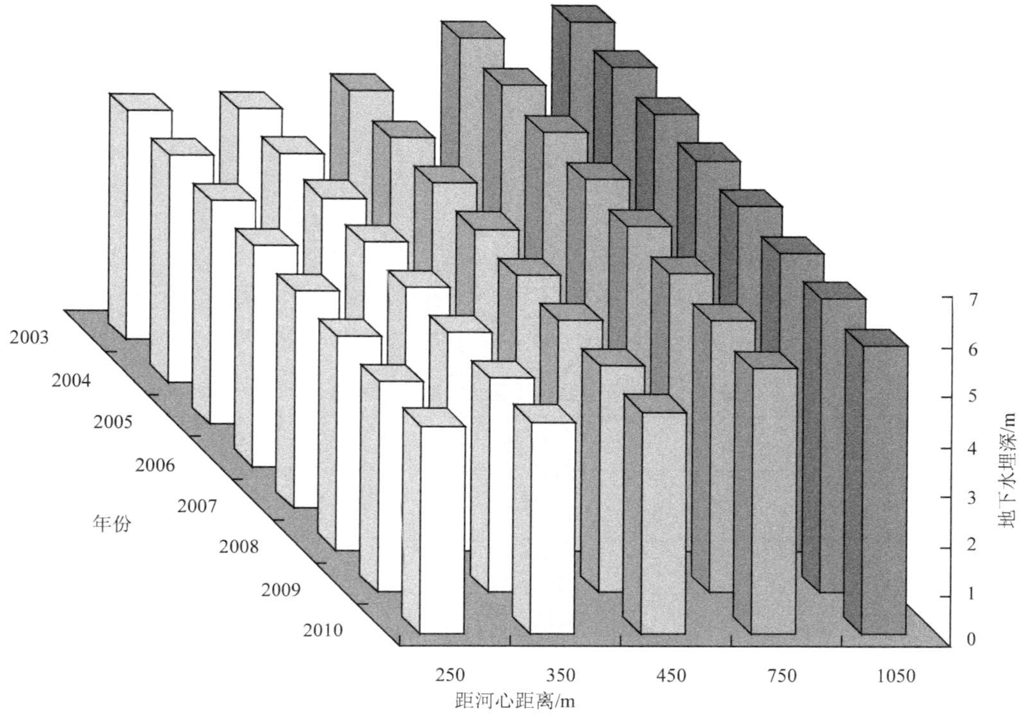

图 7.15　地下水埋深预测值的时空变化

2. 灾变预测

一般地，如果表征系统行为特征的指标超过了某个阈值(临界值)，则称发生了灾害(邓聚龙，1987)。因此，灾变是相对于所研究的问题的表征变量而言的。是否发生灾变要依据有关的表征变量的数值大小而定。例如，旱灾和涝灾是相对于农作物生长过程中，作物需水与大气降水的差值大小而定的。如果以降水量作为旱涝灾害表征指标，则只有当降水量小于(或大于)某一阈值时，才认为发生了旱(或涝)灾。灾变预测就是指对灾变发生的年份的预测。

对于表征系统行为的指标数列

$$\left\{x^{(0)}(1),x^{(0)}(2),\cdots,x^{(0)}(N)\right\} \tag{7.44}$$

规定一个灾变阈值 ξ ， $x^{(0)}(i)$ 中那些大于等于 ζ (或小于等于 ζ)的点被认为是具有异常值的点(灾变发生点)，把它们按原来的编序挑选出来组成一个新的数据序列，如

$$\left\{x_{\zeta}^{(0)}(i')\right\}=\left\{x^{(0)}(q)\middle|x^{(0)}(q)\geqslant\zeta\right\} \tag{7.45}$$

则式(7.45)称为下限灾变数列。

作灾变映射

$$p:\{i'\}\rightarrow\{q\} \tag{7.46}$$

则灾变预测就是按灾变日期序列

$$p=\{p(1'),p(2'),\cdots,p(n')\} \tag{7.47}$$

建立 GM(1,1)预测模型所进行的灾变日期预测。

黄土高原某地区连续 17 年的降水量数据如表 7.5 所示。若规定降水量 $\zeta\leqslant 320$ mm 的年份为旱灾年份，下面用灾变预测法预测下次旱灾发生的年份。

表 7.5　黄土高原某地区 17 年的降水量　　(单位：mm)

序号(i)	1	2	3	4	5	6	7	8	9
降水量 $x^{(0)}(i)$	390.6	412	320	559.2	380.8	542.4	553	310	561
序号(i)	10	11	12	13	14	15	16	17	
降水量 $x^{(0)}(i)$	300	632	540	406.2	313.8	576	587.6	318.7	

显然，灾变数列为

$$\begin{aligned}x_{\zeta}^{(0)}(i')&=\{x^{(0)}(1'),x^{(0)}(2'),x^{(0)}(3'),x^{(0)}(4'),x^{(0)}(5')\}\\&=\{320,310,300,313.8,318.5\}\\&=\{x^{(0)}(3),x^{(0)}(8),x^{(0)}(10),x^{(0)}(14),x^{(0)}(17)\}\end{aligned}$$

作映射 $p:\{i'\}\rightarrow q$，得到灾变日期序列

$$\begin{aligned}p&=\{p(1'),p(2'),p(3'),p(4'),p(5')\}\\&=\{3,8,10,14,17\}\end{aligned}$$

对 $\{p(i')\}$ 建立 GM(1,1)模型。为了书写方便，不妨将 $p(i')$ 记为 $p(i)$ (i=1,2,3,4,5)。对数据作一次累加处理

$$\begin{aligned}&p^{(1)}(1)=p(1)=3\\&p^{(1)}(2)=p(1)+p(2)=11\\&p^{(1)}(3)=p(1)+p(2)+p(3)=21\\&p^{(1)}(4)=p(1)+p(2)+p(3)+p(4)=35\\&p^{(1)}(5)=p(1)+p(2)+p(3)+p(4)+p(5)=52\end{aligned}$$

则 $p^{(1)}(t)$ 可用下述微分方程拟合

$$\frac{\mathrm{d}p^{(1)}}{\mathrm{d}t}+ap^{(1)}=u \tag{7.48}$$

辨识参数为

$$\begin{bmatrix} a \\ u \end{bmatrix}=\left(\boldsymbol{B}^{\mathrm{T}}\boldsymbol{B}\right)^{-1}\boldsymbol{B}^{\mathrm{T}}\boldsymbol{Y}_M \tag{7.49}$$

其中：

$$\boldsymbol{B}=\begin{pmatrix} -\frac{1}{2}[p^{(1)}(2)+p^{(1)}(1)] & 1 \\ -\frac{1}{2}[p^{(1)}(3)+p^{(1)}(2)] & 1 \\ -\frac{1}{2}[p^{(1)}(4)+p^{(1)}(3)] & 1 \\ -\frac{1}{2}[p^{(1)}(5)+p^{(1)}(4)] & 1 \end{pmatrix}=\begin{pmatrix} -7 & 1 \\ -16 & 1 \\ -28 & 1 \\ -43.5 & 1 \end{pmatrix}$$

$$\boldsymbol{Y}_M=[p(2),p(3),p(4),p(5)]^{\mathrm{T}}=[8,10,14,17]^{\mathrm{T}}$$

经计算得
$$\begin{bmatrix} a \\ u \end{bmatrix}=\left(\boldsymbol{B}^{\mathrm{T}}\boldsymbol{B}\right)^{-1}\boldsymbol{B}^{\mathrm{T}}\boldsymbol{Y}_M=\begin{bmatrix} -0.253\,61 \\ 6.288\,339 \end{bmatrix}$$

因此式(7.48)就可以进一步写成

$$\frac{\mathrm{d}p^{(1)}}{\mathrm{d}t}-0.253\,61p^{(1)}=6.288\,339 \tag{7.50}$$

式(7.50)的时间响应为

$$p^{(1)}(i+1)=27.677\mathrm{e}^{-0.253\,61i}-24.677 \tag{7.51}$$

灾变日期数列的预测计算值与实际值的相对误差计算如表 7.6 所示。

表 7.6　灾变日期数列的预测计算值与实际值的相对误差

计算值	实际值	相对误差/%
$\hat{p}(2)=7.999$	$p(2)=8$	$q(2)=0.125$
$\hat{p}(3)=10.286$	$p(3)=10$	$q(3)=-2.86$
$\hat{p}(4)=13.268$	$p(4)=14$	$q(4)=5.1$
$\hat{p}(5)=17.099$	$p(5)=17$	$q(5)=-0.582$

从表 7.6 可以看出，最大相对误差只有 5.1%。因此，上述模型可以用于预测。

将 $i=5$ 和 $i=6$ 分别代入式(7.51)计算得

$$\hat{p}^{(1)}(5)=51.662,\quad \hat{p}^{(1)}(6)=73.342$$

$$\hat{p}(6)=\hat{p}^{(1)}(6)-\hat{p}^{(1)}(5)=21.68$$

由于从 $n=17$ 算起，21.68 与 17 之差为 4.68，所以从现在算起将在 4 年左右发生下一次旱灾。

7.2.3　灰色系统建模方法

灰色预测，包括数列预测和灾变预测，仅仅是针对单个变量(要素)的时间序列建立 GM(1,1)模型所进行的预测，没有考虑多变量(要素)之间的相互关系。灰色系统建模，则是针对多要素之间的相互关系，建立动态模型(邓聚龙，1985)。其中，GM (1,*m*)模型是最简单和最常用的灰色系统模型，其建模原理如下。

1. GM (1,*m*)模型的基本原理

类似于 GM (1,1) 模型的建模过程，对于 m 个变量 $X_1^{(0)}(t)$, $X_2^{(0)}(t)$,⋯, $X_m^{(0)}(t)$, $t=1,2,\cdots,n$ ，定义其一次累加生成序列 $X_1^{(1)}(t)$, $X_2^{(1)}(t)$, $X_3^{(1)}(t)$,⋯, $X_m^{(1)}(t)$ 为

$$X_1^{(1)}(t)=\sum_{i=1}^{t}X_1^{(0)}(i),t=1,2,\cdots,n$$

$$X_2^{(1)}(t)=\sum_{i=1}^{t}X_2^{(0)}(i),t=1,2,\cdots,n$$

$$\cdots$$

$$X_m^{(1)}(t)=\sum_{i=1}^{t}X_m^{(0)}(i),t=1,2,\cdots,n$$

那么，$X_1^{(1)}$ 和 $X_2^{(1)},\cdots,X_m^{(1)}$ 之间的动态关系可以用如下微分方程描述(邓聚龙，1985)

$$\frac{\mathrm{d}X_1^{(1)}}{\mathrm{d}t}+a_1X_1^{(1)}=\sum_{i=2}^{m}a_iX_i^{(1)} \tag{7.52}$$

式中：参数 $\boldsymbol{a}=[a_1,a_2,\cdots,a_m]^{\mathrm{T}}$ 可以由如下最小二乘法求得

$$\boldsymbol{a}=\left\{[\boldsymbol{B}(n-1,m)]^{\mathrm{T}}\boldsymbol{B}(n-1,m)\right\}^{-1}[\boldsymbol{B}(n-1,m)]^{\mathrm{T}}\boldsymbol{Y} \tag{7.53}$$

其中：

$$\boldsymbol{Y}_M=[x^{(0)}(2),x^{(0)}(3),\cdots,x^{(0)}(M)]^{\mathrm{T}}$$

$$[\boldsymbol{B}(n-1,m)]=\begin{pmatrix} -\frac{1}{2}[\sum_{i=1}^{2}X_1^{(0)}(i)+\sum_{i=1}^{1}X_1^{(0)}(i)] & \sum_{i=1}^{2}X_2^{(0)}(i) & \cdots & \sum_{i=1}^{2}X_m^{(0)}(i) \\ -\frac{1}{2}[\sum_{i=1}^{3}X_1^{(0)}(i)+\sum_{i=1}^{2}X_1^{(0)}(i)] & \sum_{i=1}^{3}X_2^{(0)}(i) & \cdots & \sum_{i=1}^{3}X_m^{(0)}(i) \\ \vdots & \vdots & & \vdots \\ -\frac{1}{2}[\sum_{i=1}^{n}X_1^{(0)}(i)+\sum_{i=1}^{n-1}X_1^{(0)}(i)] & \sum_{i=1}^{n}X_2^{(0)}(i) & \cdots & \sum_{i=1}^{n}X_m^{(0)}(i) \end{pmatrix}$$

微分方程式(7.52)的时间响应函数为

$$X_1^{(1)}(k+1)=[X_1^{(0)}(1)-\frac{1}{a_1}\sum_{j=2}^{m}a_jX_j^{(1)}(k+1)]\exp(-a_1k)+\frac{1}{a_1}\sum_{j=2}^{m}a_jX_j^{(1)}(k+1) \tag{7.54}$$

2. 灰色系统建模实例：塔里木河上游输水对下游地下水位变化的影响

分析塔里木河上游的输水对英苏断面地下水位的动态过程，我们发现，在每一个输水过程中，都有这样一个变化规律：当输水开始以后，随着上游输水的到达，地下水位逐渐上升；当输水停止以后，地下水位又逐渐回落，最后稳定在某一个水位上。

前面灰色关联分析的结果表明，对于英苏断面的 5 个监测井(C4、C5、C6、C7 和 C8)来说，影响其地下水位变化的三个主要因素都是输水日数、下泄水量、日输水量。但是从逻辑关系来看，日输水量与下泄水量和输水日数之间存在明显的相关性，所以在进一步的建模分析中，例如，GM(1,3)模型建立中，我们应该舍去 $X_4^{(0)}$(日输水量)，而仅考虑 $X_2^{(0)}$(下泄水量)和 $X_3^{(0)}$(输水日数)对 $X_1^{(0)}$(地下水位)的影响就可以了。

为了进一步地揭示 $X_1^{(0)}$ 与 $X_2^{(0)}$ 和 $X_3^{(0)}$ 之间的数学关系，我们分别建立了 GM (1, 3)模型(Xu et al., 2008b)，各具体模型及其参数见表 7.7。

表 7.7　上游输水对下游地下水位变化影响的 GM (1, 3) 模型

监测井	距河心距离/m	模型参数			方程
		a_1	a_2	a_3	
C4	250	0.2554	0.3711	0.0076	$\frac{dX_1^{(1)}}{dt}+0.2554X_1^{(1)}=0.3711X_2^{(1)}+0.0076X_3^{(1)}$
C5	350	0.5235	0.668	0.0133	$\frac{dX_1^{(1)}}{dt}+0.5235X_1^{(1)}=0.668X_2^{(1)}+0.0133X_3^{(1)}$
C6	450	0.8281	1.129	0.0235	$\frac{dX_1^{(1)}}{dt}+0.8281X_1^{(1)}=1.129X_2^{(1)}+0.0235X_3^{(1)}$
C7	750	1.044	1.7317	0.0345	$\frac{dX_1^{(1)}}{dt}+1.044X_1^{(1)}=1.7317X_2^{(1)}+0.0345X_3^{(1)}$
C8	1050	1.7544	2.9757	0.0655	$\frac{dX_1^{(1)}}{dt}+1.7544X_1^{(1)}=2.9757X_2^{(1)}+0.0655X_3^{(1)}$

从表 7.7 中第 3~5 列可以看出，模型参数 a_2 和 a_3，即方程中 $X_2^{(1)}$ 和 $X_3^{(1)}$ 的系数是正数，这说明下泄数量和输水日数是使英苏断面地下水位抬升的两个显著因素。

另外，我们发现，模型参数 a_1，即方程中 $X_1^{(1)}$ 的系数为正，而且随着距河心距离的增加呈现出一个递增趋势，这就说明随着距河心距离的增加，地下水位的变化 $\left(\frac{\mathrm{d}X_1^{(1)}}{\mathrm{d}t}\right)$ 对于其自身(地下水位 $X_1^{(1)}$)的响应程度不断降低。换句话说，随着距河心距离的增加，地下水位的变化对于其自身的敏感性程度不断下降。

从表 7.7 中我们还知道，随着距河心距离的增加，模型参数 a_2 和 a_3，即方程中 $X_2^{(1)}$ 和 $X_3^{(1)}$ 的系数呈现出一个递增趋势，这说明，随着距河心距离的增加，地下水位的变化 $\left(\frac{\mathrm{d}X_1^{(1)}}{\mathrm{d}t}\right)$ 对下泄水量($X_2^{(1)}$)和输水日数($X_3^{(1)}$)响应的敏感性有所增加。这就意味着，输水不仅对河道附近地下水位的抬升有明显的作用，而且在距河心距离 1050 m 的范围内都具有重要意义。这些结果，也进一步印证了陈亚宁等(2003)、徐海量等(2004)的研究结论。

7.3　系统动力学方法

系统动力学(system dynamics，SD)，是美国麻省理工学院 Forrester(1961，1969，1971，1994；Forrester et al.,1980)首创的一种运用结构、功能、历史相结合的系统仿真方法。这种方法，通过建立 DYNAMO 模型并借助于计算机仿真技术，定量地研究高阶次、非线性、多重反馈、复杂时变系统(王其藩，1988；王振江，1988；Aracil,1999)。这种方法已被广泛地应用于自然科学和社会科学的各个领域(严广乐等，1991)。目前，系统动力学已经成为地理系统仿真建模常用的方法之一(徐建华等，1995；徐建华，1996；方创琳等，1999；徐建华，2002)。

7.3.1　系统动力学建模的基本原理

1. 系统动力学的基本观点

1) 系统的基本观点

(1) 系统组成。系统动力学认为，系统是由单元、单元的运动及信息组成的。单元是系统存在的现实基础，而信息在系统中发挥着关键的作用，单元形成系统的结构，单元的运动形成系统统一的行为与功能。这就是说，系统是结构与功能的统一体。系统动力学所研究的系统，其范围与规模可大可小，其种类可以是各种自然系统、社会系统、经济系统、技术系统、思维系统等，以及这些系统相互作用所构成的复合高阶时变系统。

(2) 系统结构。系统的结构是指组成系统的各个单元之间相互作用与相互关系的秩序。在系统动力学中，系统的基本单元是反馈回路。反馈回路是耦合系统的状态、速率(或称行为)与信息的一条回路。它们对应于系统的三个组成部分：单元、运动与信息。任何复杂系统都是由这些相互作用的反馈回路所构成的，这些回路之间相互作用、相互耦合形成了系统的总体结构。其中，构成系统的任何一条反馈回路又包含多个反馈环节。按照反馈过程的特点，可以将这些反馈分为正反馈和负反馈。正反馈的特点是能够产生自我强化的作用机制，负反馈的特点则是能够产生自我抑制的作用机制。具有正反馈特性的回路称为正反馈回路，具有负反馈特性的回路称为负反馈回路。正、负反馈回路的交叉作用机制决定着复杂的系统行为。图 7.16 给出了某区域土地人口承载力系统中的两条基本反馈回路的正、负反馈作用机制。

(3) 系统功能。系统的功能是指系统中各单元活动的秩序，或指单元之间相互作用的总体效益。系统动力学以定性与定量相结合的方法研究系统的结构，模拟系统的功能。它从系统的微观构造入手，通过构造反映系统基本结构的模型，进而对系统随时间变化的行为进行模拟研究。建立系统动力学模型的过程，也就是剖析系统的结构与功能之间对立统一关系的过程。

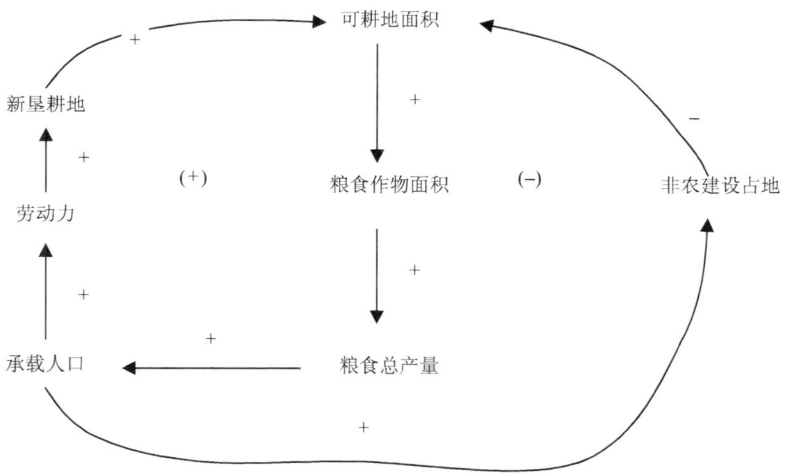

图 7.16　土地人口承载力系统的正、负反馈作用机制

2) 系统特性的基本观点

A. 系统的一般特性

(1) 总体性与相关性。总体性是系统最基本的特性之一。系统总体不简单地等于其各个组成部分之和。一般而言，系统总体大于部分之和，然而一个失去组织的系统的总体也可能小于部分之和。相关性是指系统总体与部分、部分与部分、系统与环境之间的普遍相互关系，以及单元、运动、信息之间的相互关系。在复杂系统中，存在着一因多果、一果多因，甚至多因多果相互交叉的因果关系链。系统动力学采用反馈因果关系代替已往的单向因果关系，这是对系统相关性的进一步认识。

(2) 系统的层次与等级。系统动力学强调系统中各单元、各子系统之间的相互联系、相互影响的关系。然而，各单元、各子系统之间还存在着相对的独立性，即系统结构具有层次与等级性。系统结构的层次性、等级性决定了系统功能的层次性、等级性。根据系统的这种层次性与等级性，可以将系统加以划分，从而把无从着手解决的复杂问题按系统的层次与等级逐级分解。

(3) 系统的类似性。系统动力学认为，在自然界与人类社会等不同领域里，各种类型的系统都存在着结构与功能上的类似性，即系统是相似的。这就是说，可以用类似的规律和行为模式来描述看来似乎属于截然不同领域内的事物与现象。系统的类似性，决定了不同的系统之间存在着相同的研究模式与方法，这就是结构–功能模拟方法。这也是系统动力学用建立规范化模型的方法研究和模拟真实系统的一个基本依据。

B. 复杂系统的特性

系统动力学方法主要用于研究与处理那些具有高阶次、非线性和多回路特点的复杂系统。它认为，这些复杂系统具有下述几个方面的特性:

(1) 反直观性。所有复杂系统，都毫无例外地表现出反直观的特性。在人们的日常生活思维过程中，遇到的大多数是关于一阶负反馈系统的经验，人们了解事物的因果关系总是紧密地与时空相关。然而，在复杂系统中，这种简单的因果关系已不复存在，原因与结果的联系在时空上往往是分离的，因而比简单系统复杂得多，人们也往往被诱入歧途，从而把系统的某些症结与某一种在时空上贴近的原因联系在一起，但事实上它们并无因果关系。

(2) 对变动参数的不敏感性。由于非线性的存在，即便是把复杂反馈系统模型的大多数参数加以变动，甚至部分参数变动数倍，其模型模式也可能无多大变化。复杂系统的这一特性，使得即便是在缺乏严密的基础数据的情况下，有关研究者与决策者也可以通过“会诊”而估计参数，使复杂系统的研究成为可能，从而克服了资料不足给研究工作带来的困难。

(3) 长短期效果的矛盾性。一般而言，非线性的作用使得变更复杂系统内部结构与参数所引起的短期与长期的影响往往是彼此相反的。例如，在国民经济问题研究中，当涉及投资时，往往就需要研究积累率问题，积累率是否适当，其影响甚大，持续的高积累率必然会导致国民经济短期的高速增长，但也会导致积累与消费比例的严重失调，从而影响消费，以致制约生产，最终使整个国民经济陷入困境。系统动力学方法在处理复杂系统的这种长短期效果的矛盾方面，有着其他方法无法比拟的独到优点。

2. 系统动力学解决问题的过程与步骤

1) 系统分析

(1) 了解问题。即回答要解决什么问题、拟达到什么目的、完成此项任务需要哪些条件、目前已具备哪些条件、还需要准备哪些条件等。

(2) 分析系统的基本问题与主要问题、基本矛盾与主要矛盾，以及矛盾的主要方面等。

(3) 初步划定系统的边界，确定内生变量、外生变量和输入变量。一般而言，系统的范围取决于研究的目的，系统边界的划定一般是把与建模目的有关的内容圈入系统内部，使其与外界环境隔开。那么，如何才算确定了系统的范围？系统的边界又应该划在何处呢？按照系统动力学的观点，划定系统边界的一条基本准则是：应该将系统中的反馈回路考虑成闭合的回路。应该力图把那些与建模目的关系密切、变量值较为重要的因素都划入系统内部。由此可见，在划定系统边界之前应该首先明确研究的目的。没有目的就无法确定系统的边界。

(4) 确定系统行为的参考模式。即用图形表示出系统中的主要变量，并由此引出与这些变量有关的其他重要变量，通过各方面的定性分析，勾绘出有待研究的问题的发展趋势。由于系统动力学所研究的对象大多是复杂系统，其发展趋势很难被准确预测，需要会同各方面专家，集思广益地“会诊”或运用专家咨询法予以解决。一旦参考模式确立，在整个建模过程中，就要反复地参考这些模式，以防研究偏离方向。

(5) 调查、收集有关资料。系统动力学模型被认为是真实系统的“实验室”，要想通过模型模拟和剖析真实系统，获取更丰富、更深刻的信息，进而寻求解决问题的途径，“实验室”的建立是至关重要的。然而，要建好“实验室”，就必须在认真调查研究的基础上，花大力气收集、完备各种资料。毫无疑问，为使模型更真实地反映系统，收集的资料应该越多越好。但是，要强调的是，资料收集工作必须紧紧围绕着研究目的进行，如果偏离了研究目的，即使资料再多也是徒劳的，而且还会给资料的筛选带来许多困难。

2) 构建模型

模型的构建是系统动力学研究、解决问题的关键性的一个步骤。系统动力学模型的建造一般包括如下两个相互联系的工作环节。

(1) 分析系统结构。在需要研究的问题已经明确，系统中的重要变量与参考模式已经确定，资料搜集工作也已基本完成之后，就要研究系统及其组成部分之间的相互关系、系统中的主要变量与其他有关变量之间的关系，分析系统的结构。为了使建模工作一开始就能把握整个研究过程的方向，首先要分析系统整体与局部的关系，然后分析变量与变量之间的关系(正关系、负关系、无关系)，最后把这些关系转绘成反映系统结构的因果关系图和流图。

因果关系图，是反映变量与变量之间因果关系的示意图(图 7.16)。其中，变量之间相互影响作用的性质用因果关系键来表示。因果关系键中的正、负极性分别表示正、负两种不同的影响作用。

正因果关系键 $A \xrightarrow{+} B$，表明 A 的变化使 B 在同一方向上发生变化，即箭头指向的变量 B 将随着箭头源发的变量 A 的增加(减少)而增加(减少)，负因果关系键 $A \xrightarrow{-} B$，表明 A 的变化使 B 在相反方向上发生变化，即变量 B 将随着变量 A 的增加(减少)而减少(增加)。

因果关系键把若干个变量串联后又折回源发变量，这样便形成了一个反馈回路。对于反馈回路，也有正、负极性之区别。如果沿着某一反馈回路绕行一周后，各因果关系键的累计效应为正，则该回路为正反馈回路；反之，则为负反馈回路。正反馈具有自我强化的作用机制，负反馈则具有自我抑制的作用机制。

因果关系图虽然能够描述系统反馈结构的基本方面，但不能反映不同性质变量的区别。例如，状态变量是系统动力学中最重要的变量，它具有积累效应。正是状态变量的积累效应，才使系统动力学模型的计算机模拟成为可能。为了进一步揭示系统变量的区别，分别用不同的符号代表不同的变量，并把有关的代表不同变量的各类符号用带箭头的线联结起来，便形成了反映系统结构的流图(图 7.17)。

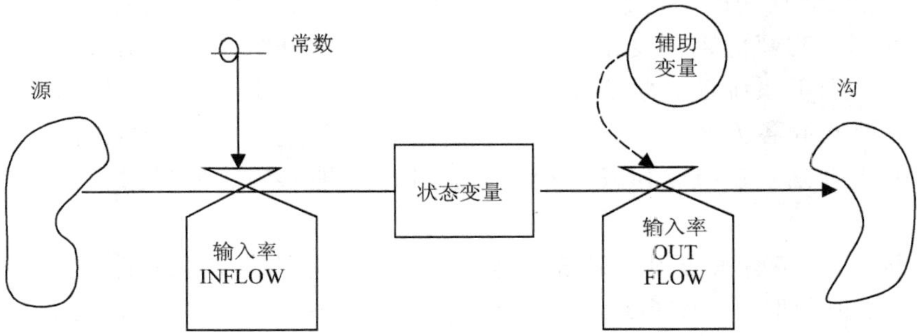

图 7.17　系统流图及其表示符号

在系统动力学模型中，常用的流图符号如图 7.18 所示。

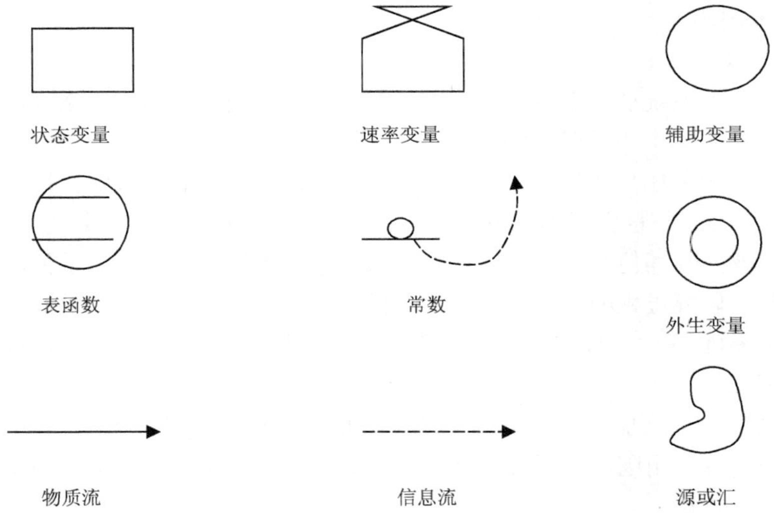

图 7.18　常用的流图符号

(2) 建立 DYNAMO 方程：

在分析系统结构的基础上，基于流图，就可以建立系统动力学的仿真模型——DYNAMO 方程式。在 DYNAMO 模型中，主要有 6 种方程，其标志符号分别为：L，状态变量方程；R，速率方程；A，辅助方程；C，赋值予常数；T，赋值予表函数中 Y 坐标；N，计算初始值。

在这些方程中，C、T 与 N 方程都是为模型提供参数值的，并且这些值在同一次模拟中保持不变。L 方程是积累方程，R 与 A 方程是代数运算方程。下面重点介绍 L、R 与 A 方程。

A 状态方程

在 DYNAMO 模型中，计算状态变量的方程称为状态方程，也称为积累方程。

例如，以图 7.17 所示的流图为例，其状态方程为

$$\text{L}\quad \text{LEVEL.K} = \text{LEVEL.J} + \text{DT} \times (\text{INFLOW.JK} - \text{OUTFLOW.JK}) \tag{7.55}$$

式中：LEVEL 为状态变量；INFLOW 为输入速率；OUTFLOW 为输出速率；DT 为计算时间间隔，亦称时间步长。+、–、×、/分别为加、减、乘、除的代数运算符号，J、K、L 作为时间下标用以区别时间的先后顺序。K 为现在，J 为刚过去的那一时刻，L 为即将到来的未来那一时刻。DT 为 J 与 K 及 K 与 L 之间的时间步长(图 7.19)。

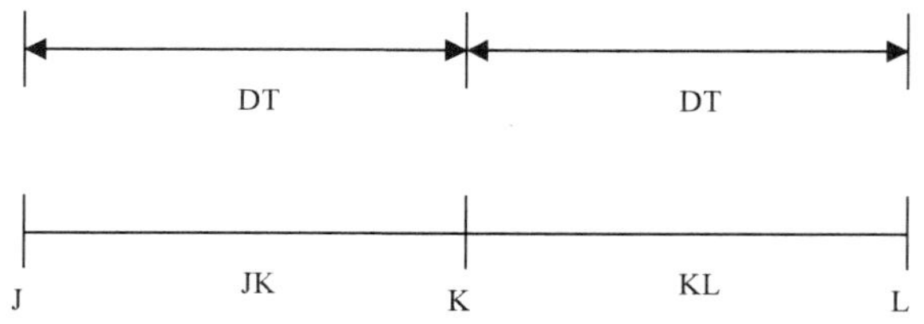

图 7.19　DYNAMO 方程中的时间下标

B 速率方程

在状态变量方程中，代表输入(INFLOW)与输出(OUTFLOW)的变量称为速率变量，计算速率变量的代数方程称为速率方程。例如，人口数量(状态变量)的输入速率(出生率)方程可以写成

$$\text{R}\quad \text{BIRTHS.KL} = \text{BRF} \times \text{POP.K} \tag{7.56}$$

式中：BIRTHS 为出生率(人/a)；BRF 为出生率系数[人/(a·人)]；POP 为人口数(人)。

C 辅助方程

在 DYNAMO 模型中，附加的代数运算方程称为辅助方程。“辅助”的含义就是帮助建立速率方程。一般而言，辅助方程没有统一的标准格式，但是其下标总是 K。辅助变量的值可由现在时刻的其他变量，如状态变量、变化率、其他辅助变量和常量求得。例如，土地占用率 LFO 的辅助方程式可以写成如下形式

$$\text{A}\quad \text{LFO.K} = \text{BLDNGS.K} \times \text{LPB} \tag{7.57}$$

$$\text{A}\quad \text{BLDNGS.K} = \text{BIRTHS.K} \times \text{PBL} \tag{7.58}$$

式中：LFO 为土地占用率(hm^2/a)；BLDNGS 为新建建筑物(座)；LPB 为平均每座建筑物占用土地(hm^2)；BIRTHS 为每年新增人口数(人)；PBL 为人均占用建筑物(座)。

在建立系统动力学模型时，为了使方程书写得井井有条，往往先把方程按照各子块(子系统)书写，书写顺序一般是沿流图按顺时针方向进行。

D. 参数的确定与赋值

DYNAMO 模型中的参数，主要有表函数、初始值、常数、转换系数、调节时间与参考数值等。在运用 DYNAMO 模型对真实系统进行模拟之前，首先应对以上参数赋值。

3) 模型的模拟与评估

当系统动力学模型建构完成以后，经过反复检查各个方程，确信准确无误后，就可以将其输入计算机进行调试运行。当模型调试运行通过后，便可以根据研究的目的，设计不同的方案，运用模型进行模拟运算，对真实系统进行仿真。然而，仿真结果是否可信，关键是模型本身是否真实、有效。由此可见，对模型的真实性和有效性检验也是系统动力学仿真研究工作中一个十分重要的环节。一般而言，在系统动力学研究中，对模型的真实性和有效性检验主要包括如下四个方面。

(1) 模型结构适合性检验。

A 量纲检验。系统动力学模型与其他模型一样，绝不允许量纲不一致的情况出现。量纲的一致性检验是模型检验的一个最为基本的方面。量纲检验的要求是各变量必须有正确的量纲，而且各个方程式左右两端的量纲必须相同。

B 方程式极端条件的检验。即检验模型中每一个方程式在变量可能变化的极端条件下是否仍有意义。只要在极端条件下方程运行仍然合理，那么就能确定方程确具有强壮性。

C 模型边界检验。即主要检验模型所包含的变量与反馈回路是否足以描述所面向的问题和是否符合预定的研究目的。系统边界不宜过大，也不宜过小。如果边界划得过大，就会使模型变得过于复杂，反而使系统结构与动态行为之间的主要关系变得模糊；而当边界划得过小时，则意味着模型可能忽略了某些重要的变量，或者忽略了富有活力的反馈链。

(2) 模型行为适合性检验。

A 结构灵敏度检验。模型结构是决定行为的主要因素。一般来说，变动模型的结构会对其行为产生较大的影响，模型结构的最大变动即意味着改变系统的边界。但对于系统动力学模型来说，模型行为对结构与相应的方程式的合理变动也不是过于敏感的，而是表现出一定的强壮性，如果模型行为对结构的合理变动过于敏感，则模型不宜做仿真分析之用。这里的“合理变动”是指某些在模型中使参数取极值或变表函数为常数时的情况。这些改变意味着这些参数或表函数代表的因果关系键被取消，系统的结构当然也就改变了。即便是在这种情况下，强壮性较好的模型的行为仍然不会有大的变化。

B 参数灵敏度检验。改变参数对模型行为的影响不会像改变模型结构带来的影响那样大。改变某一参数而不影响模型行为的情况是常见的。系统动力学模型对参数变化是不敏感的。究其原因有两个：一是变动某参数时，可能在一段时间内对进行过程中的一部分起作用，但随着主反馈回路的转移，在其余时间或对其他部分不发生任何影响，这时若改变反馈回路中的参数，对系统行为的影响是微乎其微的。二是反馈回路的补偿作用。当改变某一参数时，固然可以加强或削弱某一回路，但由于系统动力学的多回路特点，与此同时，将自然而然地加强或削弱其他回路去补偿前述的相反作用，其最后结果则是对模型行为影响甚微或毫无影响。因此，在对系统动力学模型进行参数灵敏度检验时，不应把其他类型的定量模型的高参数灵敏度强加给系统动力学模型，并把灵敏度的高低作为衡量模型精确性的主要标准。与此相反的是，如果系统动力学模型对参数变动很敏感，则只能说明此模型没有实用性。

(3) 模型结构与真实系统一致性检验。

这一工作，主要是请熟悉真实系统的人员参与判定模型结构是否与真实系统相像。如果模型的结构从“外观”上来看与实际系统毫无相似之处，那么即使模型的行为被判定是合适的，也不能认为模型是可信的。

(4) 模型行为与真实系统一致性检验。

该环节检验首先应该判断模型行为是否再现最初确立的那些参考模式，如果模型行为与参考模式差别较大，则这种模型再“好”也是无用的。但是，必须具体问题具体分析，切勿一遇模型行为与参考模式不符就对模型予以否定。因为模型与参考模式不符的原因有两种：一是模型有误，需要修改完善；二是模型出现的“奇特”行为很有可能是对真实系统的本质反映，而人们以前从未注意到过这种“反映”。对此必须严格加以证实，如果“反映”的确有意义，而且产生“奇特”行为的机制是真实的，那么模型更是有效的。

系统动力学方法研究问题的过程是一个分解综合，循环反复，逐步实现研究目的的过程。这一过程的繁简及长短与研究对象的复杂程度有关，也与研究目的有关。但是，无论进行何种研究，建模不可能一次成功，即便是一次成功，也需要反复地修改、调试和改进，直至达到满足研究目的的要求。如此循环往复的过程，也正是系统动力学对于系统内部结构及其行为关系的认识不断深入的过程。

7.3.2　系统动力学建模实例：国土资源约束下的区域发展过程模拟

下面运用系统动力学方法，分析国土资源系统内各子系统之间的相互作用及彼此间的内在联系，并建立系统动态模型，对国土资源约束下区域发展过程进行模拟与仿真研究。

完成该项研究任务，主要包括五个步骤。第一步，其主要任务是在调查收集资料的基础上，明确研究目标，分析系统的基本问题与主要问题、基本矛盾与主要矛盾、变量与主要变量；初步划定系统的界限，并确定内生变量、外生变量、输入量；确定系统行为的参考模式；第二步，系统的结构分析，主要任务在于处理系统信息，分析系统的反馈机制；第三步，建立并调试模型，其目的是产生一个计算机模拟的系统运行控制过程，以描述系统的行为特征；第四步，检验和修改模型(包括修改系统结构与参数)，从而得到一个具有强壮性的有效模型；第五步，通过参数的调控，模型仿真运行，得出多方案的仿真结果，并通过多方案比较分析，得出一个最佳的预测方案。整个过程如图 7.20 所示。

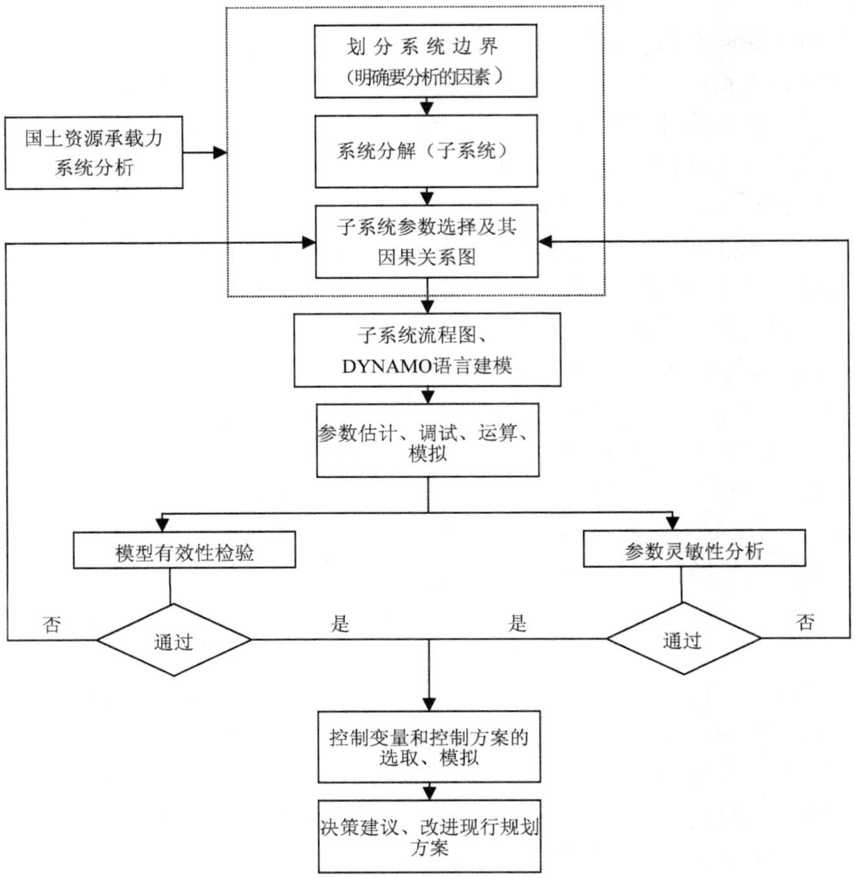

图 7.20　建立区域系统动态仿真模型的基本流程

1. 系统动态仿真模型的构建

1) 系统结构模型

区域系统动态模型，由人口子系统、经济子系统和资源与环境子系统构成，各子系统之间存在着复杂的相互作用和相互影响的因果关系(图 7.21)。

(1) 人口子系统。经济的发展、资源的消耗和环境的破坏都是人类在改造自然满足自身存在与发展的过程中产生的，技术进步和发明创造更是各子系统向前发展的内在动因。在人口子系统中，主要的反馈环有两条：①人口数量→从事三大产业人口→三大产业增长率→第一、第二、第三产业总值→GDP 的增长率→GDP 增长→人均 GDP 增长→科研投入和环保投资→资源利用效率提高→环境改善→出生率→人口数量(正反馈)；②人口数量→从事三大产业人口→三大产业增长率→三大产业总值→资源的利用与消耗→污染排放→空气、环境质量、饮用水和农产品安全等→死亡率→人口数量(负反馈)。从以上的反馈环我们可以看出，人口数量的增长，在促进经济增长的同时，将导致人均资源(如人均食物资源、人均水资源和人均 GDP 等)的减少，与此同时，在人均资源减少时，人们通过增强经济活动，使经济得到进一步的发展，从而导致资源枯竭和环境污染，这些污染会以各种各样的形式(如大气污染、水污染、食品污染等)

危害公众的健康，导致死亡率的增加，从而导致人口的减少。因此，人口的增长率要与经济发展速度相适应，要考虑到资源水平和环境容量。

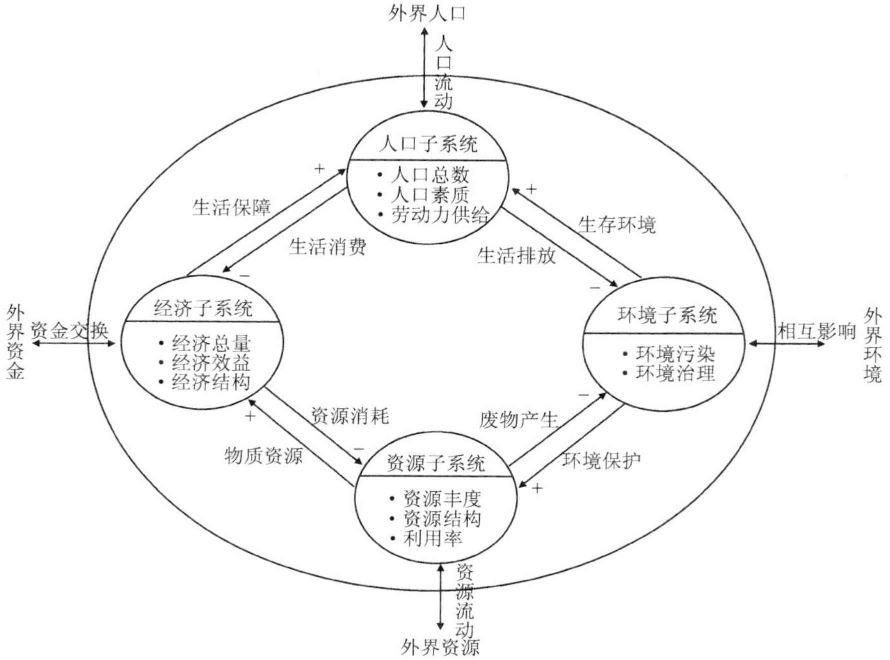

图 7.21　区域系统各子系统之间的相互关系

(2) 经济子系统。经济子系统以其物质再生产功能为其他子系统的完善提供了物质和资金的支持，只有在经济发展到一定程度下，才能有更多的资金投入到资源开发和环境保护中去，才能发展文化教育事业、提高生活水平、改善生活条件，促进社会进步。在经济子系统中，主要的反馈环有三条：①GDP→人均 GDP→出生率→人口数量→从事三大产业人口→GDP(正反馈)；②GDP→对三大产业的投资率→三大产业增长→环境治理投资→资源利用效率提高→资源与环境存量→GDP(正反馈)；③GDP→对三大产业的投资率→三大产业增长→对资源的消耗和环境的污染→资源价格和环境成本提高→GDP(负反馈)。因此，从以上反馈环我们可以知道，经济子系统的改善和提高，除了结构上要不断合理与优化外，还要资源和能源消耗越来越低，对生态环境的干扰强度越来越小，科技的含量越来越高，总体效益的获取越来越好。

(3) 资源与环境子系统。经济的发展实际上是人类掌握的社会经济资源(资金、资本、科学技术等)作用于自然资源的过程，人类总是在开发与利用资源的过程中获得效益。在资源与环境子系统中，主要的反馈环有五条：①土地面积→农产品产量→第一产业总产值→GDP→对第一产业的投资→科技进步→退化土地恢复率→土地面积(正反馈)；②土地面积→农产品产量→人口数量→人均粮食占有量→土地面积(正反馈)；③土地面积→农作物、经济作物面积→第一产业总产值→城市化水平→城市建设大规模开发→工业废水、废渣排放率→土地退化率→耕地面积(负反馈)；④水资源量→三大产业用水→GDP→单位 GDP 水耗→水资源量(正反馈)；⑤水资源量→人均水资源→死亡率→人口数量→生活用水→生活污水→水资源量(负反馈)。从反馈环我们可以知道，人口和经济增长的阈值必须在资源环境约束的承载力范围内，要合理利用资源，保护环境。

2) 仿真模型

依据各子系统间的因果关系和反馈环路，就可以通过定量分析各子系统的动态行为，构建区域系统动态过程的结构流程图(图 7.22)。

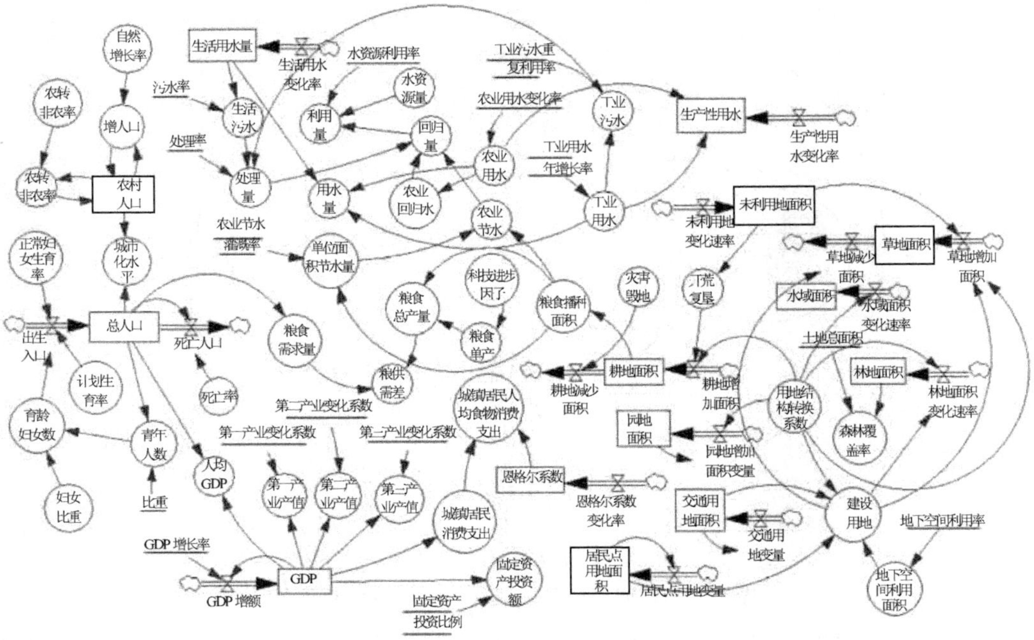

图 7.22　区域系统动态的结构流程图

根据系统的结构流程图，可以进一步构建系统仿真模型的结构方程式。在模型中，L 为状态变量方程；R 为速率方程；*A* 为辅助变量；*P* 为参数；G、X、J、GX、XJ 作为时间用来区分时间先后顺序：G 为过去某时刻；X 为现在；J 为将来某时刻；GX 为从过去某时刻到现在这一时间段；XJ 为从现在到将来某时刻这一时间段；DT 为时间步长。

状态方程一般式为

$$\mathrm{d}L/\mathrm{d}t = f(X_i, R_i, A_i, P_i) = R$$

其差分形式为

$$X(t+\Delta t) = X(t) + f(X_i, R_i, A_i, P_i)\cdot\Delta t$$

主要模块的方程式如下：

(1) 人口模块的 SD 模型方程：

L　RK.X=RK.G+ DT·(NCSRK.GX−NSWRK.GX+NJQRRK.GX)

R　NCSRK.XJ=NRK.X·CSL.X

R　NSWRK.XJ=NRK.X·SWL.X

式中：RK 为人口数；NCSRK 为年出生人口数；NSWRK 为年死亡人口数；NJQRRK

为年净迁入人口数；NRK 为年末人口数；CSL 为人口出生率；SWL 为人口死亡率。

(2) GDP 模块的 SD 模型方程：

L　GDP.X=GDP.G+DT·GDPZL.GX

R　GDPZL.XJ=ZLU.X

式中：GDP 为国内生产总值；GDPZL 为国内生产总值增长率；ZLU 为增长率表函数。

(3) 耕地模块的 SD 模型方程：

L　GDMJ.X=GDMJ.G+DT·(NGDZL.GX−NGDJL.GX)

R　NGDZL.XJ=NYNHD.X·NKHL.X

R　NGDJL.XJ=NGDMJ.X·NTGL.X

式中：GDMJ 为耕地面积；NGDZL 为年耕地增加量；NGDJL 为年耕地减少量；NYNHD 为年末宜农荒地面积；NKHL 为年垦荒率；NGDMJ 为年末耕地面积；NTGL 为年退(弃)耕率。

(4) 草地模块的 SD 模型方程：

L　CLMJ.X=CLMJ.G+ DT·(NCZMJ.GX − NCJMJ.GX)

R　NCZMJ.XJ=NCCMJ.X·NCCZL.X

R　NCJMJ.XJ=NCCMJ.X·NCCTL.X

式中：CLMJ 为草场利用面积；NCZMJ 为年草场增加面积；NCJMJ 为年草场减少面积；NCCMJ 为年末草场面积；NCCZL 为年草场面积增加率；NCCTL 为年草场面积退化率。

(5) 林业模块的 SD 模型方程：

L　LYMJ.X=LYMJ.G+ DT·NLYJZ. GX

R　NLYJZ.XJ=NLYMJ.X·NLYJZL.X

式中：LYMJ 为林业面积；NLYJZ 为年林业净增面积；NLYMJ 为年末林业面积；NLYJZL 为年林业面积净增率。

(6) 园地模块的 SD 模型方程：

L　YDMJ.X=YDMJ.G+ DT·NYDJZ. GX

R　NYDJZ.XJ=NYDMJ.X·NYDJZL.X

式中：YDMJ 为园地面积；NYDJZ 为年园地净增面积；NYDMJ 为年末园地面积；NYDJZL 为年园地面积净增率。

(7) 水域与未利用地模块的 SD 模型方程：

L　SYMJ.X=SYMJ.G+ DT·NSYJZ. GX

R　NSYJZ.XJ=NSYMJ.X·NSYJZL.X

式中：SYMJ 为水域面积；NSYJZ 为年水域净增面积；NSYMJ 为年末水域面积；NSYJZL 为年水域面积净增率。

L　WLMJ.X=WLMJ.G+ DT·NWLJZ. GX

R　NWLJZ.XJ=NWLMJ.X·NWLJZL.X

式中：WLMJ 为未利用地面积；NWLJZ 为年末利用地净增面积；NWLMJ 为年末未利用地面积；NWLJZL 为年末利用地面积净增率。

(8) 生活用水模块的 SD 模型方程：

L　SHYS．K=SHYS．J+NSHJZ．JK

R　NSHYSJZ．KX= NSHYS．K·NSHYSJZL．K

式中：SHYS 为生活用水量；NSHJZ 为年生活用水净增量；NSHYS 为年末生活用水量；NSHYSJZL 为年生活用水净增率。

(9) 工业用水模块的 SD 模型方程：

L　GYYS．K=GYYS．J+JK

R　NGYYSJZ．KX=NGYYS．K·NGYYSJZL．K

式中：GYYS 为工业用水量；NGYYSJZ 为年工业用水净增量；NGYYS 为年末工业用水量；NGYYSJZL 为年工业用水净增率。

(10) 农业用水模块的 SD 模型方程：

L　NYYS．K=NYYS．J+NNYYSJZ．JK

R　NNYYSJZ．KX=NNYYS．K·NNYYSJZL．K

A　GGJS．K=GGMJ．K·GGJSBHL．K

式中：NYYS 为农业用水量；NNYYSJZ 为年农业用水净增量；NNYYS 为年末农业用水量；NNYYSJZL 为年农业用水净增率；GGJS 为灌溉节水量；GGMJ 为灌溉面积；GGJSBHL 为灌溉节水变化率。

(11) 污水处理模块的 SD 模型方程：

A　SHWS．K=SHYS．K ·SHWSL．K

A　GYWS．K=GYYS．K·GYWSL．K

A　WSCL．K=(SHYS．K+ GYYS．K)·WSCLL．K

式中：SHWS 为生活污水量；SHWSL 为生活污水率；GYWS 为工业污水量；GYWSL 为工业污水率；WSCL 为污水处理量；WSCLL 为污水处理率。

(12) 水资源开发模块的 SD 模型方程：

A　YS．K=SHYS．K+GYYS．K+GGYS．X+SCYS．K+STHJYS．K

A　SZHG．K=GGHGS．K+GGJS．K+WSCL．K

A　SZLY．K=SZL．K+ SZHG．K−YS．K

式中：YS 为用水量；SZHG 为水资源回归量；GGHGS 为灌溉回归水量；SZLY 为水

资源利用量；SZL 为水资源量。

2. 模型仿真运行及发展方案评价

模型仿真运行及发展方案评价包括两个阶段：一是 1990~2006 年的 SD 模型的模拟运算阶段，进行参数设定、模型调整和结果验证；二是 2006~2030 年的情景仿真阶段，通过设定不同情景，对未来的区域发展过程进行仿真模拟。

1) 模型的有效性检验

以我国东部某省会城市为仿真研究靶区，运用 Vensim.PLE 软件建立仿真计算程序，仿真预测年限为 2006~2030 年，仿真时间步长确定为 1 年。模型有效性检验是以历史资料为基础，调试模型并验证模型的可靠性。以 1990 年为基期，取仿真步长 DT=1(含义是 1 年)，经过对模型进行测试后认为，模型没有出现失真及振荡现象，可见步长选择合理。通过历史数据的验证发现，模型仿真模拟的结果与实际数据基本一致，相对误差较小，我们认为该模型是有效的，可以用来预测其发展趋势。

表 7.8 给出了 1990~2006 年 SD 模型模拟的总人口与实际人口的误差。

表 7.8　我国东部某省会城市总人口 SD 模拟结果评价

年份	总人口/万人		相对误差比/%
	原始值	模拟值	
1990	380.88	380.88	0
1991	386.11	385.92	−0.05
1992	392.16	391.02	−0.29
1993	397.08	396.19	−0.22
1994	402.71	401.43	−0.32
1995	411.11	406.74	−1.06
1996	416.47	412.11	−1.05
1997	422.31	417.56	−1.12
1998	425.98	423.08	−0.68
1999	429.95	428.68	−0.30
2000	438.17	434.35	−0.87
2001	442.16	440.09	−0.47
2002	448.08	445.91	−0.48
2003	456.60	451.81	−1.05
2004	444.68	457.78	2.95
2005	455.70	463.83	1.79
2006	469.85	469.97	0.03

2) 发展方案评价

根据研究目标，借助调控变量，进行反复试验调控，以命令行的方式对系统进行仿真，系统在各种参数及参数组合下自动重复地运行仿真，分析系统的各种不同的响应。

经过系统在计算机上进行的反复调试和运行后，得到了代表不同的发展策略和发展方案的各主要参数组合的值。在不同的发展方案下，系统的发展状态体现在各个系统变量值的变化上。模型的初始值采用各个状态变量在 2006 年的值。各个参数的取值并不是唯一的，而是有一个变动范围。

通过反复地调试运行，最终生成四种方案，即传统型、经济增长型、资源节约型和经济–资源协调型发展方案。

图 7.23 至图 7.27 分别给出了 2006~2030 年四种模拟方案下的总人口、城市化水平、GDP、第一产业产值和第二产业产值。

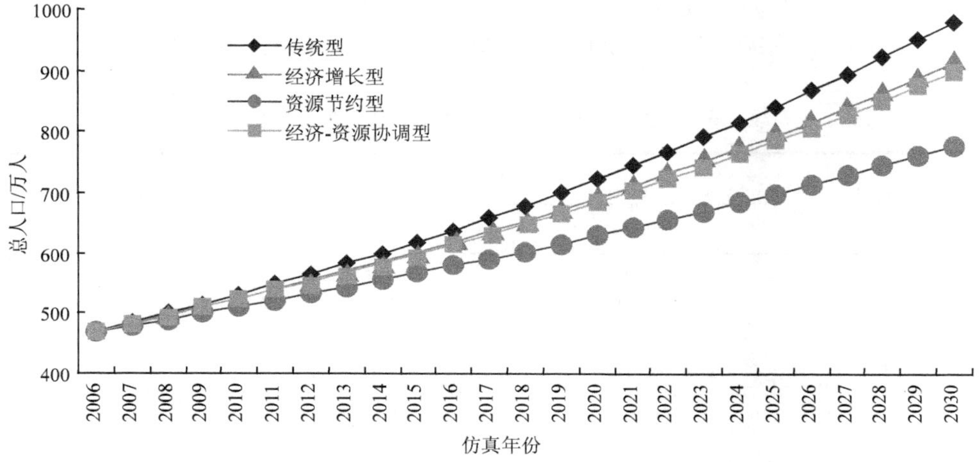

图 7.23　四种不同方案下的总人口数量

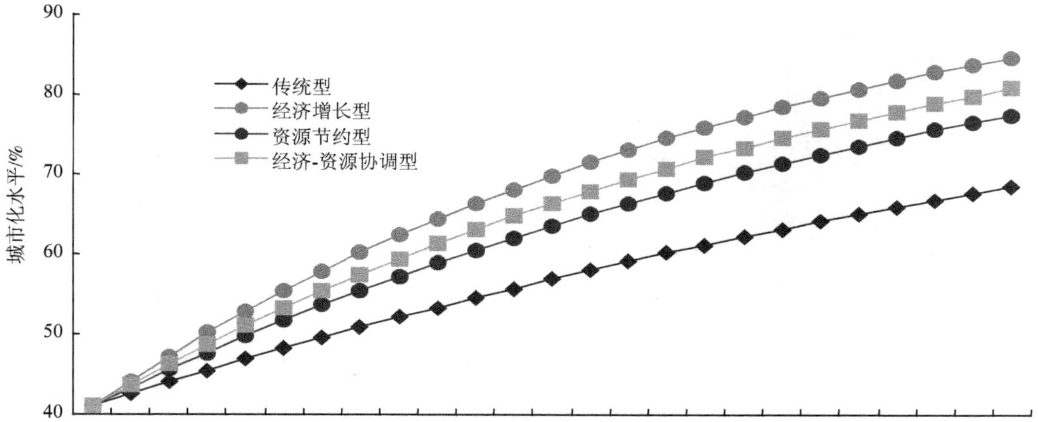

图 7.24　四种不同方案下的城市化水平

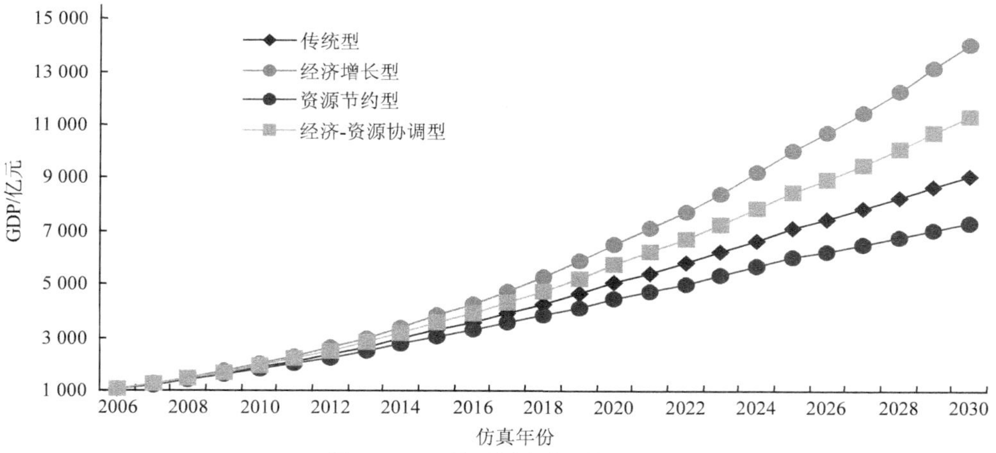

图 7.25　四种不同方案下的 GDP

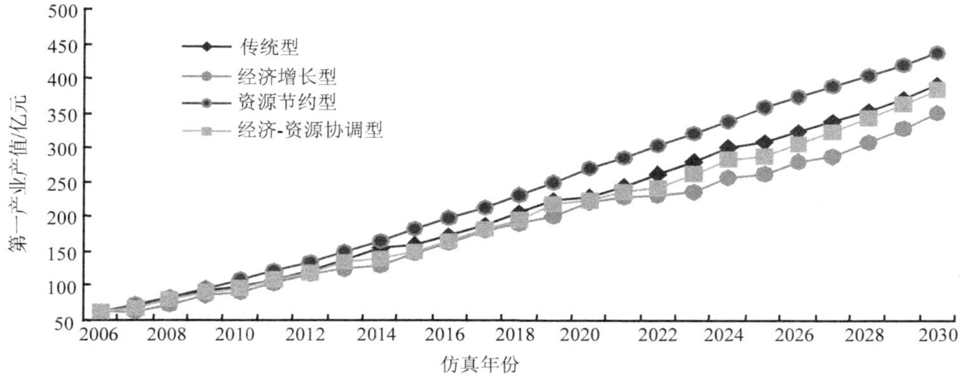

图 7.26　四种不同方案下的第一产业产值

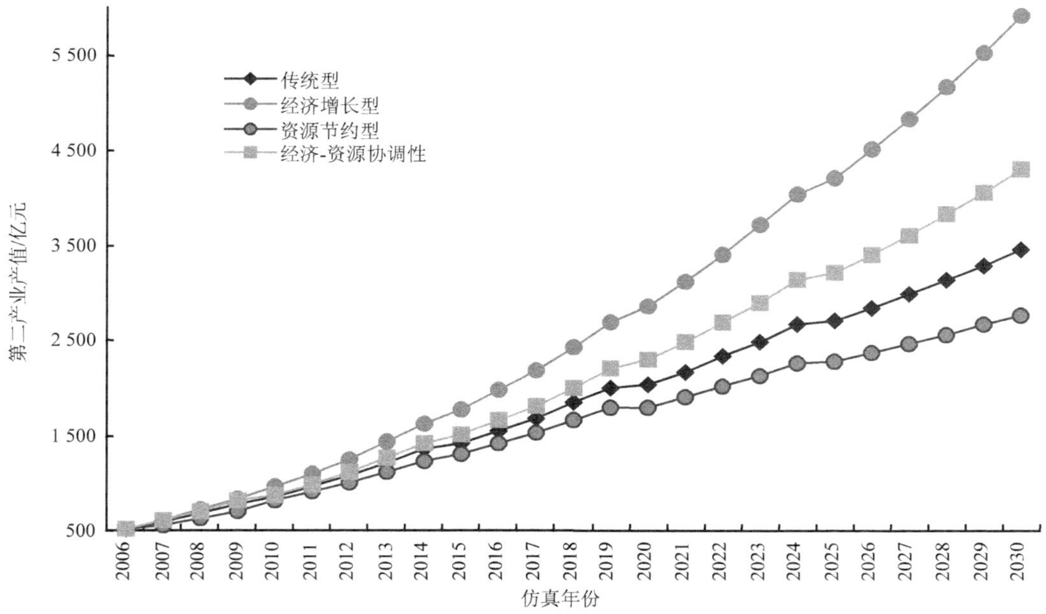

图 7.27　四种不同方案下的第二产业产值

上述四种方案各自的侧重点是不同的。

(1) 传统型方案。本方案是用来作为仿真实验的对照，是指应用 1990~2006 年的统计资料，运用回归分析等方法来确定调控参数，对系统当前的发展趋势不加以主观情景假设，在计算机上运行仿真实验，得到系统 2006~2030 年的动态变化。

(2) 经济增长型方案。该方案在优化传统型方案的基础上，偏重该市的经济发展。因为在目前，发展经济往往被看成是工作的第一要务，为了仿真这种决策，我们把系统模型中的经济子系统反馈环的作用增强，将调控参数中所有对经济发展有利的参数相应变大，其他的参数也在调试过程中进行相应的调整，但调整的幅度比较小。

(3) 资源节约型方案。该方案在优化传统型方案的基础上，偏重该市的资源与环境保护。因此，我们将系统模型中的资源与环境子系统中反馈环的作用增强，将调控参数中所有对资源与环境保护有利的参数相应变大，同时其他的参数也在调试过程中相应地调整。

(4) 经济–资源协调型方案。该方案在优化前三种类型的基础上，即注重该市当地的经济发展，又注重资源环境保护，将这两个子系统中的相应参数都进行调整，使二者均衡发展。

思 考 题

1. 什么叫灰色系统？在地理学中怎样理解灰色系统的概念？
2. 试从控制论与信息反馈的角度解释人地关系问题。
3. 试结合具体实例，从控制论与信息反馈的角度描述地理系统。
4. 根据你自己的认识与理解，试述灰色系统方法在地理建模研究中的意义与作用。
5. 在你自己的研究领域，可以运用灰色系统方法解决哪些方面的具体问题？试做一个具体的实例研究。
6. 系统动力学关于系统的基本观点是什么？它关于系统的一般特性是怎么认识的？关于复杂系统的特性又是怎么认识的？
7. 系统动力学研究问题的过程包括哪几个基本步骤，其中的主要环节是什么？
8. 系统动力学中的正、负反馈回路机制是怎样的？在系统动力学模型中，主要有哪几种类型的变量和方程？其中，状态方程的基本形式是什么？
9. 根据自己的认识与理解，你认为系统动力学方法的优缺点是什么？
10. 结合自己研究领域的相关问题，运用系统动力学建模方法做一个具体的实例研究。

参 考 文 献

陈亚宁, 崔旺诚, 李卫红, 等.2003. 塔里木河的水资源利用与生态保护. 地理学报, 58(2): 215-222
邓聚龙.1985. 灰色系统——社会、经济. 北京: 国防工业出版社. 1-272
邓聚龙.1987. 灰色系统基本方法. 武汉: 华中理工大学出版社
方创琳, 余丹林. 1999. 区域可持续发展 SD 规划模型及试验优控: 以西北干旱区柴达木盆地为例. 生态学报, 19(6): 256-264
李春华, 李宁, 孟志强. 2008. 基于灰色预测模型的江苏省粮食灾损量估计. 自然灾害学报, 17(1): 104-108
李新, 杨德刚.2001. 塔里木河水资源利用的效益与生态损失. 干旱区地理, 24(4): 327-331
李自珍, 聂华林, 徐建华.1988. 农业经济系统的灰色预测与技术进步分析. 兰州大学学报(交叉科学辑刊), (2): 70-77

刘昌明.1997. 土壤-植物-大气系统水分运行的界面过程研究. 地理学报, 52(4): 366-373
卢志恒.1994. 控制论引论. 北京: 北京师范大学出版社
钱学森, 宋健.1980. 工程控制论. 北京: 科学出版社
王冬, 薛新伟. 1996. 我国主要农产品产量的灰色预测模型. 农业技术经济, 3: 40-42
王其藩.1988. 系统动力学. 北京: 清华大学出版社
王振江. 1988. 系统动力学引论. 上海: 上海科学技术文献出版社
徐建华. 1991. 地理系统分析. 兰州: 兰州大学出版社
徐建华. 1996. 现代地理学中的数学方法. 北京: 高等教育出版社
徐建华. 2002. 现代地理学中的数学方法. 北京: 高等教育出版社
徐建华, 余庆余.1993. 人类生态系统. 兰州: 兰州大学出版社
徐建华, 李自珍, 聂华林.1988. 灰色线性规划在种植业结构优化中的应用. 兰州大学学报(交叉科学辑刊), (2): 83-89
徐建华, 白新萍, 贺治波. 1995. 甘肃两西地区扶贫开发性移民对策的系统动力学仿真研究.人文地理, 10(3): 14-19
徐建华, 罗格平, 牛达奎. 1996. 绿洲型城市生态经济系统仿真研究. 中国沙漠, 16(3): 235-241
徐海量, 宋郁东, 陈亚宁.2004. 塔里木河下游生态输水后地下水变化规律研究. 水科学进展, 15(2): 223-226
严广乐等. 1991. 系统动力学：政策实验室. 上海: 知识出版社
张建兴, 马孝义, 赵文举等. 2008. 黄土高原地区干旱长期变化趋势及预测. 干旱地区农业研究, 26(3): 1-6
Aracil J. 1999. On the qualitative properties in system dynamics models. European Journal of Economic and Social Systems, 13 (1): 1-18
Åström K J, Richard M M.2008. Feedback Systems: an Introduction for Scientists and Engineers. Princeton: Princeton University Press
Clark C W.1976. Mathematical Bioeconomics: The Optimal Management of Renewable Resources.New York: Wiley
Deng J L.1982 Control problems of grey system. System & Control Letters, 1(5): 288-294
Deng J L. 1989.Introduction to grey system. Journal of Grey System, 1(1): 1-24
Forrester J W.1961. Industrial Dynamics. Boston： M.I.T. Press
Forrester J W.1969. Urban Dynamics. Boston: M.I.T. Press
Forrester J W.1971. World Dynamics. Boston: Wright-Allen Press
Forrester J W. 1994. System dynamics, system thinking and soft OR. System Dynamics Review, 10(2-3): 245-256
Forrester J W, Senge P M. 1980. Tests for building confidence in system dynamics models. TIMS Studies in the Management Sciences, 14: 209-228
Jacobs O L R. Introduction to Control Theory.1993. Oxford: Oxford University Press
Li Z W, Zhang Y K.2007. Quantifying fractal dynamics of groundwater systems with detrended fluctuation analysis. Journal of Hydrology, 336:139-146
Michael D C, Clifton D C, Cullum E P et al.1969. Theory of Optimal Control and Mathematical Programming. New York: McGraw-Hill
Wiener N.1948. Cybernetics: Or Control and Communication in the Animal and the Machine. Paris, France: Librairie Hermann & Cie, and Cambridge, MA: MIT Press
Xu J H, Chen Y N, Li W H. 2008a. Using GM (1, 1) models to predict groundwater level in the lower reaches of tarim river: a demonstration at Yingsu section. 2008 IEEE Conference on Fuzzy Systems and Knowledge Discovery, Volume 3: 668-672. DOI: 10.1109/FSKD
Xu J H, Chen Y N, Li W H. 2008b. Grey modelling the groundwater level dynamic in the lower reaches of Tarim River affected by water delivery from upper reaches: A demonstration from Yingsu section. 2008 IEEE International Conference on Fuzzy Systems (FUZZ 2008), 43-48. DOI: 10.1109/FUZZY.2008.4630341

第 8 章　非线性分析方法

在现实世界中，许多现象是非线性作用的结果，线性作用其实只不过是非线性作用在一定条件下的近似。地理系统是一类复杂的巨系统，必须在复杂性科学的理论框架下，应用非线性理论和方法才能描述、分析、模拟其行为。然而，非线性科学尚在发展之中，目前还没有，而且也不可能用一套行之有效的方法或方法体系去解决所有的非线性问题。面对复杂的地理巨系统，只能具体问题具体分析。鉴于这种情况，本章将结合具体实例，讨论目前发展相对比较成熟、应用较多的几种方法，即分形理论、小波分析及人工神经网络方法在地理建模中的应用。

8.1　分形理论建模方法

分形(fractal)理论(Mandelbrot，1967，1982)是 20 世纪 70 年代中期以来发展起来的一种横跨自然科学、社会科学和思维科学的新理论。它主要研究和揭示复杂的自然现象和社会现象中所隐藏的规律性、层次性和标度不变性，为人们通过部分认识整体、从有限中认识无限提供了一种新的视角和分析工具。

分形理论是在“分形”概念的基础上升华和发展起来的。分形的外表结构极为复杂，但其内部却是有规律可循的。例如，连绵起伏的地表形态，复杂多变的气候过程、水文过程(Robert et al., 1990; Mayer, 1992; Turcotte, 1992; Maier et al., 1996; Bodri, 1994; 李后强等 1992a；艾南山等，1993；刘适达等，1993)……以及许多社会经济现象(李后强等，1992b；岳文泽等；2004)都是分形理论的研究对象。分形的类型有自然分形、时间分形、社会分形、经济分形、思维分形等。

分形理论自其诞生以来，就被广泛地应用于各个领域，从而形成了许多新的学科生长点。随着分形理论在地理学研究中的应用(辛国君，1997；周春林等，1997；徐建华等，2001，2002；凌怡莹等，2003a；Xu et al., 2008a, 2009b, 2010a)，到 20 世纪 90 年代，已逐渐形成了一个新兴的分支学科——分形地理学。

8.1.1　分形理论简介

1. 分形的概念

分形是指其组成部分以某种方式与整体相似的几何形态(shape)，或者是指在很宽的尺度范围内，无特征尺度却有自相似性和自仿射性的一种现象。分形是一种复杂的几何形体，但不是所有的复杂几何形体都是分形，唯有具备自相似结构的那些几何形体才是分形。在大自然中，具有自相似层次的现象十分普遍。例如，在一个水系的主流上分布着许多支流，在支流上又分布着许多亚支流，在亚支流上又分布着许多支流……而且在所有的层次中，“支流”在“主流”上的分布情况几乎相同，也就是说，它具有自相似层次，所以说水系的分布是分形。同样，对于所有不同尺度的铜矿区，高品位铜矿的分布几乎是相同的，许多矿藏的分布都具有这种自相似性，因而矿藏分布也是一种分形。在地学中，自相似现象也极为丰富，例如，山中有山，景观中有景观，地带性中有非地带性，非地带性又有地带性，等等。所以，掌握分形几何学对于探索地理学中的复杂性是必不可少的。

分形的一个突出特点是无特征尺度。特征尺度是指某一事物在空间或时间方面具有特定的数量级，而特定的量级就要用恰当的尺子去量测。例如，台风的特征尺度是数千千米的量级，而马路旁旋风的特征尺度是数米的量级。如果不考虑它们的特殊性，把它们都看成涡旋，它们就没有特征尺度。因为大涡旋中有小涡旋，小涡旋中套着更小的涡旋，这种涡旋套涡旋的现象发生在许许多多不同的尺度上，可以从几千千米变化到几毫米。凡是具有自相似结构的现象都没有特征尺度。

当我们在一张比例尺为 1∶10 万的地图上看到一个海湾时，如果对它在一张比例尺为 1∶1 万的地图上进一步观察，就会发现有许多更小的海湾冒了出来，在 1∶1000 的地图上还会出现许多更小更小的海湾……因此，海岸线是一种自相似的分形，它无特征尺度。当我们对海岸线测量所采用的单位从千米变成米，再变为更小的测量单位时，海岸线的总长度会随着测量单位的变小而不断增加，最后趋于无穷大。这就是英国地理学家 Richardson 在 20 世纪初提出的海岸线有多长的问题。

作为一种实际的海岸线，在大小两个方向都有其自然的限制。取海南岛外缘突出的几个点，用直线把它们连起来，得到海岸线长度的一种下限，使用比这些直线更长的尺度是没有意义的(仪垂祥，1995)。另一方面，测量海岸线的最小尺度莫过于原子和分子大小，比这更小的尺度也是没有意义的。在这两个自然限度之间，存在着一个可以变化许多个数量级的无特征尺度区，自相似性就是在这个区域表现出来的。在这个无特征尺度区，海岸线的长度与测量尺度有关，要问海岸线有多长是没有意义的。同样，在几千千米到几毫米这个无特征尺度区，要问共有多少个涡旋也一样没有意义。那么，在无特征尺度区，什么量与测量的尺度无关？这个特征量就是下面将要讨论的分形维数。对于弯曲复杂程度相同的海岸线，它们的分形维数是相同的。

2. 分形维数的定义和测算

维数是几何对象的一个重要特征量，传统的欧氏几何学研究的是直线、平面、圆、立方体等非常规整的几何形体。按照传统几何学的描述，点是零维，线是一维，面是二维，体是三维。人们通常把树干当作光滑的柱体，但仔细看它的表面，就会发现沟壑纵横，此起彼伏。一个看起来表面光滑的金属，用显微镜看也会凸凹不平，粗糙不堪。由此可见，对于大自然用分形维数来描述可能会更接近实际。

1) 拓扑维数

数学知识告诉我们，一个几何对象的拓扑维数等于确定其中一个点的位置所需要的独立坐标数目。例如，对于二维平面中的一条曲线 $y=f(x)$，要确定其中任一点 (x_i, y_i) 的位置，需要在 x 轴和 y 轴上各取一个值，同时这对数的取值要满足 $y_i = f(x_i)$ 这个关系。所以，这个几何对象虽然用了两个坐标，但独立的只有一个，因此它的维数是 1。在三维空间中描述一条曲线需要两个方程，因此在三个坐标中独立的也只有一个。通常把上述定义的维数也称为拓扑维数。

对于一个二维几何体——边长为一个单位长度的正方形，若用尺度 $r=1/2$ 的小正方形去分割，则覆盖它所需要的小正方形的数目 $N(r)$和尺度 r 满足如下关系式

$$N\left(\frac{1}{2}\right)=4=\frac{1}{\left(\frac{1}{2}\right)^2}$$

若 $r=1/4$，则 $N\left(\frac{1}{4}\right)=16=\frac{1}{\left(\frac{1}{4}\right)^2}$。

当 $r=1/k$ ($k=1$，2，3，…)时，则 $N\left(\frac{1}{k}\right)=k^2=\frac{1}{\left(\frac{1}{k}\right)^2}$。

可以发现，尺度 r 不同，小正方形数 $N(r)$ 不同，但它们的负二次指数关系保持不变，这个指数 2 正是正方形的维数。

对于一个三维几何体——边长为单位长度的正方体，同样可以验证，尺度 r 和覆盖它所需要的小立方体的数目 $N(r)$满足如下关系

$$N(r)=\frac{1}{r^3}$$

一般地，如果用尺度为 r 的小盒子覆盖一个 d 维的几何对象，则覆盖它所需要的小盒子数目 $N(r)$和所用尺度 r 的关系为

$$N(r)=\frac{1}{r^d} \tag{8.1}$$

将式(8.1)两边取对数，就可以得到

$$d=\frac{\ln N(r)}{\ln(1/r)} \tag{8.2}$$

式(8.2)就是拓扑维数的定义。

2) Hausdorff 维数

从上述讨论我们看到，几何对象的拓扑维数有两个特点：一是 d 为整数；二是盒子数虽然随着测量尺度变小而不断增大，但几何对象的总长度(或总面积、总体积)保持不变。从上述对海岸线的讨论可知，它的总长度会随测量尺度的变小而变长，最后将趋于无穷大。因此，对于分形几何对象，需要将拓扑维数的定义式(8.2)推广到分形维数。

因为分形本身就是一种极限图形，所以对式(8.2)取极限，就可以得出分形维数 D_0 的

定义

$$D_0 = \lim_{r\to 0}\frac{\ln N(r)}{\ln(1/r)} \tag{8.3}$$

式(8.3)就是 Hausdorff 给出的分形维数的定义，故称为 Hausdorff 分形维数，通常也简称为分维。拓扑维数是分维的一种特例，分维 D_0 大于拓扑维数而小于分形所位于的空间维数。

对于真实的海岸线，可以用分形模拟。做法是：首先在单位长度的一条直线段的中间 1/3 处凸起一个边长为 1/3 的正三角形，然后在每条直线段中间 1/3 处凸起一个边长为 $(1/3)^2$ 的正三角，如此无穷次地变换下去，最后就会得到一个接近实际的理想化的海岸线分形。每次变换所得到的图形，相当于用尺度 r 对海岸线分形进行了一次测量，不过，尺度越大测量得越粗糙，尺度越小测量的结果越精确。如果设尺度 r 测得覆盖海岸线的盒子数为 $N(r)$，海岸线的长度为 $L(r)$，则不难验证如下结果：

当 r=1/3 时，$N(r)=4$，$L(r)=\frac{4}{3}$；

当 $r=(1/3)^2$ 时，$N(r)=4^2$，$L(r)=\left(\frac{4}{3}\right)^2$；

……

当 $r=(1/3)^n$ 时，$N(r)=4^n$，$L(r)=\left(\frac{4}{3}\right)^n$。

根据式(8.3)关于分维的定义，海岸线的 Hausdorff 维数是

$$D_0 = \lim_{r\to 0}\frac{\ln N(r)}{\ln(1/r)} = \frac{\ln 4}{\ln 3} = 1.2618$$

显然，$L(r)$与 $N(r)$之间的关系是

$$L(r) = N(r)\cdot r \tag{8.4}$$

可以看出，海岸线的维数大于它的拓扑维 1 而小于它所在的空间维 2。海岸线的长度 $L(r)$不再保持不变，而随测量尺度 r 的变小而变长，在 $r\to 0$ 时，$L(r)\to\infty$。同时，当海岸线分形的自相似变换程度复杂性有所增加时，海岸线的分维也会相应增加。

3) 信息维数

通过上述讨论可以看出，对分维的测算方法是：用边长为 r 的小盒子把分形覆盖起来，并把非空小盒子的总数记作 $N(r)$，则 $N(r)$会随尺度 r 的缩小不断增加，在双对数坐标中作出 $\ln N(r)$随 $\ln(1/r)$的变化曲线，那么，其直线部分的斜率就是分维 D_0。

如果将每一个小盒子编上号，并记分形中的部分落入第 i 个小盒子的概率为 P_i，那么用尺度为 r 的小盒子所测算的平均信息量为

$$I = -\sum_{i=1}^{N(r)} P_i \ln P_i \tag{8.5}$$

若用信息量 I 取代式(8.5)中的小盒子数 $N(r)$的对数，这样，就可以得到信息维 D_1 的定义

$$D_1 = \lim_{r \to 0} \frac{-\sum_{i=1}^{N(r)} P_i \ln P_i}{\ln(1/r)} \tag{8.6}$$

如果把信息维看作 Hausdorff 维数的一种推广，那么 Hausdorff 维数应该看作是一种特殊情形而被信息维的定义所包括。对于一种均匀分布的分形，可以假设分形中的部分落入每个小盒子的概率相同，即

$$P_i = \frac{1}{N} \tag{8.7}$$

把式(8.7)代入式(8.6)得

$$D_1 = \lim_{r \to 0} \frac{-\sum_{i=1}^{N} \frac{1}{N} \ln \frac{1}{N}}{\ln(1/r)} = \lim_{r \to 0} \frac{\ln N}{\ln(1/r)} \tag{8.8}$$

可见，在均匀分布的情况下，信息维数 D_1 和 Hausdorff 维数 D_0 相等。在非均匀情形，$D_1 < D_0$。

4) 关联维数

空间的概念早已突破人们实际生活的三维空间的限制，如相空间，系统有多少个状态变量，它的相空间就有多少维，甚至是无穷维。相空间突出的优点是，可以通过它来观察系统演化的全过程及其最后的归宿。对于耗散系统，相空间要发生收缩，也就是说系统演化的结局最终要归结到一个比相空间的维数低的子空间上。这个子空间的维数即关联维数。

分形集合中每一个状态变量随时间的变化都是由与之相互作用、相互联系的其他状态变量共同作用而产生的。为了重构一个等价的状态空间，只要考虑其中一个状态变量的时间演化序列，然后按某种方法就可以构建新维。如果有一等间隔的时间序列为 $\{x_1, x_2, x_3, \cdots, x_i, \cdots\}$，就可以用这些数据支起一个 m 维子相空间。方法是，首先取前 m 个数据 $x_1, x_2, \cdots, x_m$，由它们在 m 维空间中确定出第一个点，把它记为 X_1。然后去掉 x_1，再依次取 m 个数据 $x_2, x_3, \cdots, x_{m+1}$，由这组数据在 m 维空间中构成第二个点，记为 X_2。这样，依次可以构造一系列相点

$$\begin{cases} X_1 & (x_1, x_2, \cdots, x_m) \\ X_2 & (x_2, x_3, \cdots, x_{m+1}) \\ X_3 & (x_3, x_4, \cdots, x_{m+2}) \\ X_4 & (x_4, x_5, \cdots, x_{m+3}) \\ \vdots & \vdots \end{cases} \tag{8.9}$$

把这些相点 $X_1, X_2, \cdots, X_i, \cdots$，依次连起来就是一条轨线。因为点与点之间的距离越近，它们相互关联的程度越高。现在设由时间序列在 m 维相空间共生成 N 个相点 $X_1, X_2, \cdots, X_N$，给定一个数 r，检查有多少点对 (X_i, X_j) 之间的距离 $\left|X_i - X_j\right|$ 小于 r，把距离小于 r 的点对数占总点对数 N^2 的比例记为 $C(r)$，它可以表示为

$$C(r) = \frac{1}{N^2} \sum_{\substack{i,j=1 \\ i \neq j}}^{N} \theta\left(r - \left|X_i - X_j\right|\right) \tag{8.10}$$

式中：$\theta(x)$ 为 Heaviside 阶跃函数，即

$$\theta(x) = \begin{cases} 1 & x > 0 \\ 0 & x < 0 \end{cases} \tag{8.11}$$

若 r 取得太大，所有点对的距离都不会超过它，根据式(8.10)，$C(r)=1$，而 $\ln C(r)=0$。这样的 r 测量不出相点之间的关联。适当地缩小测量的尺度 r，可能在 r 的一段区间内有

$$C(r) \propto r^D \tag{8.12}$$

如果这个关系存在，D 就是一种维数，把它称为关联维数，用 D_2 表示，即

$$D_2 = \lim_{r \to 0} \frac{\ln C(r)}{\ln r} \tag{8.13}$$

这里取极限主要表示 r 减小的一个方向，并不一定要 r 接近于零。在对实际系统作尺度变换时，在大小两个方向上都有尺度限制，超过这个限制就超出了无特征尺度区，式(8.12)的定义只有在无特征尺度区内才有意义。

2. 标度律与多重分形

1) 标度律

分形的基本属性是自相似性。它表现为，当把尺度 r 变换为 λr 时，其自相似结构不变，只不过是原来的放大和缩小，λ 称为标度因子，这种尺度变换的不变性也称为标度不变性。标度不变性对分形来说，是一个普适的规律。对于所有分形，它们都满足

$$N(\lambda r) = \frac{1}{(\lambda r)^{D_0}} = \lambda^{-D_0} N(r) \tag{8.14}$$

对于海岸线分形，如果考虑其长度随测量尺度的变化，由式(8.4)可得

$$L(\lambda r)=\lambda rN(\lambda r)\ =\lambda^{1-D_0}r\cdot N(r)\ =\lambda^{\alpha}L(r) \tag{8.15}$$

其中：

$$\alpha=1-D_0 \tag{8.16}$$

称为标度指数。式(8.14)反映了标度变换的一种普适的规律，它表明，把用尺度 r 测量的分形长度 $L(r)$再缩小(或放大)λ^{α} 倍就和用缩小(或放大)了的尺度 λr 测量的长度相等。最重要的是这种关系具有普适性。究竟普适到什么程度是由标度指数 α 来分类的，这称为普适类。具有相同 α 的分形属于同一普适类，由式(8.16)可以看出，同一普适类的分形也具有相同的分维 D_0。

一般情况下，可以把标度律写为

$$f(\lambda r)=\lambda^{\alpha}f(r) \tag{8.17}$$

式中：f 为某一被标度的物理量，标度指数 α 与分维 D_0 之间存在着简单的代数关系，即

$$\alpha=d-D_0 \tag{8.18}$$

式中：d 为拓扑维数。

现在我们考查一个质量均匀分布的 Cantor 集合的标度问题。该集合构造的具体步骤是：取一个长度 $r_0=1$，质量 $P_0=1$ 的均匀质量棒，将其一切为二，各段质量为 $P_1=P_2=1/2$，然后将每段都挤压成长度 $r_1=1/3$，线密度 $\rho_1=P_1/r_1=3/2$ 的均匀棒。按照这样的自相似变换，第二步可获四段小棒，它们的长度 $r_2=(1/3)^2$，质量 $P_2=(1/2)^2$，线密度 $\rho_2=P_2/r_2=(3/2)^2$，…，到第 n 步，共有 $N=2^n$ 个小棒，每一个长度为 $r_i=3^{-n}$，质量为 $P_i=2^{-n}$，线密度为 $\rho_i=P_i/r_i=(3/2)^n(i=1,2,\cdots,N)$，在整个自相似变换过程中，总质量守恒，即

$$\sum_{i=1}^{N}P_i=1 \tag{8.19}$$

如果把 P_i 看作概率，式(8.19)就是归一条件。对每一小棒给以标度

$$P_i=r_i^{\alpha} \tag{8.20}$$

式中：α 为标度指数。把每一小棒的长度及质量同时代入式(8.20)，可以算得

$$\alpha=\frac{\ln 2}{\ln 3}\approx 0.630\,93$$

因而线密度

$$\rho_i=\frac{P_i}{r_i}=r_i^{\alpha-1} \tag{8.21}$$

它的大小由小棒纵向的长度表示，随着自相似变换步数 n 的增加，小棒的横向不断变窄(r_i 变小)而纵向迅速变长(ρ_i 变大)，最后 Cantor 质量集合由无数条无穷长的线组成。

这种均匀分布的 Cantor 集合，其标度指数 α 是一个常量，并且 $\alpha = 0 - D_0$，这称为单标度，这样的分形称为单分形。

2) 多重分形

对于单分形，有一个标度指数 α 或一个分维 D 就足够了，而对于非均匀分布的分形，则可以把它看作由单分形集合构成的集合，它的 α 和 D 都不再是常量，这样的分形称为多重分形。由单分形向多重分形的推广主要涉及由数(α 或 D)表述的几何体向由函数表示的几何体之间的过渡。理想的方法是，把标度指数 α 看作是连续变化的，在 α 和 $\alpha+d\alpha$ 这个间隔是一个以单值 α 为特征和分维为 $f(\alpha)$的单分形集合，把所有不同 α 的单分形集合相互交织在一起就形成多重分形。

上述 Cantor 集合在作尺度变换时，采用了单一的标度，现在如果把同样的均匀质量棒从其左端 3/5 处一分为二，然后把左段压缩为长度 $r_1 = 1/4$，其质量 $P_1 = 3/5$，而右段保持原长度 $r_2 = 2/5$，其质量 $P_2 = 2/5$；第二步按着上述的比例对两段分别进行同样的变换就得到四段，左两段的长度分别为 r_1^2、$r_1 r_2$，质量分别为 P_1^2、$P_1 P_2$，右两段的长度分别为 $r_2 r_1$、r_2^2，质量分别为 $P_2 P_1$、P_2^2；如此操作下去就会得到一个不均匀的 Cantor 集合。在这个集合中分布着众多长宽相同的线条集合，它们构成单分形子集合。对每一个单分形子集合，其标度指数为 α，分维为 $f(\alpha)$。另一方面，从形成非均匀 Cantor 集合的操作过程来看，最后它的每段线条的质量相当于二项式 $(P_1+P_2)^n$ 展开中的一项，不过在这里 $n \to \infty$。因此，可以用质量 P_i 的 q 阶矩 $\sum_i P_i^q$ 取代单分形中的盒子数 N，这样，多重分维 D_q 可以定义为

$$D_q = \lim_{r \to 0}\left[\frac{1}{1-q} \times \frac{\ln \sum_i P_i^q}{\ln(1/r)}\right] \tag{8.22}$$

多重分维的定义包含各种分维的定义，例如：

(1) 当 $q=0$ 时，$\sum_i P_i^q = \sum_i P_i^0 = N$，就可以得到 Hausdorff 维数的定义 $D_0 = \lim_{r \to 0} \dfrac{\ln N}{\ln(1/r)}$；

(2) 当 $q=1$ 时，$\sum_i P_i^q = \sum_i P_i = 1$，式(8.22)的分子和分母都为零，于是把 $\sum_i P_i^q$ 变换一下形式

$$\sum_i P_i^q = \sum_i P_i P_i^{q-1} = \sum_i P_i \exp\left[(q-1)\ln P_i\right] \tag{8.23}$$

在 $q \to 1$ 时，式(8.23)中的 $(q-1)\ln P_i$ 是个小量，因此可将 e 指数项级数展开保留线性项

$$\exp[(q-1)\ln P_i]=1+(q-1)\ln P_i \tag{8.24}$$

这样

$$\ln\sum_i P_i^q=\ln[1+(q-1)\sum_i P_i\ln P_i] \tag{8.25}$$

把式(8.25)代入式(8.22)，并对其取 $q\to 1$ 的极限，可得

$$D_q=\lim_{r\to 0}\lim_{q\to 1}\frac{1}{1-q}\times\frac{\ln[1+(q-1)\sum_i P_i\ln P_i]}{\ln(1/r)} \tag{8.26}$$

利用罗必达法则，将式(8.26)分子和分母分别对 q 求导，并令 $q\to 1$，就得到信息维

$$D_1=\lim_{r\to 0}\frac{-\sum_i P_i\ln P_i}{\ln(1/r)} \tag{8.27}$$

(3) 当 $q=2$ 时，式(8.22)变为

$$D_2=\lim_{r\to 0}\frac{\ln\sum_i P_i^2}{\ln r} \tag{8.28}$$

如果设式(8.10)中的

$$\sum_{\substack{j=1\\ i\neq j}}^{N}\theta\left(r-\left|r_i-r_j\right|\right)=n_i^2\ \ (i=1,2,\cdots,N) \tag{8.29}$$

式中：n_i^2 为在第 i 个点与所有其他 $N-1$ 个点的距离 $\left|r_i-r_j\right|$ 中，尺度小于 r 的点对数。把式(8.29)代入式(8.10)，并取极限得

$$C(r)=\lim_{N\to\infty}\sum_{i=1}^{N}\frac{n_i^2}{N^2}=\sum_{i=1}^{N}\lim_{N\to\infty}\frac{n_i^2}{N^2}=\sum_{i=1}^{N}P_i^2 \tag{8.30}$$

式中：P_i 为在用尺度 r 测量时第 i 个点被选中的概率。因此，式(8.28)就是关联维的定义。

事实上，式(8.22)定义了无穷多种维数，它依赖一个参数 q。当 $q=0$、1、2 时，D_q 分别等于 Hausdorff 维数 D_0、信息维 D_1 和关联维数 D_2。当然 q 不必限于正整数，它可以取 $(-\infty,\ +\infty)$ 的一切实数值。

8.1.2 分形理论的地理建模实例

1. 塔里木盆地年平均气温的分形特征

气候系统是一个外有强迫、内有非线性耗散的开放系统(刘式达等，1993)，分形分析是定量描述气候非线性演化过程及其自相似结构特征的有效手段之一。众多研究表明(Bodri, 1994；周春林等，1997；辛国君，1997；江田汉等，2004；时少英等，2005)，分形分析可从一个似乎是杂乱无章的气候序列中计算出它的分数维，证实气候变化趋势的信息。

塔里木盆地地处中纬度西风带，受到温带天气系统、冰洋系统、副热带天气系统甚至低纬度天气系统的影响，且区域内地形地势复杂，气候变化受纬度、盆地、山地、戈壁影响显著。为了揭示塔里木盆地非线性气候过程的自相似结构特征，董山等(2009)根据分形理论、相空间嵌入定理、Grassberger 和 Procaccia 提出的计算分维数的方法，对塔里木盆地 22 个气象台站 50 年(1956~2005)的年平均气温时间序列数据进行分析，计算其分维数，进一步应用普通克里格法对分维数进行空间插值，主要结果如下。

1) 关联维数的计算结果

根据嵌入理论和重构相空间的思想，作者首先利用阿克苏站 1956~2005 年的年平均气温时间序列数据，计算得到各个站点的双对数图 $\ln C(r,m)-\ln r$ (图 8.1 和图 8.2)。从图中可看出，对于不同的嵌入空间维，均存在相应的无标度区间，关联函数直线部分的斜率随嵌入维数 m 的增大而趋于稳定，这说明该台站描述的气候系统是一个混沌吸引子。由图 8.1 和图 8.2 可知，当嵌入空间维数 $m\geqslant 6$ 时，年平均气温的时间序列的关联维数趋于稳定，与饱和嵌入维相对应的关联维数 d 为 2.57，年平均气温时间序列所反映的动力系统的有效自由度数目为 6 个，而要恰当描述其变化特征，进行动力系统建模，至少需要 3 个独立的状态变量。

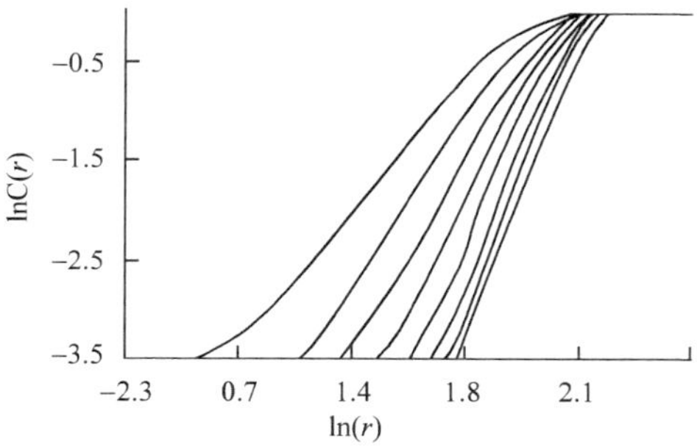

图 8.1　阿克苏站年平均气温在不同嵌入维 m 时的 $\ln(r)$ 与 $\ln C(r)$ 关系

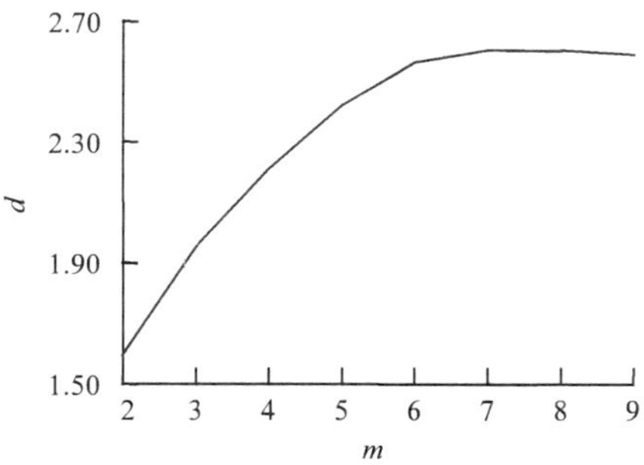

图 8.2　阿克苏站年平均气温嵌入维数 m 与关联维数 d 的关系

接着，作者利用其他 21 个气象台站 1956~2005 年的年平均气温时间序列数据，做了类似地的计算，结果如表 8.1 所示。

表 8.1　塔里木盆地年平均气温分形维数

气象台站	D								M_s
	M=2	M=3	M=4	M=5	M=6	M=7	M=8	M=9	
巴仑台	1.37	1.76	2.01	2.22	2.39	2.46	2.50	2.50	5
库米什	1.57	2.07	2.36	2.46	2.48	2.47	2.48	2.47	5
焉耆	1.70	2.16	2.42	2.56	2.62	2.65	2.63	2.61	5
阿克苏	1.59	1.95	2.21	2.42	2.57	2.61	2.61	2.59	5
拜城	1.71	2.06	2.26	2.38	2.43	2.44	2.46	2.47	5
库车	1.73	2.23	2.53	2.64	2.67	2.66	2.63	2.61	5
库尔勒	1.70	2.19	2.44	2.54	2.59	2.58	2.55	2.52	5
吐尔尕特	1.68	2.14	2.42	2.56	2.58	2.57	2.53	2.52	5
乌恰	1.67	2.14	2.42	2.53	2.56	2.57	2.54	2.52	5
阿和奇	1.72	2.12	2.38	2.51	2.57	2.58	2.56	2.54	5
巴楚	1.70	2.09	2.36	2.51	2.58	2.59	2.59	2.56	5
柯坪	1.74	2.20	2.44	2.55	2.57	2.55	2.53	2.51	4
阿拉尔	1.71	2.18	2.43	2.55	2.54	2.52	2.50	2.49	5
铁干里克	1.46	1.96	2.24	2.41	2.50	2.52	2.53	2.51	5
若羌	1.70	2.05	2.35	2.52	2.59	2.61	2.59	2.57	5
莎车	1.68	2.10	2.35	2.52	2.60	2.61	2.59	2.56	5
皮山	1.62	1.97	2.24	2.35	2.41	2.42	2.42	2.41	5
和田	1.60	1.94	2.17	2.39	2.53	2.58	2.59	2.58	5
民丰	1.58	1.93	2.23	2.42	2.54	2.60	2.58	2.55	5
且末	1.49	1.98	2.24	2.44	2.59	2.65	2.62	2.59	5
于田	1.69	2.21	2.48	2.61	2.65	2.62	2.58	2.56	5
喀什	1.46	1.91	2.21	2.40	2.52	2.58	2.60	2.59	5

尽管使用的计算方法及数据资料不同，作者利用年平均气温数据计算的分维数与徐明等(1994)计算的分维数比较的结果，较好地印证了刘氏气候层次说(刘适达等，1993)，结论是值得借鉴和参考的。

2) 关联维数的空间分布

为了展示塔里木盆地年平均气温分维数的分布格局，作者还以各台站资料计算出的分维数为基础，选择指数模型作为变异函数的理论模型，运用普通克里格方法(Ordinary Kriging)做空间插值计算，结果如图 8.3 所示。

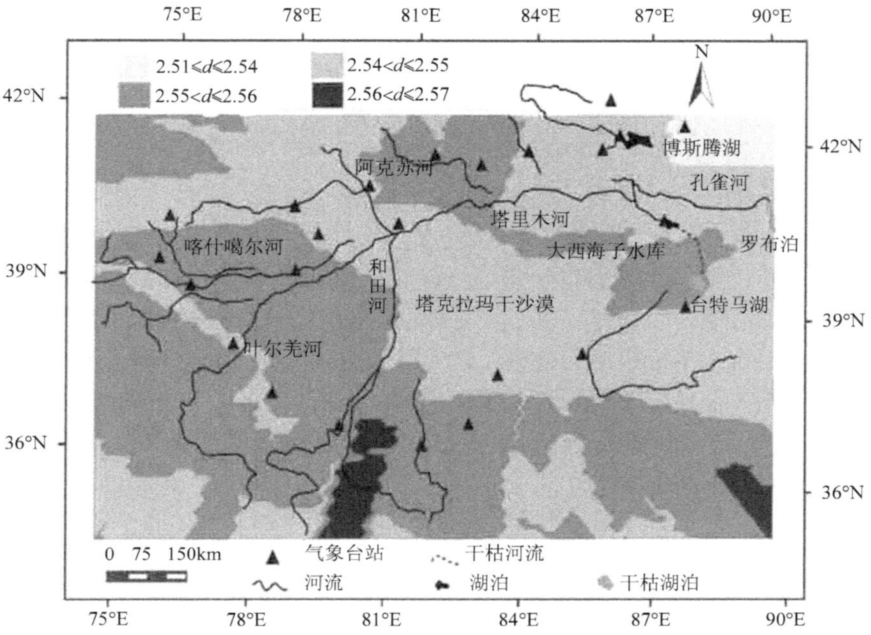

图 8.3 塔里木盆地年平均气温分形维数的普通克里格插值结果

由图 8.3 可以看出，年平均气温分形维数在空间上是变化的，区域内各个子区域气候变化的复杂性是有差异的。在地形地势复杂的地方及有地表径流的地方分维数的值较高，例如，盆地边缘砾石带、盆地边缘绿洲带、盆地东部的罗布泊湖盆区分维数均较高，为 2.55~2.57，表明这些地方气候变化较为复杂。沙漠腹地分形维数较低，为 2.51~2.55，表明气候系统的复杂性有所减小。

2. 塔里木三源河年径流过程的分形特征

分维是河流径流过程复杂程度的度量指标之一(Xu et al., 2008a, 2009b, 2010a)。为了揭示塔里木三源河年径流过程的分形和混沌特征，作者以年径流量的时间序列数据为基础，通过相空间重构，运用 G-P 方法(Grassberger et al., 1983)计算了塔里木三源河，即阿克苏河、叶尔羌河、和田河年径流过程的分维数(关联维数)，结果如表 8.2 所示(徐建华等, 2008)。

表 8.2 塔里木盆地三源河年径流过程的关联维数

河流	和田河	叶尔羌河	阿克苏河
嵌入维数	6	6	6
关联维数	3.2227	3.2118	3.2092

从表 8.2 可以看出，和田河、叶尔羌河与阿克苏河的关联维数分别为 3.2227、3.2118 和 3.2092。显然，所有关联维数都是非整数，这就说明塔里木盆地三源河年径流过程具有分形和混沌特征。因为所有的关联维数都大于 3，这就意味着，要从动力学角度描述塔里木盆地三源河年径流过程，至少需要 4 个独立变量(Xu et al., 2009b, 2010a)。

8.2 小波分析建模方法

小波分析(wavelet analysis)是在 Fourier 分析基础上发展起来的一种新的时频局部化分析方法(Torrence et al., 1998)，被誉为“数学显微镜”。小波分析是应用面极为广泛的一种数学方法，是纯粹数学和应用数学完美结合的一个典范(李建平等，1999)。

小波分析为现代地理学研究提供了一种新的方法手段(Labat, 2005)，运用小波分析对一些多尺度、多层次、多分辨率问题进行研究，如气候变化、植物群落的空间分布、遥感图像处理等问题，往往能够得到令人满意的结果(Farge, 1992; Smith et al.,1998; Chou, 2007)。但是，面对具体的问题，究竟怎样选择小波，怎样运用小波分析方法建立地理学模型，学术界并没有取得共识。

8.2.1 小波分析理论简介

1. 小波与小波函数

为了叙述方便，我们首先约定：一般用小写字母，例如，用 $f(x)$ 表示时间信号或函数，其中括号里的小写英文字母 x 表示时间域自变量，对应的大写字母，这里的就是 $F(\varpi)$ 表示相应函数或信号的 Fourier 变换，其中的小写希腊字母 ϖ 表示频域自变量；尺度函数总是写成 $\varphi(x)$ (时间域)和 $\Phi(\varpi)$ (频率域)；小波函数总是写成 $\psi(x)$ (时间域)和 $\Psi(\varpi)$ (频率域)。

记 $L^2(R)$ 是定义在整个实数轴 R 上满足条件

$$\int_{-\infty}^{+\infty} |f(x)|^2 \mathrm{d}x < +\infty \tag{8.31}$$

的全体可测函数 $f(x)$ 及其相应的函数运算和内积所组成的集合。那么，小波就是函数空间 $L^2(R)$ 中满足下述条件的一个函数或者信号 $\Psi(x)$

$$C_\psi = \int_{R^*} \frac{|\Psi(\omega)|^2}{|\omega|} \mathrm{d}\omega < +\infty \tag{8.32}$$

或者

$$\int_R \Psi(\omega)\,\mathrm{d}\omega = 0 \tag{8.33}$$

式中：R^*为非零实数全体。有时，$\Psi(x)$ 也称为小波函数，式(8.32)或式(8.33)称为容许性条件。通常，$\Psi(x)$ 被称为母小波或小波母函数。

对于任意的实数对 (a,b)，其中，参数 a 必须为非零实数，称如下形式的函数

$$\psi_{a,b}(X)=\frac{1}{\sqrt{|a|}}\Psi\left(\frac{x-b}{a}\right) \tag{8.34}$$

为由小波母函数 $\Psi(x)$ 生成的依赖于参数 (a,b) 的连续小波函数，简称为小波。其中，a 为伸缩尺度参数，b 为平移尺度参数。

下面列出几个比较典型的小波。

(1) Shannon 小波：$\Psi(t)=\dfrac{\sin(2\pi t)-\sin(\pi t)}{\pi t}$；

(2) Gaussan 小波：$G(x)=\mathrm{e}^{-\frac{t^2}{2}}$；

(3) Morlet 小波：$\psi(x)=\mathrm{e}^{\mathrm{i}cx}\mathrm{e}^{-\frac{t^2}{2}}$；

(4) Mexican 帽子小波：$H(x)=(1-t^2)\mathrm{e}^{-\frac{t^2}{2}}$，以它为小波母函数，随 a 和 b 的不同取值而出现波形的变化和相应的平移情况，如图 8.4 所示。

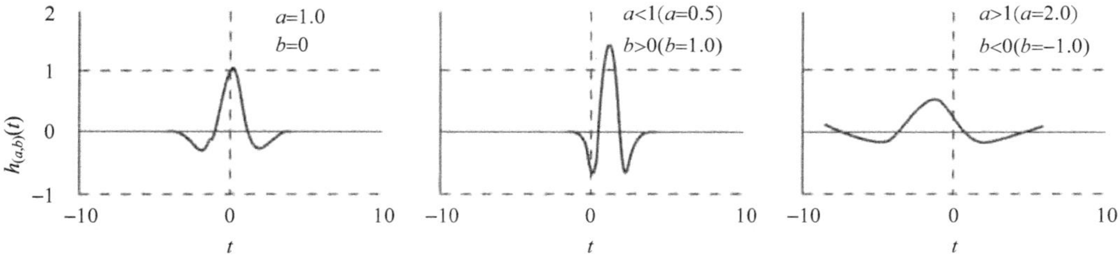

图 8.4　以 Mexican 帽子小波作为母小波的小波在选择不同的 a 与 b 的值的波形变化

2. 小波变换及其性质

对于任意函数或者信号 $f(x)$，其小波变换为

$$W_f(a,b)=\int_R f(x)\psi_{(a,b)}(x)\mathrm{d}x=\frac{1}{\sqrt{|a|}}\int_R f(x)\overline{\psi}(\frac{x-b}{a})\mathrm{d}x \tag{8.35}$$

显然，对任意的函数 $f(x)$，它的小波变换是一个二元函数。这是和 Fourier 变换不同的地方。另外，因为小波母函数 $\Psi(x)$ 只有在原点附近才会有明显偏离水平轴的波动，在远离原点的地方函数值将迅速衰减为 0，整个波动趋于平静，所以，对于任意的参数对 (a,b)，小波函数 $\psi_{(a,b)}(x)$ 在 $x=b$ 附近存在明显的波动，远离 $x=b$ 的地方将迅速地衰减到 0，所以，从形式上看，$W_f(a,b)$ 的本质就是原来的函数或者信号 $f(x)$ 在 $x=b$ 点附近按 $\psi_{(a,b)}(x)$ 进行加权的平均，它体现的是以 $\psi_{(a,b)}(x)$ 为标准快慢尺度的 $f(x)$ 的变化情况，这样，参数 b 表示分析的时间中心或时间点，而参数 a 体现的是以 $x=b$ 为中心的附近范围的大小，所以，一般称参数 a 为尺度参数，而参数 b 为时间中心参数。

小波变换，具有如下几个基本性质。

1) Parseval 恒等式

$$C_\psi \int_R f(x)\overline{g}(x)\mathrm{d}x = \iint_{R^2} W_f(a,b)\overline{W}_g(a,b)\frac{\mathrm{d}a\mathrm{d}b}{a^2} \tag{8.36}$$

对空间 $L^2(R)$ 中的任意的函数 $f(x)$ 和 $g(x)$ 都成立。这说明，小波变换和 Fourier 变换一样，在变换域保持信号的内积不变，或者说，保持相关特性不变(至多相差一个常数倍)，只不过，小波变换在变换域的测度应该取为 $\mathrm{d}a\mathrm{d}b/a^2$，而不像 Fourier 变换那样取的是众所周知的 Lebesgue 测度，小波变换的这个特点将要影响它的离散化方式，同时，决定离散小波变换的特殊形式。

2) 小波反演公式

利用 Parseval 恒等式可以推知，在 $L^2(R)$ 中，小波变换有如下反演公式

$$f(x) = \frac{1}{C_\psi}\iint_{R\times R^*} W_f(a,b)\,\psi_{(a,b)}(x)\frac{\mathrm{d}a\mathrm{d}b}{a^2} \tag{8.37}$$

特别是，如果函数 $f(x)$ 在点 $x = x_0$ 连续，则有如下定点反演公式

$$f(x_0) = \frac{1}{C_\psi}\iint_{R\times R} W_f(a,b)\,\psi_{(a,b)}(x_0)\frac{\mathrm{d}a\mathrm{d}b}{a^2} \tag{8.38}$$

这说明，小波变换作为信号变换和信号分析的工具在变换过程中是没有信息损失的。这一点保证了小波分析在变换域对信号进行分析的有效性。

3) 吸收公式与吸收逆变换公式

当吸收条件

$$\int_0^{+\infty}\frac{|\psi(\omega)|^2}{\omega}\mathrm{d}\omega = \int_0^{+\infty}\frac{|\psi(-\omega)|^2}{\omega}\mathrm{d}\omega \tag{8.39}$$

成立时，可得到如下吸收 Parseval 恒等式

$$\frac{1}{2}C_\psi\int_{-\infty}^{+\infty} f(x)\overline{g}(x)\mathrm{d}x = \int_0^{+\infty}\left[\int_{-\infty}^{+\infty} W_f(a,b)\overline{W}_g(a,b)\mathrm{d}b\right]\frac{\mathrm{d}a}{a^2} \tag{8.40}$$

当吸收条件式(8.39)成立时，也可以得到相应的吸收逆变换公式

$$f(x) = \frac{2}{C_\psi}\int_0^{+\infty}\left[\int_{-\infty}^{+\infty} W_f(a,b)\overline{\psi}(a,b)(x)\mathrm{d}b\right]\frac{\mathrm{d}a}{a^2} \tag{8.41}$$

这时，对于空间 $L^2(R)$ 中的任何函数或者信号 $f(x)$，它所包含的信息完全被由 $a>0$ 所决定的半个变换域上的小波变换 $\{Wf(a,b): a>0, b\in R\}$ 所记忆。Fourier 变换不具备这

一特点。

3. 离散小波变换

出于数值计算的可行性和理论分析的简便性考虑，离散化处理都是必要的。

1) 二进小波和二进小波变换

如果小波函数$\psi(x)$满足稳定性条件

$$A \leqslant \sum_{j=-\infty}^{+\infty} \left|\psi(2^j \omega)\right|^2 \leqslant B$$

则称$\psi(x)$为二进小波，对于任意的整数 k，记

$$\psi_{(2^{-k},b)}(x) = 2^{\frac{k}{2}} \psi[2^k (x-b)]$$

显然，它是连续小波$\psi_{(a,b)}(x)$的尺度参数 a 取二进离散数值$a_k = 2^{-k}$的特例。

对于函数$f(x)$，其二进离散小波变换记为$W_f^k(b)$，定义为

$$W_f^k(b) = W_f(2^{-k}, b) = \int_R f(x) \overline{\psi}_{(2^{-k},b)}(x) \mathrm{d}x \tag{8.42}$$

其小波变换的反演公式是

$$f(x) = \sum_{k=-\infty}^{+\infty} 2^k \int_R W_f^k(b) \times t_{(2^{-k},b)}(x) \mathrm{d}b \tag{8.43}$$

其中，函数$t(x)$满足

$$\sum_{k=-\infty}^{+\infty} \Psi(2^k \omega) T(2^k \omega) = 1 \tag{8.44}$$

称为二进小波$\psi(x)$的重构小波。这里，记号$\Psi(\varpi)$和$T(\omega)$分别表示函数$\psi(x)$和$t(x)$的 Fourier 变换。重构小波总是存在的，例如，可取

$$T(\omega) = \overline{\psi}(\omega) \Big/ \sum_{k=-\infty}^{+\infty} \left|\psi(2^k \omega)\right|^2$$

显然，重构小波一般是不唯一的，但重构小波一定是二进小波。

2) 正交小波和小波级数

设小波为$\psi(x)$，如果函数族

$$\left\{\psi_{k,j}(x)=2^{\frac{k}{2}}\psi(2^k x-j):(k,j)\in Z\times Z\right\} \tag{8.45}$$

构成空间 $L^2(R)$ 的标准正交基，即满足下述条件的基

$$(\psi_{k,j},\psi_{l,n})=\int_R \psi_{k,j}(x)\overline{\psi}_{l,n}(x)\mathrm{d}x=\delta(k-l)\delta(j-n)$$

则称 $\psi(x)$ 是正交小波，其中符号 $\delta(m)$的定义是

$$\delta(m)=\begin{cases}1 & m=0\\ 0 & m\neq 0\end{cases}$$

称为 Kronecker 函数。这时，对任何函数或信号 $f(x)$，有如下的小波级数展开

$$f(x)=\sum_{k=-\infty}^{+\infty}\sum_{j=-\infty}^{+\infty}A_{k,j}\psi_{k,j}(x) \tag{8.46}$$

其中，系数 $A_{k,j}$ 由公式

$$A_{k,j}=(f,\psi_{k,j})=\int_R f(x)\overline{\psi}_{k,j}(x)\mathrm{d}x \tag{8.47}$$

给出，称为小波系数。容易看出，小波系数 $A_{k,j}$ 正好是信号 $f(x)$ 的连续小波变换 $W_f(a,b)$ 在尺度系数 a 的二进离散点 $a_k=2^{-k}$ 和时间中心参数 b 的二进整倍数的离散点 $b_j=2^{-k}j$ 所构成的点 $(2^{-k},2^{-k}j)$ 上的取值，因此，小波系数 $A_{k,j}$ 实际上是信号 $f(x)$ 的离散小波变换。也就是说，在对小波添加一定的限制之下，连续小波变换和离散小波变换在形式上简单明了地统一起来，而且连续小波变换和离散小波变换都适合空间 $L^2(R)$ 上的全体信号。

一个最简单的正交小波，即 Haar 小波，其定义为

$$h(x)=\begin{cases}1 & 0\leqslant x<2^{-1}\\ -1 & 2^{-1}\leqslant x<1\\ 0 & x\notin[0,1)\end{cases}$$

这时，函数族

$$\left\{h_{j,k}(x)=2^{\frac{j}{2}}h(2^j x-k):(j,k)\in Z\times Z\right\}$$

构成函数空间 $L^2(R)$ 的标准正交基。

4. 小波分解

利用小波变换具有的多分辨率特点，可以通过小波分解，将时域信号分解到不同的频带上(Mallat,1989; Bruce et al., 2002)。在做小波分解时，有许多不同的函数可以用来作为基小波，如 Harr、Daublet、Symmlet 小波，根据范数为 1 的规则，在一个给定的小波族如 Symmlet 里有两种类型的小波：父小波(father wavelets)和母小波(mother wavelets)。

$$\text{父小波：}\int \Phi(t)\mathrm{d}t = 1\,,\quad \Phi_{j,k} = 2^{-j/2}\Phi\left(\frac{t-2^j k}{2^j}\right) \tag{8.48}$$

$$\text{母小波：}\int \Psi(t)\mathrm{d}t = 0\,,\quad \Psi_{j,k} = 2^{-j/2}\Psi\left(\frac{t-2^j k}{2^j}\right) \tag{8.48'}$$

父小波有最宽的支集，用于最低频率的平滑部分；母小波用于更高频的细节部分。父小波用于趋势部分，母小波用于与趋势部分的离差。当母小波序列用于表示一个函数时，只有一个父小波被使用。

任何函数 $f(t)$ 都可以表示为如下形式的二进展开式

$$f(t) = \sum_k s_{J,k}\Phi_{J,k}(t) + \sum_k d_{J,k}\Psi_{J,k}(t) + \sum_k d_{J-1,k}\Psi_{J-1,k}(t) + \cdots + \sum_k d_{1,k}\Psi_{1,k}(t) \tag{8.49}$$

式中：$s_{J,k} = \int f(t)\Phi_{J,k}(t)\mathrm{d}t$；$d_{j,k} = \int f(t)\Psi_{j,k}(t)\mathrm{d}t$，$j = 1,2,\cdots,J$，$J$ 为最大尺度。

$f(t)$ 还可以表达为

$$f(t) = S_J + D_J + D_{J-1} + \cdots + D_j + \cdots + D_1 \tag{8.50}$$

式中：$S_J = \sum_k s_{J,k}\Phi_{J,k}(t)$；$D_j = \sum_k d_{j,k}\Psi_{j,k}(t), j = 1,2,\cdots,J$。

这样，信号 $f(t)$ 的多分辨分解为

$$S_{J-1} = S_J + D_J$$

其中，S_J 对应于最粗的尺度。

更一般地，有

$$S_{j-1} = S_j + D_j$$

$\{S_J, S_{J-1}, \cdots, S_1\}$ 是函数 $f(t)$ 精细水平递增的多分辨逼近序列，相应的多分辨分解为 $\{S_J, D_J, D_{J-1}, \cdots, D_j, \cdots, D_1\}$。尺度 2^j 是分辨率 2^{-j} 的倒数。

8.2.2 小波分析方法的地理建模实例

1. 塔里木河流域气候变化的小波分析

塔里木河流域的区域范围介于 73° 10'E ~ 94° 05' E，34° 55'N ~ 43° 08' N 之间，总面积 102 万 km^2，国内流域面积 99.6 万 km^2，几乎涵盖整个南疆，内有 5 个地(州) 的 42 个县(市)和新疆生产建设兵团 4 个师的 55 个团场，总人口 902 万人。

本区具有典型的沙漠气候特征，年平均气温 10.6~11.5℃，7 月平均气温 20~30℃，1 月平均气温–20 ~ –10℃。极端高温和极端低温分别为 43.6℃和–27.5℃，年大于 10℃积温为 4100~4300℃。整个区域年平均降水量大约 116.8mm，山区年降水量 200~500mm，盆地边缘地区年降水量 50~80mm，盆地中央地区降水量仅有 17.4~25.0mm。降水年内分配极不均衡，年降水量的 80%以上主要集中在 5~9 月，20%以下分布在 11 月至翌年 4 月。

为了研究揭示塔里木河流域气候变化趋势，作者选用流域内 23 个气象台站(图 8.5) 1959~2006 年 48 年的年平均气温、年降水量、年平均相对湿度时间序列数据，进行小波分析(Xu et al.，2009a)，结果如下所述。

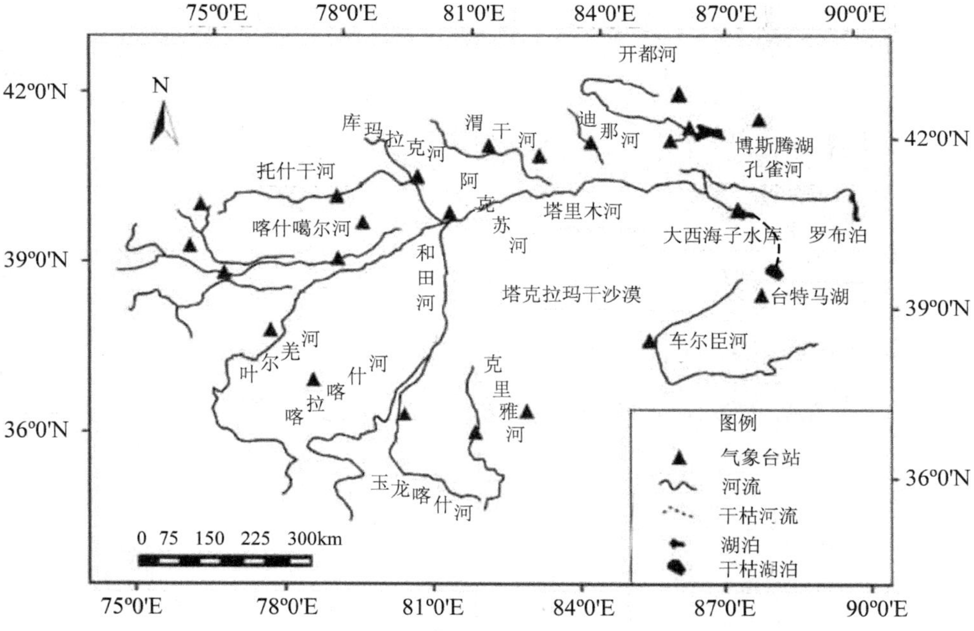

图 8.5 塔里木河流域气象台站分布示意图

1) 年平均气温的非线性变化趋势

基于塔里木河流域 23 个台站 48 年(1959~2006 年)的年平均气温时间序列数据，对 23 个台站的数据求平均，然后运用小波分析方法，以 Symmlet 作为基小波、以 sym8 为小波函数进行小波分解，就可以从 16 年(S4)、8 年(S3)、4 年(S2)的时间尺度上展示其非线性变化趋势，结果如图 8.6 所示。

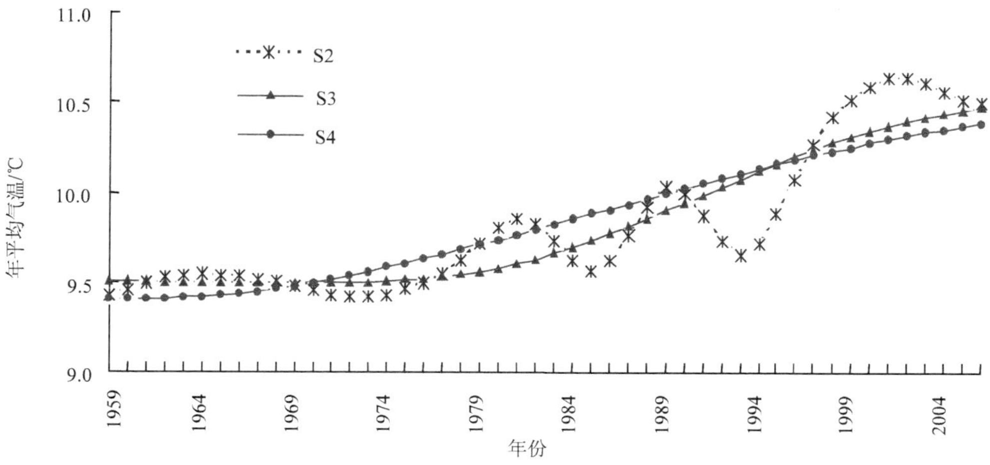

图 8.6　不同时间尺度下年平均气温的非线性变化趋势

从图 8.6 可以看出：从时间尺度 S4，即 16 年尺度来看，以 1980 年为时间节点，1980 年以前，塔里木河流域年平均气温呈微弱上升趋势，1980 年以后上升趋势比较明显。如果把时间尺度缩小到 S3 尺度，即 8 年尺度，则年平均气温在总体上仍然保持了 16 年尺度下的基本态势，但是出现了轻微的振荡。其特点是：以 1993 年为时间节点，1993 年以前以波动性为主，在波动中呈微弱上升趋势，1993 年以后以上升趋势为主，在上升过程中有微弱波动。如果把时间尺度缩小到 S2 尺度，即 4 年尺度，则起伏振荡比较明显。

2) 年降水量的非线性变化趋势

同样，对塔里木河流域年降水量时间序列做小波分解和重构，可以从 16 年(S4)、8 年(S3)、4 年(S2)的时间尺度上展示其非线性变化趋势，结果如图 8.7 所示。

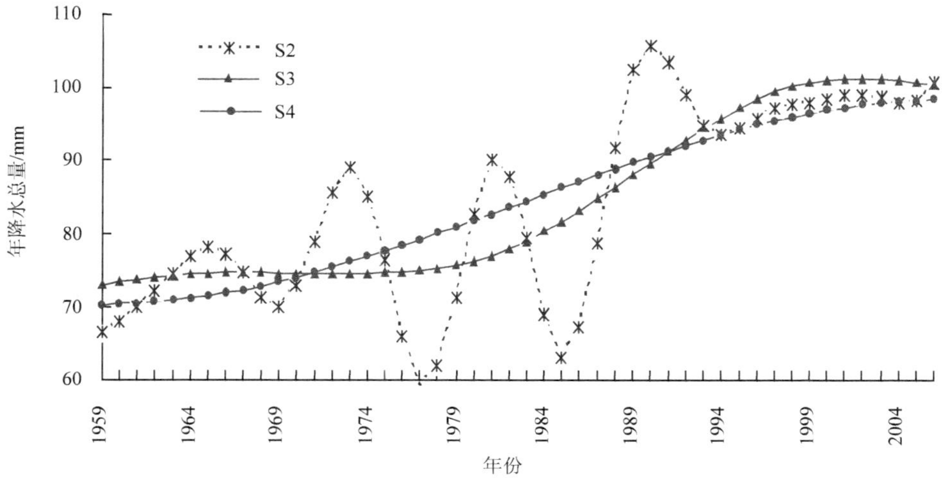

图 8.7　不同时间尺度下年降水量的非线性变化趋势

从图 8.7 可以看出，从时间尺度 S4，即 16 年的时间尺度上来看，塔里木河流域年降水量在总体上呈现出一定的上升趋势。但是，如果将时间尺度缩小到 8 年，则可以发现，以 1984 年为节点，1984 年以前，年降水量呈微弱波荡，振幅极小，1984 年以后，年降水量呈明显上升趋势，而 1999 年以后则变化趋于平缓。如果把时间尺度进一步缩小到 4 年，那么年降水量变化的起伏振荡更为明显。

3) 年平均相对湿度的非线性变化趋势

同样，对塔里木河流域年平均相对湿度时间序列做小波分解和重构，可以从 16 年(S4)、8 年(S3)、4 年(S2)的时间尺度上展示其非线性变化趋势，结果如图 8.8 所示。

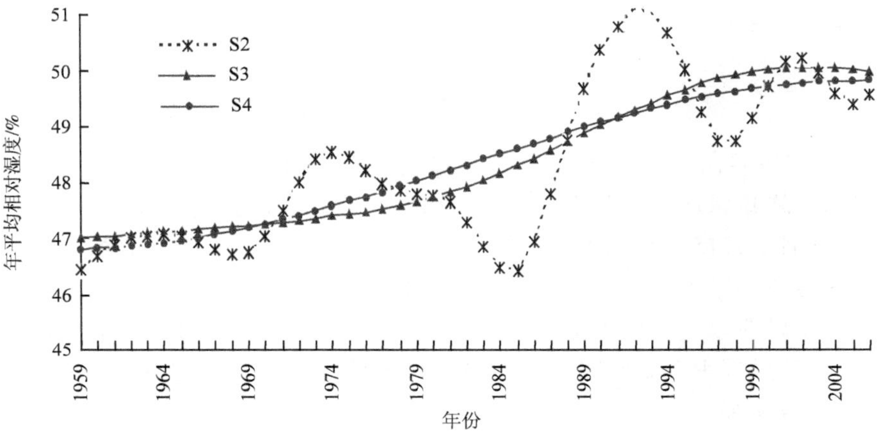

图 8.8 不同时间尺度下年平均相对湿度的非线性变化趋势

从图 8.8 可以看出，从时间尺度 S4，即 16 年尺度上来看，塔里木河流域年平均相对湿度呈现轻微的上升趋势。如果把时间尺度缩小到 S3，即 8 年尺度，则塔里木河流域年平均相对湿度在保持 16 年尺度的基本态势下，出现了轻微的振荡。1985 年以前，空气湿度的变化以波动性为主，在波动中呈微弱上升趋势，1985~1992 年，流域空气湿度明显增大，增大幅度为 5%左右，1992 年以后，空气湿度的变化以波动性为主，无明显上升或下降趋势。如果把时间尺度进一步缩小到 S2，即 4 年尺度，则出现了比较明显的起伏振荡。

总结上述分析结果，我们可以得出如下基本结论：

(1) 从气候变化过程(时间序列)来看，近 50 年以来塔里木河流域年平均气温、年降水量和年平均相对湿度呈现非线性变化趋势，而且它们的非线性趋势具有尺度依赖性的特征。

(2) 对于年平均气温来说，从在 16 年和 8 年的时间尺度来看，以 1980 年为时间节点，1980 年以前呈微弱上升趋势，1980 年以后上升趋势则比较明显；如果把时间尺度缩小到 4 年，那么，年平均气温在总体上仍然保持了 16 年和 8 年尺度的基本趋势，但是出现了比较明显的起伏振荡。

(3) 对于年降水量来说，从 16 年的时间尺度上来看，在总体上呈现出一定的上升趋势；但是如果将时间尺度缩小到 8 年或 4 年，则呈现出了比较明显的起伏振荡。

(4) 对于年平均相对湿度来说，从在 16 年和 8 年的时间尺度来看，以 1980 年为时间节点，1980 年以前无明显上升或下降趋势，而 1980 年以后则呈微弱上升趋势；如果把时间尺度缩小到 4 年，那么其在总体上仍然保持了 16 年和 8 年尺度的基本趋势，但是出现了比较明显的起伏振荡。

2. 塔里木河三源河径流量对气候变化的响应

进一步做灰色关联分析，结果表明，影响年径流量的气候因素的排序是年平均气温、秋季平均气温、冬季平均气温、年降水量、汛期降水量、夏季平均气温和春季平均气温。如果把上述 7 个气候因子划分为气温和降水两个类型，可以发现，年平均气温和年降水量是影响年径流量的两个代表性因子(Xu et al., 2008b, 2010b)。

三源河是塔里木河流域中人类活动干扰相对较少的三条河流。为了从不同尺度上认识和理解三源河气候因素与径流过程关系。笔者在小波变换的基础上，运用小波分析方法揭示了三源河年径流变化的周期性和非线性趋势，接着运用小波分解与重构方法，在不同时间尺度上，拟合了三源河年径流总量以及塔里木河流域年平均气温和年降水量的非线性变化趋势，并运用回归分析方法揭示了径流过程对气候变化的响应(Xu et al., 2010b)。

图 8.9 给出了 1957~2005 年塔里木河三源流年径流量序列的原始信号。从其原始信号信息来看，每一条源河及三源河合计的年径流量序列，均呈上下振荡的非线性变化趋势。

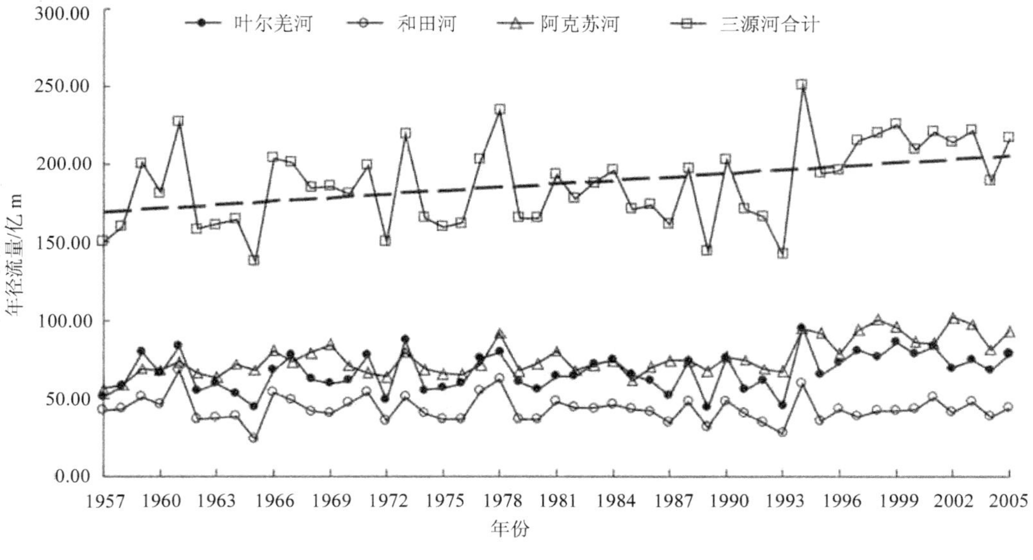

图 8.9　1957 ~ 2005 年期间塔里木河三源河年径流量序列的原始信号

那么，这种振荡变化是否隐藏着周期变化呢？我们根据自相似性、紧支集和光滑等原则(Ramsey, 1999)，选择 symlet8 为基小波函数，分别对三源河及三源河合计的年径流量时间序列(1957~2005 年)做小波变换，而后计算小波方差，结果如图 8.10 所示。从图 8.10 可以看出，阿克苏河、叶尔羌河及三源河合计的小波方差的局部极大值点均出现在第 25 年，只有和田河的小波方差的局部极大值点出现在第 24 年。由此可以判断，阿克苏河、叶尔羌河及三源河合计的年径流变化周期为 25 年，而和田河为 24 年。可见，塔里木河三源流年径流量振荡变化的时间序列中隐藏着一个 24~25 年的变化周期。

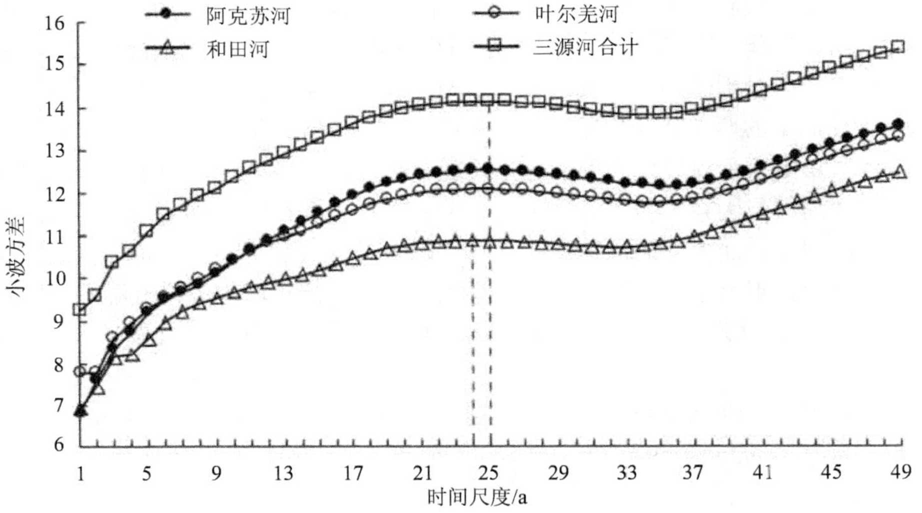

图 8.10　塔里木河三源河年径流量的小波方差

图 8.11 给出了 25 年时间尺度上的阿克苏河、叶尔羌河、和田河以及三源河合计

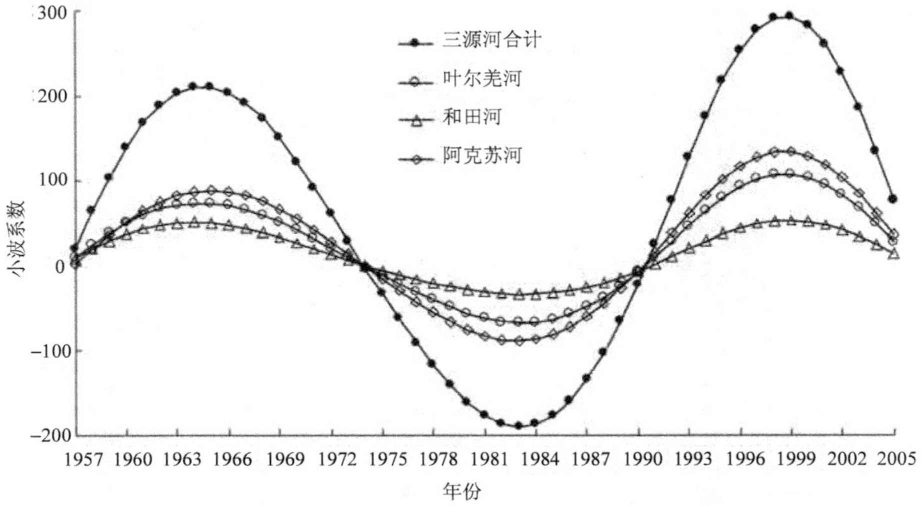

图 8.11　25 年尺度下塔里木河三源河年径流量的小波系数

的年径流量时间序列的小波变换系数。它刻画了 1957~2005 年塔里木河三源流年径流量波动变化的周期规律。1974 年和 1990 年分别是丰水期、欠水期、丰水期三个时期交替出现的两个转折点。1957~1974 年，小波变换系数均大于 0，意味着这一时期三源河处于丰水期；1974~1990 年，小波变换系数均小于 0，意味这一时期三源河处于欠水期；1990~2005 年，小波变换系数又大于 0，这说明这一时期三源河又进入丰水期。

那么，塔里木河三源流年径流过程的周期性，究竟是什么原因引起的呢？众所周知，塔里木河是位于中国西北干旱区的内陆河流，其干流并不产流，其径流来源主要是源河，其中三源河是其主要的径流来源。而三源河的径流贡献主要来自于周围山区冰雪消融和降水形成的径流。可见，区域气候变化，特别气温和降水的变化与三源河的径流变化密切相关。由此，我们自然而然地想到，塔里木河流域的年平均气温与年降水量序列是否也存在周期性呢？为了回答这一问题，我们用同样的方法计算了塔里木河流域年平均气温与年降水量时间序列(1957~2005 年)的小波方差，结果如图 8.12 所示。

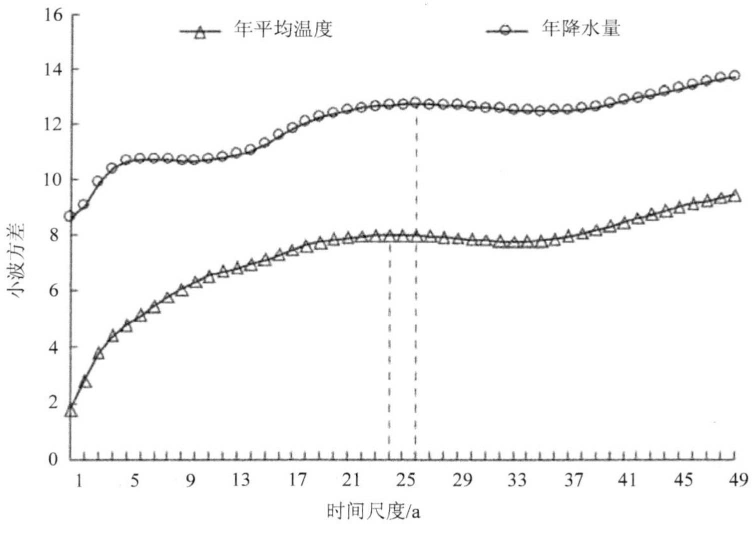

图 8.12　塔里木河流域年平均气温与年降水量时间序列的小波方差

在年平均气温与年降水量的小波方差曲线(图 8.12)上，局部极大值点分别出现在第 24 年和第 26 年，也就是说，塔里木河流域年平均气温序列的周期是 24 年，而年降水量序列的周期为 26 年。可见，塔里木河三源流年径流量的变化周期与区域气候变化周期基本一致，都为 25 年左右。这说明，三源河年径流变化的周期性是区域气候变化影响的结果。

为了进一步揭示径流与气候因子之间的关系，我们以塔里木河流域年平均气温和年降水量为自变量，以三源河(合计)年径流量为自变量，基于原始数据(信号)建立了如下回归方程

$$
\begin{aligned}
&\mathrm{AR} = 22.7735\mathrm{AAT} - 0.0825\mathrm{AP} - 27.4592 \\
&R^2 = 0.2338; F = 7.0194; \alpha = 0.01
\end{aligned}
\tag{8.51}
$$

式中：AR 为年径流量；AAT 为年平均气温；AP 为年降水量。

可以看出，上述回归方程在 $\alpha=0.01$ 的置信度水平上是显著的。式(8.51)表明，三源河(总计)年径流量与年平均气温之间呈正相关，即气温升高，径流也随之增加，这一结论是合理的。但式(8.51)同时也表明，年径流量与年降水量呈微弱的负相关，这一结论显然不合理。为什么会出现这种悖论呢？经过分析，我们认为这种悖论主要是原始数据(信号)中所包含的噪声信息所导致的。因此，应该通过小波分解，对原始信号进行滤波处理(Xu et al., 2008b)。

以 Symmlet 作为基小波、以 sym8 为小波函数，在不同时间尺度下对三源河合计的年径流量序列进行小波分解，结果如图 8.13 所示。

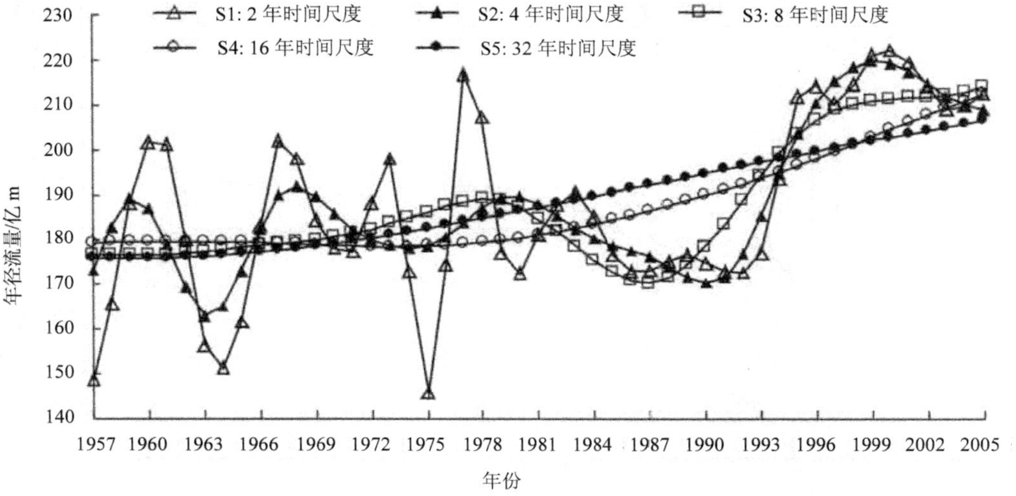

图 8.13　不同时间尺度下塔里木三源河合计年径流量序列的非线性趋势

从图 8.13 可以看出，S1(即 2 年尺度)曲线，保留了较多的残差信息，与原始信号(图 8.9)相比较，它稍微变得平缓了一些，但上下振荡非常剧烈。这条曲线给予我们的一个重要信息是：1957~2005 年，尽管三源河(合计)年径流量变化起伏振荡强烈，但是仍然隐藏着一种上升趋势。S2(即 4 年尺度)曲线，仍然保留了比较多的残差信息，出现了 4 个峰和 3 个谷的起伏振荡，但与 S1 相比较，它又变得平缓了一些，而且隐藏的上升趋势比较明显。S3(即 8 年尺度)曲线保留的残差信息则少了许多，曲线上只出现了一个峰和一个谷；与 S2 相比较，它变得平缓了许多，而且上升趋势更加明显了。S4(即 16 年尺度)保留的残差信息更少，曲线更加平缓(只出现了一个谷)，整体上升趋势更加明显。S5(即 32 年尺度)基本上没有保留残差信息，曲线所呈现的是一个上升的基本趋势。

为了从多分辨率时间尺度上揭示径流与气候变化的关系，应该在小波分析的基础上，进一步做回归分析(Xu et al., 2009c)。

表 8.3 的结果告诉我们，每一个回归方程都通过了 $\alpha = 0.001$ 置信度水平的检验。从 S1，即 2 年时间尺度上，得到了与式(8.51)类似的不尽合理的结论。这是因为，与原始信号相比较，尽管 S1 尺度上的小波分解去除了部分噪声，但仍然保留了较多的残差信息，从而导致不尽合理的结论。但是，从 S2、S3、S4 和 S5，即 4 年、8 年、16 年和 32 年尺度上来看，每一回归方程都给出了合理的解释：年径流量与年平均气温和年降水量均呈正相关，只是年径流量与年平均气温的正相关性较强(偏回归系数较大)，而与年降水量的正相关性较弱(偏回归系数较小)。这进一步说明，塔里木河三源流年径流量的非线性变化趋势是区域气候变化影响的结果。

表 8.3　时间尺度下塔里木三源河年径流量与气温、降水量之间的回归方程

时间尺度	回归方程	R^2	F	显著水平
S1	AR = 24.3728AAT−0.0618AP−44.6754	0.3606	12.9728	0.001
S2	AR = 20.037AAT+0.1383AP−19.12	0.4572	19.3749	0.001
S3	AR = 26.7059AAT+0.1217AP−83.3285	0.7198	59.0842	0.001
S4	AR = 14.4302AAT+0.4692AP+7.0097	0.9530	466.3466	0.001
S5	AR = 17.1003AAT+0.3933AP−11.6140	0.9957	5302.3256	0.001

注：AR 为年径流量；AAT 为年平均气温；AP 为年降水量；S1、S2、S3、S4 和S5 分别为 2 年、4 年、8 年、16 年和 32 年时间尺度。

8.3　人工神经网络建模方法

人工神经网络，是一个具有高度非线性的超大规模连续时间动力系统，是由大量的处理单元(神经元)广泛互连而形成的网络。它是在现代神经科学研究成果的基础上提出的，反映了人脑功能的基本特征，但它并不是人脑的真实描写，而只是它的某种抽象、简化与模拟(White, 1992; Patterson, 1996; Hagan,et al.,1996)。

人工神经网络的特点和优越性(吴简彤等，1998；闻新等，2001)，主要表现在三个方面。第一，具有自学习功能。例如，实现图像识别时，只要先把许多不同的图像样板和对应的应识别的结果输入人工神经网络，网络就会通过自学习功能，慢慢学会识别类似的图像(Bishop, 1995)。它的这种自学习功能对于模式识别、过程模拟和预测有特别重要的应用价值。第二，具有联想存储功能。人的大脑具有联想功能，利用人工神经网络的反馈网络就可以实现这种联想。第三，具有高速寻找优化解的能力。寻找一个复杂问题的优化解，往往需要很大的计算量，如果利用一个针对某问题而设计的反馈型人工神经网络，就可发挥计算机的高速运算能力，可能很快找到优化解。

人工神经网络方法，特别适用于地理模式识别、地理过程模拟与预测、复杂地理系统的优化计算等问题的研究，是地理建模常用的重要方法之一。

8.3.1 人工神经网络简介

1.神经元模型

神经系统的基本构造是神经元(神经细胞)，它是处理人体内各部分之间相互信息传递的基本单元。据神经生物学家研究的结果表明，人的一个大脑一般有 10^{10}~10^{11} 个神经元。如图 8.14 所示，每个神经元都由一个细胞体、一个连接其他神经元的轴突和一些向外伸出的其他较短分支——树突组成。由于细胞膜将细胞体内外分开，细胞体内外具有不同的电位，通常是内部电位比外部电位低，内外电位之差称为膜电位。当没有外部输入信号时，神经元的膜电位保持在静止膜电位上，当外部输入信号超过阈值电位(–55mV)时，细胞被激活，膜电位自发急速升高，形成有一定幅度的电脉冲，此时该神经元处于兴奋状态。轴突的功能是将本神经元的输出信号(兴奋)传递给别的神经元，其末端的许多神经末梢使兴奋可以同时传送给多个神经元。树突的功能是接受来自其他神经元的兴奋。神经元细胞体将接受到的所有信号进行简单地处理(即对所有的输入信号都加以考虑，对每个信号的重视程度体现在不同的权值上)后由轴突输出。神经元的树突与另外的神经元的神经末梢相连的部分称为突触。

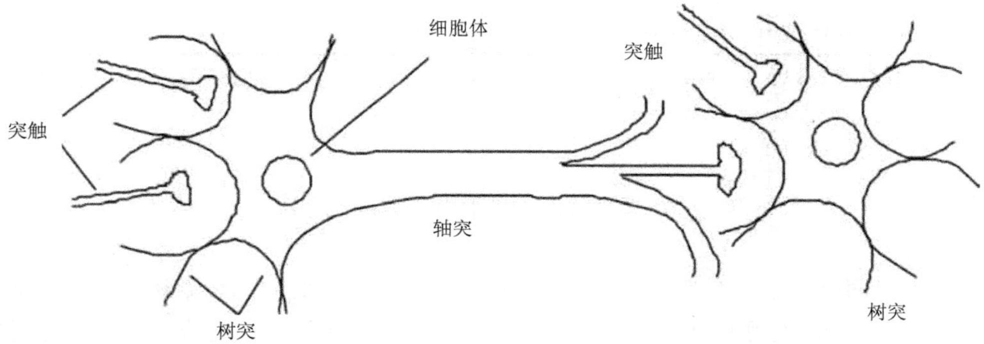

图 8.14 神经元的构造

基于生物神经元的构造，W. McCulloch 和 W. Pitts 于 1943 年建立了一个模拟神经元功能的数学模型(McCulloch ,et al., 1943)，这个模型被称为 MP 模型(图 8.15)。

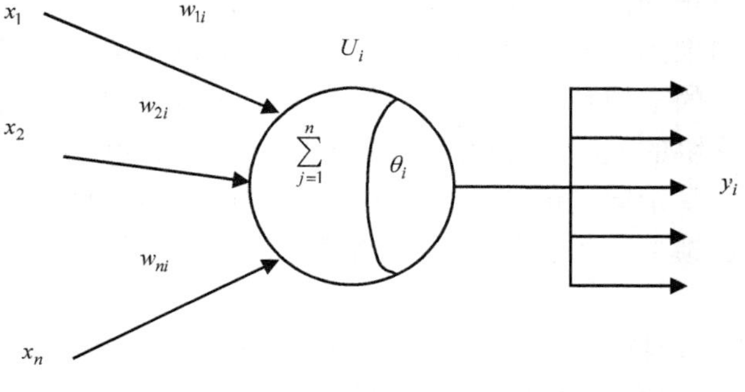

图 8.15 神经元模型

MP 模型是一个多输入单输出的非线性元件。在图 8.15 中，设 $x_1, x_2, \cdots, x_n$ 代表神经元 i 的 n 个输入，w_{ji} 为第 i 个神经元与来自其他层第 j 个神经元的结合强度，称为权值；u_i 表示神经元 i 的输入总合，即生物神经元的膜电位，也称为激活函数；θ_i 是神经元的阈值，y_i 是神经元的输出。

$$u_i(t) = \sum_{j=1}^{n} w_{ji} x_j - \theta_i \tag{8.52}$$

$$y_i = f[u_i(t)] \tag{8.53}$$

式中：f 是输入与输出之间的非线性函数，通常称为作用函数或阈值函数。

在 MP 模型中，f 是二值函数，其输出值为 0 或 1，分别代表神经元的抑制和兴奋状态，它可以用阶跃函数表示，即

$$f(u_i) = \begin{cases} 1 & u_i > 0 \\ 0 & u_i \leqslant 0 \end{cases} \tag{8.54}$$

在式(8.52)中，当 $w_{ji} > 0$ 时，为兴奋性突触结合；当 $w_{ji} < 0$ 时，为抑制性突触结合；当 $w_{ji} = 0$ 时，为无结合。

由式(8.52)可以看出，神经元是由多数输入决定输出的器件，每一种输入 x_j 的权重为 w_{ji}，当 w_{ji} 为负值时，就相当于投反对票一样。由神经元构成的神经网络如图 8.16 所示。

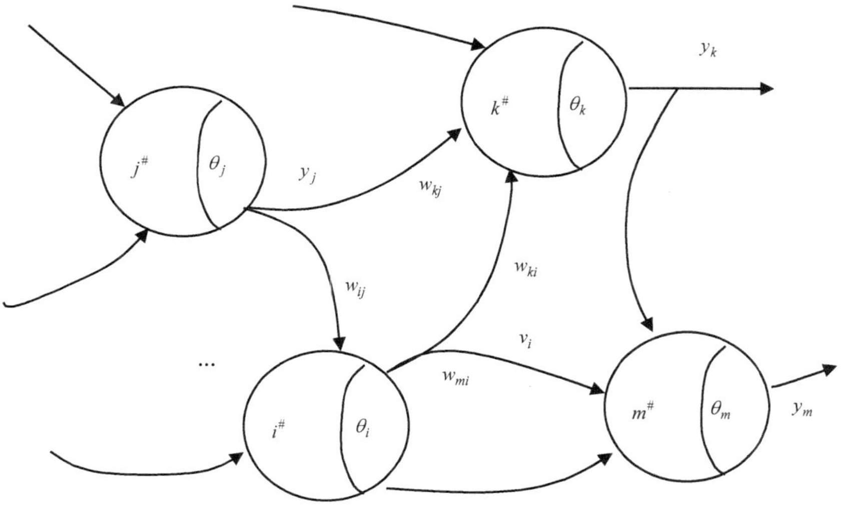

图 8.16　神经网络

在 MP 模型中，神经元的状态是 0 或 1，在时间上也是离散的，类似于二值的数字电路。但是，神经元也可以有模拟量输入输出和时间上是连续的模型，其数学模型为

$$\tau \frac{\mathrm{d}u_i(t)}{\mathrm{d}t} = -u_i(t) + \sum_{j=1}^{n} w_{ji} x_j(t) + u_0 \tag{8.55}$$

$$y_i = f[u_i(t)] \tag{8.56}$$

在式(8.55)和式(8.56)中，$y_i(t)$，$x_j(t)$ 为神经元在 t 时刻的平均输出和输入；$u_i(t)$ 为平均膜电位，τ 为膜电位变化的时间常数，u_0 为静止膜电位。f 称为传递函数，它通常为 Sigmoid 单调递增函数，其数学形式为

$$f(u) = \frac{1}{1+\mathrm{e}^{-u}} \tag{8.57}$$

如上所述，神经元之间的突触结合有兴奋性和抑制性两种。在图 8.17 中，(a)和(b)分别给出了两个神经元串行连接和相互结合型连接的情形。对于(a)所示的两个神经元串行连接，当 $w_{21} > 0$ 为兴奋性连接时，若神经元 1 处于兴奋状态，则神经元 2 也处于兴奋状态；当 $w_{21} < 0$ 为抑制性连接时，若神经元 1 处于兴奋状态，反而会使神经元 2 容易处于抑制状态。在(b)中，两个神经元处于相互结合性状态，若 w_{12} 和 w_{21} 均为正，则某一个神经元处于兴奋状态时，另一个神经元也倾向于兴奋状态，这称为神经元之间的协调作用；若 w_{12} 和 w_{21} 均为负，则当某一个神经元处于兴奋状态时，另一神经元倾向于抑制状态，这称为神经元之间的竞争作用。协调和竞争是神经网络中并行信息处理的基本动态特性。

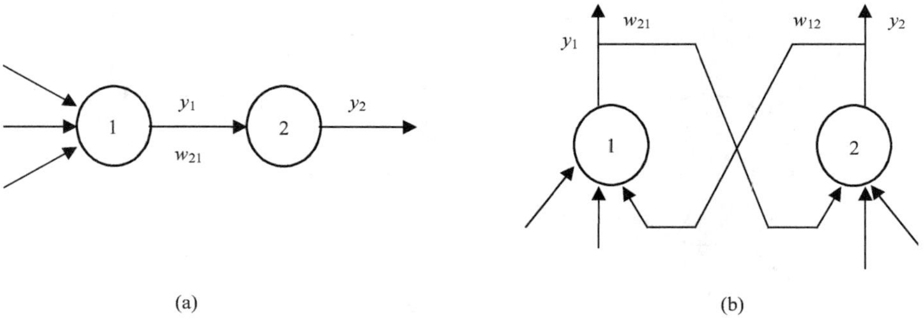

图 8.17　两个神经元的不同连接

2. 神经网络的基本结构

把大量的神经元通过一定的拓扑结构连接起来，就形成了神经网络。通常，神经网络之间都是相互连接的。图 8.18(a)所示的是相互结合型的神经网络，可以认为这是一种普遍的结构形式。然而，大脑内的神经元并非都处于相互结合的状态，1 个神经元大约只与 1 万个其他神经元相连。此外，从大脑的工作机理来看，还存在着不同的功能性模块，下位的功能模块向上位的功能模块传送信息，因此神经网络的结构还具有层次性，如图 8.18(b)所示。神经元之间的连接方式有相互结合型结构和层状结构两大类(吴简彤

等，1998)。神经元的互联结构决定着神经网络的特性与能力。

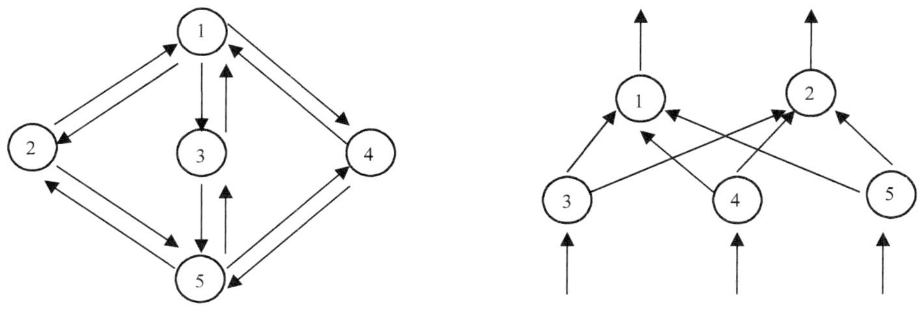

(a) 相互结合型结构　　(b) 层状结构

图 8.18　神经网络的结构

在图 8.18(a)所示的相互结合型神经网络系统中存在着反馈环。在神经元的学习过程中，进行误差反馈。反馈有正、负之分，正反馈使系统发生振荡，负反馈使系统稳定。在大脑神经系统中，负反馈的存在，使控制抑制的机构起着十分重要的作用。正反馈对大脑神经元的同步动作起着一定的作用。可见，相互结合的神经网络是一种非线性系统。

在图 8.18(b)所示的层状神经网络结构中，信号依特定的方向传播。在生物体内，大脑皮质之间、感觉器官和大脑之间，就可以看作是一种分层结构，即功能模块级的分层。在大脑内确实存在各种机理不同的功能模块，这一点被大脑的解剖研究已经证明，而且每一个模块内部是由神经元组成的并行处理系统。

3. 人工神经网络的工作原理

人工神经网络首先要以一定的学习准则进行学习，然后才能工作。现以人工神经网络对手写“A”、“B”两个字母的识别为例进行说明，规定当“A”输入网络时，应该输出“1”，而当输入为“B”时，输出为“0”。所以网络学习的准则应该是：如果网络作出错误的判决，则通过网络的学习，应使得网络减少下次犯同样错误的可能性。首先，给网络的各连接权值赋予(0，1)区间内的随机值，将“A”所对应的图像模式输入给网络，网络将输入模式加权求和，与阈限比较，再进行非线性运算，得到网络的输出。在此情况下，网络输出为“1”和“0”的概率各为 50%，也就是说是完全随机的。这时如果输出为“1”(结果正确)，则使连接权值增大，以便使网络再次遇到“A”模式输入时，仍然能作出正确的判断。如果输出为“0”(即结果错误)，则把网络连接权值朝着减小综合输入加权值的方向调整，其目的在于使网络下次再遇到“A”模式输入时，减小犯同样错误的可能性。如此操作调整，当给网络轮番输入若干个手写字母“A”、“B”后，经过网络按以上学习方法进行若干次学习后，网络判断的正确率将大大提高。这说明网络对这两个模式的学习已经获得了成功，它已将这两个模式分布记忆在网络的各个连接权值上。当网络再次遇到其中任何一个模式时，能够作出迅速、准确的判断和识别。一般说来，网络中所含的神经元个数越多，则它能记忆、识别的模式也就越多。

人工神经网络的信息处理由神经元之间的相互作用来实现；知识与信息的存储表现为网络元件互连间分布式的物理联系；网络的学习和计算决定于各神经元连接权系的动态演化过程。因此神经元构成了网络的基本运算单元。每个神经元具有自己的阈值。每个神经元的输入信号是所有与其相连的神经元的输出信号和加权后的和。而输出信号是其净输入信号的非线性函数。如果输入信号的加权集合高于其阈值，该神经元便被激活而输出相应的值。在人工神经网络中所存储的是单元之间连接的加权值阵列。

神经网络的工作过程主要由两个阶段组成。一个阶段是工作期，此时各连接权值固定，计算单元的状态变化，以求达到稳定状态。另一阶段是学习期(自适应期或设计期)，此时各计算单元状态不变，各连接权值可修改(通过学习样本或其他方法)，前一阶段较快，各单元的状态亦称短期记忆(short-time memory, STM)，后一阶段慢得多，权及连接方式亦称长期记忆(long-time memory, LTM)。

4. 人工神经网络的学习规则

学习能力是神经网络功能有效性的标志之一。神经网络的学习过程，一般是，首先设定初时权值，如果无先验的知识，初时权值可设定为随机值。接着输入样本数据进行学习，参照评价标准进行评判。如果达到要求，就停止学习，否则按照给定的学习法则调整权值，继续进行学习，直到取得满意的结果为止。

神经网络的学习规则，主要包括误差传播式学习、联想学习、竞争性(competitive)学习和基于知识的学习等。然而，各种学习规则都是以 Hebb 规则为基础的。Hebb 在 1949 年曾提出，“当某一突触(连接)两端的神经元同步激活(同时兴奋或同时抑制)时，该连接的强度应增强，反之应减弱”。这一原理在神经网络研究中产生了广泛的影响。虽然他本人并没有用数学公式描述这一原理，但却被以后的神经网络研究广为引用，并以各种数学形式表示，而且被统称为 Hebb 学习规则(吴简彤等，1998)。

1) 误差传播式学习

感知器(perceptron)神经网络中是一种最基本的神经网络模型，它是 F.Rosenblatt 于 1961 年提出来的。设神经元的输入输出关系为

$$\begin{cases} u_i = \sum_{j=1}^{n} w_{ji} x_j - \theta_i \\ y_i = f(u_i) \end{cases}$$

$$f(u_i) = \begin{cases} 1 & u_i > 0 \\ 0 & u_i \leqslant 0 \end{cases}$$

则学习规则为

$$w_{ji}(t+1) = w_{ji}(t) + \eta(y_i - d_i)x_j = w_{ji}(t) + \eta\delta_i x_j \tag{8.58}$$

式中：η为学习速率；d_i 为教师信号或希望输出，δ_i 为实际输出 y_i 与希望输出 d_i 之差，

y_i 和 x_j 取 1 或 0 的离散值。

2) 联想式学习

在空间或时间上接近的事物之间，在性质上相似或相反的事物之间，以及存在因果关系的事物之间都可能在人的大脑中产生联想。根据这一原理，人们提出了许多无教师的联想式学习模式，其学习规则可以表示为

$$w_{ji}(t+1)=w_{ji}(t)+\eta y_i x_j \tag{8.59}$$

式(8.59)与式(8.58)不同的是，$d_i=0$，即无教师信号。所以在联想式学习中，权值变化仅是输入与输出同时兴奋的结果。由于联想发生在输入与输出之间，所以这种联想被称为异联想(hetroassociation)。此外，J.Anderson 和 T.Kohonen 还先后提出了自联想(autoassociation)模式，这种联想发生在一系列输入变量之间，通过输入变量之间的自相关运算，调整输入而改变输出。

3) 竞争性学习

在竞争性学习时，网络各输出单元相互竞争，最后达到只有一个最强者激活，最常见的一种情况是输出神经元之间有侧向抑制性连接(图 8.19)，这样，原来输出单元中若有一个单元较强，则它将获胜并抑制其他单元，最后只有此强者处于激活状态。最常见的竞争性学习规则可以写为

$$\Delta w_{ji}=\begin{cases}\eta(x_i-w_{ji}) & \text{若神经元} j \text{竞争获胜}\\ 0 & \text{若神经元} j \text{竞争失败}\end{cases} \tag{8.60}$$

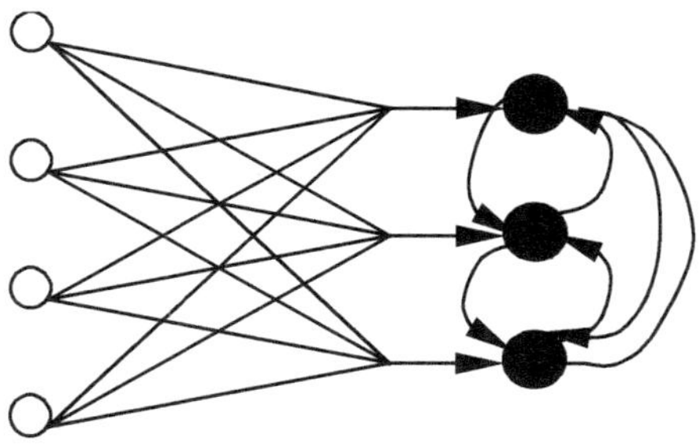

图 8.19 具有侧向抑制性连接的竞争学习网络

4) 基于知识的学习

基于知识的学习，也是人工智能的一个重要研究课题，不同领域对于学习的定义也不相同。例如，对于自动控制系统来说，系统控制性能的改善过程就是学习；对于专家系统来说，学习就是得到知识表达的过程，等等。但是，它们的共同特点是具有利用知识进行操作的过程。

5. 神经网络模型的种类

目前，已经提出了近 60 种神经网络模型。这些模型，按照拓扑结构可以分为反

馈神经网络模型和前向神经网络模型；按照性能可以分为连续型和离散型神经网络模型、确定型和随机型神经网络模型；按照学习方式可以分为有教师学习和无教师学习神经网络；按照连接突触性质可以分为一阶线性关联神经网络模型和高阶非线性关联神经网络模型。常见的人工神经网络模型，主要包括感知器(perceptron)神经网络、线性神经网络、前馈神经网络、径向基函数神经网络、自组织竞争神经网络、回归神经网络等。不同类型的人工神经网络模型，其拓扑结构、传递函数和学习规则是有一定区别的。

8.3.2　人工神经网络方法的地理建模实例

1. 水资源需求预测模型

水资源是一个国家或地区社会经济发展以及生态环境建设不可缺少的基础性自然资源，是实现区域可持续发展的战略性经济资源。随着人口的增长和社会经济的发展，水资源短缺日益成为制约国家或地区社会经济可持续发展的重要因素。水资源需求预测是可持续发展研究和水资源安全战略研究中的一项基础课题。

作为人工神经网络方法的地理建模实例，笔者领导的课题组探讨了人工神经网络方法在水资源需求预测中的应用问题(Wang et al.，2009)。

1) 影响水资源需求的主因子分析

影响水资源需求变化的因子复杂多样，可概括为增加水资源需求量的因素(如社会经济的快速发展使工业用水加大、人口增多使生活用水量增多)和减少水资源需求量的因素(如发展节水型农业、提高工业用水利用率等)两类。这些因素不仅与水资源需求量之间存在着相关关系，而且相互之间耦合关联。因素之间如果采用单纯的相关分析，有可能存在一定的信息冗余，而主成分分析，是一种通过多变量降维处理得到较少且互相独立的代表性综合指标，用于反映原始信息的一种方法(徐建华，2006)。该方法减少了数据处理与分析的复杂程度，比较适合对影响水资源需求变化的驱动力因素进行综合归纳分析。

针对华东地区某城市水资源供需情况，依据相关资料，以 1980 年、1985 年、1990 年、1995 年及 1997~2007 年为研究时间，选取 14 个因子作为驱动力因素。其中，x_1 为农业人口数(万人)，x_2 为非农业人口数(万人)，x_3 为人均 GDP(元)，x_4 为第一产业产值(亿元)，x_5 为第二产业产值(亿元)，x_6 为第三产业产值(亿元)，x_7 为固定资产投资总额(亿元)，x_8 为城镇居民年人均可支配收入(元)，x_9 为农村居民年人均纯收入(元)，x_{10} 为常用耕地面积(hm^2)，x_{11} 为农田有效灌溉面积(hm^2)，x_{12} 为农田灌溉定额(m^3/hm^2)，x_{13} 为万元工业增加值耗水量(m^3/万元)，x_{14} 为城镇生活用水指标[L/(人 · d)]。

对上述 14 个指标做主成分分析，结果见表 8.4 及表 8.5。第一主成分(F_1)、第二主成分(F_2)的累计贡献率达到 90%以上，两个主成分即能很好地代表原始的变量信息。根据主成分载荷可以得出，第一主成分与 x_3，x_4，x_5，x_6，x_7，x_8，x_9，x_{10}，x_{11}，x_{12} 等均有很强的正相关关系，这些因素大部分与经济发展有关；第二主成分与 x_1，x_2，x_{14} 存在较大的相关性，这几个因素与社会活动中的人口因子有关。由此可见，影响该市水资源需求变化的主要因素可归纳为经济发展因素和人口因素。

表 8.4　主成分贡献率

主成分	贡献率/%	累计贡献率/%
F_1	83.616 34	83.616 34
F_2	10.322 36	93.938 70
F_3	4.251 51	98.190 21
F_4	0.902 66	99.092 88
F_5	0.537 29	99.630 17
F_6	0.276 43	99.906 60
F_7	0.062 24	99.968 84
F_8	0.020 81	99.989 65
F_9	0.006 96	99.996 61
F_{10}	0.002 86	99.999 47
F_{11}	0.000 35	99.999 82
F_{12}	0.000 12	99.999 93
F_{13}	0.000 05	99.999 98
F_{14}	0.000 02	100.000 00

表 8.5　主成分载荷

初变量	F_1	F_2
x_1	−0.1792	−0.9795
x_2	0.0641	0.9938
x_3	0.9895	−0.0526
x_4	0.9936	0.0601
x_5	0.9924	0.0943
x_6	0.9905	0.1018
x_7	0.7544	0.3216
x_8	0.9921	0.0765
x_9	0.9904	0.0936
x_{10}	−0.9314	0.2561
x_{11}	−0.9537	0.2295
x_{12}	−0.9261	0.2294
x_{13}	−0.7203	0.6698
x_{14}	−0.3730	−0.8035

经济发展因素。从构成第一主成分的主要因子有人均GDP，第一、第二、第三产业产值，固定资产投资，居民收入水平等来看，经济系统中的动态因素对水资源需求变化的影响尤为显著。20余年来该市经济增长突飞猛进，国内生产总值从1980年的14.15亿元增长到2006年的1073.76亿元，尤其是近10年GDP年均增长率位居省会城市前列，其中第二、第三产业增长势头猛，发展潜力大；同时社会固定资产投资从1980年的6.72亿元增长到2006年的824.80亿元，1997~2006年10年增幅将近10倍。人均GDP从1980年的439元增长到2006年的23 203元，城镇居民年人均可支配收入从414元增长到2006年的11 013元，农村居民年人均纯收入从134元增长到2006年的3690元。另外，随着国家建设项目增加，更多外资企业、中外合资企业的融入，乡镇企业、民营企业、私人企业等的迅猛兴起，该市经济发展水平会进一步得到较大提高，水资源需求量也必将随之大增。

人口因素。构成第二主成分的主要因子之一是人口，对水资源需求变化起着重要作用。人口增长、人均生活用水量的提高，以及城市环境建设是促使生活用水迅速递增的主要因素。该市作为省会城市，人口增长迅速，总人口从1980年的326.11万人增加到2006年的469.85万人；其中，农业人口从1980年的262.78万人先是增大到1997年的292.74万人，随后城市化促使农业人口降低到2006年的273.69万人，未来一段时间内这种递减趋势依然很明显；该市非农业人口从1980年的63.33万人持续增长到2006年的196.16万人，年均增长率为8.07%，未来一段时期内，非农业人口作为合肥总人口增长的主要力量，其增长速度还会逐渐加大，这促使城镇生活用水量急剧增多，使得该市生活供水压力越来越大。

在该市发展进程中，非农业人口为主的总人口增多、生活水平日益提高以及地区经济总量迅速增大，必将导致水资源需求量大幅度增长。为满足人类生产和生活，实现该市的可持续发展，在合理提高水资源利用效率的前提下，有限水资源供应下的承载力分析对于区域可持续发展决策具有重要意义。

2) 水资源需求预测的人工神经网络模型

人工神经网络技术具有并行处理能力、自组织学习能力、高度映射分类和计算能力等，目前已在信号处理、模式识别等领域中得到了广泛的运用(闻新等，2001)。其中，BP网络(Back-Propagation Network)技术成熟，应用广泛。因此，我们采用BP神经网络建立水资源需求预测模型。

(1) 模型原理。

BP网络是一种误差反向传播的多层前馈式网络，网络的学习过程包括正向传播和反向传播。在正向传播过程中，输入信息从输入层经隐含层加权处理传向输出层，经作用函数运算后得出的输出值与期望值进行比较，若有误差，则误差反向传播，沿原先的连接通路返回，通过逐层修改各层神经元的加权系数，减少误差，如此循环直到输出满足要求为止。

(2) 网络结构。

图8.20为三层BP网络结构示意图。它由输入层、隐含层和输出层组成，各层之间实行全连接。网络训练通过不断地调整权值及阈值来实现。

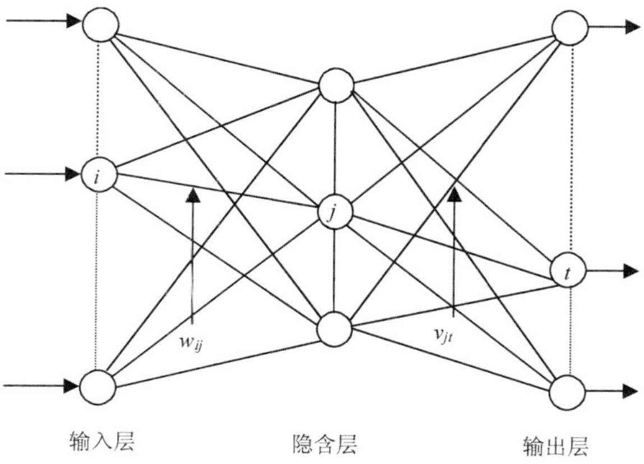

图 8.20　三层 BP 网络结构图

(3) 模式的传播过程。

设输入的样本向量为 $\boldsymbol{X}_k=(x_1,x_2,\cdots,x_n)$，$k=1,2,\cdots,m$，这里 m 为训练的样本数，n 为输入层的神经元数，与输入样本相对应的希望输出向量为 $\boldsymbol{Y}_k=(y_1,y_2,\cdots,y_q)$，$q$ 为输出层的神经元数，则

隐含层节点的输入为

$$S_j=\sum_{i=1}^{n}w_{ij}x_j-\theta_j \tag{8.61}$$

输出为

$$b_j=f(S_j),\ j=1,2,\cdots,p \tag{8.62}$$

式中；f 为激励函数；p 为隐层单元的神经元数；x_j 为输入；S_j 为隐含层节点的输入；b_j 为隐含层节点的输出。

输出层节点的输入为

$$L_t=\sum_{j=1}^{p}v_{jt}b_j-\gamma_t \tag{8.63}$$

输出为

$$C_t=f(L_t) \tag{8.64}$$

在式(8.61)~式(8.64)中：w_{ij} 为输入层第 i 个神经元与隐含层第 j 个神经元之间的连接权值；v_{jt} 为隐含层第 j 个神经元与输出层第 t 个神经元之间的连接权值；θ_j 和 γ_t 分别为隐含层第 j 个神经元和输出层第 t 个神经元的阈值；C_t 为输出层第 t 个神经元的输出值；f 为激励函数；L_t 为输出层第 t 个神经元的输入值。

至此，一个输入模式完成了一次顺传播过程。

为了提高网络的性能，减少其陷入局部极小值的可能性，提高收敛速度，我们采用了改进的 BP 算法——动量法来训练网络。即

$$w(k+1) = w(k) + \alpha[(1-\eta)D(k) + \eta D(k-1)] \tag{8.65}$$

式中：$w(k)$既可以为单个权值，也可以为权值向量；$D(k) = \dfrac{-\partial E}{\partial w(k)}$为时刻的负梯度；$\alpha$为学习率，$\alpha$>0；$\eta$为动量因子，0⩽$\eta$<1。

该方法中的动量项实质上相当于阻尼项，它减少了学习过程的振荡趋势，从而改善了收敛性。训练过程中，初始权值w_{ij}和v_{jt}、阈值θ_j和γ_t都是随机取值，学习率α的调整方法如下

$$w(k+1) = w(k) + \alpha(k)D(k) \tag{8.66}$$

$$\alpha(k) = 2^{\lambda}\alpha(k-1) \tag{8.67}$$

$$\lambda = \text{sign}[D(k)D(k-1)] \tag{8.68}$$

式(8.66)~式(8.68)表明，当连续两次迭代其梯度方向相同时，表明下降太慢，这时可使步长加倍；反之，当连续两次迭代其梯度方向相反时，表明下降过头，这时可使步长减半。

(4) 激励函数。

激励函数的作用是将隐含层(或输出层)某一神经元的输入通过函数转换作为该神经元的输出，目的是为了模拟生物神经元的特性。它可以是线性型、Sigmoid 型或正切(tangent)型等。结合研究目标，经过比较分析，模型再用了式(8.57)所示的 Sigmoid 型激励函数。

(5) 误差函数。

设输出层第j个神经元在时刻t的实际输出为$y_j(t)$，希望输出为$d_j(t)$，则时刻t网络的误差函数$E(t)$定义为

$$E(t) = \frac{1}{2}\sum_{j=1}^{q}(y_j(t) - d_j(t))^2 \tag{8.69}$$

式中：q为输出层的神经元数。当$E(t) \leqslant \varepsilon$($\varepsilon$为预先给定的误差)时，网络停止训练，此时的网络模型就是我们所需要的。

(6) 动量 BP 神经网络的构建。

输入层：输入层节点数与输入向量的维数相等(输入层节点数为 2)，输入变量分别是上述 14 个因素经主成分分析后得到的第一主成分(F_1)和第二主成分(F_2)。

输出层：以总需水量为输出目标，通过动量 BP 网络模型，与第一、第二主成分输入变量建立一一对应的系统关系。

为了消除第一、第二主成分数量级的差异对分析结果的影响，在建立神经网络模型

前，需要对它们进行极差标准化。另外，对目标输出变量进行归一化处理，避免神经网络模型陷入局部极小值。

3) 模型训练、精度检验及预测结果

将该市 1980 年、1985 年、1990 年、1995 年以及 1997~2006 年的连续数据代入网络进行训练学习，其中网络主要参数为：初始权值为−0.3~0.3，初始学习系数和动量因子分别为 0.01 和 0.02，单一隐含层，隐含层节点数为 4 个。通过网络的学习、训练，将学习完成后得到的权值作为网络最终确定的权值，最终得到收敛的神经网络模型。

将 1980 年、1985 年、1990 年、1995 年以及 1997~2006 年相应总需水量历史数据输入已经训练好的收敛模型中进行计算，并以计算结果检验模型的可靠性(表 8.6)。

表 8.6　预测模型精度检验

年份	需水量历史值/亿 m^3	需水量仿真值/亿 m^3	相对误差/%
1980	10.70	10.65	−0.4673
1985	12.70	12.80	0.7874
1990	14.08	13.98	−0.7102
1995	16.68	16.73	0.2998
1997	14.98	14.85	−0.8678
1998	15.23	15.22	−0.0657
1999	15.59	15.52	−0.4490
2000	15.29	15.42	0.8502
2001	17.16	17.24	0.4662
2002	14.97	15.03	0.4008
2003	14.80	14.78	−0.1351
2004	15.67	15.61	−0.3829
2005	17.33	17.45	0.6924
2006	18.00	18.03	0.1667

通过比较发现，训练样本中该市水资源需求量的拟合平均误差处于±0.5234%之间，最大误差绝对值不超过 0.9%，实际数据与仿真值相差甚小，证明运用 BP 神经网络技术来建立该市水资源需求预测模型是切实可行的。

在上述模拟训练的基础上，运用多种方法分别对影响水资源需求的各驱动因子进行预测，并将预测值的主成分分析结果作为 BP 网络的输入变量值，通过模拟分别得到不同时期该市总需水量预测的高、中、低三种方案(表 8.7)。

表 8.7　华东地区某城市水资源需求量预测　(单位：$10^8 m^3$)

方案	2010 年	2020 年	2030 年
高	23.93	31.64	33.89
中	21.39	27.43	29.68
低	20.56	25.28	26.51

2. 长江三角洲地区城市体系的职能分类模型

长江三角洲地区在全国是一个城市数目相对较多、城市化水平较高的地区。在这一地区有全国的经济中心城市、地方经济中心城市和各类专门化的城市。这一地区城市体系职能结构的合理与否，直接影响着城市体系整体效益的发挥。因此通过城市的职能分类，希望可以认识这一地区的城市职能结构，同时也有利于区域内的总体规划。

用于城市职能分类的传统统计聚类分析方法有系统聚类法、分解法、加入法、动态聚类法、有序样品聚类、有重叠聚类和模糊聚类等，但是传统的方法往往都是监督学习，需要人工确定每一指标的权重，容易产生人为的主观性。利用神经网络在模式识别和分类方面的优势可望提高分类判断的客观性，可以为城市职能分类提供一种新的方法。凌怡莹等(2003a, 2003b)曾运用竞争型神经网络 Kohonen 网络模型研究长江三角洲城市职能分类问题，下面对这一研究作简单介绍。

1) 建立城市职能分类的指标体系

在聚类分析中，聚类指标的选择是十分重要的，它直接影响到分类结果的准确性和可靠性。因此城市职能分类指标体系的建立非常关键，选取的指标必须遵循以下几个原则：完备性、代表性、指标互补性。为了对长江三角洲地区城市社会经济职能进行分类，主要围绕城市社会发展、经济发展和基础设施建设等各个方面选择指标体系，详见表 8.8。

表 8.8　城市职能分类指标体系

一级指标	二级指标
城市社会发展	总人口、非农业人口、从业人员、在职职工年平均工资、在校学生数、各类专业技术人员、公共图书馆图书藏量、医院卫生院床位数
城市经济发展	国内生产总值、人均国民生产总值、第一产业产值、第二产业产值、第三产业产值、工业产值、农林牧渔总产值、固定资产投资、财政总收入、地方财政收入、地方财政支出、出口总额、利用外资、年末金融机构存款余额、年末金融机构贷款余额、保险收入、已决赔款
城市基础设施	公路客运量、公路货运量、邮电业务总量

该指标体系主要包括以下三类指标。

(1) 选择反映城市社会发展的指标。

在人口与劳动力构成中选取总人口、非农业人口、从业人员作为衡量城市规模的指标；将在校小学生数、中等学校学生数、高等学校学生数三项合并为一项，即在校学生数，同时选取各类专业技术人员、公共图书馆图书藏量、医院卫生院床位数作为反映社会文化教育的指标。

(2) 选择反映城市经济的指标。

在城市国民生产总值综合指标中，选取国内生产总值、人均国民生产总值、第一产业、第二产业、第三产业、工业产值、农林牧渔总产值以及有关财政、金融、保险等 17 项指标。

(3) 选择反映城市基础设施的指标。

从交通运输、邮电事业的指标中，选取了公路客运量、公路货运量、邮电业务总量三项指标。

2) Kohonen 网络的原理

Kohonen 网络也称为自组织特征映射网络(self-organizing feature map, SOM)，是由 Kohonen 于 1982 年首次提出。Kohonen 网络通过寻找最优权值矢量对输入模式集合进行分类。

(1) Kohonen 网络结构。

Kohonen 网络或自组织特征映射网络是由输入层和输出层(也称竞争层)构成的两层网络，输入层用于接收输入模式，输出层的神经元一般按正则二维阵列排列，两层之间的各神经元实现双向权连接(图 8.21)。

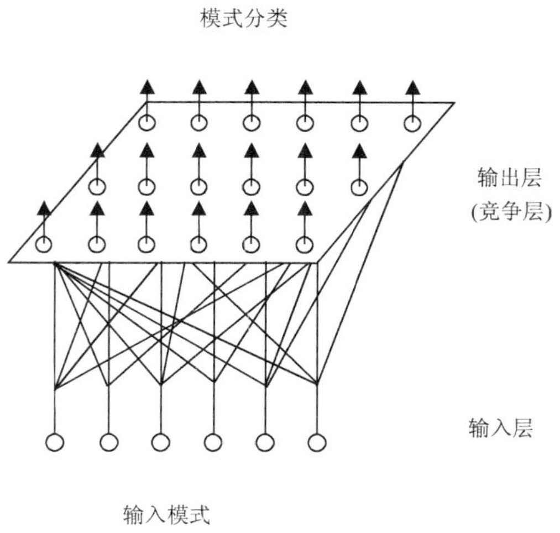

图 8.21　Kohonen 网络结构

(2) Kohonen 网络的学习和工作规则。

Kohonen 网络的自组织学习过程可以描述为：对于每一个网络的输入，只调整一部分权值，使权向量更接近或更偏离输入矢量，这一调整过程，就是竞争学习，随着不断学习，所有权矢量都在输入矢量空间相互分离，形成了各自代表输入空间的一类模式，这就是 Kohonen 网络的特征自动识别的聚类功能(闻新等，2001)。

网络学习的具体步骤如下：

第一步，初始化：将网络的连接权值$\{w_{ij}\}$赋予区间$[0,1]$内的随机值，$i=1,2,\cdots,N$；$j=1,2,\cdots,M$。确定学习率$\eta(t)$的初始值$\eta(0)=(0<\eta(0)<1)$；确定邻域$N_{\mathrm{g}}(t)$的初始值$N_{\mathrm{g}}(0)$。邻域$N_{\mathrm{g}}(t)$是指以获胜神经元 g 为中心，且包含若干神经元的区域范围。这个区域一般是均匀对称的，最典型的是正方形或圆形区域，如图 8.22 所示。$N_{\mathrm{g}}(t)$的值为在第t次学习过程中邻域中所包含的神经元个数。确定总的学习次数T。

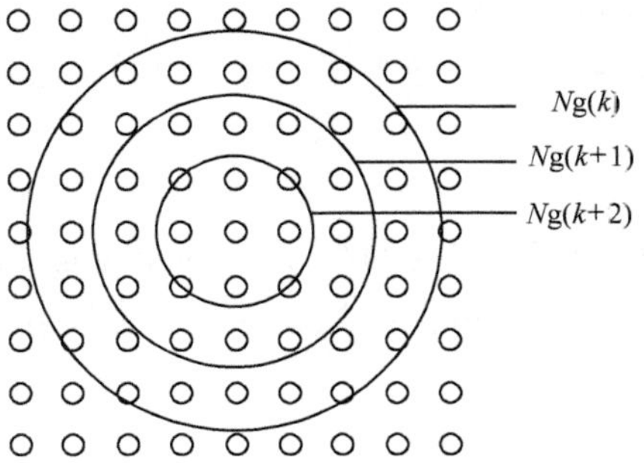

图 8.22　被选神经元 j 及其邻域变化

第二步，任选一学习模式P_k提供给网络的输入，并进行归一化处理：

$$\overline{P_k}=\frac{P_k}{\|P_k\|}=\frac{\left(p_1^k,p_2^k,\cdots,p_n^k\right)}{\left[\left(p_1^k\right)^2+\left(p_2^k\right)^2+\cdots+\left(p_n^k\right)^2\right]^{\frac{1}{2}}} \tag{8.70}$$

第三步，对连接权值$\boldsymbol{W}_j=\left(w_{j1},w_{j2},\cdots,w_{jn}\right)$做归一化处理，计算$\overline{W_j}$与$\overline{P_k}$之间的欧氏距离：

$$\overline{w_j}=\frac{\boldsymbol{w}_j}{\|\boldsymbol{w}_j\|}=\frac{\left(w_{j1},w_{j2},\cdots,w_{jn}\right)}{\left[\left(w_{j1}\right)^2+\left(w_{j2}\right)^2+\cdots+\left(w_{jn}\right)^2\right]^{\frac{1}{2}}} \tag{8.71}$$

$$d_j=\left[\sum_{i=1}^{N}(\overline{p_i^k}-\overline{w_{ji}})^2\right]^{\frac{1}{2}},\ j=1,2,\cdots,M \tag{8.72}$$

第四步，找出最小距离d_{g}，确定获胜神经元 g

$$d_{\mathrm{g}}=\min\left[d_j\right],\ j=1,2,\cdots,M \tag{8.73}$$

第五步，调整连接权值。对竞争层领域内所有神经元与输入层神经元之间的连接权进行修正。

$$\overline{w_{ji}(t+1)} = \overline{w_{ji}(t)} + \eta(t) \cdot \left[\overline{p_i^k} - \overline{w_{ji}(t)} \right]$$
$$j \in N_g(t) \quad j = 1,2,\cdots,M \quad (0 < \eta(t) < 1) \tag{8.74}$$

第六步，选取另一学习模式提供给网络输入层，返回第二步，直至学习模式全部提供给网络。

第七步，确定新学习率 $\eta(t)$ 及邻域 $N_g(t)$。

$$\eta(t) = \eta(0)(1 - \frac{t}{T}) \tag{8.75}$$

式中：$\eta(0)$ 为初始学习率；t 为学习次数；T 为总的学习次数。

设竞争层某神经元 g 在二维阵列中的坐标值为 $g(x_g, y_g)$，则邻域范围是以点 $[x_g + N_g(t), y_g + N_g(t)]$ 和点 $[x_g - N_g(t), y_g - N_g(t)]$ 为右上角和左下角的正方形。其修正公式为

$$N_g(t) = \text{INT}\left[N_g(0)\left(1 - \frac{t}{T}\right) \right] \tag{8.76}$$

第八步，令 $t = t+1$，返回第二步，直至 $t = T$ 为止。

$$\overline{w_j} = \frac{\boldsymbol{w}_j}{\|\boldsymbol{w}_j\|} = \frac{(w_{j1}, w_{j2}, \cdots, w_{jn})}{\left[(w_{j1})^2 + (w_{j2})^2 + \cdots + (w_{jn})^2 \right]^{\frac{1}{2}}} \tag{8.77}$$

网络学习结束后，即转入工作状态，连接权值 $\{w_{ij}\}$ 不再进行调整。选取指标体系中的指标作为输入矢量，初始权值 $\boldsymbol{W}$ 为［0，1］之间的随机数。

3) 建立城市职能分类的 Kohonen 网络模型

(1) 指标数据处理。

在分类指标体系中，28 项指标数据主要来自于有关省(直辖市)的统计年鉴，它们具有不同的单位和量纲，因而其数值的差异也很大，这就会对分类结果产生影响。因此首先需要对指标数据进行标准化处理。通常使用的标准化方法有总和标准化、标准差标准化、极大值标准化和极差标准化等，通过分析比较，本模型采用了标准差标准化的处理方法(5.1 节)。

(2) 运用 MATLAB 神经网络工具箱建立 Kohonen 网络模型。

将长江三角洲各城市的 28 项指标导入 Kohonen 网络中，作为网络的输入模式 $P_k(P_1^k, P_2^k, \cdots, P_{28}^k)$，因此输入层的神经元个数为 28；而竞争层的神经元个数 S 取决于需要分成几类，在不清楚分类数目的情况下，竞争层神经元个数从 $S=3$ 开始，然后依次加 1，分别进行学习。

在 Kohonen 网络模型中，选择网络训练的迭代最大次数为 1000 次，初始的学习率

为 0.5。

(3) Kohonen 网络模型的分类结果。

当竞争层神经元个数 $S=3$ 时，网络分类的结果是将上海作为独立的一类；南京、无锡、苏州、杭州、宁波为一类；常州、南通、扬州、镇江、泰州、嘉兴、湖州、绍兴、舟山为一类。

当竞争层神经元个数 $S=4$ 时，网络分类的结果是上海为一类；南京、苏州、杭州、宁波为一类；无锡、南通为一类；常州、扬州、镇江、泰州、嘉兴、湖州、绍兴、舟山为一类。

当竞争层神经元个数 $S=5$ 时，网络分类的结果是上海为一类；苏州、杭州为一类；南京、无锡、宁波为一类；常州、镇江、嘉兴、湖州、绍兴、舟山为一类；泰州、扬州、南通为一类。

当竞争层神经元个数 $S=6$ 时，网络分类的结果是上海为一类；南京、苏州、杭州、宁波为一类；无锡、绍兴为一类；常州、镇江、嘉兴、湖州、舟山为一类；泰州为一类；扬州、南通为一类。

从不同的分类结果来看，都把上海作为独立的一类，其为全国重要的超大型综合性城市。考虑到长江三角洲地区的城市数目，过粗或者过细的划分均不适宜，显然，当竞争层神经元个数 $S=5$ 时，网络的分类结果较为合适。城市分类结果见图 8.23。

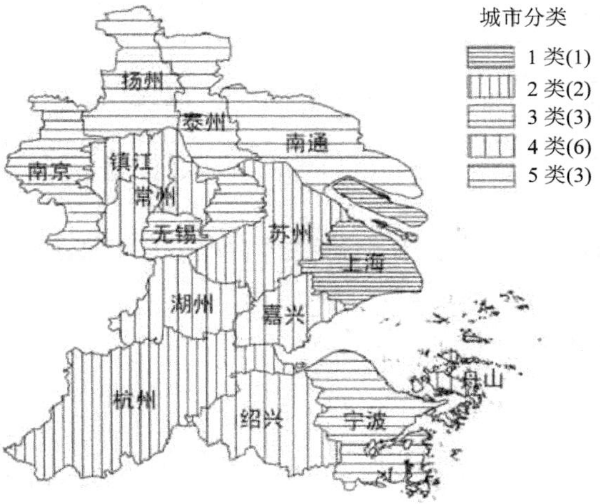

图 8.23　基于 Kohonen 网络的长江三角洲城市分类结果

Kohonen 网络具有拓扑结构不变的性质，是一种很好的非监督聚类方法。从长江三角洲城市的分类模型结果来看，分类结果与实际情况大体一致，结果较为理想。该方法最大的优点是避免了各层次权重带来的主观性。

思　考　题

1. 根据你自己的理解与认识，结合具体实例，请谈一谈地理复杂性与非线性问题。
2. 什么是分形？分形的本质是什么？试举例说明地理学中的分形现象？

3. 常见的分形维数有哪些？它们分别是怎样定义和计算的？
4. 分形理论在非线性地理建模中有哪些应用？试结合自己研究领域的某一个具体问题，做分形建模实例研究。
5. 结合自己的研究领域，你认为小波分析方法可以运用于研究哪些方面的问题？
6. 结合你的研究课题，运用小波变换分析某一个具体地理问题的时–频特性，例如，分析某一地区降水或气温的时空特征，以磁化率数据分析一个地层序列的时–频特性，等等。
7. 结合自己的研究领域，你认为人工神经网络方法可以用于研究哪些方面的问题？
8. 结合自己的研究领域的某一个具体问题，试建立一个人工神经网络模型(根据需要自选网络类型)，并对其进行学习训练和模拟精度分析。

参 考 文 献

艾南山, 李后强. 1993. 从曼德布罗特景观到分形地貌学. 地理学与国土研究, 9(1):13-17

董山, 徐建华, 陈亚宁等. 2009. 塔里木盆地年平均气温的分形特征研究. 干旱区地理, 32(1): 17-22

江田汉, 邓莲堂. 2004. 全球气温变化的多分形谱. 热带气象学报, 20(6): 673-678

李后强, 艾南山. 1992a. 分形地貌学及地貌发育的分形模型. 自然杂志, 15(7): 516-518

李后强, 艾南山. 1992b. 具有黄金分割特征与分形性质的市场网络. 经济地理, 12(4): 1-5

李建平, 唐远炎. 1999. 小波分析方法的应用. 重庆：重庆大学出版社

凌怡莹, 徐建华. 2003a. 基于分形理论和 Kohonen 网络的城镇体系的非线性研究——以长江三角洲地区为例. 地球科学进展, 18(4): 521-526

凌怡莹, 徐建华. 2003b. 基于人工神经网络的长江三角洲地区城市职能分类研究. 规划师, 19(2): 77-83

刘式达, 刘式适. 1993. 分形和分维引论. 北京：气象出版社

时少英, 刘式达, 付遵涛等. 2005. 天气和气候的时间序列特征分析. 地球物理学报, 48(2): 259-264

闻新, 周露, 王丹力等. 2001. MATLAB——神经网络应用设计. 北京：科学出版社

吴简彤, 王建华. 1998. 神经网络技术及其应用. 哈尔滨：哈尔滨工程大学出版社

辛国君. 1997. 气候噪声和气候系统的分维. 应用气象学报, 8(1): 85-91

徐建华. 2006. 计量地理学. 北京：高等教育出版社

徐建华, 艾南山, 金炯等. 2001. 西北干旱区景观要素镶嵌结构的分形研究——以黑河流域为例. 干旱区研究, 18(1): 35-39

徐建华, 艾南山, 金炯等. 2002. 沙漠化的分形研究. 中国沙漠, 22(1): 6-10

徐建华, 陈亚宁, 李卫红等. 2008. 西北干旱区内陆河年径流过程的非线性特征——塔里木盆地三源河的实证分析. 干旱区地理, 31(3): 324-332

徐明, 史玉光, 张家宝等. 1994. 新疆气温长期变化可预报性的初步研究(二)——分维、可预报期限分析. 新疆气象, 17(5): 11-15

仪垂祥. 1995. 非线性科学及其在地学中的应用. 北京：气象出版社

岳文泽, 徐建华, 颉耀文. 2004. 甘肃省城镇体系的分形研究. 地域研究与开发, 23(1): 16-20

周春林, 袁林旺. 1997. 不同时间尺度气候变化的分维研究. 灾害学, 12(2): 6-10

Bishop C M. 1995. Neural Networks for Pattern Recognition. Oxford: Oxford University Press

Bodri L. 1994. Fractal analysis of climatic data: mean annual temperature records in hungary. Theoretical and Applied Climatology, 49:53-57

Bruce L M, Koger C H, Li J. 2002. Dimensionality reduction of hyperspectral data using discrete wavelet transform feature extraction. IEEE Transactions on Geoscience and Remote Sensing, 40 (10): 2331-2338

Chou C M. 2007. Efficient nonlinear modeling of rainfall-runoff process using wavelet compression. Journal of Hydrology, 332:442-455

Farge M. 1992. Wavelet transforms and their applications to turbulence. Annual Review of Fluid Mechanics, 24: 395-457

Grassberger P, Procacia I. 1983. Characterization of strange attractor. Physical Review Letters, 50(5): 346-349

Hagan M T, Demuth H B, Beale M. 1996. Neural Network Design. Boston: PWS Publishing Co, 1-736

Labat D. 2005. Recent advances in wavelet analyses: part 1. a review of concepts. Journal of Hydrology, 314: 275-288

Maier H R, Dandy G C. 1996. The use of artificial neural networks for the prediction of water quality parameters. Water Resources Research, 32(4):1013-1022

Mallat S G. 1989. A theory for multiresolution signal decomposition: the wavelet representation. IEEE Transactions Pattern Analysis and Machine Intelligence, 11(7): 674-693

Mandelbrot B B. 1967. How long is the coast of Britain. Statistical self-similarity and fractional dimension. Science, (165): 636-638

Mandelbrot B B. 1982.The fractal geometry of nature. San Francisco: Freeman

Mayer L. 1992. Fractal characteristics of desert storm sequences and implications for geomorphic studies. Geomorphology, 5(1-2):167-183

McCulloch W, Pitts W. 1943. A logical calculus of the ideas immanent in nervous activity. Bulletin of Mathematical Biophysics, 7:115-133

Patterson D W. 1996.Artificial Neural Networks: Theory and Applications. New York: Prentice Hall

Robert A, Roy A. 1990. On the fractal interpretation of the mainstream length-drainage area relationship. Water Resources Research, 26(5):839-842

Smith L C, Turcotte D L, Isacks B L. 1998. Streamflow characterization and feature detection using a discrete wavelet transform. Hydrological Processes, 12: 233-249

Torrence C, Compo G P. 1998. A practical guide to wavelet analysis. Bulletin of the American Meteorological Society, 79(1): 61-78

Turcotte D L. 1992. Fractals and Chaos in Geology and Geo-Physics. New York: Cambridge University Press. 95-102

Wang Z Y, Xu J H, Lu F, et al. 2009. Using the method combining PCA with BP neural network to predict water demand for urban development. 2009 Fifth International Conference on Natural Computation. ICNC 2009. 621-625. DOI: 10.1109/ICNC. 212

White H. 1992.Artificial Neural Networks: Approximation and Learning Theory. Cambridge: Blackwell Publishers, Inc, 1-320

Xu J H, Chen Y N, Li W H, et al. 2008a. Long-term trend and fractal of annual runoff process in mainstream of Tarim River. Chinese Geographical Science, 18(1): 77-84

Xu J H, Chen Y N, Ji M H, et al. 2008b. Climate change and its effects on runoff of Kaidu River, Xinjiang, China: a multiple time-scale analysis. Chinese Geographical Science, 18(4): 331-339

Xu J H, Chen Y N, Li W H, et al. 2009a. Wavelet analysis and nonparametric test for climate change in Tarim River Basin of Xinjiang during 1959~2006. Chinese Geographical Science, 19(4): 306-313

Xu J H, Chen Y N, Li W H, et al. 2009b. The complex nonlinear systems with fractal as well as chaotic dynamics of annual runoff processes in the three headwaters of the Tarim River. Journal of Geographical Sciences, 19(1): 25-35

Xu J H, Li W H, Ji M H, et al. 2010a. A comprehensive approach to characterization of the nonlinearity of runoff in the headwaters of the Tarim River, Western China. Hydrological Processes, 24(2): 136-146

Xu J H, Li W H, Lu F, et al. 2010b. Thenonlinear trend of runoff andits response to climate change in the Aksu River, western China. International Journal of Climatology, Published Online: Mar 4 2010. http://onlinelibrary.wiley.com/doi/10. 1002/joc. 2110/pdf

第 9 章　地理建模分析中常用的软件

基于任何理论和方法建立的地理模型，都需要转化成具体的方程、参数，才能描述和解决具体的地理。由于地理问题的复杂性，几乎所有的体现地理模型的具体方程和参数，必须依靠计算机进行求解和计算才能完成。因此计算分析软件必不可少。本章主要介绍地理建模分析中常用的几种计算机软件。

9.1　SPSS 及相关软件在地理建模中的应用

SPSS 是英文 statistical package for the social science(社会科学统计软件包)的缩写。它是于 20 世纪 60 年代末，由美国斯坦福大学的三位研究生研制开发的最早的统计分析软件。现已推广到多种操作系统的计算机上，它和 SAS、BMDP 并称为国际上最有影响的三大统计软件。到目前为止，被广泛的版本是 SPSS for Windows，该版本由于其具有界面友好、操作简单、功能强大等特点，已经在我国社会和自然科学的各个领域发挥着巨大的作用。

SPSS 的基本功能包括数据管理、统计分析、图表分析、输出管理等。SPSS 统计分析过程包括描述性统计、均值比较、一般线性模型、相关分析、回归分析、对数线性模型、聚类分析、数据简化、生存分析、时间序列分析、多重响应等几大类，每类中又分好几个统计过程，比如回归分析中又分线性回归分析、曲线估计、Logistic 回归、Probit 回归、加权估计、两阶段最小二乘法、非线性回归等多个统计过程，而且每个过程中又允许用户选择不同的方法及参数。SPSS 也有专门的绘图系统，可以根据数据绘制各种图形(米红等，2000；苏金明等，2002；高祥宝，2007)。

在地理建模过程中，我们经常要通过对研究对象所需的数据进行统计分析，从而得出该系统的模型，并以此预测或预报实际系统某些状态的未来发展趋势或对系统实行最优控制等。而 SPSS 软件具有强大的统计分析功能。因此，本节将介绍 SPSS 软件(SPSS 13.0 for Windows)在地理建模方面的主要应用。

9.1.1　回归分析

SPSS 软件【Regression】菜单可用来确定最合适的回归模型。其中，【Linear…】(仅适用线性回归)和【Curve Estimation…】(仅适用于一元回归)菜单可以用来确定一元线性回归模型、多元线性回归模型、曲线回归模型(二次函数模型、混合函数模型、生长函数模型、对数函数模型、三次函数模型、S 形曲线模型、指数函数模型、逆函数模型、幂函数模型和逻辑函数模型)；【Binary Logistic…】和【Multinomial Logistic…】菜单可用来确定 Logistic 回归模型；【Nonlinear…】菜单可用于确定最佳的非线性回归模型(Density 模型、Gauss 模型、Peal-Reed 模型等)；【Weight Estimation…】、【2-Stage Least Squares…】、

【Optimal Scaling】菜单分别可以用来确定加权估计回归模型、二阶最小平方回归模型、绝对回归模型。下面将举例介绍 SPSS 软件在回归分析方面的应用。

1. 一元线性回归分析

若单个解释变量和被解释变量之间具有显著的相关性(相关性分析、散点图分析等)，那么可以选用一元线性回归模型(徐建华，2002)。

例 9.1 如表 9.1，把降水量(p)看作因变量，把纬度(y)看作自变量，利用 SPSS 软件试着建立一元线性回归模型。

表 9.1 甘肃省各气象台站纬度、海拔及降水量(多年平均值)

台站	安西	白银	定西	古浪	和政	徽县	会宁	靖远	酒泉
年降水量 *P*/mm	48.25	193.72	413.94	358.60	615.04	752.42	435.43	238.55	87.85
纬度坐标 *y*/°N	40.50	36.60	35.53	37.48	35.43	33.82	35.63	36.57	39.77
海拔 *a*/m	1170.80	1707.20	1908.80	2072.40	2136.40	930.80	2025.10	1397.80	1477.20

台站	兰州	礼县	临洮	临夏	玛曲	岷县	秦安	天水	天祝松山
年降水量 *P*/mm	316.00	503.73	554.04	502.07	611.78	603.66	501.67	540.16	264.15
纬度坐标 *y*/°N	36.05	34.20	35.38	35.62	34.00	34.38	34.73	34.58	37.20
海拔 *a*/m	1517.20	1410.00	1886.60	1917.00	3471.40	2314.60	1250.00	1131.70	2726.70

台站	通渭	通渭华家岭	武山	榆中	成县	陇南台	马鬃山	肃北野马街	敦煌
年降水量 *P*/mm	427.11	513.09	478.21	395.25	650.14	480.24	85.79	144.38	39.17
纬度坐标 *y*/°N	35.12	35.42	34.73	35.85	33.75	33.40	41.80	41.58	40.15
海拔 *a*/m	1765.00	2450.00	1495.00	1873.70	970.00	1079.00	1770.00	2159.00	1138.70

台站	玉门玉门镇	梧桐沟	金塔	鼎新	高台	肃南	临泽	张掖	山丹
年降水量 *P*/mm	65.32	71.88	58.57	54.33	106.33	257.21	114.53	127.49	194.90
纬度坐标 *y*/°N	40.26	40.72	40.00	40.30	39.37	38.83	39.15	38.93	38.78
海拔 *a*/m	1526.00	1591.00	1270.20	1177.40	1332.20	2311.80	1453.70	1482.70	1764.60

台站	民乐	民勤	永昌	武威	乌鞘岭	环县	庆阳西峰镇	平凉	灵台
年降水量 *P*/mm	331.09	110.57	194.42	163.89	389.90	541.50	573.03	521.31	645.21
纬度坐标 *y*/°N	38.45	38.63	38.23	37.92	37.20	36.58	35.73	35.73	35.15
海拔 *a*/m	2271.00	1367.00	1976.10	1530.80	3045.10	1255.60	1421.90	1346.60	1360.00

台站	静宁	文县	宕昌	临潭	甘南台	碌曲郎木寺	宁县	合水太白	
年降水量 *P*/mm	466.28	558.83	621.02	515.02	545.72	786.75	584.89	574.00	
纬度坐标 *y*/°N	35.52	32.95	34.03	34.70	35.00	34.21	35.43	36.14	
海拔 *a*/m	1650.00	1014.30	1753.20	2810.20	2915.70	3362.70	1221.20	1111.70	

数据来源：徐建华，2002

将表 9.1 的数据导入到数据窗口中，并定义各变量的数据类型：

在菜单中选择【Analyze】→【Regression】→【Liner...】，系统弹出线性回归对话框(图 9.1)，对话框中各选项意义如下：

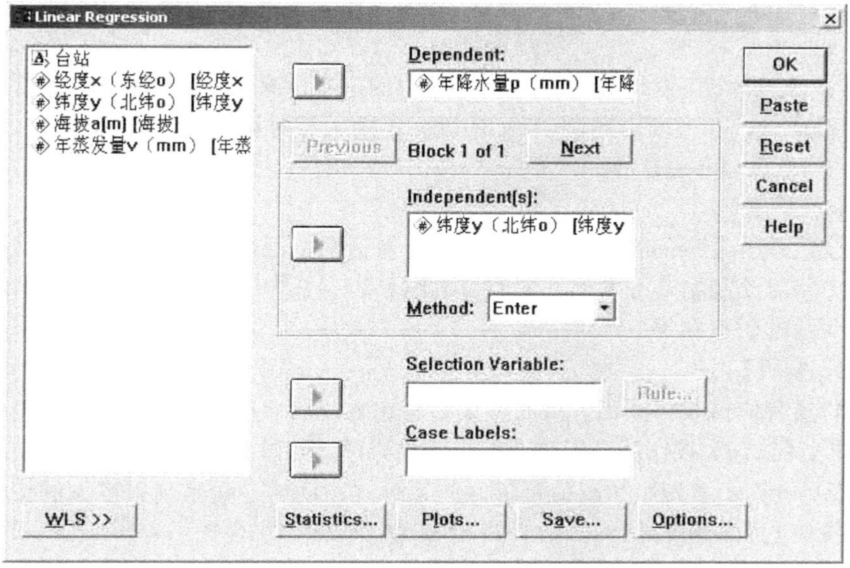

图 9.1　SPSS 线性回归分析对话框

【Dependent 框】

用于选入回归分析的因变量。本例中选择年降水量。

【Block 按钮组】

由 Previous 和 Next 两个按钮组成，用于将下面 Independent 框中选入的自变量分组。由于多元回归分析中自变量的选入方式有前进、后退、逐步等方法，如果对不同的自变量选入的方法不同，则用该按钮组将自变量分组选入即可。

【Independent 框】

用于选入回归分析的自变量。进行一元回归时，在该列表框中输入一个变量名；进行多元回归时，在该列表框中输入多个变量名。本例中选择纬度。

【Method 下拉列表】

用于选择对自变量的选入方法，有 Enter(强行进入法)、Stepwise(逐步法)、Remove(强制剔除法)、Backward(向后法)、Forward(向前法)五种。该选项对当前 Independent 框中的所有变量均有效。

【Selection Variable 框】

选入一个筛选变量，并利用右侧的 Rules 按钮建立一个选择条件，这样，只有满足该条件的记录才会进入回归分析。

【Case Labels 框】

选择一个变量，其取值将作为每条记录的标签。最典型的情况是使用记录 ID 号的变量。

【WLS>>按钮】

可利用该按钮进行加权最小二乘法的回归分析。单击该按钮会扩展当前对话框，出现 WLS Weight 框，在该框内选入权重变量即可。

【Statistics 按钮】

弹出 Statistics 对话框，用于选择所需要的描述统计量。例如，回归系数的输出情况(回归系数 B 及其标准误差，t 值和 p 值)、模型的拟合情况(R^2 值)、共线性诊断的统计量(容限度 Tolerance 和方差膨胀因子 VIF)等。本例中该对话框使用默认设置，即只选中 Estimates 和 Model Fit 复选框。

【Plot 按钮】

点击按钮弹出【Linear Regression: Plots】对话框，用于选择需要绘制的回归分析诊断或预测图。可绘制的有标准化残差的直方图和正态分布图，应变量、预测值和各自变量残差间两两的散点图等。

【Save 按钮】

许多时候我们需要将回归分析的结果存储起来，然后用得到的残差、预测值等作进一步的分析，【Save】按钮就是用来存储中间结果的。可以存储的有预测值系列、残差系列、距离(Distances)系列、预测值可信区间系列、波动统计量系列。下方的按钮可以让我们选择将这些新变量存储到一个新的 SPSS 数据文件或 XML 中。

【Options 钮】

设置回归分析的一些选项。

将以上选项设置好以后，单击【OK】，即可得到运算结果。输出结果解释如下：

(1) 系统输出的变量进入/退出表“Variables Entered/Removed”(表 9.2)，表明拟合过程中变量进入/退出模型的情况记录，由于只引入了一个自变量，所以只出现了一个模型 1(在多元回归中就会依次出现多个回归模型)，该模型中纬度为进入的变量，没有移出变量，具体的进入/退出方法为 Enter。

表 9.2　变量进入/退出表

Model	Variables Entered	Variables Removed	Method
1	纬度坐标 y		Enter

(2) 系统输出的模型综述表“Model Summary”(表 9.3)，表明模型的拟合效果，显示在模型 1 中相关系数 R 为 0.903，而决定系数 R^2 为 0.816，校正的决定系数为 0.813。另一方面，在建立回归模型的过程中，需要检验回归模型的精确度，一般可以通过 F 检验和 t 检验来验证模型结果。在 SPSS 进行回归分析的过程中，在输出参数的同时，即可直接得到检验值。

表 9.3　模型综述表

模型	R	R^2	R^2	标准差估计
1	.903	.816	.813	93.01545

(3) 系统输出的方差分析表“ANOVA”(表 9.4)，是对回归模型进行检验的结果，是一个标准方差分析表。由此可见所用回归模型 F 值为 226.529，p 值为 0.000，因此所用的这个回归模型具有统计学意义，可以继续分析各个系数的检验结果。

表 9.4　方差分析表

模型		平方和	自由度	均方差	F	显著度 Sig.
1	Regression	1 959 897.593	1	1959897.593	226.529	.000[a]
	Residual	441 245.596	51	8651.874		
	Total	2 401 143.189	52			

(4) 系统输出的系数表“Coefficients”(表 9.5)给出了对各个系数的检验结果(t 检验)，由于是一元回归模型，因此对系数的检验只包含对常数项的检验与自变量系数的检验。

表 9.5　一元线性回归分析系数表

模型	非标准系数		标准化系数	t 统计量	显著度 Sig.
	系数 B	标准误差 S.E.	系数 Beta		
1 (Constant)	3395.417	201.020		16.891	.000
纬度坐标 y	−82.182	5.460	−.903	−15.051	.000

(5) 由以上分析可以得到年降水量与纬度之间的相关性回归模型：

$$\hat{p} = 3395.417 - 82.182y$$

2. 多元线性回归分析

若多个解释变量均与被解释变量具有较显著的相关性，而且各个解释变量之间相关性不明显，则可以选用多元线性回归模型(徐建华，2002)。

例 9.2　如表 9.1 所示，把降水量(p)看作因变量，把纬度(y)和海拔(a)看作自变量，利用 SPSS 软件试着建立二元线性回归模型。

与例 9.1 的操作步骤基本一致，只需在打开的线性回归对话框(图 9.1)中的【Independent 框】中同时选入纬度(y)和海拔(a)两个变量，并选中【Collinearity Diagnostics 复选框】(对于多元回归模型需要检查模型的共线性)，其他设置保持不变。

结果解释：由系统输出的系数表“Coefficients”(表 9.6)不同于例 9.1，给出了模型的共线性统计诊断(如果容限度小于 0.1，而方差扩大因子大于 10，则说明建立的模型存在多重共线性，该模型不合适)。本例中 Tolerance(容限度)远远大于 0.1，而 VIF(方差扩大因子)远小于 10，则本模型不存在多重共线性。因此可以得到年降水量与纬度和海拔之间的回归模型为

$$\hat{p} = 3294.929 - 81.168y + 0.036a$$

表 9.6　多元线性回归分析系数表

项目		非标准系数		标准化系数	t 统计量	显著度 Sig.	共线性诊断统计	
		系数 *B*	标准误差 S.E.	系数 Beta			容限度	方差扩大因子
1	(Constant)	3294.929	205.529		16.031	.000		
	纬度坐标 *y*	−81.168	5.388	−.892	−15.065	.000	.988	1.012
	海拔 *a*	.036	.021	.103	1.733	.089	.988	1.012

3. 逐步回归分析

若已确定的回归模型存在多重共线性问题，则可以使用逐步回归模型来消除多重共线性(苏金明等，2002)。

例 9.3　表 9.7 是多个样本的因变量 y 和自变量 $x1$~$x4$ 的数据，利用 SPSS 软件试着建立逐步回归模型。

表 9.7　数据表

y	79.3	200.1	163.1	200.1	146.0	177.7	30.9	291.9	160.0	339.4
*x*1	5.5	2.5	8.0	3.0	3.0	2.9	8.0	9.0	4.0	6.5
*x*2	31.0	55.0	67.0	50.0	38.0	71.0	30.0	56.0	42.0	73.0
*x*3	10.0	8.0	12.0	7.0	8.0	12.0	12.0	5.0	8.0	5.0
*x*4	8.0	6.0	9.0	16.0	15.0	17.0	8.0	10.0	4.0	16.0
y	159.6	86.3	237.5	107.2	155.0	201.4	100.2	135.8	223.3	195.0
*x*1	5.5	5.0	6.0	5.0	3.5	8.0	6.0	4.0	7.5	7.0
*x*2	60.0	44.0	50.0	39.0	55.0	70.0	40.0	50.0	62.0	59.0
*x*3	11.0	12.0	6.0	10.0	10.0	6.0	11.0	11.0	9.0	9.0
*x*4	7.0	12.0	6.0	4.0	4.0	14.0	6.0	8.0	13.0	11.0

数据来源：徐建华，2002

与例 9.2 中的操作步骤基本一致，在打开的线性回归对话框(图 9.1)中的【Dependent 框】中选入 y 变量，在【Independent 框】中同时选入 $x1$、$x2$、$x3$、$x4$ 四个变量，并在【Method】下拉列表框中选择 Stepwise 选项即可，这样就可以得到逐步回归模型。

结果解释：系统输出的剔除变量表“Excluded Variables”(表 9.8)表明了模型建立过程中被剔除的变量。本例中产生了两个模型：第一个模型中，$x1$、$x2$、$x4$ 变量被剔除；第二个模型中，$x1$、$x4$ 变量被剔除。但是由模型综述表“Model Summary”(表 9.9)中两个模型的决定系数 R^2 可以看出，第二个模型更为合适，因此由系数表“Coefficients”(表 9.10)可以得到回归模型为

$$\hat{y} = 186.109 + 3.090x2 - 19.518x3$$

表 9.8　剔除变量表

模型		系数 Beta	t 统计量	显著度 Sig.	偏相关系数	共线性诊断统计		
						容限度	方差扩大因子	最小容限度
1	$x1$	.062	.409	.688	.099	.977	1.024	.977
	$x2$	.553	7.049	.000	.863	.931	1.074	.931
	$x4$	.211	1.455	.164	.333	.948	1.055	.948
2	$x1$	–.019	–.244	.811	–.061	.955	1.047	.910
	$x4$	–.025	–.281	.783	–.070	.779	1.284	.765

表 9.9　模型综述表

模型	R	R^2	R^2	标准差估计
1	.786	.617	.596	46.1175
2	.950	.902	.891	23.9606

表 9.10　逐步回归分析系数表

模型		非标准化系数		标准化系数	t 统计量	显著度 Sig.	共线性诊断统计	
		系数 B	标准误差 S.E.	系数 Beta			容限度	方差扩大因子
1	(Constant)	387.323	41.715		9.285	.000		
	$x3$	–23.938	4.442	–.786	–5.389	.000	1.000	1.000
2	(Constant)	186.109	35.842		5.193	.000		
	$x3$	–19.518	2.391	–.641	–8.161	.000	.931	1.074
	$x2$	3.090	.438	.553	7.049	.000	.931	1.074

4. 非线性回归分析

若解释变量与被解释变量不存在明显的线性相关性，则可根据散点图的分布特点来选择合适的非线性回归模型或曲线回归模型。

例 9.4　表 9.11 给出了某地区 1971~2000 年的人口数据，试对该地区的人口变化进行曲线拟合(Logistic 曲线模型)。

表 9.11　某地区 1971~2000 年的人口数据

年份	1971	1972	1973	1974	1975	1976	1977	1978	1979	1980
时间 x	1	2	3	4	5	6	7	8	9	10
人口 y/人	33 815	33 981	34 004	34 165	34 212	34 327	34 344	34 458	34 498	34 476
年份	1981	1982	1983	1984	1985	1986	1987	1988	1989	1990
时间 x	11	12	13	14	15	16	17	18	19	20
人口 y/人	34 483	34 488	34 513	34 497	34 511	34 520	34 507	34 509	34 521	34 513
年份	1991	1992	1993	1994	1995	1996	1997	1998	1999	2000
时间 x	21	22	23	24	25	26	27	28	29	30
人口 y/人	34 515	34 517	34 519	34 519	34 521	34 521	34 523	34 525	34 525	34 527

数据来源：徐建华，2002

将表 9.11 的数据导入到数据窗口中，并定义各变量的数据类型。

(1) 绘制散点图：点击【Graphs】菜单下的【Scatter…】菜单，选择【Simple】后单击【Define】，在弹出的【Simple Scatterplot】对话框中把人口和年份分别选入【Y Axis 框】和【X Axis 框】中，单击【OK】生产散点图，由图形可知，人口随时间的变化呈非线性过程，而且存在一个与横坐标轴平行的渐近线，故可以用 Logistic 曲线模型(与【Curve Estimation…】菜单中的略有不同)进行拟合：

$$y=\frac{1}{a+b\mathrm{e}^{-t}}$$

(2) 在菜单中选择【Transform】→【Compute...】，系统弹出【Compute Variable】对话框(图 9.2)，根据如下公式进行设置，从而分别获得新的因变量"*yy*"和自变量"*xx*"。对话框中各选项意义如下：

$$yy=\frac{1}{y}, xx=\mathrm{e}^{-t}$$

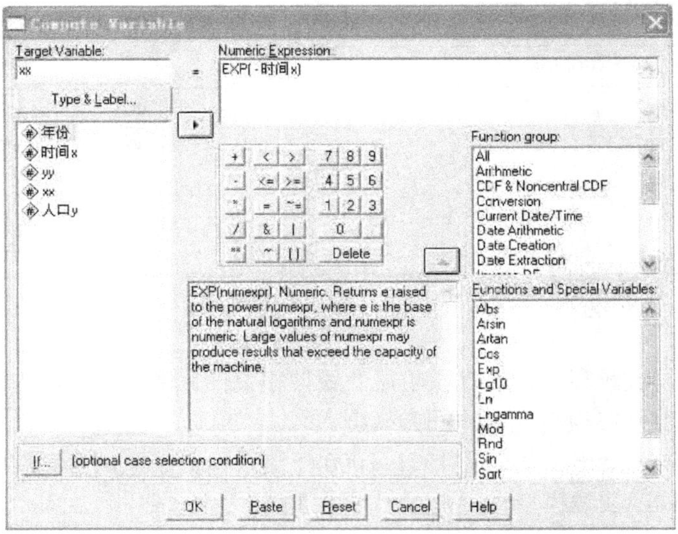

图 9.2　变量计算

【Target Variable 框】

用于输入新生成变量的名称。本例中输入"yy"或"xx"。

【Numeric Expression 框】

用于输入生成新变量的数学表达式。可同时借助于变量框区、数学符合区以及函数区来帮助输入。本例中输入"1/(人口 y)"或"EXP(-时间 x)"。

单击【OK】即可生成新的变量 xx 和 yy。

(3) 建立线性回归模型，同例 9.1 中的方法建立 yy 和 xx 之间的线性回归模型如下：

$$\hat{yy}=2.90\times10^{-5}+1.82\times10^{-6}xx$$

(4) 还原曲线模型，即

$$\hat{y}=\frac{1}{2.90\times10^{-5}+1.82\times10^{-6}e^{-t}}$$

也可以通过选择菜单【Analyze】→【Regression】→【Nonlinear…】来建立【Curvre Estimation…】未提供的非线性模型。但这种方法需要用户对模型参数的初始值进行估计，以此作为迭代运算的起始值，而初始值设置的合理与否将直接影响到系统的运算速度以及运行的可行性。所以，建议使用前一种方法。

5. 其他回归模型

以上介绍了几种常见的回归模型在 SPSS 软件中的具体操作方法，而该软件中还可以用于建立以下几种模型，读者可以尝试使用。

(1) 若解释变量含有一个或多个定性变量，被解释变量必须是定量变量，则同样可使用线性回归菜单确定含有虚拟变量的回归模型。

(2) 若被解释变量是分类变量，解释变量可以是定性变量，也可以是定量变量，则可以选用二项 Logistic 回归模型(两类、无序分类变量)、多项 Logistic 回归模型(两个以上类型、无序分类变量)、序数回归模型(有序分类变量)、最优尺度回归模型(各种类型的分类变量)。

(3) 若要研究在一个或多个要素的刺激下，发生某种情况的概率，可以选择概率模型和 Logistic 模型(苏金明等，2002)。

(4) 若所研究的系统解释变量的方差在分析过程中不是固定不变的，则可选择加权估计(weight estimation)回归模型。

9.1.2 因子分析

因子分析，主要用于地理数据的降维处理及地理要素的因素分析与综合评价研究。

例 9.5　表 9.12 为某地区农业生态经济系统各区域单元相关指标数据，利用 SPSS 对其进行主成分分析。

表 9.12　某农业生态经济系统各区域单元的有关数据

样本序号	人口密度 x_1/(人/km^2)	人均耕地面积 x_2/hm^2	森林覆盖率 x_3/%	农民人均纯收入 x_4/元	人均粮食产量 x_5/kg	经济作物占农作物播种面积比例 x_6/%	耕地占土地面积比例 x_7/%	果园与林地面积之比 x_8/%	灌溉田占耕地面积比例 x_9/%
1	363.912	0.352	16.101	192.11	295.34	26.724	18.492	2.231	6.262
2	141.503	1.684	24.301	1 752.35	452.26	32.314	14.464	1.455	7.066
3	100.695	1.067	65.601	1 181.54	270.12	18.266	0.162	7.474	12.489
4	143.739	1.336	33.205	1 436.12	354.26	17.486	11.805	1.892	17.534
5	131.412	1.623	16.607	1 405.09	586.59	40.683	14.401	0.303	22.932
6	68.337	2.032	76.204	1 540.29	216.39	8.128	4.065	0.011	4.861
7	95.416	0.801	71.106	926.35	291.52	8.135	4.063	0.012	4.862

续表

样本序号	人口密度 x_1/(人/km^2)	人均耕地面积 x_2/hm^2	森林覆盖率 x_3/%	农民人均纯收入 x_4/元	人均粮食产量 x_5/kg	经济作物占农作物播种面积比例 x_6/%	耕地占土地面积比例 x_7/%	果园与林地面积之比 x_8/%	灌溉田占耕地面积比例 x_9/%
8	62.901	1.652	73.307	1 501.24	225.25	18.352	2.645	0.034	3.201
9	86.624	0.841	68.904	897.36	196.37	16.861	5.176	0.055	6.167
10	91.394	0.812	66.502	911.24	226.51	18.279	5.643	0.076	4.477
11	76.912	0.858	50.302	103.52	217.09	19.793	4.881	0.001	6.165
12	51.274	1.041	64.609	968.33	181.38	4.005	4.066	0.015	5.402
13	68.831	0.836	62.804	957.14	194.04	9.11	4.484	0.002	5.79
14	77.301	0.623	60.102	824.37	188.09	19.409	5.721	5.055	8.413
15	76.948	1.022	68.001	1 255.42	211.55	11.102	3.133	0.01	3.425
16	99.265	0.654	60.702	1 251.03	220.91	4.383	4.615	0.011	5.593
17	118.505	0.661	63.304	1 246.47	242.16	10.706	6.053	0.154	8.701
18	141.473	0.737	54.206	814.21	193.46	11.419	6.442	0.012	12.945
19	137.761	0.598	55.901	1 124.05	228.44	9.521	7.881	0.069	12.654
20	117.612	1.245	54.503	805.67	175.23	18.106	5.789	0.048	8.461
21	122.781	0.731	49.102	1 313.11	236.29	26.724	7.162	0.092	10.078

数据来源：徐建华，2002

将表 9.12 的数据导入到数据窗口中，先定义各变量的数据类型。

在菜单中选择【Analyze】→【Classify】→【Factor...】，系统弹出【Factor Analysis】对话框(图 9.3)，对话框中各选项意义如下：

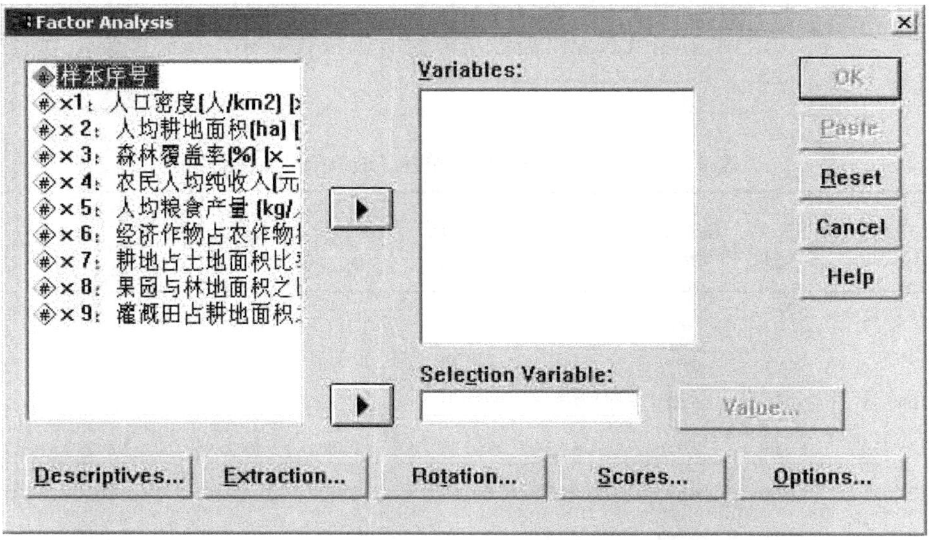

图 9.3　因子分析对话框

【Variables 框】

用于选入系统因子分析的变量。本例中选择变量 $x1 \sim x9$。

【Selection Variable 框】

用于输入用于限制对含有指定值的个案集合进行分析的变量。本例中该项置空。

【Statistics 按钮】

单击该按钮弹出【Factor Analysis ：Descriptives】对话框，用于选择所需要的描述统计量(如单变量描述统计量“Univariate descriptive”、因子提取前后的共同度、因子特征值及其方差贡献“Intial solution”)和与相关矩阵有关的统计量(如相关系数矩阵“Coefficients”、KMO 检验和 Bartlett 球度检验“KMO and Barlett's test of Spherieity”等)。本例中该对话框选中“Intial solution”、“Coefficients”、“KMO and Barlett's test of Spherieity”。

【Extraction 按钮】

单击该按钮弹出【Factor Analysis:Extraction】对话框，用于因子提取方面的设置。系统提供了 7 种因子提取方法：主成分分析法“Principal components”、未加权最小平方法“Unweighted least squares”、综合最小平方法“Generalized least squares”、极大似然估计法“Maximum likelihood”、主轴因子法“Principal axis factoring”、α 因子法“Alpha factoring”和影响因子法“Image factoring”。本例选用主成分分析法。

【Rotation 按钮】

单击该按钮弹出【Factor Analysis:Rotation】对话框，用于因子旋转方面的设置。系统有 5 种因子旋转方法可选：不作因子旋转“None”、正交旋转“Varimax”、全体旋转“Equamax”、四分旋转“Quartimax”和斜交旋转“Direct Oblimin”。旋转的目的是为了获得简单结构，以帮助我们解释因子。本例选正交旋转法。

【Scores 按钮】

单击该按钮弹出【Factor Analysis: Scores】对话框，用于因子得分方面的设置。系统提供 3 种估计因子得分系数的方法：回归分析法、Bartlett 法、Anderson-Robin 法，本例选回归分析法。

【Options 按钮】

单击该按钮弹出【Factor Analysis: Options】对话框，用于缺失值的处理方式和系数显示格式方面的设置。本例中该对话框使用默认设置。

将以上选项设置好以后，单击【OK】，即可得到运算结果。输出结果解释如下。

1) 确定模型

通过对系统输出的相关系数矩阵“Correlation Matrix”(表 9.13)及 KMO 和 Bartlett 检验表“KMO and Bartlett's Test”(表 9.14)确定使用因子模型的可行性：相关系数矩阵可以用来确定各因素之间是否存在较强的相关性——因子之间相关系数越接近于 1，越需要对因子进行缩减；KMO 可以度量取样足够性——KMO 值越接近于 1，所取样品数就越合适；Bartlett 可用于检验相关矩阵是否为一个单位矩阵——若为单位矩阵，则认为模型不合适。本例中，经分析表明：KMO 值=0.759，接近于 1，即取样足够；Bartlett 值=159.767，$P<0.0001$，即相关矩阵不是一个单位矩阵，故可以进

行因子分析。

表 9.13 相关系数矩阵

	x1	x2	x3	x4	x5	x6	x7	x8	x9
x1	1.000	−.327	−.714	−.336	.309	.408	.790	.156	.744
x2	−.327	1.000	−.035	.644	.420	.255	.009	−.078	.094
x3	−.714	−.035	1.000	.070	−.740	−.755	−.930	−.109	−.924
x4	−.336	.644	.070	1.000	.383	.069	−.046	−.031	.073
x5	.309	.420	−.740	.383	1.000	.734	.672	.098	.747
x6	.408	.255	−.755	.069	.734	1.000	.658	.222	.707
x7	.790	.009	−.930	−.046	.672	.658	1.000	−.030	.890
x8	.156	−.078	−.109	−0.31	.098	.222	−.030	1.000	.290
x9	.744	.094	−.924	.073	.747	.707	.890	.290	1.000

表 9.14 KMO 和 Barlett 检验

KMO 取样足够性度量		.759
Bartlett 球度检验	卡方值	159.767
	自由度	36
	显著性概率	.000

2) 主成分分析

系统输出共同度表“Communalities”(表 9.15)、总方差解释表“Total Variance Explained”(表 9.16)、主成分载荷矩阵“Component Matrix”(表 9.17)、旋转后的主成分载荷矩阵“Rotated Component Matrix”(表 9.18)以供我们进行因子分析。其中，共同度表给出了全部主成分对各因子变量的方差贡献，可用于衡量主成分的相对重要性；总方差解释表给出了各主成分的特征值及贡献率，可作为主成分提取的依据(默认设置下，系统按照主成分特征值大于 1 来进行提取)；因子载荷矩阵给出了各因子变量在主成分上的载荷值，可以用于分析各因子变量与主成分之间的关系——载荷绝对值越大，两者之间的关系越近；而旋转后的因子载荷矩阵则使因子变量更具有解释性。本例中，由共同度表可以看出，提取因子后，主成分对于所有因子变量的共同度都较大，为 0.718~0.990；由主成分载荷矩阵可以看出，x3 在第一主成分上的载荷值为−0.964，在第二主成分上的载荷值为 0.096，可见其与第一主成分更近，与第二主成分则较远；由旋转后的主成分载荷矩阵可以看出，第一主成分替代了 x1、x3、x7、x9 的作用，第二主成分替代了 x2、x4 的作用，第三主成分替代了 x8 的作用。

表 9.15　共同度表

变量	初始共同度	提取因子后的共同度
*x*1：人口密度(人/km^2)	1.000	.832
*x*2：人均耕地面积(hm^2)	1.000	.803
*x*3：森林覆盖率(%)	1.000	.947
*x*4：农民人均纯收入(元)	1.000	.757
*x*5：人均粮食产量(kg)	1.000	.858
*x*6：经济作物占农作物播种面积比例(%)	1.000	.718
*x*7：耕地占土地面积比例(%)	1.000	.952
*x*8：果园与林地面积之比(%)	1.000	.990
*x*9：灌溉田占耕地面积比例(%)	1.000	.938

表 9.16　总方差解释表

主成分	特征值及主成分贡献率			提取的主成分特征值及贡献率			旋转的主成分特征值及贡献率		
	特征值	贡献率/%	累计贡献率/%	特征值	贡献率/%	累计贡献率/%	特征值	贡献率/%	累计贡献率/%
1	4.661	51.790	51.790	4.661	51.790	51.790	4.605	51.172	51.172
2	2.089	23.217	75.007	2.089	23.217	75.007	2.100	23.329	74.500
3	1.043	11.589	86.596	1.043	11.589	86.596	1.089	12.095	86.596
4	.507	5.638	92.234						
5	.315	3.502	95.736						
6	.193	2.140	97.876						
7	.114	1.271	99.147						
8	.045	.504	99.650						
9	.031	.350	100.000						

表 9.17　主成分载荷矩阵

变量	主成分		
	1	2	3
*x*1：人口密度(人/km^2)	.739	–.532	–.061
*x*2：人均耕地面积(hm^2)	.123	.887	–.028
*x*3：森林覆盖率(%)	–.964	.096	.095
*x*4：农民人均纯收入(元)	.042	.868	.037
*x*5：人均粮食产量(kg)	.813	.444	–.011
*x*6：经济作物占农作物播种面积比例(%)	.819	.179	.125
*x*7：耕地占土地面积比例(%)	.933	–.133	–.251
*x*8：果园与林地面积之比(%)	.197	–.100	.970
*x*9：灌溉田占耕地面积比例(%)	.964	–.025	.092

表 9.18　旋转后的主成分载荷矩阵

变量	主成分		
	1	2	3
$x1$：人口密度(人/km^2)	.773	−.483	.044
$x2$：人均耕地面积(hm^2)	.070	.891	−.054
$x3$：森林覆盖率(%)	−.972	.034	−.016
$x4$：农民人均纯收入(元)	−.017	.870	.003
$x5$：人均粮食产量(kg)	.780	.496	.059
$x6$：经济作物占农作物播种面积比例(%)	.787	.238	.206
$x7$：耕地占土地面积比例(%)	.962	−.079	−.141
$x8$：果园与林地面积之比(%)	.093	−.051	.989
$x9$：灌溉田占耕地面积比例(%)	.947	.043	.198

3) 综合得分

最后将第一主成分用变量名 fac1_1、第二主成分用变量名 fac2_1、第三主成分用变量名 fac3_1 存入原数据表中。这些值，既可用于模型诊断，又可用于进一步分析。

9.1.3　聚类分析

聚类分析主要是对地理事物的类型和各种地理区域进行定量划分(徐建华，2002)，如土地类型、地带及自然区和经济区的划分问题等。

例 9.6　表 9.19 是 1999 年中国省(自治区、直辖市)的城市规模结构特征的一些数据，可通过聚类分析将各省区进行分类，具体过程如下。

表 9.19　1999 年中国省(自治区、直辖市)的城市规模结构

地区	首位城市规模/万人	城市首位度	四城市指数	基尼系数	城市规模中位值/万人
京津冀	699.70	1.4371	0.9364	0.7804	10.880
山西	179.46	1.8982	1.0006	0.5870	11.780
内蒙古	111.13	1.4180	0.6772	0.5158	17.775
辽宁	389.60	1.9182	0.8541	0.5762	26.320
吉林	211.34	1.7880	1.0798	0.4569	19.705
黑龙江	259.00	2.3059	0.3417	0.5076	23.480
苏沪	923.19	3.7350	2.0572	0.6208	22.160
浙江	139.29	1.8712	0.8858	0.4536	12.670
安徽	102.78	1.2333	0.5326	0.3798	27.375
福建	108.50	1.7291	0.9325	0.4687	11.120
江西	129.20	3.2454	1.1935	0.4519	17.080

续表

地区	首位城市规模/万人	城市首位度	四城市指数	基尼系数	城市规模中位值/万人
山东	173.35	1.0018	0.4296	0.4503	21.215
河南	151.54	1.4927	0.6775	0.4738	13.940
湖北	434.46	7.1328	2.4413	0.5282	19.190
湖南	139.29	2.3501	0.8360	0.4890	14.250
广东	336.54	3.5407	1.3863	0.4020	22.195
广西	96.12	1.2288	0.6382	0.5000	14.340
海南	45.43	2.1915	0.8648	0.4136	8.730
川渝	365.01	1.6801	1.1486	0.5720	18.615
云南	146.00	6.6333	2.3785	0.5359	12.250
贵州	136.22	2.8279	1.2918	0.5984	10.470
西藏	11.79	4.1514	1.1798	0.6118	7.315
陕西	244.04	5.1194	1.9682	0.6287	17.800
甘肃	145.49	4.7515	1.9366	0.5806	11.650
青海	61.36	8.2695	0.8598	0.8098	7.420
宁夏	47.60	1.5078	0.9587	0.4843	9.730
新疆	128.67	3.8535	1.6216	0.4901	14.470

将表 9.19 的数据导入到数据窗口中，先定义各变量的数据类型。

在菜单中选择【Analyze】→【Classify】→【Hierarchical Cluster...】，系统弹出【Hierarchical Cluster Analysis】对话框(图 9.4)，对话框中各选项意义如下：

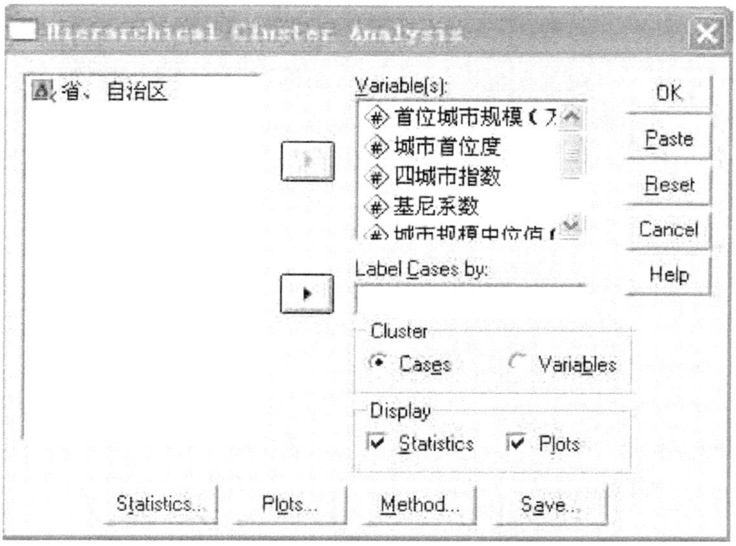

图 9.4　层次聚类分析对话框

【Variable(s)框】

用于选入系统聚类分析的变量。本例中选入各 numberic 型变量。

【Label Cases by 框】

用于输入个案的标注。本例中不输入。

【Cluster 框】

设置系统聚类类型："Cases"单选按钮指对样本聚类(默认选项)；"Variables"单选按钮指对变量聚类。本例中选择默认设置。

【Display 框】

设置分析结果的输出选项："Statistics"复选框表示输出分析得到的统计量(默认选项)；Plots 复选框表示输出分析得到的图形(默认选项)。本例中选择默认设置。

【Statistics 按钮】

单击该按钮弹出【Hierarchical Cluster Analysis：Statistics】对话框，用于选择所需要的描述统计量(聚结表、组间间距矩阵和样本类别表)。本例中该对话框使用默认设置。

【Plots 按钮】

单击该按钮弹出【Hierarchical Cluster Analysis ：Plots】对话框，用于进行有关图形(聚类谱系图和冰柱图)输出的设置。本例中该对话框选中 Dendrogram 复选框和 None 单选框，即只输出聚类谱系图。

【Method 按钮】

单击该按钮弹出【Hierarchical Cluster Analysis ：Method】对话框，用于进行聚类过程中采用的具体方法(如组间联结法"Between-groups linkage"、组内联结法"Within-groups linkage"、最短距离法"Nearest neighbor"、最长距离法"Furthest neighbor"、重心法"Centroid clustering"、中间距离法"Median clustering"、离差平方和法"Ward's method")，距离和相似系数的计算方法(如欧氏距离"Euclidean distance"、欧氏距离的平方"Squared Euclidean distance"、夹角余弦"Cosine"、相关系数"Pearson correlation"、切比雪夫距离"Chebychev"、布洛克距离或马氏距离"Block"、明可斯基距离"Minkowski"、自定义距离"Customized")以及数据标准化的方法(如标准差标准化"Z Scores"、极差的标准化"Range 0 to 1"、极大值标准化"Maximum magnitude of 1"等)的设置。本例中选择最短距离法进行聚类，欧式距离进行距离的计算，数据标准化方法采用标准差标准化方法。

【Save 按钮】

单击该按钮弹出【Hierarchical Cluster Analysis：Save New Variables】对话框，利用该对话框，设置新变量的保存。本例选中"Single solution"，并设置"Number of clusters"为 3，即保存样本分为三类时样本的类别变量。

将以上选项设置好以后，单击【OK】，即可得到运算结果。输出结果解释如下：

(1) 系统首先输出样本处理综述表(表 9.20)，表中给出了有效个案(Valid)、缺失样本(Missing)和样本总数(Total)的个数和百分数。

表 9.20　样本处理综述表

Cases					
Valid		Missing		Total	
N	Percent	N	Percent	N	Percent
27	100.0%	0	.0%	27	100.0%

(2) 系统输出的聚结表(表 9.21)给出了聚类的整个过程。其中，“Stage”列表示聚类的步骤号；“Cluster Combined”列表示在某步中合并的样本；“Coefficents”列表示在某步中的最小距离；“Stage Cluster First Appears”列表示在某步中参与合并的两项中的新生类第一次出现的步骤，非新生类均为 0；“Next Stage”列表示在某步中生成的新类将在第几步与其他样本或新类合并。在本例中，在第 3 步时，第 8 类和第 26 个样本合并为新类，其最小距离为 0.435，且第 8 类为在第 1 步由第 8 个样本和第 10 个样本合并而成。

表 9.21　聚结表

Stage	Cluster Combined		Coefficients	Stage Cluster First Appears		Next Stage
	Cluster1	Cluster2		Cluster1	Cluster2	
1	8	10	.364	0	0	3
2	13	17	.411	0	0	4
3	8	26	.435	1	0	4
4	8	13	.515	3	2	5
5	8	15	.517	4	0	6
6	3	8	.644	0	5	8
7	2	21	.776	0	0	14
8	3	18	.799	6	0	10
9	5	11	.992	0	0	10
10	3	5	.996	8	9	11
11	3	27	1.009	10	0	12
12	3	12	1.055	11	0	13
13	3	6	1.062	12	0	15
14	2	22	1.099	7	0	15
15	2	3	1.137	14	13	16
16	2	24	1.251	15	0	17
17	2	23	1.298	16	0	18
18	2	20	1.320	17	0	19
19	2	9	1.356	18	0	20
20	2	19	1.379	19	0	21

续表

Stage	Cluster Combined		Coefficients	Stage Cluster First Appears		Next Stage
	Cluster1	Cluster2		Cluster1	Cluster2	
21	2	16	1.402	20	0	22
22	2	4	1.403	21	0	23
23	2	14	1.900	22	0	24
24	2	25	2.939	23	0	25
25	1	2	2.988	0	24	26
26	1	7	3.224	25	0	0

(3) 系统输出的聚类谱系图给出了聚类较为直观的表达，而在数据视图表中，样本的类别也以变量 CLU3_1 保存在该表中。

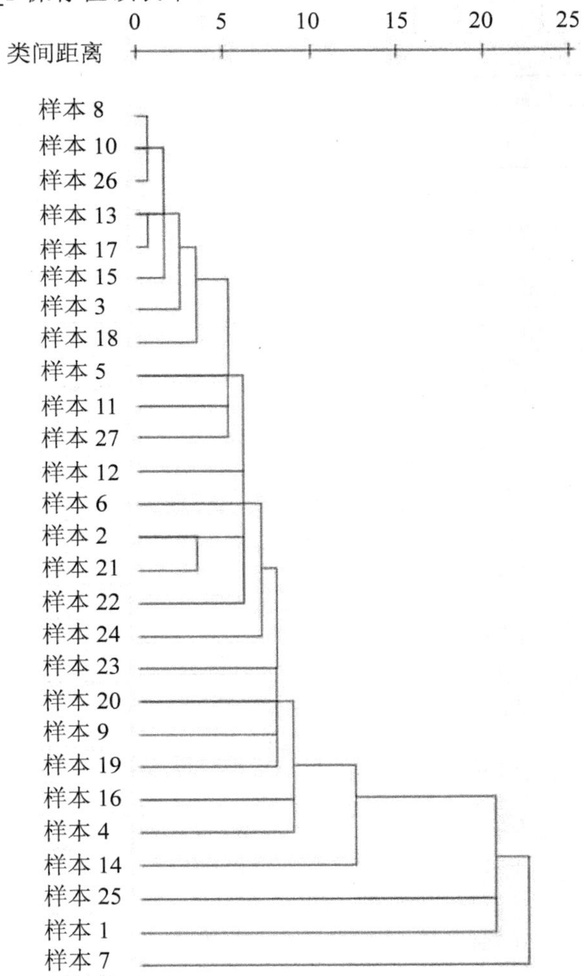

图 9.5　聚类谱系图

9.1.4 SPSS 的其他分析功能

通过以上介绍，可以看出 SPSS 软件可以通过对数据的统计分析从而建立合适的经典统计模型，这对于研究地理系统有着重要的作用。另外，SPSS 软件还可以应用于其他统计分析过程中，下面列出较为常用的几种分析过程。

1) 描述统计分析

主要对地理要素的分布特征及规律进行定量分析(徐建华，2002)，为模型的选择提供依据。SPSS 软件【Analyze】菜单下的【Descriptive Statistics】菜单可用于获得例如平均值“Mean”、方差“Variance”、标准差“Std. deviation”、峰度“Kurtosis”、偏度“Skewness”等描述地理要素的分布特征和规律的统计量。

2) 方差分析

主要用于研究地理数据分布的离散程度(徐建华，2002)，为模型的选择提供依据。SPSS 软件【Analyze】菜单下的【One-Way ANOVA】和【General Linear Model】菜单可用于进行方差分析。

3) 相关分析

主要是对地理要素之间的相互关系进行定量分析(徐建华，2002)，为模型的选择提供依据。SPSS 软件【Analyze】菜单下的【Correlate】菜单可用于获得皮尔森相关系数“Pearson”、斯皮尔曼等级相关系数“Spearman”和肯德尔的 tau 相关系数“Kendall's tau-b”以及偏相关系数“Partial”，从而进行相关性分析。

4) 时间序列分析

主要是用于地理过程时间序列的预测与控制研究(指数平滑模型、自回归模型、ARIMA 模型、季节分解模型)(徐建华，2002)。SPSS 软件【Transform】菜单下的【Creat Time Series】菜单可以生成一些新的时间序列，如移动平均时间序列“Prior moving average”、滑动平均时间序列“Centered moving average”等；而【Analyze】菜单下的【Time Series】菜单可用于时间序列模型的确定(如指数平滑模型“Exponential Smoothing”、自回归模型“Autoregression”、ARIMA 模型“ARIMA”、季节分解模型“Seasonal Decomposition”)。

5) 信度分析

主要用于判别评价某地理要素时所选择的指标是否合理，以及指标取值的可信程度等(徐建华，2002)，为模型指标的选择提供依据。SPSS 软件【Analyze】菜单下的【Reliability】菜单可用来获得 Cronbach α系数，从而进行信度分析。

6) 图形分析

可以更直观地表达出地理要素之间的关系，为模型的选择提供依据。SPSS 软件【Graphs】菜单中可用于产生条形图、直方图、饼图、散点图和其他全颜色、高分辨率的图形，以及动态的交互式图形，以便于进行图形分析。

9.1.5 其他相关软件简介

除了 SPSS 软件之外，还可以使用 SAS、Excel 和 Eviews 软件对数据进行统计分析。下面就这三种软件进行简单介绍，读者若有兴趣可以查阅相关文献了解。

1. SAS 简介

SAS(statistical analysis system)软件是为处理数据而研制的大型统计分析系统，是融数据管理和统计分析于一体，由多个子软件构成的一个大型软件。该软件于 1972 年由美国 SAS 软件研究所推入市场以来，经过不断完善，已成为当今世界上最有影响的统计分析系统之一。它具有完备的数据访问、数据管理、数据分析以及数据呈现能力。其中，强大的数据分析能力是使 SAS 成为业界著名应用软件的重要因素。SAS 支持多种软硬件平台，广泛地运行在各种型号的计算机上。SAS 系统中提供的主要分析功能包括统计分析、计量经济分析、时间序列分析、决策分析、财务分析和全面质量管理工具等。在统计分析方面，SAS 可以完成描述统计分析、方差分析、二位列表分析、对数线性模型、Logistic 模型、分层模型、回归分析、生存分析、时间序列分析、多元统计分析、一般线性模型以及图表分析等任务(陈颖，2008；范金城，2008；阮桂海，2006)。

2. Excel 简介

Excel 是微软办公套装软件的一个重要组成部分，可以进行各种数据的处理、统计分析和辅助决策操作，广泛地应用于管理、统计财经、金融等众多领域(马振萍等，2007)。随着版本的提高，其统计分析功能也日渐强大——不仅有大量的公式函数可以应用选择，而且可以通过加载数据分析工具使复杂的统计分析过程变得易于实现，给使用者方便。

3. Eviews 简介

Eviews(econometric views)软件是美国 QMS 公司研制的在 Windows 下专门从事数据分析、回归分析和预测的工具，可以迅速地从数据中寻找出统计关系，并用得到的关系去预测数据的未来值(赵卫亚，2003)。其应用范围包括：科学实验数据分析与评估、金融分析、宏观经济预测、仿真、销售预测和成本分析等。该软件具有现代 Windows 软件可视化操作的优良性，还拥有强大的命令功能和批处理语言功能。不仅可以在命令行中输入、编辑和执行命令，还可以在程序文件中建立和存储命令，以便在后续的研究项目中使用这些程序。

9.2　MATLAB 软件在地理建模中的应用

MATLAB 是美国 MathWorks 公司出品的商业数学软件，具备用于算法开发、数据可视化、数据分析以及数值计算的高级技术计算语言和交互式环境，主要包括 MATLAB 和 Simulink 两大部分。MATLAB 是矩阵实验室(matrix laboratory)的简称，和 Mathematica、Maple 并称为三大数学软件。该软件的优势在于：

(1) 友好的工作平台和编程环境。人机交互性强，操作简单，编程调试系统完备。

(2) 简单易用的程序语言。发展于 C++语言，且更加简单。可移植性好、可拓展性强。

(3) 强大的科学计算机数据处理能力。拥有 600 多个工程中要用到的数学运算函数，可以方便地实现用户所需的各种计算功能。

(4) 出色的图形处理功能。可完成二维和三维的可视化、图像处理、动画和表达式作图等高层次作图以及一些特殊的可视化要求。

(5) 应用广泛的模块集合工具箱(王正林等，2006)。目前，MATLAB 已经把工具箱延伸到了科学研究和工程应用的诸多领域，诸如数据采集、数据库接口、概率统计、样条拟合、优化算法、偏微分方程求解、神经网络、小波分析、信号处理、图像处理、系统辨识、控制系统设计、LMI 控制、鲁棒控制、模型预测、模糊逻辑、金融分析、地图工具、非线性控制设计、实时快速原型及半物理仿真、嵌入式系统开发、定点仿真、DSP 与通信、电力系统仿真等，都在工具箱(Toolbox)家族中有了自己的一席之地。

(6) 实用的程序接口和发布平台(王世香，2007)。可以利用 MATLAB 编译器和 C/C++数学库和图形库，将 MATLAB 程序自动转换为独立于 MATLAB 运行的 C 和 C++代码。允许用户编写可以和 MATLAB 进行交互的 C 或 C++语言程序。另外，MATLAB 网页服务程序还容许在 Web 应用中使用自己的 MATLAB 数学和图形程序。

(7) 应用软件开发(包括用户界面)。在开发环境中，使用户更方便地控制多个文件和图形窗口；在编程方面支持了函数嵌套、有条件中断等；在图形化方面，有了更强大的图形标注和处理功能；在输入输出方面，可以直接与 Excel 和 HDF5 进行连接。

鉴于 MATLAB 软件的以上优势，可以将其应用于地理建模方面。本节主要针对 MATLAB 7.1，介绍其在地理建模分析中的应用。

9.2.1　MATLAB 主工具箱(MATLAB Main Toolbox)

MATLAB 是一种高级计算机语言，为算法开发、数据可视化、数据分析和数值计算提供了良好的交互式环境。使用 MATLAB 所提供的函数(表 9.22)可以比传统编程语言(如 C、C++和 FORTRAN 等)更快速地编写出解决各类问题的程序。

表 9.22　一些较常用的函数

函数名	功能描述	函数名	功能描述
max	求最大值	min	求最小值
mean	求平均值	median	求中位数
std	求标准差	var	求方差
cov	协方差计算	corrcoef	相关系数计算
sum	求和	prod	求积
inv	矩阵求逆	eig	求矩阵的特征值和特征向量
sort	对矩阵升序排序	size	求矩阵大小
plot	绘制曲线	hist	绘制直方图

例 9.7　用 MATLAB 程序语言编写用于 AHP 中方根法计算判断矩阵的最大特征值及其对应特征向量的函数：

```
function [w,x]=weight(A)
%A------判断矩阵
%w------元素权重向量
%x-------最大特征值
% 方根法求解判断矩阵的最大特征值及其所对应的特征向量
[m,n]=size(A); %求判断矩阵的大小
M=prod(A,2); %计算判断矩阵每一行元素的乘积
W=M.^(1/m); %计算 M 的 m 次方根
w=W/sum(W);%求元素权重向量
x=sum((A*w)./(m*w));%求最大特征根
%一致性检验
ci=(x-m)/(m-1);%计算一致性指标
RI=[0 0 0.58 0.90 1.12 1.24 1.32 1.41 1.45 1.49 1.52 1.54 1.56 1.58 1.59];
%平均随机一致性指标矩阵
ri=RI(m);%计算平均随机一致性指标
%计算判断矩阵的随机一致性比例
if ri==0
    cr=0;
else
    cr=ci/ri;
end
%判断
if cr<0.10
    disp('判断矩阵具有令人满意的一致性')
else
    disp('请重新调整判断矩阵')
end
```

在命令窗口(Command Window)中输入以下命令：

```
A=[1 2 4;1/2 1 3;1/4 1/3 1]%输入判断短阵;
[w x]=weight(A)%调用函数
```

其结果显示如下：

```
判断矩阵具有令人满意的一致性
w =
    0.5584
    0.3196
    0.1220
x =
    3.0183
```

例 9.8　用 MATLAB 程序语言编写用于分形理论中计算关联维数的函数如下：

```
function d=fractal(x)
[row,column]=size(x);  %row 为输入的信号的个数，column 为输入的信号的长度
%原始数据标准化，标准化后的数据序列总体平均值为 0，均方差为 1
x0=zscore(x')';
%定义相关参数
ml=2;mh=13;              %定义嵌入相空间的维数，ml 为最低的维数，mh 为最高的
维数
m=(ml:1:mh);
mn=size(m,2);            %mn 为不同的嵌入相空间的个数
%相空间的距离标尺 r，rl 为选取的最小 r 值，rh 选取的最大 r 值，rn 为选取的 r 值
的个数
rl=0.1; rh=10; rn=160;   %计算气温用此参数较合适
r=linspace(rl,rh,rn);    %r 为相空间选定的距离标尺
lgr=log(r);
t=1;                             %t 为延迟参数
for i=1:row      %不同信号
    for j=1:mn     %不同空间维数
        y=0; %初始化
        %重构相空间 y
        nfloor=floor(column-(m(j)-1)*t);%相点数
        for p=1:nfloor
            for q=1:m(j)
                n=p+(q-1)*t;
                y(p,q)=x0(i,n);
            end
        end
        D=distfcm(y,y); %计算任意两点之间的距离
```

```
            %计算关联函数值
            for k=1:rn
                c(k)=sum(sum(heaviside(r(k)-D)))/(nfloor^2);
            end
            %计算关联维数 d
            lnc=log(c);
            X=[ones(160,1),lgr'];
            b=regress(lnc',X);%调用一元回归分析函数
            d(i,j)=b(2);
            %绘图
            plot(lgr,lnc,'k'),xlabel('ln(r)'), ylabel('ln(C(r))'), hold on
        end
end
%绘图
for i=1:row
    figure, plot(m,d(i,:),'k'), xlabel('m'), ylabel('d')
end
```

在命令窗口(Command Window)中输入以下命令：

```
%输入表 9.1 的年降水量数据
x=[48.25,193.72,413.94,358.6,615.04,752.42,435.43,238.55,87.85,316.00,503.73,554.04,
    502.07,611.78,603.66,501.67,540.16,264.15,427.11,513.09,478.21,395.25,650.14,
    480.24,85.79,144.38,39.17,65.32,71.88,58.57,54.33,106.33,257.21,114.53,127.49,
    194.9,331.09,110.57,194.42,163.89,389.9,541.5,573.03,521.31,645.21,466.28,
    558.83,621.02,515.02,545.72,786.75,584.89,574.00];
d=fractal(x);   %调用函数
```

其结果显示如图 9.6 和图 9.7 所示。

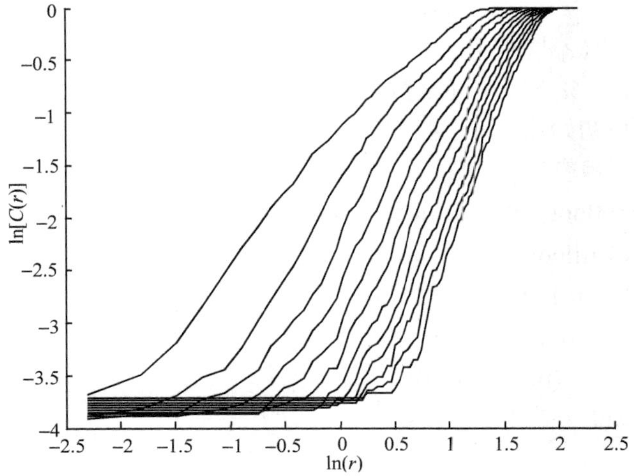

图 9.6　不同嵌入维 m 下 ln(r)与 ln[C(r)]的关系

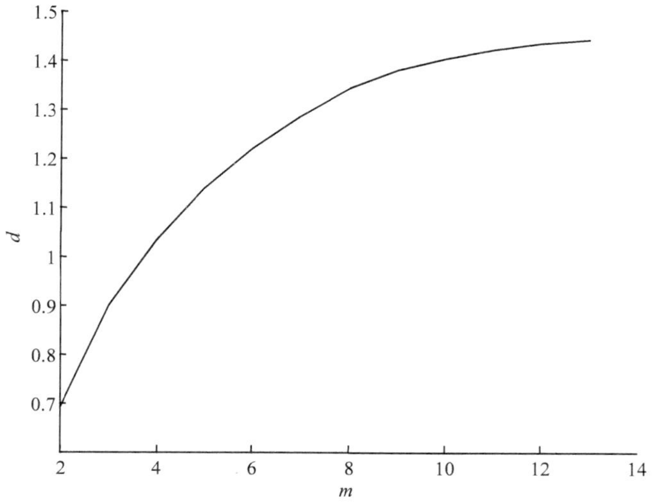

图 9.7　嵌入维数 m 与关联维数 d 的关系

例 9.9　用 MATLAB 程序语言编写用于灰色预测的函数如下：

%函数中 C 指响应函数系数矩阵，E 指根据响应函数模型求得的一次累加值，X 指根据灰色预测所得的预测值

```
function [C,X,c,p]=GM(A)%A 为输入的列向量，即原始的时间序列数据
nn=22; %nn 为预测期
[m n]=size(A);
%第一次累加
s=0;
for i=1:m
    s=s+A(i);
    X(i)=s;
end;
%定义累加矩阵和常数项
N=m-1;
for i=1:N
    B(i,1)=-(X(i)+X(i+1))/2;
    B(i,2)=1;
end
for i=1:N
    Y(i)=A(i+1);
end
Y=Y';
%求响应函数系数
C=inv(B'*B)*B'*Y;%C 为系数矩阵，C=[a u]'
%求响应函数所得值，即根据模型求一次累加值
```

```
d=C(2,1)./C(1,1);
e=A(1)-d;
for t=0:99
    T=-C(1,1)*t;
    E(t+1)=exp(T)*e+d;
end
%E=E';
%根据模型求预测值
X(1)=E(1);
for i=2:nn
    X(i)=E(i)-E(i-1);%X 为预测结果
end
%精确度检验
XX=X(1:m);
S=A-XX';
SS=S(2:m);
v1=var(A,1);
v2=var(SS,1);
c=(v2/v1)^0.5;
SSS=abs(SS-mean(SS));
TT=0.6745*(v1^0.5);
p=length(find(SSS<TT))/N;
```

在命令窗口中输入：

A=[1159.933 1155.200 1150.467 1145.767 1141.083 1136.417 1131.783 1127.150 1122.567 1117.967 1113.417 1109.267 1104.333]'; 输入西北地区 1988~2000 年的耕地面积原始数据序列（徐建华，2002）

[C,X,c,p]=GM(A)

结果输出如下：

```
C =
   1.0e+003 *
      0.0000
      1.1622
X =
   1.0e+003 *
   Columns 1 through 13
      1.1599    1.1551    1.1504    1.1458    1.1411    1.1364    1.1318
1.1272    1.1226    1.1180    1.1135    1.1089    1.1044
   Columns 14 through 22
      1.0999    1.0955    1.0910    1.0865    1.0821    1.0777    1.0733
```

```
1.0690    1.0646
  c =
      0.0060
  p =
      1
```

9.2.2 统计工具箱(Statistics Toolbox)

统计工具箱是一套建立于 MATLAB 数值计算环境的统计分析工具，它包含了 200 多个函数，主要支持概率分布、参数估计、描述性统计、线性模型、非线性模型、假设检验、多元统计、统计绘图等方面的内容(李涛等，2000)。

1. 线性模型

针对线性模型，工具箱提供的函数涉及单因素方差分析(anova1)、双因素方差分析(anova2)、多因素方差分析(anovan)、协方差分析交互工具(aoctool)、多元线性回归(regress)、最小二乘多项式拟合(polyfit、polytool)、一般线性模型拟合(glmfit)、逐步回归(stepwise, stepwisefit)、响应曲面预测(rstool)、岭回归(ridge)和稳健回归(robustfit)等。

下面主要介绍多元线性回归模型、逐步回归模型、多项式拟合模型和二次响应曲面预测模型。

1) 多元线性回归模型

[b,bint,r,rint,stats] = regress(*y*, *X*)其中 b 是回归方程中的参数估计值，bint 是 *b* 的置信区间，r 和 rint 分别表示残差及残差对应的置信区间。stats 包含三个数字，分别是 R^2、F 统计量及对应的概率 p 值。

2) 逐步回归模型

stepwise (*x*, *y*)将给定的数据 *x* 和 *y* 进行逐步回归拟合。显示三个交互式图形窗口(逐步回归图、逐步回归诊断表、逐步回归历史图)，以控制回归条件和移动模型项。

3) 多项式拟合模型

polytool(*x*, *y*)将给定的数据 *x* 和 *y* 进行多项式的拟合及预测，可以通过改变所拟合多项式的阶次来研究拟合效果。

例 9.10　现有多个样本的因变量和自变量的数据，下面我们利用 MATLAB，借助多项式拟合工具分析建立多项式拟合模型（徐建华，2002）。

在 MATLAB 的命令窗口中输入以下命令：

```
%多项式曲线拟合模型
%输入自变量数据
x=[0,0.05,0.1,0.15,0.2,0.25,0.3,0.35,0.4,0.45,0.5,0.55,0.6,0.65,0.7,0.75,0.8,0.85,0.9,0.95,1,
1.05,1.1,1.15,1.2,1.25,1.3,1.35,1.4,1.45,1.5,1.55,1.6,1.65,1.7,1.75,1.8,1.85,1.9,1.95,2,9.5,10;]
%输入因变量数据
```

y=[4.582476755250328,4.527019903816216,4.457555977338841,4.795131738884262,
4.46336293241816,5.845041552873539,5.204993188990676,6.24571572934741,5.644235864408613,
6.106446906845319,5.099401730330333,5.617332314658546,6.72996546021891,5.920258914993221,
6.654990809385805,6.306746124644214,6.533376652766757,6.034939722307414,6.176950151858299,
7.401230023962624,6.977559693085571,6.685949854164447,6.782706685606243,7.670561486162096,
7.280594637820514,7.629153149337151,7.629236732967913,7.862345072642745,7.73275661159555,
6.905121651310713,7.801733011848053,8.210377646437514,8.040967195886953,6.512116015617283,
7.58357749212805,7.574134726897752,7.90532675782537,7.49714860860965,7.753871427325286,
8.556142118059618,8.170624317250462,7.61366290595079,10.552255457107943];

polytool(x, y)%调用多项式拟合工具

%调用 polyfit、polyval 和 polyconf 函数也可以作多项式拟合模型，只是缺少图形交互功能

打开线性模型的预测曲线(Prediction Plot of Linear Model)窗口，改变窗口中 Degree(多项式次数)为 3，x values(x 值)为 2，则窗口(图 9.8)：y 轴的左侧显示了 y 的当前预测值及其不确定度，而通过点击【Export】按钮将多项式模型的拟合结果输出到 MATLAB 的工作空间中。在 MATLAB 命令窗口中输入以下命令可以显示回归方程的系数。

disp('回归方程的系数为：')

disp(beta)

显示结果如下：

回归方程的系数为：

0.0844　　−1.1587　　3.7572　　4.2946

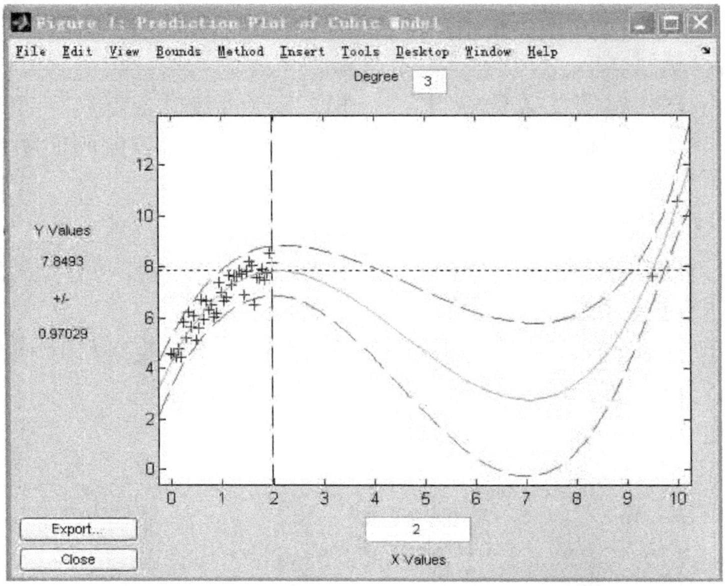

图 9.8　多项式拟合工具

4) 二次响应曲面模型

rstool (x,y,'model')将对给定的两个或两个以上输入变量和单输出变量进行二次响应曲面模型的拟合及预测。其中：

'model'用于控制初始回归模型；

'purequadratic'包括了常数项、线性项和二次项；

'interaction'包括了常数项、线性项和交叉项；

'quadratic'包括了所有项。

例 9.11　以某流域 1 月降水量为输出变量 z，地理位置的横坐标 x 和纵坐标 y 为输入变量，利用 MATLAB 建立二次多项式趋势面模型，并绘制趋势面图形（徐建华，2002）。

在 MATLAB 的命令窗口中输入以下命令：

```
%二次趋势面模型
%输入地理位置的横坐标
x=[0 1.1 1.8 2.95 3.4 1.8 0.7 0.2 0.85 1.65 2.65 3.65]';
%输入地理位置的纵坐标
y=[1 0.6 0 0 0.2 1.7 1.3 2 3.35 3.15 3.1 2.55]';
%输入降水量数据
z=[27.6 38.4 24 24.7 32 55.5 40.4 37.5 31 31.7 53 44.9]';
xy=[x,y];
rstool(xy,z,'quadratic',0.05,['地理横坐标';'地理纵坐标'],'降水量')%调用二次响应曲面拟合工具
```

打开二次模型的预测曲线(Prediction Plot of Full Quadratic Model)窗口如图 9.9 所示，点击【Export】按钮将多项式曲线模型的拟合结果输出到 MATLAB 的工作空间中。

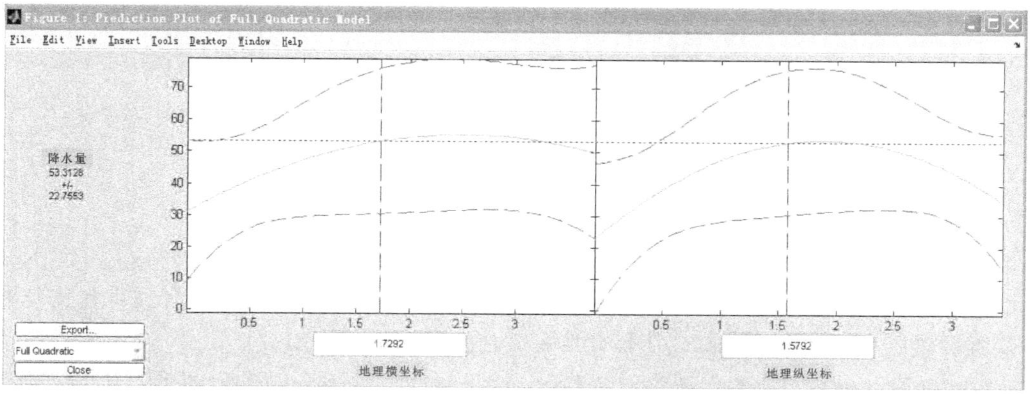

图 9.9　二次响应曲面拟合工具

在 MATLAB 命令窗口中输入以下命令可以显示回归方程的系数和标准误差。

```
disp('回归方程的系数为：')
```

```
disp(beta')
disp('回归方程的标准误差为：')
disp(rmse)
```

结果显示如下：

回归方程的系数为：

    5.9980   17.4382   29.7874   0.3569   −3.5883   −8.0695

回归方程的标准误差为：

    5.6128

所以，该趋势面拟合方程为：

$$z = 5.9980 + 17.4382x + 29.7874y - 3.5883x^2 + 0.3569xy - 8.0695y^2$$

在 MATLAB 工作空间中输入以下命令绘制趋势面图形(图 9.10)：

```
ezsurf('5.988+17.438*x+29.787*y-3.558*x.^2+0.357*x.*y-8.070*y.^2',[0 4])
```

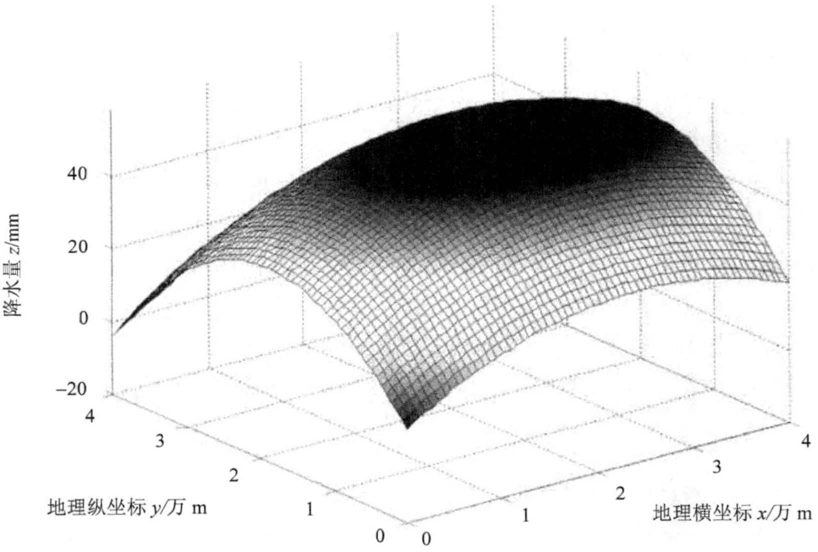

图 9.10　趋势面图形

2. 非线性回归模型

针对非线性模型，工具箱提供的函数主要有 nlinfit 函数，用于非线性最小二乘拟合；nlpredci 函数，用于计算非线性模型预测置信区间；nlparci 函数，用于计算非线性模型参数置信区间；nlintool 函数，用于非线性拟合的图形交互工具。

nlintool(x,y,'model',beta0)提供对数据(x，y)进行非线性拟合的预测图形。其中，用两条红色曲线给出 95%全局置信区间。beta0 是包含参数的初始估测值的向量。

3. 多元统计分析

包括主成分分析(princomp)、因子分析(factoran)、单元素多元方差分析(manoval)、聚类分析(clusterdata)、多维尺度分析(cmdscale 和 mdscale)、判别分析(classify)等方面的函数。

下面主要介绍主成分分析、聚类分析的用法（许国根等，2008）。

1) 主成分分析

[pc,score,latent,tsquare] = princomp(***X***)对数据矩阵 ***X*** 进行主成分分析，并给出各主成分的载荷值矩阵、各样本的综合得分(score)、各主成分的特征值(latent)和每个数据点的 Hotelling T^2 统计量(tsquare)。

2) 聚类分析

MATLAB 提供了两种方法进行聚类分析：

(1) 一次聚类。调用 clusterdata(x,'param1',val1,'param2',val2,…)对样本数据 *x* 创建分类，可选变量有距离计算方法'distance'、 聚类方法'linkage'、最大聚类数'maxclust'等，其中前两个可选变量的取值可参考分布聚类中所述。

(2) 分布聚类。

① 调用 *Y*=pdist(*X*,'metric')计算样本数据 *X* 中变量之间的距离，'metric'表示距离的计算方法，有欧式距离'euclid'(默认值)、绝对值距离'cityblock'、标准欧式距离'Seuclid'、马氏距离'mahal'、明科夫斯基距离'Minkowski'、切比雪夫距离'chebychev'等；

② 调用 *Z*=linkage(*Y*,'method')创建逐级聚类树，'method'表示聚类方法，有最短距离法'single'(默认值)、最长距离法'complete'、类平均距离法'average'、重心法'centroid'、递增平方和'ward'等；

③ 调用 cophenet(*Z*,*Y*)计算 cophenet 相关系数，该值越接近 1，聚类效果越好；

④ 调用 *T*=cluster(*Z*,'maxclust', *n*)从逐级聚类树中构造聚类，*n* 为最大聚类数；

4. 模糊逻辑工具箱(Fuzzy Logic Toolbox)

MATLAB 的模糊系统工具箱既可以用于数据分析，也可以用于处理模糊逻辑问题。它提供了用于建立模糊推理系统(Fuzzy Inference System，FIS)的图形用户界面和用于模糊聚类、自适应神经–模糊学习等模糊逻辑方法的函数(许国根等，2008)。在地理研究中主要用于模糊评价和模糊聚类方面(徐建华，2002)。

1) 模糊聚类

有两种模糊聚类方法，即模糊 C 均值聚类(FCM)和模糊减法聚类。下面只介绍第一种。

[center,U,obj_fcn]=fcm(X,cluster_n)函数用于对数据 *X* 进行模糊 C 均值聚类，可以返回每行数据的聚类中心值矩阵(center)、隶属度矩阵(***U***)以及迭代过程中的目标函数(样本点到聚类中心的距离函数)值(obj_fcn)。其中 cluster_n 指聚类数。

例 9.12　对某一河段分别按枯水期、平均期、丰水期对三项水质指标：BOD_5、COD、DO 作了 20~60 次监测。各样点三项指标的总体平均值如表 9.23 所示，对此河段的 9 个样点进行分类。

表 9.23　BOD₅、COD、DO 总体平均值

项目	1	2	3	4	5	6	7	8	9
BOD_5	1.59	3.03	6.15	18.99	3.32	3.65	2.75	3.59	5.99
COD	2.46	4.62	8.55	18.97	6.11	6.89	3.46	4.60	8.79
DO	7.86	7.68	7.06	4.32	6.65	7.76	7.60	7.33	7.06

数据来源：许国根等，2008

在命令窗口中输入以下命令：

```
x=[1.59 3.03 6.15 18.99 3.32 3.65 2.75 3.59 5.99;
   2.46 4.62 8.55 18.97 6.11 6.89 3.46 4.60 8.79;
   7.86 7.68 7.06 4.32 6.65 7.76 7.60 7.33 7.06]';
[center,U,obj_fcn]=fcm(x,3);          %分 3 个聚类中心
maxU=max(U);
inder1=find(U(1,:)==maxU);%第 4 个样点单独作为一类
inder2=find(U(2,:)==maxU);%第 1,2,5,7,8 等 5 个样点作为一类
inder3=find(U(3,:)==maxU);%第 3,6,9 等 3 个样点作为一类。
disp('第一类包括的样点：')
disp(inder1)
disp('第二类包括的样点：')
disp(inder2)
disp('第三类包括的样点：')
disp(inder3)
```

结果显示如下：

```
第一类包括的样点：
    4
第二类包括的样点：
    3    6    9
第三类包括的样点：
    1    2    5    7    8
```

2) 模糊评价

模糊评价可以通过建立 FIS 系统来完成，而模糊逻辑工具箱不仅提供了建立 FIS 的函数(newfis、addvar、addmf、addrule、evalfis 等)，也提供了图形用户界面(fuzzy)。接下来将借助例子对图形用户界面进行介绍。

例 9.13　利用模糊理论综合评价污水处理厂运行管理效果。设城市污水处理厂的运行效果主要考虑因素集 $U=\{u_1,u_2,u_3,u_4,u_5\}$ 其中：

u_1：产量——每天处理污水量(10^3t/d)；

u_2：质量——BOD_5 去除率(%)；

u_3：质量——SS 去除率(%)；

u_4：气水比——处理每吨污水消耗的空气量(m^3/t)；

u_5：单耗——去除每千克 BOD_5 耗电量(度/kg)

评价结果分为三等级，即

V={好，中，差}={v_1,v_2,v_3}，见表 9.24。

表 9.24　模糊评判等级划分

U	V		
	好	中	差
u_1	17 以上	16~17	16 以下
u_2	89 以上	85~89	85 以下
u_3	89 以上	85~89	85 以下
u_4	8 以下	8~9	9 以上
u_5	1.0 下	1.0~1.1	1.1 以上

数据来源：许国根等，2008

请根据每天的运行情况，判断管理情况。

(1) 新建FIS系统。在MATLAB工作空间中输入命令'fuzzy'打开FIS编辑器(图9.11)，编辑默认为 Mamdani 系统(可以在【File】下通过【NEWFIS】选择)，其文件名为 untitled(作用与 newfis 函数相同)。为方便以后调用，可通过 File 下的【Export】以某文件名(如 fuzz)保存。

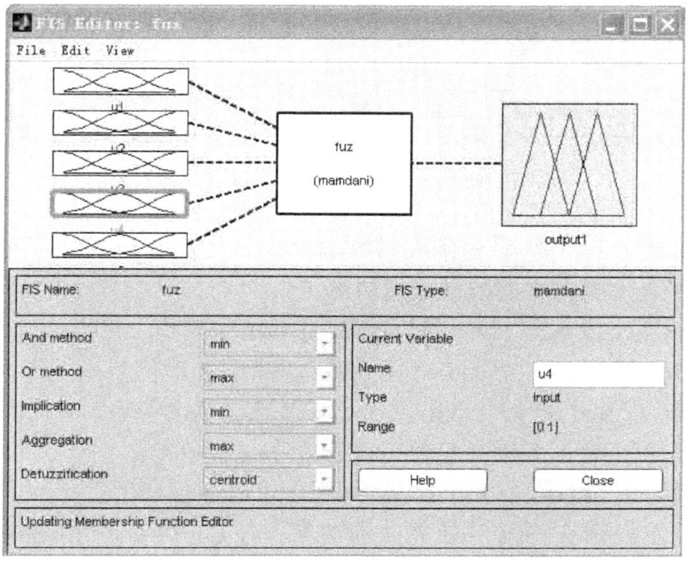

图 9.11　FIS 编辑器

(2) 变量输入。在【Edit】选择【Add Variable input】(或 output)，在右下角的空白处修改输入变量(如 u_1)或输出变量的名称(作用与 addvar 函数相同)。选择【Edit】下的

【Remove variable】可删除输入或输出变量。

(3) 给变量添加隶属度函数。双击变量框进入隶属度函数编辑器(图 9.12)，选中左上角变量(如 u_1)，先设置左下角中变量的取值范围(如[0,20])，再在右上角选择需要修改的隶属度函数(一个变量默认有三个隶属度函数，即三个评价等级；可以通过在【Edit】下选择【Add MFs】或 Custom 来更改设置)，然后在右下角进行隶属度函数名称(如 mf1_good)、类型(如 trapmf；GUI 中提供了 S 型函数“dsigmf”、高斯隶属函数“gaussmf”、通用钟型函数“gbellmf”、S 曲线隶属函数“smf”、梯形隶属函数“trapmf”、三角形隶属函数“trimf”等隶属度函数)及参数(如[0 0 16 17])等内容的添加(作用与 addmf 相同)。选择【Edit】下的【Remove】可删除隶属度函数。

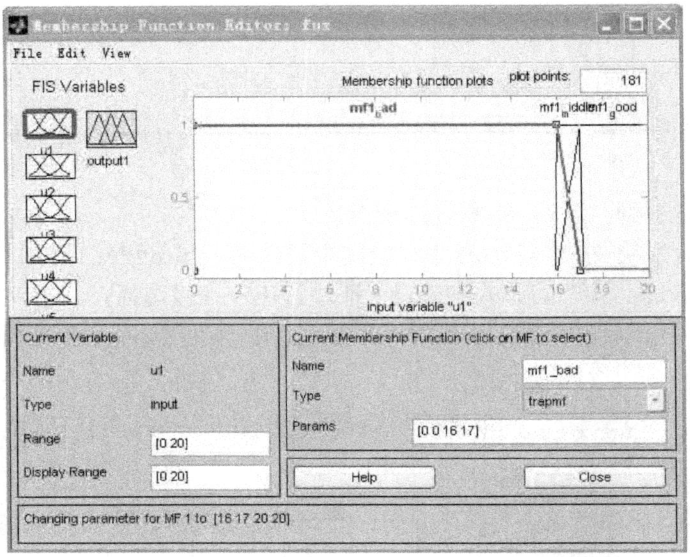

图 9.12 隶属度函数编辑器

(4) 规则的编辑。在 FIS 或隶属度函数编辑器中，选择【Edit】下的【Rules】打开规则编辑器(图 9.13)。本例中的模糊规则如下：

If u_1 好 and u_2 好 and u_3 好 and u_4 好 and u_5 好 then 评价好；

If u_1 差 and u_2 差 and u_3 差 and u_4 差 and u_5 差 then 评价差；

If u_1 好 and u_2 好 and u_3 好 and u_4 差 and u_5 差 then 评价好；

If u_1 好 and u_2 好 and u_3 差 and u_4 差 and u_5 差 then 评价差；

If u_1 好 and u_2 好 and u_3 中 and u_4 差 and u_5 差 then 评价中。

首先根据设立规则选择前后件之间的关系，在 GUI 的左下角选择 and 或 or，在本例中选择 and；再根据设立规则，选择前、后件，如本例的第一条规则，在各域中分别选择“mf1_good”、“mf2_good”、“mf3_good”、“mf4_good”、“mf5_good”，然后在 GUI 中点击【Add rule】，同样方法可以输入其他规则；(作用与 addrule 函数相同)在输入过程中，点击【Delete rule】或【Chang rule】可进行规则的删除与修改。

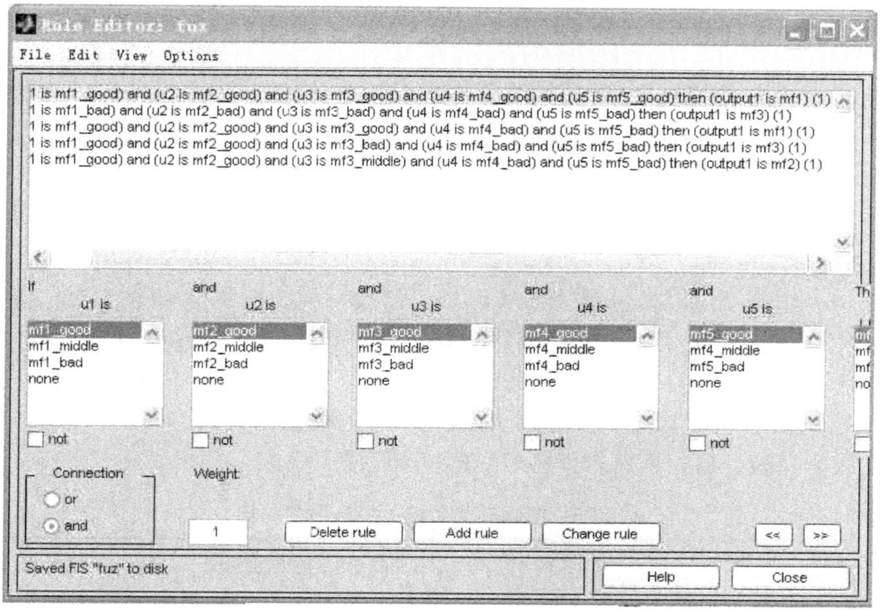

图 9.13　规则编辑器

(5) 结果输出在 FIS、隶属度函数或规则编辑器中，选择【View】下的【Rules】，打开规则观测器(图 9.14)，在 GUI 中的【input】框中输入各参数的值(如 [12 85 91 8.1 1.0])，便可在右上角得到输出值 0.5(作用与 evalfis 相同)；若选择【View】下的【Surface】可以看到输出曲面。

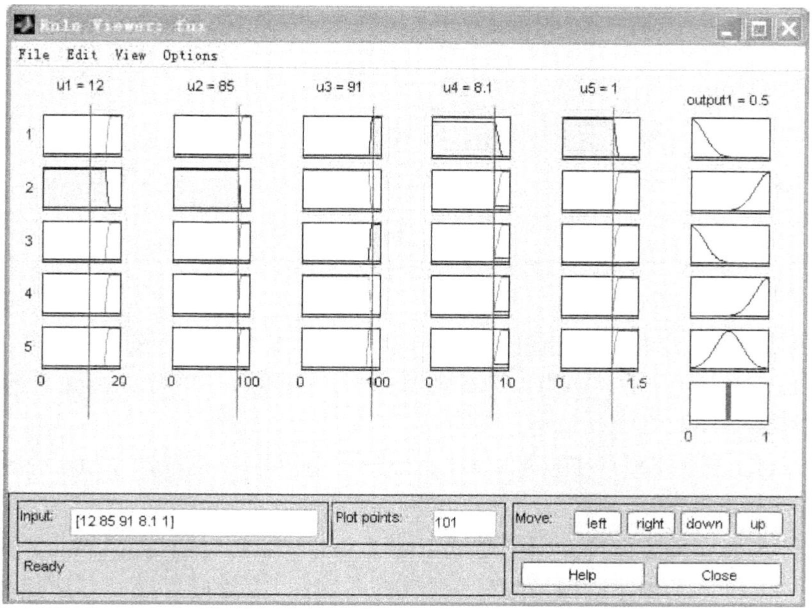

图 9.14　规则观测器

5. 神经网络工具箱(neural network toolbox)

神经网络工具箱提供了神经网络设计和模拟的工具。涉及的神经网络模型有感知器、线性滤波器、BP 网络、控制系统网络、径向基网络、自组织网络、反馈网络和自适应滤波及自适应训练等(潘薇等，2005)。它提供了命令行函数和图形用户界面来完成神经网络的设计。下面主要举例介绍图形用户界面(nntool)在 BP 神经网络方面的用法。

例 9.14　根据 2000~2009 年影响某区域可持续发展的相关指标(表 9.25)，将国民生产总值、人均用水量、人口自然增长率、海域环境质量、万元产值工业废水排放总量、人均公共绿地面积 6 个主要因素作为影响要素，水环境综合指数作为预报因子，建立神经网络模型。在网络训练过程中，将 2000~2007 年的数据作为训练样本，2008 年的水环境综合指数作为验证值，而将 2009 年的值作为预报因子。

表 9.25　影响某区域相关指标的归一化

年份	国民生产总值	人均用水量	人口自然增长率	海域环境质量	万元产值工业废水排放总量	人均公共绿地面积	水环境综合指数
2000	–0.6667	–0.1979	–4.6842	–0.2136	0.7793	–0.4764	0.79
2001	–0.6062	–0.1928	–2.1579	–0.1341	0.5273	–0.4318	0.77
2002	–0.507	–0.1615	–1.2105	0.2034	0.4104	–0.4057	1.44
2003	–0.334	–0.1304	–0.1579	0.226	–0.1838	–0.3723	0.84
2004	–0.1312	–0.1232	0.4736	0.1024	0.0265	–0.2468	0.79
2005	0.085	0.1676	1.1053	0.2783	–0.1387	–0.0582	0.69
2006	0.2787	0.1761	1.421	–0.2121	–0.2789	0.0523	0.71
2007	0.4805	0.1837	1.5263	–0.1152	–0.3223	0.3007	0.62
2008	0.625	0.1669	2.2632	–0.1131	–0.3457	0.6308	0.51
2009	0.7778	0.1094	1.4211	–0.062	–0.4742	1.007	0.51

数据来源：徐建华，2002

(1) 在工作空间中输入各变量的数据：p 是大小为 6×8 的输入变量；pr 是大小为 6×2 的输入变量取值范围；t 是大小为 1×8 的目标变量；pc 是大小为 6×1 的仿真输入变量(其中 6 代表输入层有 6 个神经元)。

(2) 打开 GUI 编辑窗口。在 MATLAB 命令窗口中输入“nntool”打开“Network/Data Manager”窗口(图 9.15)。

(3) 设置输入量和目标量。既可通过点击【New Data】按钮直接输入，又可通过点击【Import】按钮从工作空间或硬盘中获取数据。本例中数据量较大，选择从工作空间中导入数据。

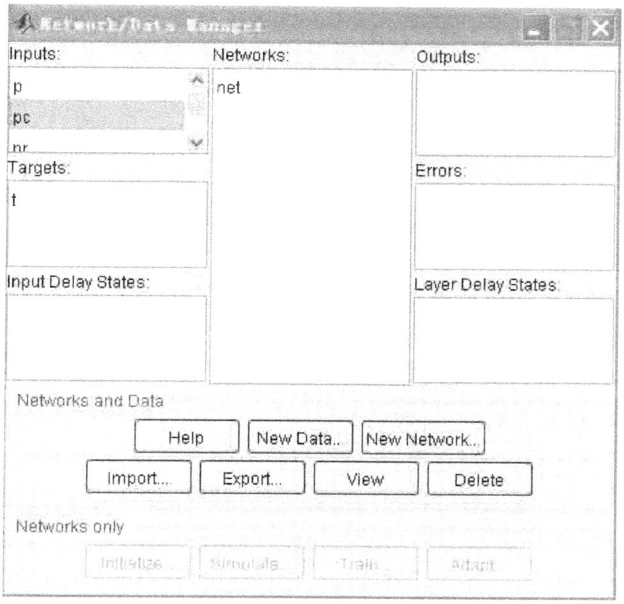

图 9.15　网络/数据管理器

(4) 创建网络。点击【New Network】打开【Creat New Network】窗口根据下列参数值设置网络参数(图 9.16)，点击【Creat】创建网络。

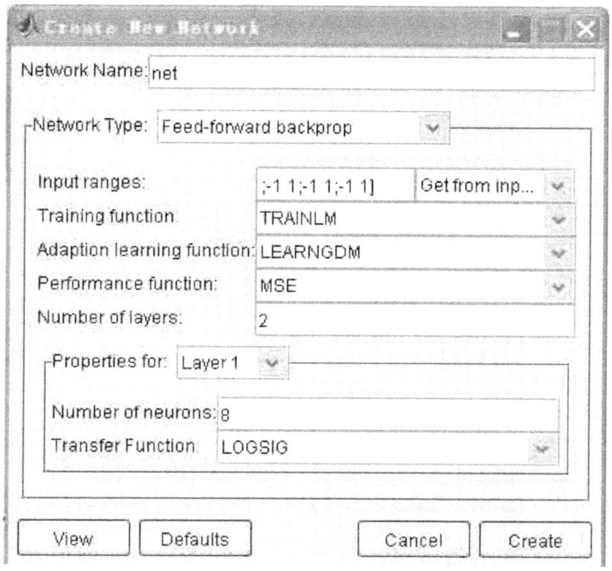

图 9.16　创建新网络窗口

对应于图 9.16，相关参数如下。

网络名称(Network Name)：net；

网络类型(Network Type)：Feed-forward backprop(nntool 提供了线性神经网络、BP

神经网络、回归神经网络、竞争神经网络、自组织神经网络、径向基神经网络等网络类型可供用户选择；下面几项参数在选择不同的网络类型时会有所不同，请根据需要自行选择)；

输入变量的范围(Input ranges)：[−1 1;−1 1;−1 1;−1 1;−1 1;−1 1]；

训练函数(Training function)：TRAINLM(nntool 提供了 LM 优化法“trainlm”、BFGS 拟牛顿反向传播法“trainbfg”、梯度下降规则的反向传播法“trainrp”等训练函数可供用户选择)；

学习函数(Adaption learning function)：LEARNGDM(nntool 提供了梯度法学习函数“learngd”和动量梯度法学习函数“learngdm”可供用户选择)；

性能函数(Performance function)：MSE(nntool 提供了均方误差性能函数“MSE”、可调整均方误差性能函数“MSEREG”和均方误差性能函数“SSE”可供用户选择)；

网络层数(Number of layer)：2(一个隐藏层和一个输出层)；

选定层(Properties for)的神经元数值(Number of neurons)和传递函数类型(Transfer Function)：Layer1，8，LOGSIG；Layer2，1，PURELIN(nntool 提供了线性传递函数“purelin”、对数 S 型传递函数“logsig”和正曲正切 S 型函数“tansig”可供用户选择)。

(5) 网络查看、训练与模拟：在【Network/Data Manager】窗口选中所要训练的网络，点击【View】按钮打开【Network：net】窗口，其中：

【View】子窗口：查看网络结构(图 9.17)。

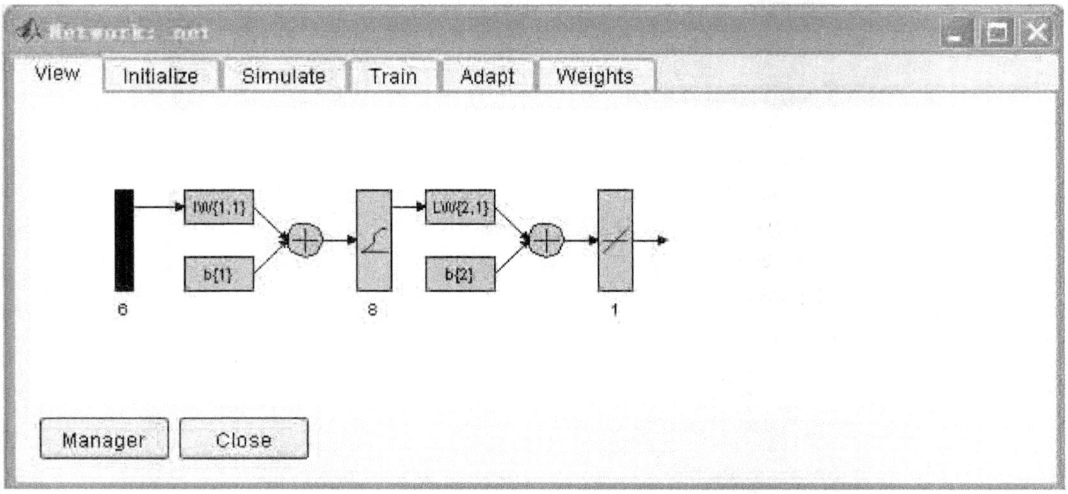

图 9.17 网络结构窗口

【Initialize】子窗口：初始化网络的权值和阈值，具体操作参见 Directions (图 9.18)。

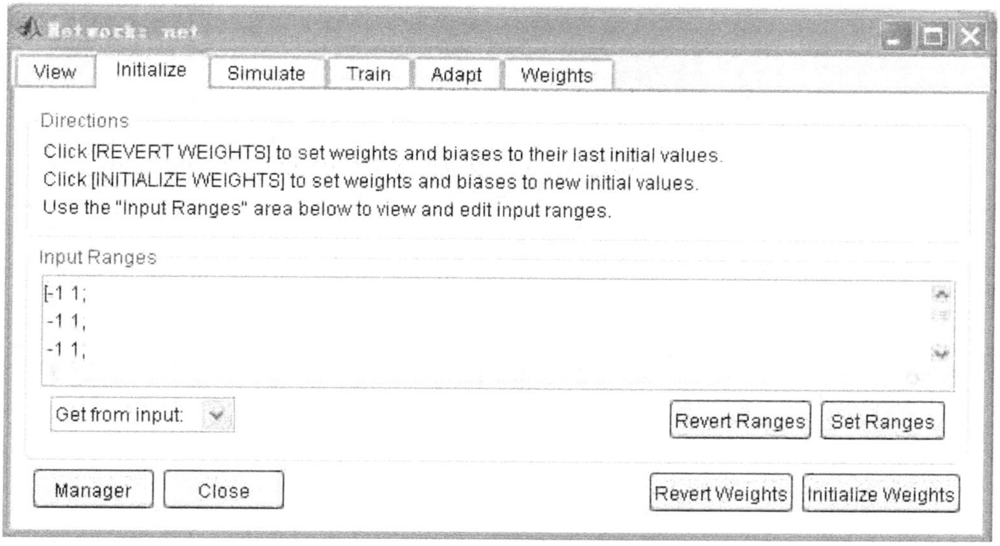

图 9.18　网络初始化窗口

【Weight】子窗口：显示网络的权值和阈值，通过下拉菜单可以分别选择查看输入层与隐含层各神经元之间的连接权重 iw(1,1)、隐含层与输出层各神经元之间的连接权重 iw(2,1)、隐含层各神经元的阈值 b(1)和输出层的阈值 b(2) (图 9.19)。

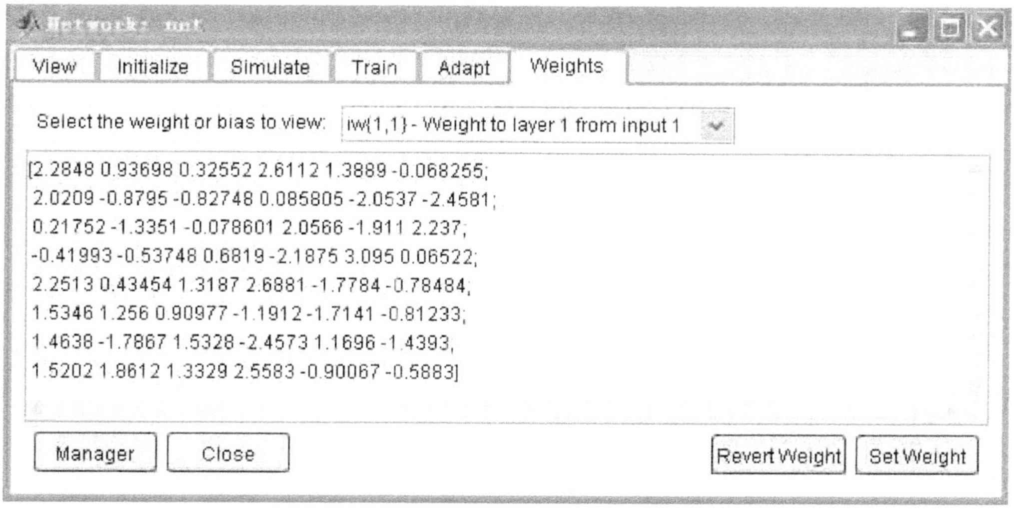

图 9.19　权值和阈值窗口

【Adapt】子窗口：对网络进行自适应训练；本例中输入选为 p，目标选为 t，其他设置不变，然后点击【Adapt Network】进行自适应网络训练；结果可在【Network/Data Manager】窗口中点击【View】按钮进行查看(图 9.20)。

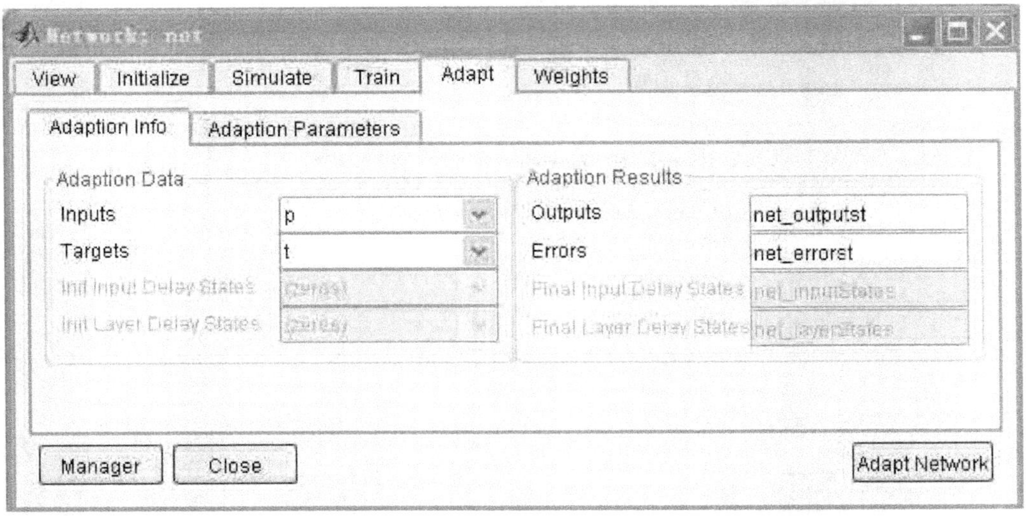

图 9.20　自适应训练窗口

【Train】子窗口：对网络进行训练；本例中输入选为 p，目标选为 t，其他设置不变，然后点击【Train Network】进行网络训练；结果可在【Network/Data Manager】窗口中点击【View】按钮进行查看(图 9.21)。

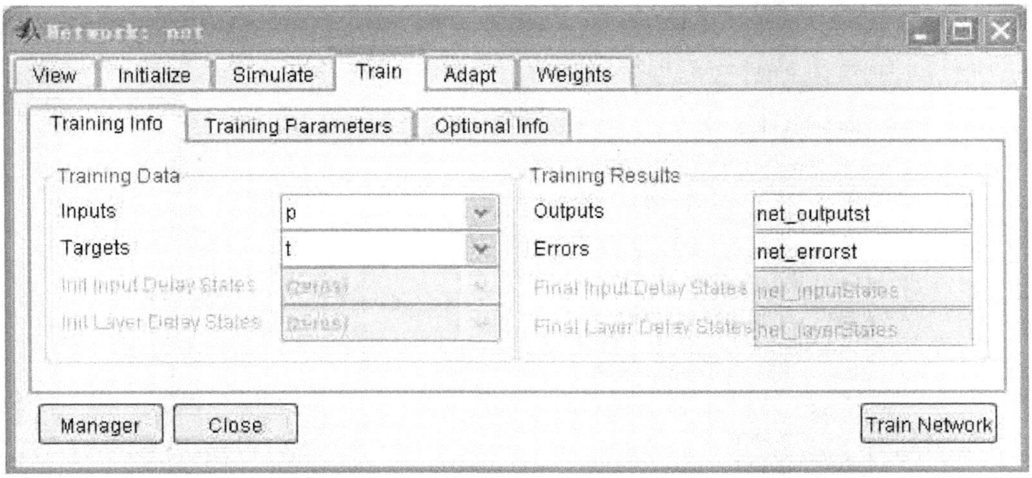

图 9.21　网络训练窗口

【Simulate】子窗口：对网络进行仿真；在本例中输入选为 pc，其他设置不变，然后单击【Simulate Network】进行网络仿真。结果可在【Network/Data Manager】窗口中点击【View】按钮进行查看，为 0.5148(图 9.22)。

(6) 数据输出与存盘。点击【Network/Data Manager】窗口中的【Export】按钮可以将选定的变量输出到工作空间或磁盘中。

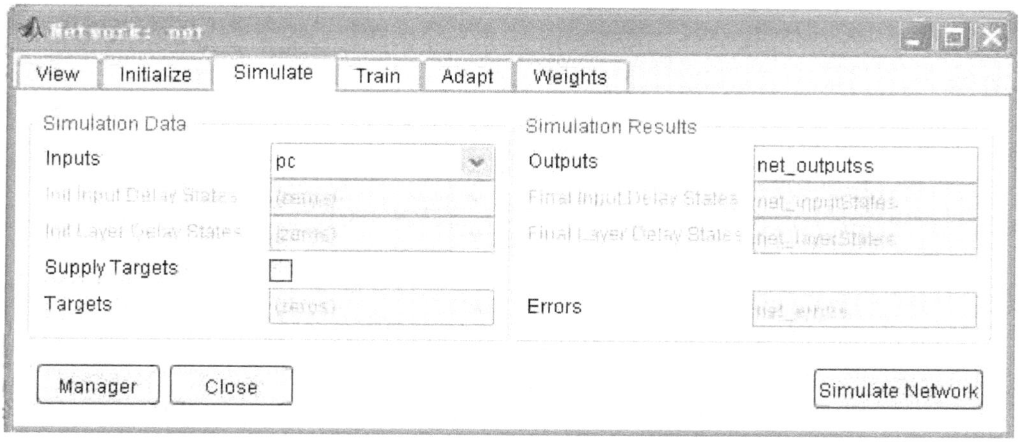

图 9.22　网络仿真窗口

6. 优化工具箱(optimization toolbox)

MATLAB 的优化工具箱提供了对各种优化问题的一个完整的解决方案。其内容涵盖线性规划(linprog)、二次规划(quadprog)、非线性规划(fminbnd、fmincon、fminsearch、fminunc)、最小二乘问题(lsqlin、lsqcurvefit、lsqnonlin、lsqnoneg)、非线性方程求解(fsolve)、多目标规划问题(fgoalattain)、最小最大问题(fminimax)以及半无限问题(fseminf)等的优化问题(李涛等，2000)。其简洁的函数表达、多种优化算法的任意选择、对算法参数的自由设置，可使用户方便灵活地使用优化函数。本节将主要介绍其在线性规划、多目标规划问题方面的应用。

1) 线性规划问题

[x,fval]=linprog(f,A,b,Aeq,beq,lb,ub)函数用于解决线性规划问题，可以返回 x 的解向量和该处的目标函数值 fval。其中，f 为目标函数的系数向量；A 和 b 为不等式约束方程的系数向量；Aeq 和 beq 为等式约束方程的系数向量；而 lb 和 ub 分别为元素的上限、下限向量。

例 9.15　某农场Ⅰ、Ⅱ、Ⅲ等耕地的面积分别为 100 hm^2、300 hm^2 和 200 hm^2，计划种植水稻、大豆和玉米，要求三种作物的最低收获量分别为 190 000kg、130 000kg 和 350 000kg。Ⅰ、Ⅱ、Ⅲ等耕地种植三种作物的单产如表 9.26 所示。若三种作物的售价分别为水稻 1.20 元/kg、大豆 1.50 元/kg、玉米 0.80 元/kg。那么，如何制订种植计划，才能使总产量最大？

表 9.26　不同等级耕地种植不同作物的单产　(单位：kg/hm^2)

作物类型	Ⅰ等耕地	Ⅱ等耕地	Ⅲ等耕地
水稻	11 000	9 500	9 000
大豆	8 000	6 800	6 000
玉米	14 000	12 000	10 000

数据来源：徐建华，2002

首先设为第 i 种作物在第 j 等级的耕地上的种植面积。根据题意建立线性规划模型如下：

$$
\begin{cases}
\min Z = -11\,000x_{11} - 9\,500x_{12} - 9\,000x_{13} - 8\,000x_{21} - 6\,800x_{22} \\
\qquad -6000x_{23} - 14\,000x_{31} - 12\,000x_{32} - 10\,000x_{33} \\
x_{11} + x_{21} + x_{31} \leqslant 100 \\
x_{12} + x_{22} + x_{32} \leqslant 300 \\
x_{13} + x_{23} + x_{33} \leqslant 200 \\
-11\,000x_{11} - 9\,500x_{12} - 9\,000x_{13} \leqslant -190\,000 \\
-8\,000x_{21} - 6\,800x_{22} - 6\,000x_{23} \leqslant -130\,000 \\
-14\,000x_{31} - 12\,000x_{32} - 10\,000x_{33} \leqslant -350\,000 \\
x_{ij} \geqslant 0 \quad (i = 1,2,3;\ j = 1,2,3)
\end{cases}
$$

在命令窗口中输入以下命令：

```
%线性规划问题
%输入各参数
f=[-11000  -9500  -9000  -8000  -6800  -6000  -14000  -12000  -10000];
A=[1 0 0 1 0 0 1 0 0;0 1 0 0 1 0 0 1 0;0 0 1 0 0 1 0 0 1;
-11000 -9500 -9000 0 0 0 0 0 0;0 0 0 -8000 -6800 -6000 0 0 0;
0 0 0 0 0 0 -14000 -12000 -10000];
b=[100 300 200 -190000 -130000 -350000] ';
lb=zeros(9,1);
[x,fval]=linprog(f,A,b,[],[],lb); %调用 linprog 函数求解线性规划问题
disp('线性规划问题的解向量为：')
disp(x')
disp('目标函数的最小值为：')
disp(fval)
```

显示结果为：

线性规划问题的解向量为：

0.0000 0.0000 21.1111 0.0000 0.0000 21.6667 100.0000 300.0000 157.2222

目标函数的最小值为：

-6.8922e+006

2) 多目标规划问题

[x,fval]=fgoalattain(f,x0,goal,weight,A,b,Aeq,beq,lb,ub,nonlcon) 函数用于解决多目标规划问题，可以返回 x 的解向量和该处的目标函数值 fval。其中，f 是目标函数；x0 是初始值；goal 为目标达到值；weight 为权重；A 和 b 为不等式约束方程的系数向量；Aeq

和 beq 为等式约束方程的系数向量；而 lb 和 ub 分别为元素的上限、下限向量；nonlcon 为非线性约束条件。

例 9.16　随着环境保护政策的落实，对环境污染严重的产品将逐渐被绿色产品所替代。某工厂原来生产污染严重的 A 产品，其收益为 4 万元/t，成本为 3 万元/t(包括环境成本)，产量 5t/月。由于环境政策的限制，A 产品在不久的将来会被 B 产品取代。但现阶段，由于工艺等条件限制，B 产品还不能完全取代 A 产品。B 产品的收益为 7 万元/t，成本为 2 万元/t，产量为 3t/月。问在市场对 A、B 产品总需求量每月不少于 4t 的情况下，工厂应如何安排生产，使收益最大、成本最低(收益、成本的目标值各为 40 万元和 15 万元)(许国根等，2008)。

设工厂每月生产 A、B 产品分别为 x_1t、x_2t，则该问题可表达为多目标优化问题：

$$
\begin{cases}
\max z_1 = 4x_1 + 7x_2 \\
\max z_1 = 3x_1 + 2x_2 \\
x_1 + x_2 \geqslant 4 \\
x_1 \leqslant 5 \\
x_2 \leqslant 3 \\
x_1, x_2 \geqslant 0
\end{cases}
$$

首先编写目标函数的 m 文件 myfun.m：

```
function f=myfun(x)
f(1)=-4*x(1)-7*x(2);%取负
f(2)=3*x(1)+2*x(2);
```

在命令窗口中输入以下命令：

```
%多目标规划问题
%设定参数，求解目标函数：
goal=[-40 15]; %目标值
weight=[-40 15];%权重
A=[1 0;0 1;-1 -1];
b=[5 3 -4];
lb=zeros(2,1);
x0=[1 1];
%调用 fgoalattain 函数求解多目标规划问题
[x,fval]=fgoalattain(@myfun,x0,goal,weight,A,b,[],[],lb,[]);
disp('多目标规划问题的解向量为：')
disp(x)
disp('目标函数的最小值为：')
disp(fval)
```

显示结果如下：

多目标规划问题的解向量为：

1.1765　　2.8235

目标函数的最小值为：

–24.4706　　9.1765

除了可以使用 MATLAB 软件进行优化问题的求解外，还可以使用 LINDO 和 LINGO 软件对其进行求解。LINDO 和 LINGO 是美国 LINDO 系统公司开发的一套专门用于求解最优化问题的软件包(袁震东等，2001)。LINDO 用于求解线性规划和二次规划问题，LINGO 除了具有 LINDO 的全部功能外，还可以用于求解非线性规划问题，也可以用于一些线性和非线性方程(组)的求解，等等。LINDO 和 LINGO 软件的最大特色在于可以允许优化模型中的决策变量是整数(即整数规划)，而且执行速度很快。LINGO 实际上还是最优化问题的一种建模语言，包括许多常用的函数可供使用者建立优化模型时调用，并提供与其他数据文件(如文本文件、Excel 电子表格文件、数据库文件等)的接口，易于方便地输入、求解和分析大规模最优化问题。由于这些特点，LINDO 和 LINGO 软件在教学、科研、工业、商业、服务业等领域得到了广泛应用。有兴趣的读者可以进一步通过查阅文献对其进行了解。

7. 遗传算法和直接搜索工具箱(genetic algorithm and direct search toolbox)

遗传算法和直接搜索工具箱扩展了 MATLAB 及其优化工具箱在处理优化问题方面的能力，处理传统优化技术难以解决的问题，包括那些难以定义或不便于进行数学建模，或目标函数比较复杂的问题(比如目标函数不连续或具有高度非线性、随机性以及不可微的情况)(许国根等，2008)。该工具箱不仅提供了用于优化问题的遗传算法函数(ga、gaoptimget、gaoptimset)和直接搜索函数(patternsearch、psoptimget、psoptimget)，还提供了图形用户界面(gatool、psearchtool)。这里主要介绍图形用户界面的用法。

1) 遗传算法求解优化问题

gatool 函数可以打开遗传算法工具，给遗传算法提供图形用户界面。

例 9.17　对于下面非线性规划模型应用遗传算法工具求解。

$$\begin{cases} \min f_1(x) = (x_1-2)^2 + (x_2-1)^2 + 2 \\ g_1(x) = x_1^2 + x_2^2 - 225 \leqslant 0 \\ g_2(x) = x_1 - 3x_2 + 10 \leqslant 0 \\ -20 \leqslant x_1 \leqslant 20 \\ -20 \leqslant x_2 \leqslant 20 \end{cases}$$

首先编写目标函数文件 gfun.m

```
function y=gfun(x)
y=(x(:,1)-1)^2+(x(:,2)-1)^2+2;
```

再编写非线性约束条件的函数文件 gfunc.m

```
function [c ceq]=gfunc(x)
c(1)=x(1)^2+x(2)^2-225;
```

c(2)=x(1)-3*x(2)+10;

ceq=[];

在 MATLAB 命令窗口中输入 gatool，打开遗传算法工具(Genetic Algorithm Tool)图形用户界面(图 9.23)，在【Fitness function】框中输入@gfun，在【Number of Variables】框中输入 2，在【Bounds】选项中设置"Lower"为[-20;-20]、"Upper"为[20;20]，在【Nonlinear constraint function】框中输入@gfunc，【Population】选项中"Population size"设置为 100，【Stopping criteria】选项中设置"generations"为 200，其他参数选缺省值(参数意义参看"Quick reference")。单击【Start】，运行遗传算法，算法结束后，在【Status and results】框中显示运行状态及结果：

Fitness function value: 8.40116118666651

Optimization terminated: current tolerance on f(x) 1e-009 is less than options.TolFun and constraint violation is less than options.TolCon.

1　　2

0.2014　3.4007

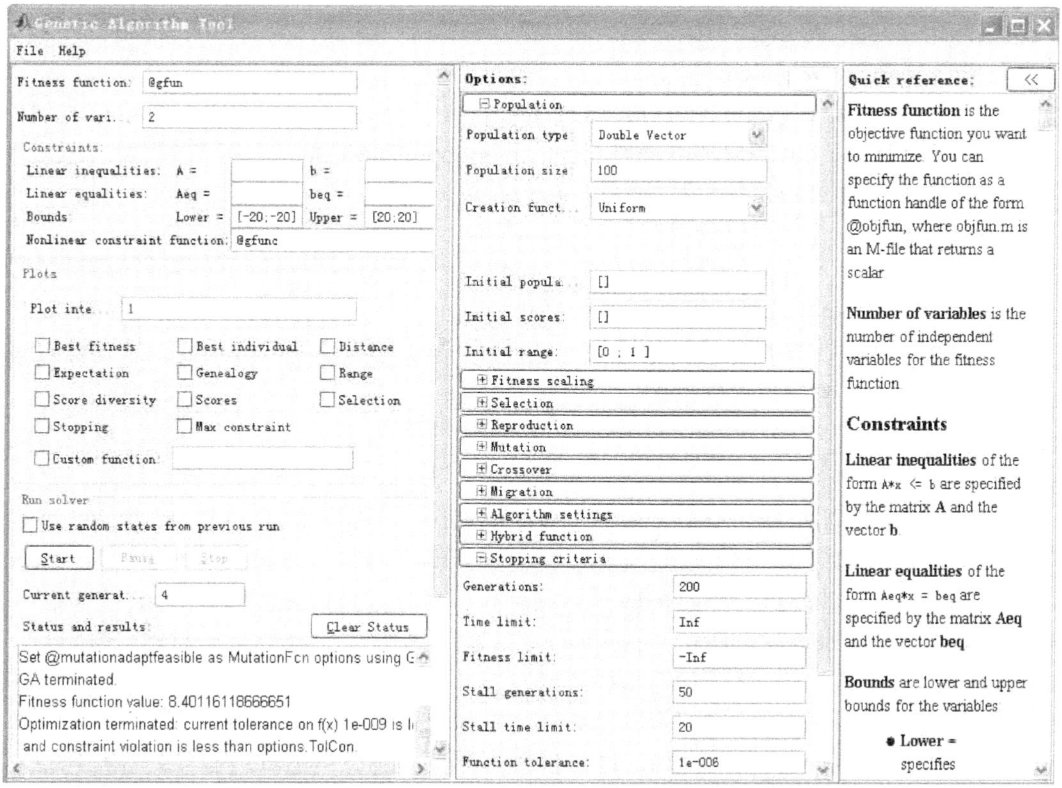

图 9.23　遗传算法工具

2) 直接搜索法求解优化问题

psearchtool 函数可以打开模式搜索工具给直接搜索提供图形用户界面。

例 9.18 对上例中的多目标规划问题应用直接搜索工具求解。

首先编写目标函数文件 psfun.m

```
function y=psfun(x)
y=(x(:,1)-1)^2+(x(:,2)-1)^2+2;
```

再编写非线性约束条件的函数文件 gfunc.m

```
function [c ceq]=psfunc(x)
c(1)=x(1)^2+x(2)^2-225;
c(2)=x(1)-3*x(2)+10;
ceq=[];
```

在 MATLAB 命令窗口中输入 psearchtool，打开模式搜索工具(Pattern Search Tool)图形用户界面(图 9.24)，在【Objective function】框中输入@psfun，在【Start point】 框中输入[0 0]，在【Bounds】选项中设置“Lower”为[-20;-20]，“Upper”为[20;20]，在【Nonlinear constraint function】 框中输入@psfunc，其他参数选用默认设置(参数意义参看“Quick reference”)。单击【Start】，运行模式搜索，算法结束后，在【Status and results】框中显示运行状态及结果：

```
Pattern search running.
Pattern search terminated.
Objective function value: 8.403202153138954
Optimization terminated: mesh size less than options.TolMesh
  and constraint violation is less than options.TolCon.
Final point
1          2
0.2453     3.4153
```

该工具箱也可以用于模型参数的估计。例如，如果要做最小二乘估计，则可以以求误差平方和的最小值作为目标函数进行优化求解。

8. 小波分析工具箱(wavelet toolbox)

小波分析工具箱集成了小波分析的许多研究成果，不仅提供了用于一维连续小波变换(cwt)、单尺度一维(或二维)离散小波分解与重构(dwt/dwt2、idwt/idwt2)、多尺度一维(或二维)离散小波的分解与重构(wavedec/wavedec2、waverec/waverec2 等)、一维(或二维)小波包分解与重构(wpdec/wpdec2、wprec/wprec2 等)以及信号压缩和信号降噪(wdencmp、wpdencmp 等)等工具箱函数，而且提供一个可视化的小波分析工具，是一个很好的算法研究、工程设计和仿真和应用平台，特别适用于信号和图像分析、综合、去噪、压缩等领域的研究人员(伯晓晨等，2000)。以下将举例介绍小波分析工具箱在信号分析和降噪方面的用法。

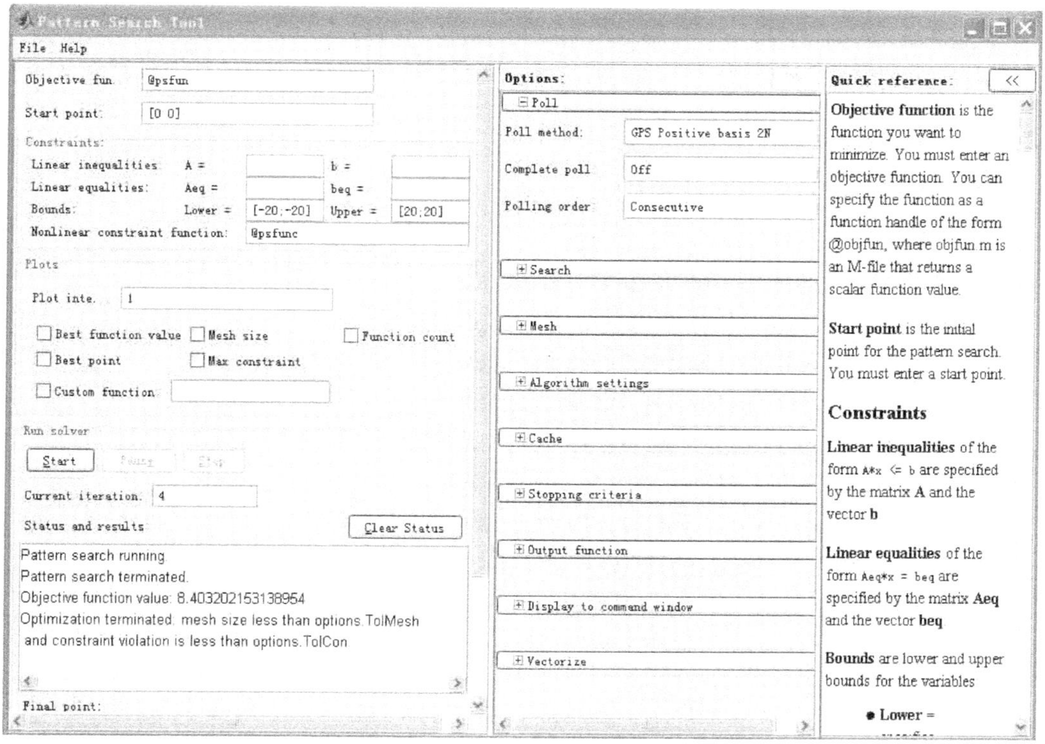

图 9.24 直接搜索工具

例 9.19 运用小波分析工具箱对阿克苏河流域地区 1959~2005 年的年平均气温、年降水量、年径流量进行小波方差分析，对其进行不同时间尺度下的小波分解和重构，最后对重构后的数据进行回归分析，建立不同时间尺度的回归模型(徐建华，2002)。

首先创建数据文件 wave.dat，包括阿克苏河流域地区 1959~2005 年的年平均气温、年降水量和年径流量的数据。

在 MATLAB 命令窗口中输入以下命令：

```
%小波分析
%输入 1959-2005 年的平均气温、年降水量和年径流量数据
load wave.dat;%wave 有三个列向量
[m,n]=size(wave);%数据的大小
%小波方差分析
a=[1:m];
s={'年平均气温' '年降水量' '年径流量'};
for i=1:3
    x=wave(:,i);%把要分析的要素数据赋给 x
    c=cwt(x,a,'sym8');%不同尺度的小波系数
    var(i,:)=log(sum((c.^2)'));%小波方差
end
subplot(2,2,1),plot(a,var(1,:),'.-',a,var(2,:),'o-',a,var(3,:),'d-')
```

```
legend(s)
title(a)
%小波分解
t=[1959:2005];
ss={'(b)' '(c)' '(d)'};
for i=1:3
    x=wave(:,i);%把要分析的要素数据赋给 x
    [c,l]=wavedec(x,5,'sym8');%symmlet 小波分解
    a5(:,i)=wrcoef('a',c,l,'sym8',5);%5 级近似信号
    a4(:,i)=wrcoef('a',c,l,'sym8',4);%4 级近似信号
    a3(:,i)=wrcoef('a',c,l,'sym8',3);%3 级近似信号
    a2(:,i)=wrcoef('a',c,l,'sym8',2);%2 级近似信号
    a1(:,i)=wrcoef('a',c,l,'sym8',1);%1 级近似信号
    subplot(2,2,i+1),plot(t,a1(:,i),'.-',t,a2(:,i),'o-',t,a3(:,i),'d-',t,a4(:,i),'x-',t,a5(:,i),'+-')
    legend('a=2','a=4','a=8','a=16','a=32')
    title(ss(i))
end
%回归分析
%时间尺度为 1 年时
X=[ones(size(wave),1),wave(:,2:3)];
y=wave(:,1);
[b(:,1),bint,r,rint,stats(1,:)]=regress(y,X);%回归分析
%时间尺度为 2 年时
X=[ones(size(wave),1),a1(:,2:3)];
y=a1(:,1);
[b(:,2),bint,r,rint,stats(2,:)]=regress(y,X);%回归分析
%时间尺度为 4 年时
X=[ones(size(wave),1),a2(:,2:3)];
y=a2(:,1);
[b(:,3),bint,r,rint,stats(3,:)]=regress(y,X);%回归分析
%时间尺度为 8 年时
X=[ones(size(wave),1),a3(:,2:3)];
y=a3(:,1);
[b(:,4),bint,r,rint,stats(4,:)]=regress(y,X);%回归分析
%时间尺度为 16 年时
X=[ones(size(wave),1),a4(:,2:3)];
y=a4(:,1);
[b(:,5),bint,r,rint,stats(5,:)]=regress(y,X);%回归分析
```

```
%时间尺度为 32 年时
X=[ones(size(wave),1),a5(:,2:3)];
y=a5(:,1);
[b(:,6),bint,r,rint,stats(6,:)]=regress(y,X);%回归分析
s0='回归方程的系数为：';
s1='回归方程的 R^2、F 统计量及其对应的 p 值分别为：';
for i=1:6
    s2=['时间尺度为' num2str(2^(i-1)) '年时:'];
    disp(s2)
    disp(s0)
    disp(b(:,i)')
    disp(s1)
    disp(stats(i,1))
    disp(stats(i,2))
    disp(stats(i,3))
end
```

结果输出如图 9.25 所示。

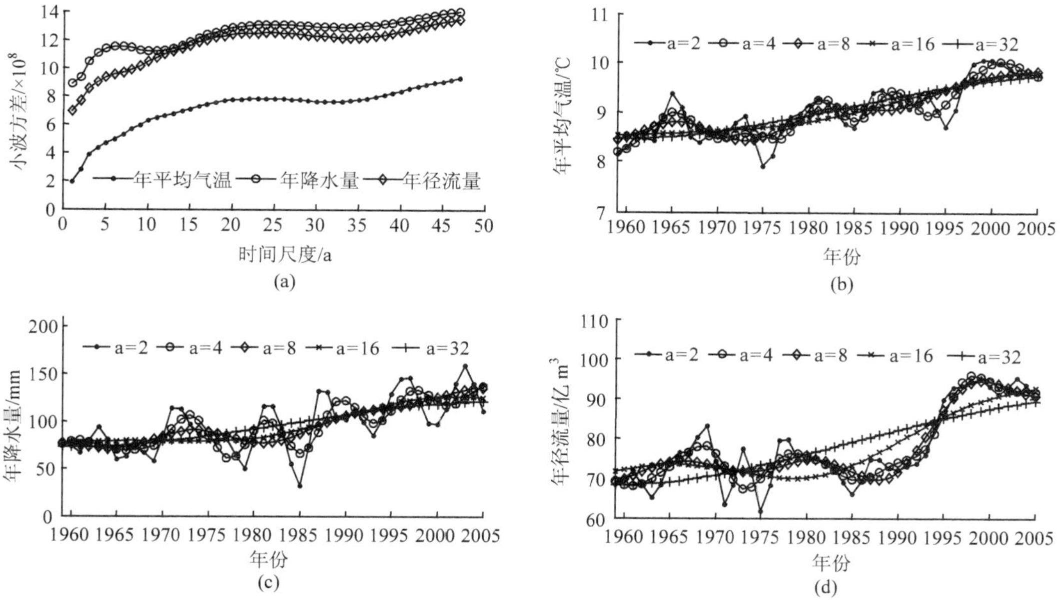

图 9.25 小波方差曲线(a)和不同时间尺度下年平均气温(b)、年降水量(c)及年径流量(d)非线性变化趋势图

时间尺度为 1 年时:

回归方程的系数为:

6.5584 0.0012 0.0303

回归方程的 R^2、F 统计量及其对应的 p 值分别为：

0.3176

10.2371

2.2360e-004

时间尺度为 2 年时:

回归方程的系数为：

5.8765　　0.0039　　0.0358

回归方程的 R^2、F 统计量及其对应的 p 值分别为：

0.5701

29.1736

8.5957e-009

时间尺度为 4 年时:

回归方程的系数为：

5.8538　　0.0096　　0.0291

回归方程的 R^2、F 统计量及其对应的 p 值分别为：

0.7530

67.0564

4.3743e-014

时间尺度为 8 年时:

回归方程的系数为：

6.0479　　0.0093　　0.0270

回归方程的 R^2、F 统计量及其对应的 p 值分别为：

0.8235

102.6196

0

时间尺度为 16 年时:

回归方程的系数为：

7.4212　　0.0284　　-0.0143

回归方程的 R^2、F 统计量及其对应的 p 值分别为：

0.9798

1.0692e+003

0

时间尺度为 32 年时:

回归方程的系数为：

5.1224　　0.0096　　0.0387

回归方程的 R^2、F 统计量及其对应的 p 值分别为：

1.0000

4.0324e+006

0

MATLAB 还提供了其他信号处理类工具箱(伯晓晨等，2000)，有兴趣的读者可以进一步了解。

(1) 信号处理工具箱(Signal Processing Toolbox)。该工具箱覆盖了经典信号处理理论的大多数内容，是一个非常优秀的算法研究和辅助设计工具。它不仅提供大量用于信号和波形产生、数据变换、数字滤波、随机信号处理与经典谱估计、参数模型功率谱估计、多采样率信号处理、窗函数、时-频分析、倒谱分析等方面的工具函数，而且还提供交互式的滤波器分析、设计工具和谱分析工具。

(2) 滤波设计工具箱(Filter Design Toolbox)。滤波设计工具箱提供了用于设计、模拟和分析数字滤波的高级技术。它扩展了信号处理工具箱对于复杂的实时数字信号处理的滤波结构和设计方法(包括自适应滤波和多速率滤波)。

(3) 图像处理工具箱(Image Processing Toolbox)。该工具箱覆盖了数字图像处理的大多数经典算法，包含了用于图像类型转换、图像文件 I/O 和显示、图像空间变换、图像数学变换、线性滤波及线性滤波器设计、图像统计分析、图像增强、图像形态学分析、二值图像处理以及彩色图像处理等方面的函数，而且还提供了一个非常便捷的算法研究平台，可以让用户把精力集中在算法而不是编程上，从而大大地提高了工作效率。

(4) 高阶谱分析工具箱。该工具箱集成了该高阶谱领域的许多研究成果，涵盖了经典(非参数模型)高阶谱估计、参数模型高阶谱估计、二阶 Volterra 系统、幅值和相位恢复、自适应线性预测、谐波恢复、时-频估计、二次相位耦合、时延估计、阵列信号处理等方面的函数，是一个分析非高斯信号和非线性系统的有效工具。

(5) 地理信息处理工具箱(Mapping Toolbox)。该工具箱为地理信息处理提供了一个使用方便，功能强大的信息处理环境。它同时支持对矢量和栅格地图进行分析和操作；大量的地图投影和显示函数允许用户选择最好的显示方式；使用外部接口函数，用户可以方便地读取流行的地理数据文件；图形用户窗口工具可让用户通过交互，轻松完成地理信息处理。同时，Mapping 工具箱与其他工具箱如图像处理、统计分析工具箱结合使用，可对地理数据进行更专业的分析与处理。

9.3　ArcGIS 和 Geoda 软件在地统计建模方面的应用

9.3.1　ArcGIS 地统计模块的应用

ArcGIS 是美国环境系统研究所(Environment System Research Institute, ESRI)开发的新一代 GIS 软件，是世界上应用广泛的 GIS 软件之一，是我国 GIS 领域常用的商业软件。自 1978 年诞生以来，随着计算机技术的飞速发展以及 GIS 技术的不断成熟，ERSI 的 GIS 产品不断更新扩展，形成适应各种用户和机型使用的系列产品。1999 年推出的 Arclnfo 8 以及 2000 年推出的 ArcGIS 8 是 ESRI 在继承已有成熟技术的基础上，整合了 GIS 与数据库、软件工程、人工智能、网络技术及其他多方面的计算机主流技术，成功地开发出的新一代 GIS 平台。该版本添加了 Geostatistical Analyst 模块，而 2008 年推出的 ArcGIS 9.3 添加了 Geographically Weighted Regression(GWR)工具，为空间统计分析提供了方便(宋小冬等，2007)。

下面将举例介绍其在空间插值和地理加权回归方面的功能。

例 9.20　以 ArcGIS 9.3 为软件平台，对甘肃省 30 年平均降水进行空间插值(徐建华，2002)。

(1) 打开 ArcGIS 9.3，并把 Geostatistics 模块加载上。首先选择菜单【Tools】→【Extensions】打开“Extensions”对话框，并将“Geostatistical Analyst”复选框选中，然后点击“Close”按钮关闭对话框。

(2) 在工具条上点击右键，把“Geostatistical Analyst”选中，打开该工具条。

(3) 数据准备。本例需要的是各个气象站点的观测数据，所以首先需要各个气象观测站的点图层(ptcov1_point.shp)，各个站点 30 年观测的平均降水量(JSH)以及该站点的海拔(altitude)作为属性数据，附在上述点图层上。因为是对甘肃省省域内气候进行插值，因此还必须有甘肃省的省界(gansu.shp)。

(4) 分析数据框架设定。先通过数据加载按钮将上述数据加载到图层中，在【Layers】上右击，点击【Properities】，选择数据框架(Data Frame)面板，然后将甘肃省边界图层作为分析时显示的数据框架(即只显示省内区域)，如图 9.26 所示。

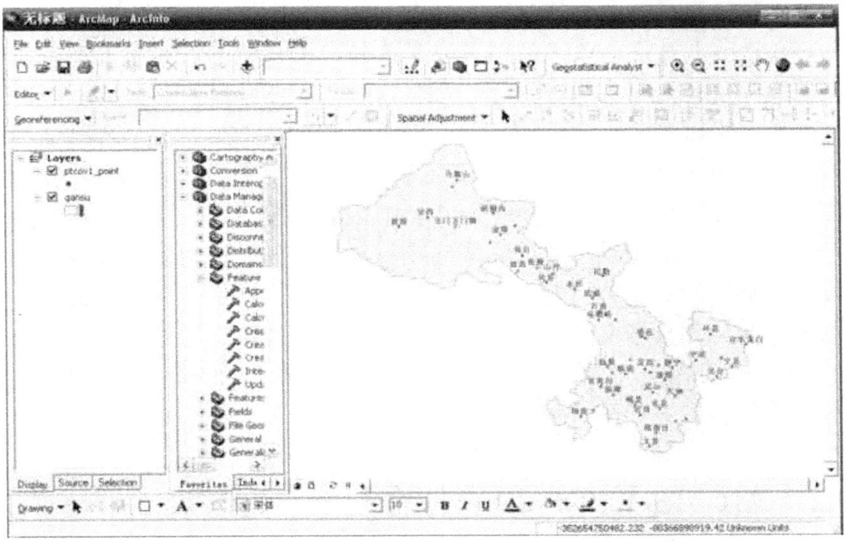

图 9.26　甘肃省各气象站点观测数据

(5) 探索性空间数据分析(ESDA)。空间插值的模型和方法有很多，通过探索性空间数据分析，目的是寻找数据内在的规律性，再根据这些规律寻找适合的空间插值模型；或者通过数据变换(如常见的 COX－BOX 变换、对数变换)，使原来不适合于插值的数据可以进行插值。“Geostatistical Analyst”模块提供了直方图“Histogram”、正态 QQ 图“Normal QQPlot”、趋势分析“Trend Analysis”、Voronoi 图“Voronoi Map”、半变异/协方差函数云图“Semivariogram/Covariance Cloud”等方法用于空间数据探索(图 9.27)。其中，直方图可以直观地反映采样点数据分布特征和总体规律；正态 QQ 图可用于分析采样点是否服从正态分布，如果不是，则有必要在进行插值之前将数据进行转换，使之服从正态分布；趋势分析可用于分析某属性的三维分布趋势；Voronoi 图可用于分析每个采样点控制的区域范围，也可以体现每个采样点对区域内插的重要性，从而剔除影响内插精度的采样点值；而对半变异函数云图的分析可以为下面进行克里格插值时半变异函数模型的选择，提供基本参考。

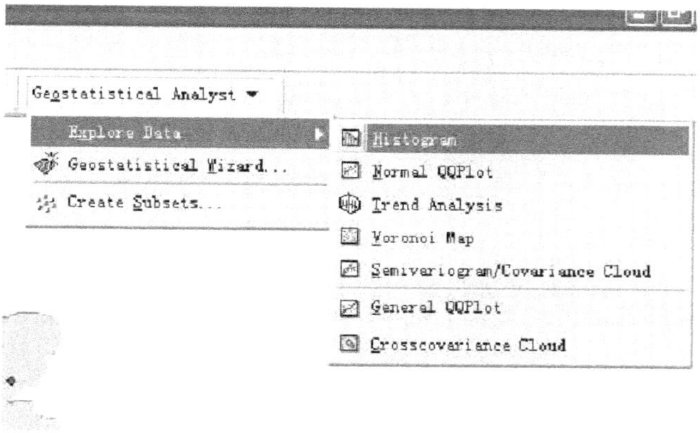

图 9.27　地统计分析工具

(6) 克里格插值

A. 单要素克里格插值

a. 数据输入和插值方法。选择点击上图中的【Geostatistical Wizard...】打开地统计向导对话框(图 9.28)。在【Input】框中选择输入的数据；在【Attribute】框中选择要进行插值的属性；在【Methods】框中选择插值模型，系统提供了反距离加权插值“Inverse Distance Weighting”、全局多项式插值“Global Polynomial Interpolation”、局部多项式插值“Local Polynomial Interpolation”、径向基函数插值“Radial Basis Functions”、克里格插值“Kriging”、协同克里格插值“Cokriging”)，这里选择 Kriging 方法。然后点击【Next】按钮进入下一步。

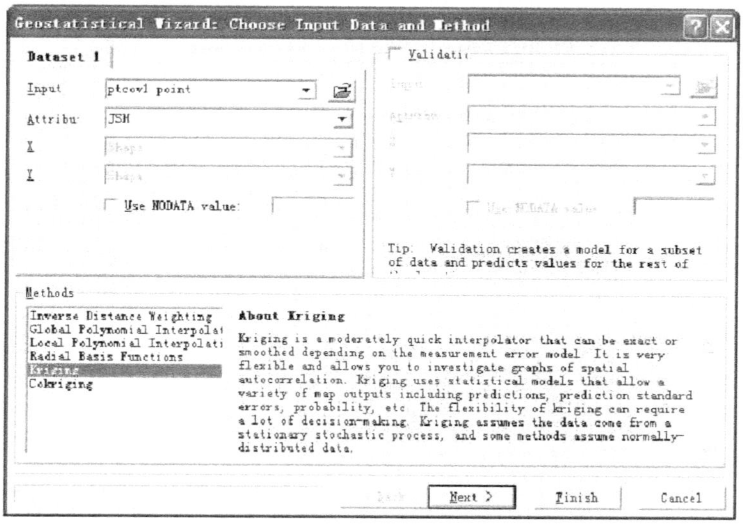

图 9.28　地统计向导——数据输入和插值方法

b. 地统计方法选择。如图 9.29 所示，在【Geostatistical Methods】中选择克里格插值方法，系统提供了普通克里格“Ordinary Kriging”、简单克里格“Simple Kriging”、泛克里格“Universal Kriging”等方法，这里选择普通克里格方法。而普通克里格插值包括四部分功能：创建预测图“Prediction Map”、创建分位数图“Quantile Map”、创建概率图“Probability Map”、创建标准误差预测图“Prediction Standard Error Map”，这里选择预测图即可。另外，通过上面探索性空间数据分析知道，甘肃省各个台站的平均降水量并不符合正态分布，而且在趋势分析中存在明显的抛物线特征，这里在【Transformation】框中选择 Log 对其进行预处理。然后点击【Next】按钮进入下一步。

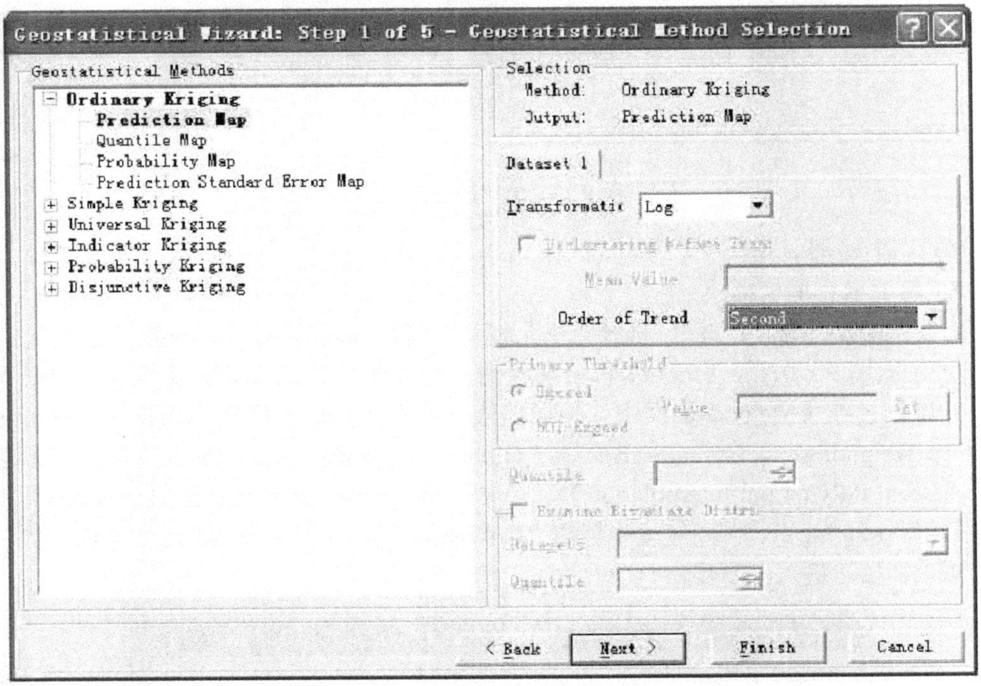

图 9.29　地统计向导——地统计方法选择

c. 去趋势分析。如图 9.30 所示，因为半变异函数和克里格插值都要求数据的随机性，那么对于数据中存在的结构性特征如果不能消除则会影响插值精度。通过邻居数量和影响半径的选择，消除这种全局性的结构性特征。这一步读者可以选择系统默认设置。

d. 确定半变异函数模型。这一步对插值的精度影响很大。如图 9.31 所示，根据左上角的半变异函数云图，在右边模型栏内，选择对其拟合较好的模型，可以通过调整搜寻角度和搜寻半径(左下)，最终确定一个合适的模型，该模型的参数在左下角给出，然后点击【Next】按钮。同样，读者可以选择默认设置。

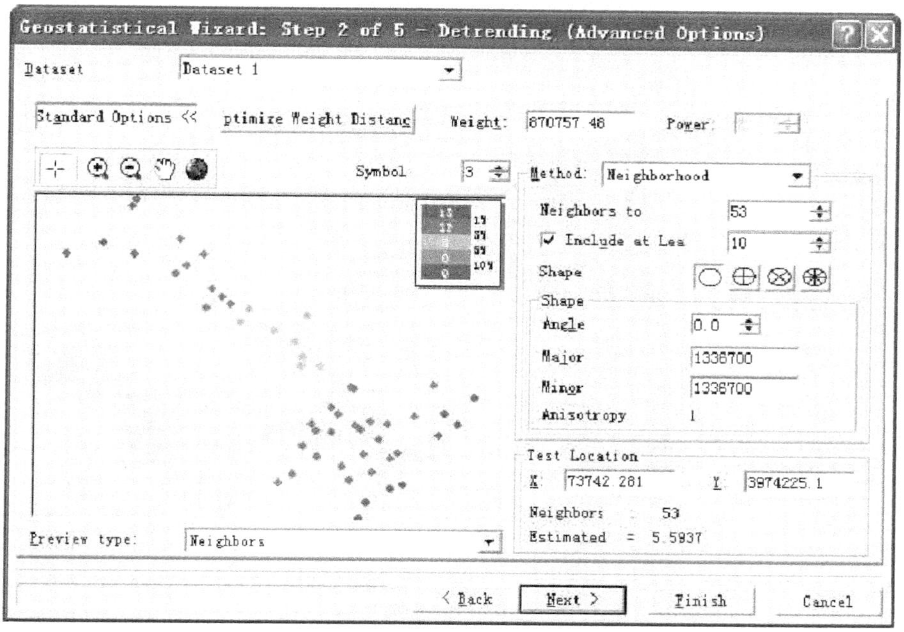

图 9.30　地统计向导——去趋势分析

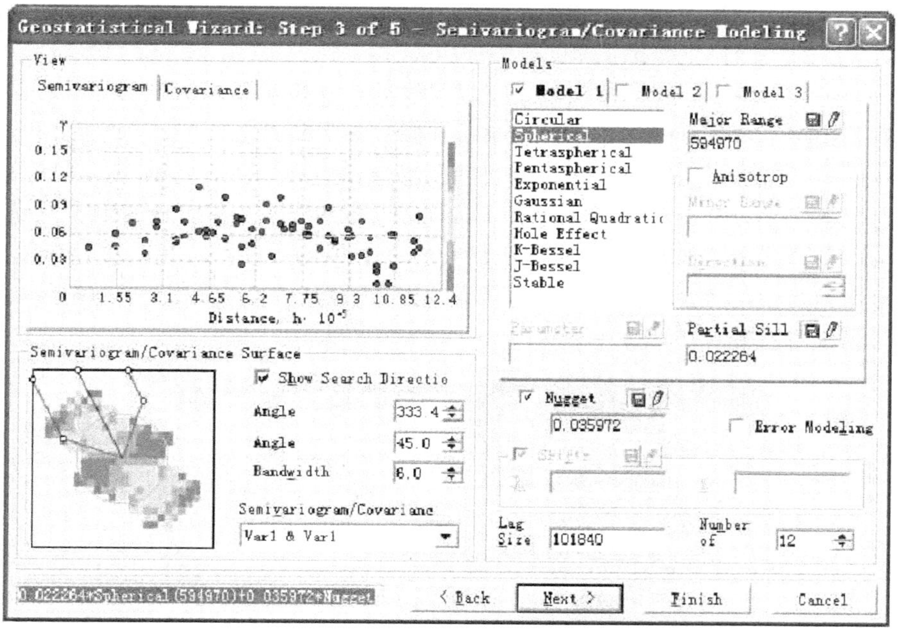

图 9.31　地统计向导——半变异函数模型

e. 除此以外，还可以对其进行搜寻邻居的调整“Searching Neighborhood”和结果的交叉验证“Cross Validation”。本例中均选择默认设置。然后点击【Finish】按钮，系统会首先给出这个过程的一个总结“Output Layer Information”，其中包含数据预处理过程、采用的模型等信息；然后给出空间插值的结果(图 9.32)。

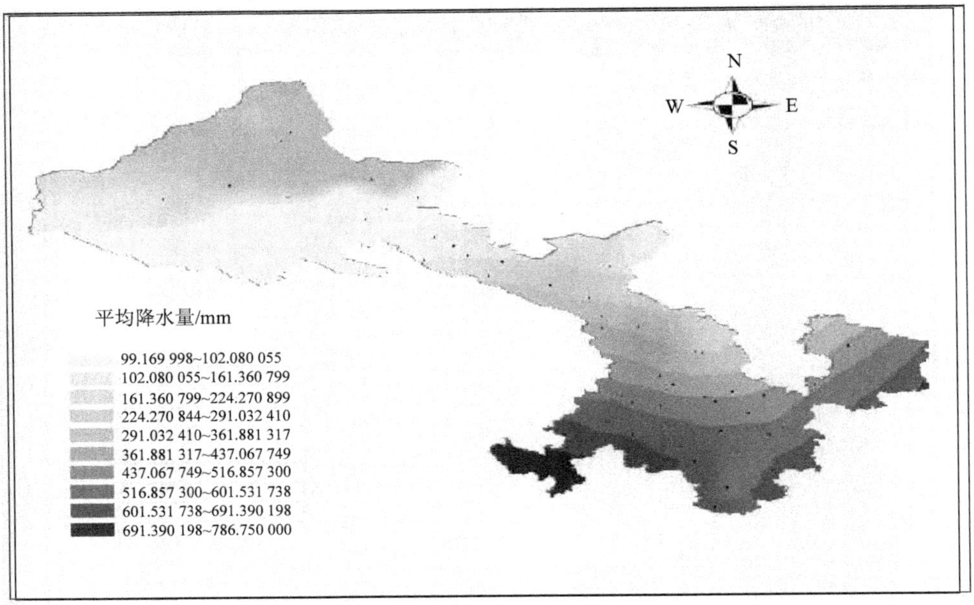

图 9.32　空间插值结果

当然，我们可以全部都采用软件自己默认的设置，即从第C步开始直接点击【Finish】，也可以得到插值的结果，与上面结果的差异，可以进行比较分析。

B 双要素的协同克里格插值

对于许多自然现象的空间格局除了受自身空间相互影响和相互作用外，还受到外部其他因素的影响，如区域降水量和蒸发量都要受到地形条件的影响，特别是海拔。下面对使用海拔和平均降水量的双要素进行协同克里格插值，来获取区域降水量的分布图。

在地统计向导对话框中，选择方法 Cokriging(图 9.33)，在【Dataset1】中选择输入的点图层，选择降水的属性值。然后在【Dataset2】中选择高程所在的文件和属性(最多可以选择 4 个要素)，然后点击【Next】按钮，以下的步骤和单要素克里格插值就是相同的了，这里不再重复。

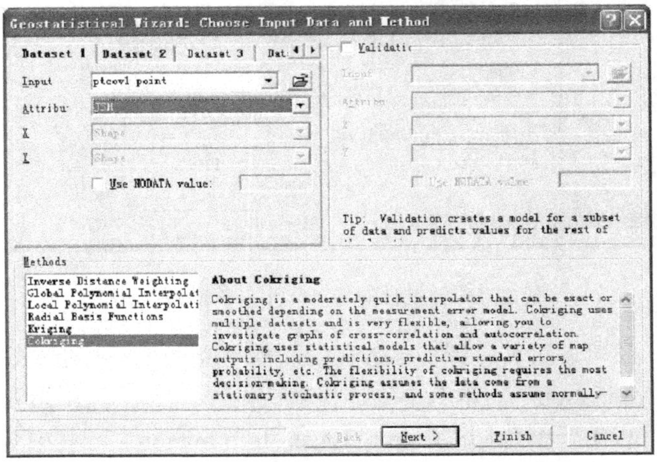

图 9.33　双要素协同克里格插值

例 9.21　以 ArcGIS 9.3 为软件平台，对 1990 年美国南部各郡县的犯罪率(HR90)与资源配置(RD90)、人口结构(PS90)、失业率(UE90)、离婚率(DV90)之间建立地理加权回归模型(Anselin, 2005)。

打开 ArcGIS 9.3，首先选择菜单【Window】→【ArcToolbox】打开【ArcToolbox】窗口，依次点击展开【Spatial Statistics Tools】→【Modeling Spatial Relationships】并双击【Geographically Weighted Regression】打开【Geographically Weighted Regression】对话框。在该对话框中依次输入数据文件路径“Input feature class”、因变量“Dependent variable”、解释变量“Explanatary variable (s)”和输出结果的文件路径“Output feature class”，其他设置选择默认(图 9.34)。然后点击【OK】关闭对话框，ArcMAP 窗口中即出现输出结果(图 9.35)。右击“gwr”图层，在下拉菜单中单击【Open Attribute Table】，打开属性表，其中包括地理加权回归模型的 R^2 值、预测值、参数估计值及残差和标准差等。

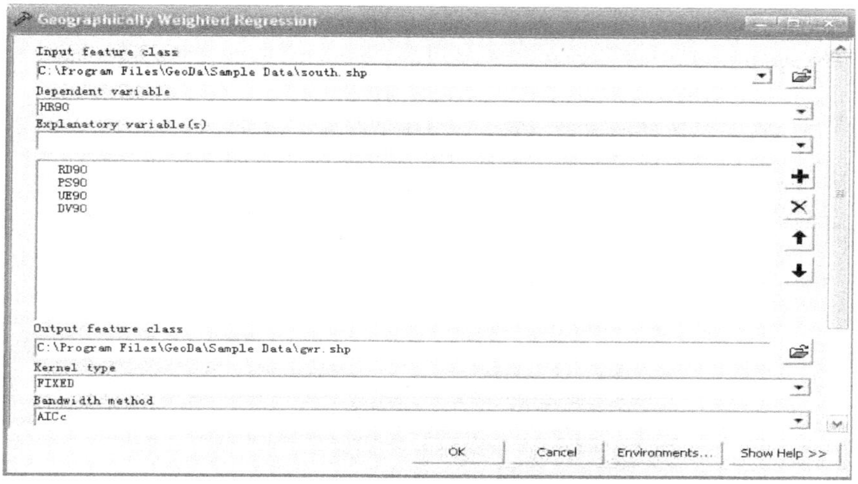

图 9.34　地理加权回归工具

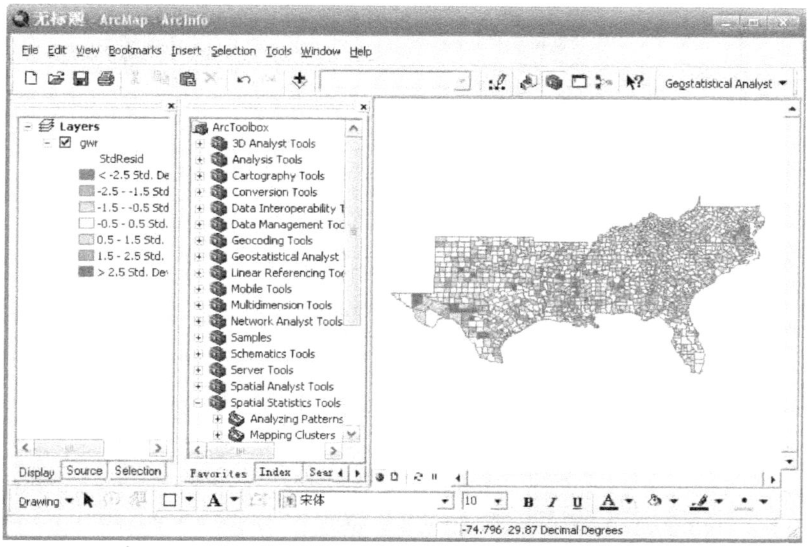

图 9.35　地理加权回归输出结果

9.3.2　GeoDa 的应用

GeoDa 是由 Anselin 等于 1993 年开发设计的实现空间数据分析、地理可视化、空间自相关分析以及地理空间建模的探索性空间数据分析(ESDA)的软件工具集合体(Anselin, 2005; 徐建华，2002)。它以 ERSI 的 shape 文件作为存放空间信息的标准格式，使用 ESRI 的 MapObiects LT2 技术进行空间数据存取、制图和查询，而其分析功能是由一组 C++ 程序和其相关的方法所组成的。这些都为地统计分析提供了便易，下面将举例介绍其在地统计分析方面的功能。

例 9.22　利用 GeoDa 软件对例 9.21 中美国南部各郡县犯罪率分布进行空间统计分析。

1) 导入文件

打开 GeoDa 应用程序，选择菜单【File】→【Open Project】打开【Geoda Project Setting】对话框，导入 south.shp 文件。该软件系统界面如图 9.36 所示。

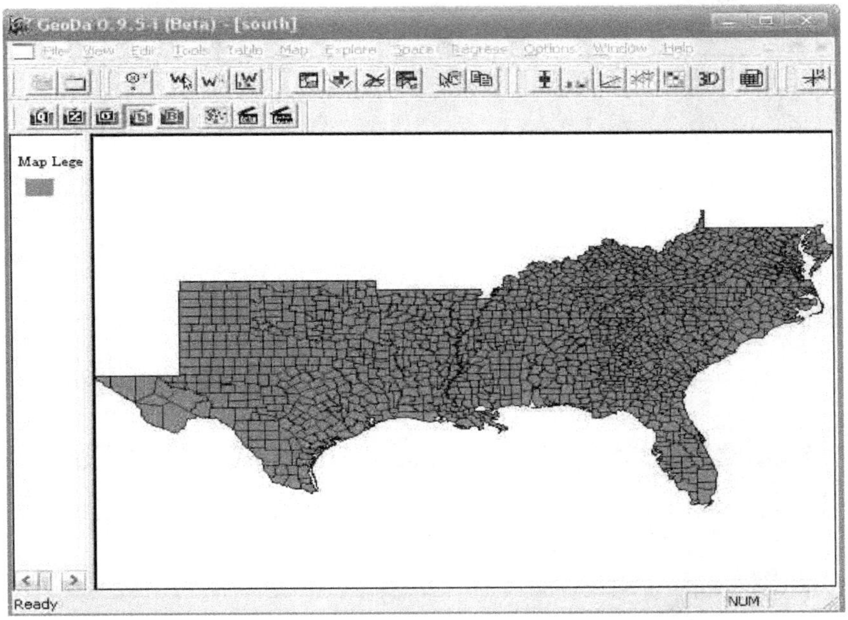

图 9.36　软件分析界面

2) 空间统计分析

在做空间统计分析之前，首先需要计算空间邻居关系的权重矩阵。在“Tools”工具栏中，利用“Weights”工具栏中的“Create”产生一个权重矩阵文件，本例中对于以上 1990 年的犯罪率数据，可以产生一个权重矩阵文件 southrk12.gal。然后，利用权重矩阵，就可以做一系列的空间统计分析，例如：

(1) 计算全局 Moran’s I 并作出 Moran 散点图。选择菜单【Space→Univariate Moran】打开【Variables Settings】对话框，在【1st Variables】列表框中选择“HR90”变量，单击【OK】出现【SELECT WEIGHT】对话框，在其中导入上述权重矩阵文件，点击【OK】

生成 Moran 散点图(图 9.37)。

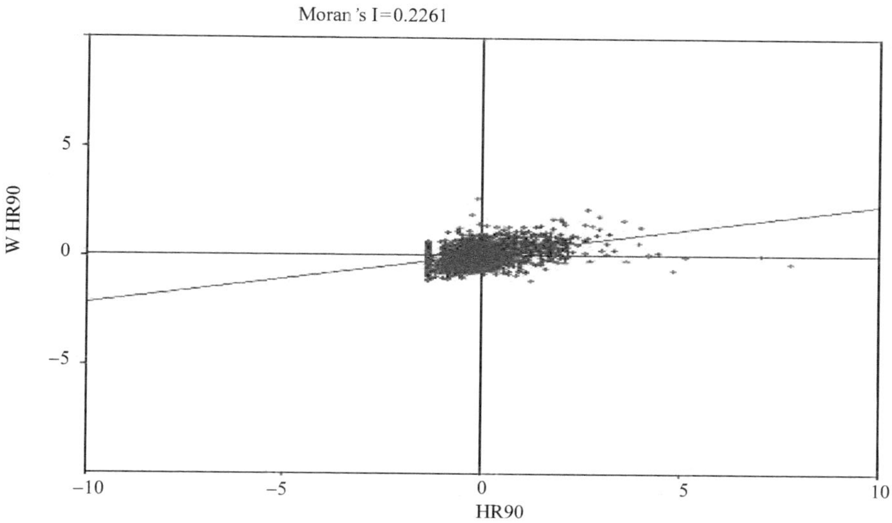

图 9.37　Moran 散点图

(2) 作出 LISA 显著水平图。选择菜单【Space→Univariate LISA】打开【Variables Settings】对话框，在【1st Variables】列表框中选择“HR90”变量，单击【OK】出现【SELECT WEIGHT】对话框，在其中导入上述权重矩阵文件，点击【OK】会出现用于选择输出图形类型的对话框，这里我们选择显著水平图“The Significance Map”，则可以生成 LISA 显著水平图(图 9.38)。

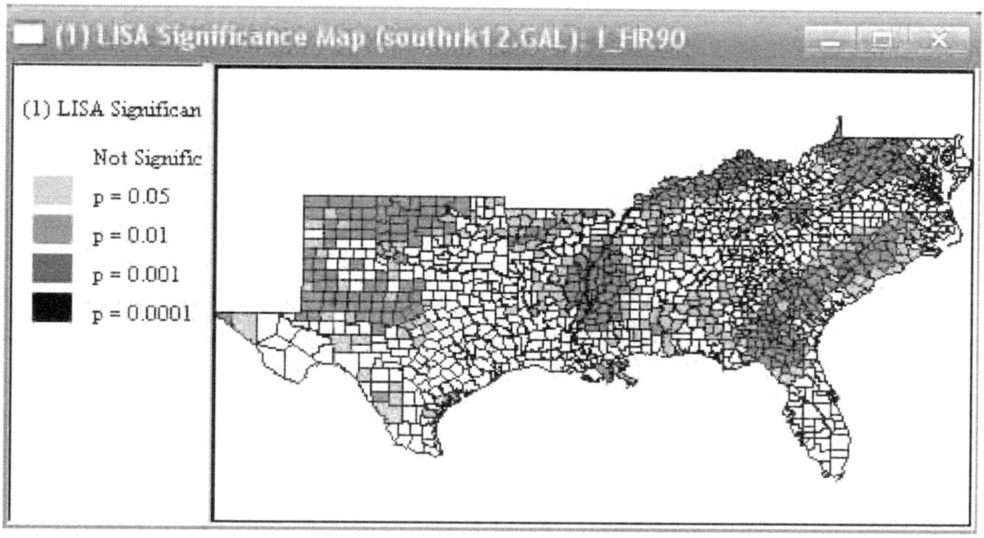

图 9.38　LISA 显著水平图

(3) 空间滞后回归模型。点击菜单【Regress】打开【Regression Title & Output】对话框[图 9.39(a)]。该对话框用于确定输出文件的文件名和需要输出的信息。本例中选用如图

9.39(a)所示设置，然后单击【OK】打开【REGRESSION】对话框[图 9.39(b)]，从中可以选择合适的自变量和因变量，以及所选用的模型(系统提供了传统的回归模型“Classic”、空间滞后回归模型“Spatial Lag”和空间误差模型“Spatial Error”)。本例中选用如图 9.39(b)所示设置，然后单击【Run】运行模型，最后单击【OK】即可输出回归模型拟合结果(图 9.40)。另外如果需要把模型的预测结果、误差以及残差保存到表中，可通过单击【Save】完成。

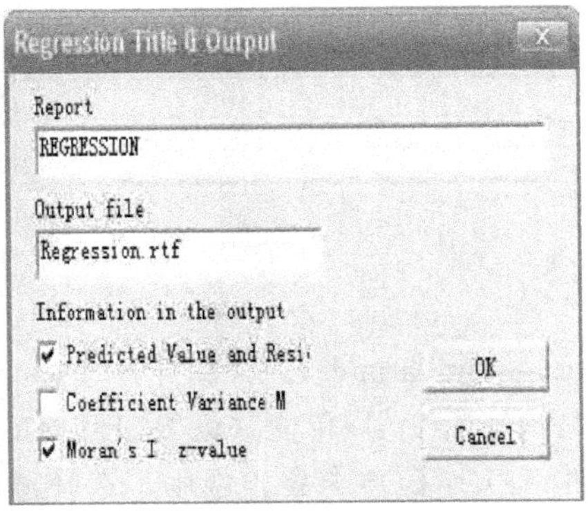

(a)

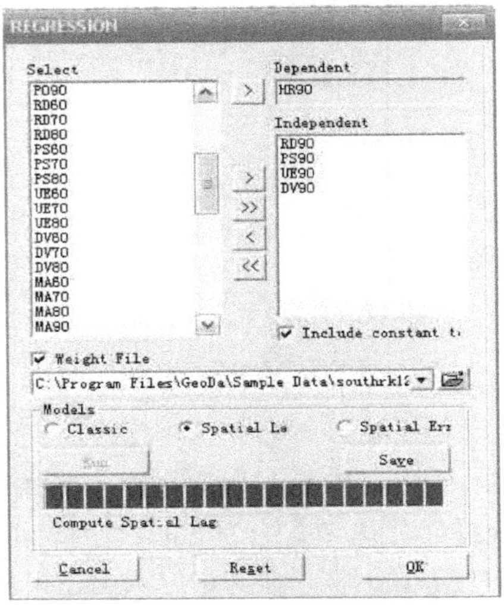

(b)

图 9.39　空间回归模型工具

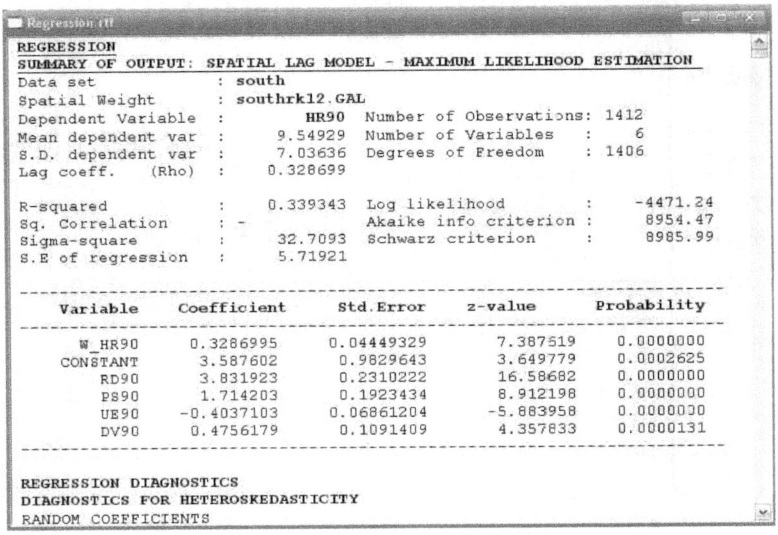

```
REGRESSION
SUMMARY OF OUTPUT: SPATIAL LAG MODEL - MAXIMUM LIKELIHOOD ESTIMATION
Data set              : south
Spatial Weight        : southrk12.GAL
Dependent Variable    :       HR90  Number of Observations: 1412
Mean dependent var    :    9.54929  Number of Variables   :    6
S.D. dependent var    :    7.03636  Degrees of Freedom    : 1406
Lag coeff.    (Rho)   :   0.328699

R-squared             :   0.339343  Log likelihood        :    -4471.24
Sq. Correlation       : -           Akaike info criterion :     8954.47
Sigma-square          :    32.7093  Schwarz criterion     :     8985.99
S.E of regression     :    5.71921

-----------------------------------------------------------------------
     Variable    Coefficient     Std.Error      z-value     Probability
-----------------------------------------------------------------------
       W_HR90     0.3286995     0.04449329     7.387519      0.0000000
     CONSTANT      3.587602      0.9829643     3.649779      0.0002625
         RD90      3.831923      0.2310222     16.58682      0.0000000
         PS90      1.714203      0.1923434     8.912198      0.0000000
         UE90    -0.4037103     0.06861204    -5.883958      0.0000000
         DV90     0.4756179      0.1091409     4.357833      0.0000131
-----------------------------------------------------------------------

REGRESSION DIAGNOSTICS
DIAGNOSTICS FOR HETEROSKEDASTICITY
RANDOM COEFFICIENTS
```

图 9.40　回归模型拟合结果

参考文献

伯晓晨，李涛. 2000. MATLAB 工具箱应用指南——信息工程篇. 北京：电子工业出版社
陈颖. 2008. SAS 数据分析系统教程. 上海：复旦大学出版社
范金城. 2008. SAS 数据分析范例. 西安：西安交通大学出版社
高祥宝，董寒青. 2007. 数据分析与 SPSS 应用. 北京：清华大学出版社
李涛，贺勇军. 2000. MATLAB 工具箱应用指南——应用数学篇. 北京：电子工业出版社
马振萍，马伟芳. 2007. 巧学巧用 Excel 2007 统计分析范例. 北京：电子工业出版社
米红，张文璋. 2000. 实用现代统计分析方法与 SPSS 应用. 北京：当代中国出版社
潘薇，安莹，葛哲学，等. 2005. MATLAB 7 辅助控制系统设计与仿真. 北京：电子工业出版社
阮桂海. 2006. SAS 社会统计应用教程. 北京：北京大学出版社
宋小冬，钮心毅. 2007 地理信息系统实习教程(ArcGIS 9.x). 北京：科学出版社
苏金明，傅荣华，周建斌，等. 2002. 统计软件 SPSS 系列(应用实战篇). 北京：电子工业出版社
王世香. 2007. 精通 MATLAB 接口与编程. 北京：电子工业出版社
王正林，刘明. 2006. 精通 MATLAB 7. 北京：电子工业出版社
徐建华. 2002. 现代地理学中的数学方法. 北京：高等教育出版社
许国根，许萍萍. 2008. 化学化工中的数学方法及 MATLAB 实现. 北京：化学工业出版社
袁震东，蒋鲁敏，束金龙. 2001. 数学建模简明教程. 上海：华东师范大学出版社
赵卫亚. 2003. 计量经济学教程. 上海：上海财经大学出版社
Luc Anselin. 2005. Exploring Spatial Data with Geoda: A Workbook. Urbana Center for Spatially Integrated Social Science